Théorie comptable et sciences économiques du XVe au XXIe siècle

Collection « L'esprit économique »

fondée par Sophie Boutillier et Dimitri Uzunidis en 1996
dirigée par Sophie Boutillier, Blandine Laperche, Dimitri Uzunidis

Si l'apparence des choses se confondait avec leur réalité, toute réflexion, toute Science, toute recherche serait superflue. La collection « L'esprit économique » soulève le débat, textes et images à l'appui, sur la face cachée économique des faits sociaux : rapports de pouvoir, de production et d'échange, innovations organisationnelles, technologiques et financières, espaces globaux et microéconomiques de valorisation et de profit, pensées critiques et novatrices sur le monde en mouvement...
Ces ouvrages s'adressent aux étudiants, aux enseignants, aux chercheurs en sciences économiques, politiques, sociales, juridiques et de gestion, ainsi qu'aux experts d'entreprise et d'administration des institutions.

La collection est divisée en six séries :

Dans la série *Economie et Innovation* sont publiés des ouvrages d'économie industrielle, financière et du travail et de sociologie économique qui mettent l'accent sur les transformations économiques et sociales suite à l'introduction de nouvelles techniques et méthodes de production. L'innovation se confond avec la nouveauté marchande et touche le cœur même des rapports sociaux et de leurs représentations institutionnelles.

La série *Economie formelle* a pour objectif de promouvoir l'analyse des faits économiques contemporains en s'appuyant sur les approches critiques de l'économie telle qu'elle est enseignée et normalisée mondialement. Elle comprend des livres qui s'interrogent sur les choix des acteurs économiques dans une perspective macroéconomique, historique et prospective.

Dans la série *Le Monde en Question* sont publiés des ouvrages d'économie politique traitant des problèmes internationaux. Les économies nationales, le développement, les espaces élargis, ainsi que l'étude des ressorts fondamentaux de l'économie mondiale sont les sujets de prédilection dans le choix des publications.

La série *Krisis* a été créée pour faciliter la lecture historique des problèmes économiques et sociaux d'aujourd'hui liés aux métamorphoses de l'organisation industrielle et du travail. Elle comprend la réédition d'ouvrages anciens, de compilations de textes autour des mêmes questions et des ouvrages d'histoire de la pensée et des faits économiques.

La série *Clichés* a été créée pour fixer les impressions du monde économique. Les ouvrages contiennent photos et texte pour faire ressortir les caractéristiques d'une situation donnée. Le premier thème directeur est : mémoire et actualité du travail et de l'industrie ; le second : histoire et impacts économiques et sociaux des innovations.

La série *Cours Principaux* comprend des ouvrages simples, fondamentaux et/ou spécialisés qui s'adressent aux étudiants en licence et en master en économie, sociologie, droit, et gestion. Son principe de base est l'application du vieil adage chinois : « le plus long voyage commence par le premier pas ».

Coordonné par
Yves Levant
et Stéphane Trébucq

Théorie comptable et sciences économiques du XVe au XXIe siècle

Mélanges en l'honneur du Professeur Jean-Guy DEGOS

Préface de Claude Pérochon

L'Harmattan

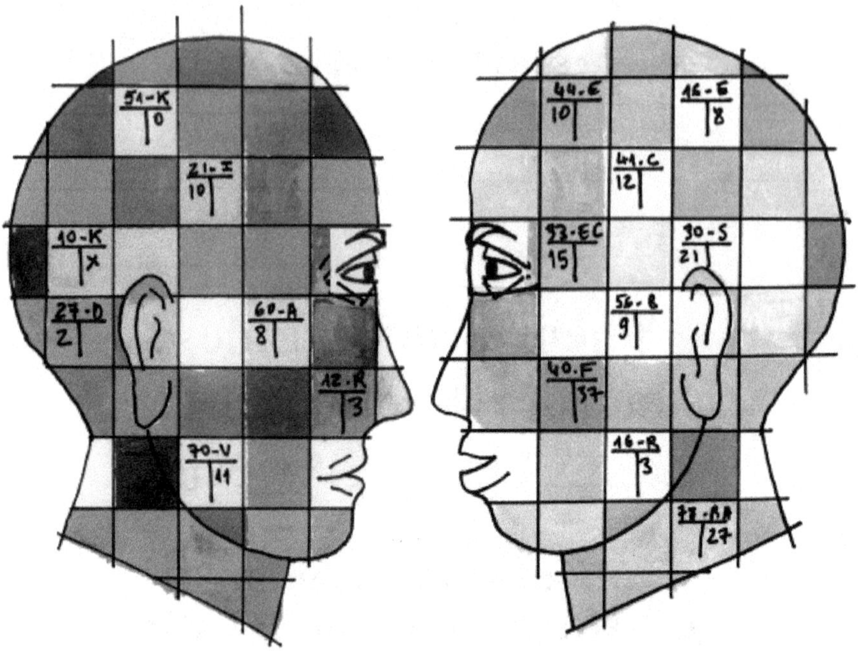

Illustration d'Éric Degos

5-7, rue de l'École-Polytechnique ; 75005 Paris

http://www.editions-harmattan.fr/

ISBN : 978-2-343-12541-1
EAN : 9782343125411

SOMMAIRE

Partie 4
Problématiques économiques et perspectives comptables

Jean-Guy DEGOS, Time Square, New York, 1er mai 2016
Portraitiste anonyme

PRÉFACE

Parcours d'un combattant à la vie professionnelle foisonnante

Claude Pérochon[1]

Quel honneur et quel plaisir me sont ici donnés de rendre hommage à un collègue dont l'étonnant parcours témoigne de qualités morales et intellectuelles exceptionnelles mises au service d'une discipline, art et peut-être science, d'un métier qui semble bien être le deuxième plus vieux du monde, si l'on s'en réfère à Josef Schumpeter selon qui, dans la genèse de la pensée humaine : "le schéma économique est la matrice de la logique". Ce premier schéma ne pouvait être, dans l'esprit de nos plus anciens ancêtres, que "comptable", du type "j'échange, sinon mon royaume, du moins trois aurochs contre un cheval..." La démarche comptable s'inscrit ainsi au tout début de l'Histoire des hommes et Jean-Guy Degos à qui nous témoignons tous ici de notre amitié et de notre admiration a su tout particulièrement inscrire la place de la comptabilité dans cette perspective. Avant d'évoquer l'étendue et l'importance de ses travaux, il convient de rappeler les étapes successives de sa si riche vie professionnelle.

1. LE PARCOURS D'UN COMBATTANT

Bordeaux, juin 1961 - Un jeune homme de dix-sept ans, fils d'un chef de cuisine, obtient, avec une centaine d'autres, son Certificat d'Aptitude Professionnelle d'aide-comptable (le C.A.P), après maintes sinuosités dans son orientation scolaire. En cette période difficile de pourrissement de la guerre d'Algérie, mais cependant prospère dans l'élan des "Trente Glorieuses", il peut sans doute, avec ce modeste viatique, entrer facilement dans la vie active, par exemple chez quelque négociant en vins de la place, comme teneur de livres voire assistant comptable, et profiter ainsi de la

[1] Professeur au Conservatoire National des Arts et Métiers (CNAM). Titulaire de 1973 à 1993 de la Chaire de Technique Financière et Comptable des Entreprises (TFCE). Directeur général de l'Institut National des Techniques Economiques et Comptables sur la même période (INTEC).

douceur de vivre girondine, comme vont le faire la majorité de ses condisciples, dans cette belle région toujours plus gironde car alors toujours endormie. Les seuls risques d'un tel choix : subir les foudres de son père, qui voudrait le voir aux fourneaux ou bien encourir les deux principaux dangers professionnels du moment, en cet âge "pré-informatique", le strabisme divergent provoqué par la lecture et le contrôle des débordantes ventilations horizontales opérées sur les immenses chariots des machines comptables Underwood de l'époque, ou encore la scoliose précoce résultant du poids des sacro-saints Grands Livres ; deux infirmités non classées comme professionnelles par la Sécurité Sociale.

Non par peur de ces risques, mais par désir profond de pénétrer cet univers de la comptabilité et de la gestion qu'il vient de découvrir et qui le séduit, le jeune homme choisit de poursuivre ses études en la matière, au très vif mécontentement de son père ; une firme bordelaise a ainsi perdu un prometteur collaborateur, et la ville peut-être un grand chef étoilé... En fait, l'adolescent saura montrer bien plus tard, dans sa vie professionnelle, que l'art culinaire et l'art comptable ne sont pas sans intersection... lorsque l'on atteint les hautes sphères de ces métiers ; mais le père ne le saura jamais, qui disparut avant que le fils n'en fasse la démonstration...

Dans les six ans qui suivirent l'obtention de ce premier sésame comptable, l'intelligence, la volonté et la capacité de travail du jeune homme lui permettent de franchir à grands pas les divers échelons de l'enseignement secondaire technique, puis d'intégrer l'Ecole Supérieure de Commerce de Bordeaux, option Finances/Comptabilité, dont il obtient le diplôme avant ses vingt-trois ans révolus ; le retard initial de ses études est déjà presque totalement rattrapé, et J-G Degos va pouvoir aisément monnayer son diplôme sous forme d'un bon recrutement comme cadre comptable ou financier dans une entreprise ou une banque, pas forcément bordelaises, nonobstant son fort tropisme aquitain.

Mais sa soif de connaissances, sa boulimie intellectuelle, sont irrépressibles ; c'est pourquoi, tout en assurant son quotidien par un emploi de maître-auxiliaire dans un Lycée technique, il complète sa formation économique et comptable en préparant avec succès une maîtrise de Sciences économiques à l'Université de Bordeaux, ainsi que le D.E.C.S, diplôme d'études comptables supérieures requis pour l'accès au stage professionnel et point de passage obligé vers le diplôme d'expertise-comptable. Il acquiert tous ces grades sans bénéficier d'aucune équivalence ou dispense, aujourd'hui généreusement accordées.

C'est nanti de ce solide bagage commercial, économique, comptable et financier que J-G Degos se présente au concours de professeur certifié de "Sciences et techniques économiques" (CAPET) qu'il obtient en 1969 ; il vient juste d'avoir vingt-cinq ans et part accomplir son service militaire. Nommé professeur certifié au Lycée de Marmande, il y assure avec beaucoup d'engagement son service en comptabilité et gestion, tout en effectuant dans un cabinet de la place son stage d'expertise comptable. En

1971, il est reçu à l'agrégation du second degré des "Techniques économiques de gestion" au jury de laquelle je siégeais les années précédentes si bien que je ne l'ai connu que dix ans plus tard, ce que je regrette encore. Avec ce nouveau statut, il poursuit son enseignement au Lycée de Marmande, puis à celui de Talence. Ainsi en dix années, de 1961 à 1971 aura-t-il passé avec succès une quinzaine d'examens ou concours dont la préparation de chacun est censée requérir un temps plein étudiant, tout en travaillant avec conscience et efficacité dans son Lycée, sans éluder aucune des responsabilités de la fonction.

Va-t-il alors arrêter cette quête non de parchemins mais de connaissance du monde entrepreneurial ? Que nenni ! Il repart de plus belle dans un investissement de recherche, au niveau doctoral dans cette Université de Bordeaux I dont le grand maître ès sciences de gestion est le professeur Jean-Guy Mérigot, fondateur et Directeur de l'Institut d'Administration des Entreprises (IAE), qui a repéré les qualités de l'impétrant et l'encourage dans son ascension universitaire. De 1974 à 1979, le professeur agrégé du second degré continue à enrichir sa formation et s'engage dans ses premiers travaux de recherche en gestion sanctionnés successivement par deux doctorats, l'un de spécialité en Economie et Administration des entreprises (1974), l'autre de troisième cycle en Gestion des organisations (1979) ; parallèlement, il avait couronné ses études comptables par la soutenance de son mémoire portant sur "La technique des réseaux PERT au service de la mission censoriale", devenant ainsi Diplômé d'expertise comptable (1977).

Cependant, le sommet de son cursus universitaire, le professorat des Universités, ne pourra être atteint qu'après réalisation d'une thèse d'Etat en "Sciences de Gestion", branche disciplinaire enfin officiellement reconnue, depuis 1974, et qui s'émancipe ainsi de celle des "Sciences économiques" au sein de laquelle les travaux et les enseignements relevant de la gestion s'inscrivaient jusqu'alors. Il n'a plus maintenant qu'à s'investir à fond, ce qu'il a toujours fait dans ses choix, dans l'étude, la recherche, l'écriture. A partir de la fin des années soixante-dix, tout en continuant évidemment à assurer son service de professeur au Lycée de Talence, il s'engage donc dans ces travaux de recherche, dont la préparation de sa thèse d'Etat, avec les conseils et la confiance du professeur Mérigot ; fort heureusement, il bénéficie d'une première reconnaissance de ses mérites d'enseignant et de chercheur en obtenant, en 1984, le statut de Maître-Assistant en sciences de gestion, nommé dans son Université bordelaise... Ce n'est pas sans nostalgie qu'il laisse son Lycée ; mais il sait qu'avec ce statut il disposera de meilleures conditions pour poursuivre ses travaux qui vont dès lors fortement se développer.

Parmi ceux-ci, l'élaboration de sa très belle thèse d'Etat en Sciences de Gestion, sur "le Diagnostic financier des Petites et Moyennes entreprises", en 1991, avec félicitations et prix de thèse de l'Académie de Bordeaux et du CIC, lui vaudra, avec ses autres nombreuses publications, sa nomination comme "Professeur des Universités" en 1996, ... à l'Université de Bordeaux, bien entendu.

Juste reconnaissance de ses mérites, cette consécration a-t-elle conduit le Professeur à s'accorder quelque pause dans ses bouillonnantes activités ? Le penser serait bien mal connaître notre Balzac de la comptabilité/gestion, rapprochement qui s'impose non du fait de la corpulence, mais de celui de la capacité de travail des deux personnages et aussi de la portée sociétale de leur production ; il a, au contraire, encore intensifié ses engagements au cours des vingt années suivantes, sans même que sa retraite administrative, en 2013, y ait mis un frein.

2. UNE VIE PROFESSIONNELLE FOISONNANTE

L'évocation du parcours du professeur J-G Degos a montré tous les obstacles d'ordre administratif et institutionnel qu'il a su franchir ; nous les avons présentés dans leur chronologie. En revanche, les fonctions accomplies, les responsabilités assumées, les métiers exercés, c'est à dire, en un terme économique la production professionnelle de J-G Degos, constituent un tissu très serré de ces multiples activités qui s'entrecroisent et se chevauchent, dans des proportions diverses, au fil d'une vie de plus de cinquante ans de labeur ; il convient donc d'abandonner l'ordre chronologique pour tenter de rendre compte (vision comptable ?) des principaux volets de cette riche vie professionnelle. Une double image, qui se veut fidèle, peut en être proposée : celle de l'enseignant, professeur de comptabilité et de gestion, et celle du chercheur et auteur.

2.1. L'enseignant en comptabilité et gestion.

Au prix de simplifications, il est possible de distinguer trois métiers au sein de cette fonction d'enseignement :

– le premier concerne l'objet même de l'enseignement ; tel enseigne la géographie, tel autre la philosophie ou les mathématiques ; dans le cas considéré cet objet central de la communication est la **comptabilité**, dont J-G Degos a effectivement exercé le métier ;

– l'autre est celui de l'exercice de la transmission directe, réfléchie et éclairante, de cet objet dans des cours dispensés sous des formes diverses, pas forcément toutes orales : c'est le métier de **professeur** ;

– le troisième se situe en amont : il s'agit de la direction et, encore plus haut, de la conception du modèle de formation et de son contenu : c'est le métier de **directeur** au sens le plus large du terme, moins celui qui commande que celui qui donne la direction à suivre, celui qui définit le parcours...

2.1.1. Le professionnel comptable

Chacun connait l'ambiguïté et le caractère réducteur du terme "comptabilité", qui donne à beaucoup une fausse idée de la nature, de l'étendue, de la complexité du domaine qu'il désigne, lequel serait, pour ceux qui s'y laissent prendre, celui du comptage, du classement quasi-automatique dans des cases préétablies (mais au fait, par qui ?), et de l'archivage. Pourtant, voici bien plus d'un siècle, Proudhon, si peu susceptible de sympathies capitalistes ni d'appétences pour une rigueur normative dans l'ordre social, avait écrit : "le comptable est le véritable économiste de l'entreprise qui a été spolié de son véritable nom ... ".

Certes le jeune titulaire du C.A.P d'aide-comptable de 1961 n'était pas encore en mesure de clairement discerner toute l'étendue du champ professionnel dans lequel il s'aventurait, mais il en avait certainement pressenti la richesse potentielle qu'il a par la suite découverte, et fait connaître, au fil de l'avancée de ses études, de son expérience et de ses travaux.

Il a tout d'abord, à fort temps partiel finançant ses études poursuivies, travaillé effectivement comme aide-comptable pendant plusieurs années : il a retiré de ce vécu la prise de conscience de la nécessité du respect des règles formelles et des contraintes organisationnelles, comme de la rigueur arithmétique mais aussi sémantique qu'impliquent le recueil et le traitement des données de base.

Jean-Guy Degos nous a dit, dans un bel article sur "La valeur oubliée des travaux comptables", que beaucoup de travaux d'employés ou d'ouvriers, sont très loin d'être insignifiants voire vulgaires, simple force de travail, mais impliquent réflexion, analyse du réel, initiative, prise de responsabilité. En effet, ayant exercé de telles tâches et vécu semblables situations, il n'ignore pas l'abusive hiérarchisation sociale qu'établissent nombre de pseudo-intellectuels au détriment de l'ouvrier par rapport à l'employé, de l'artisan par rapport au technicien, voire de l'ingénieur par rapport au financier... Comme nous y invitait Alfred Sauvy il y a un demi-siècle, sachons ne pas laisser sur son piédestal le "burelain" en son bureau, qui souvent y campe comme "le châtelain en son château"...

Vingt ans plus tard, il est passé de l'ordre comptable, systématique et systémique, à l'Ordre des Experts-comptables dans lequel il s'inscrit, à la création du cabinet de Gradignan ouvert avec son épouse, elle aussi diplômée. Pendant près d'une décennie, il accomplit les diverses missions de révision, organisation, audit et conseil de gestion dévolues à l'expert-comptable français, auprès d'entreprises "moyennes" de la région ; il assure également des missions de commissariat aux comptes. Cette période de sa vie a incontestablement enrichi sa connaissance technique et humaine du métier, et probablement son patrimoine familial ; mais il saura résister à l'appel des sirènes financières de la profession libérale et restera, à titre principal, enseignant, ce qui en France est un sacerdoce.

L'enseignement "direct", comme les écrits de J-G Degos se sont toujours fortement appuyés sur cet ancrage professionnel, sur ce terreau qu'il a de surcroît fertilisé encore grâce à tous les acquis conceptuels et techniques de sa large formation. On ne peut valablement enseigner la matière comptable, à un certain niveau, qu'en prenant en considération, pour ne pas dire en compte, les disciplines connexes qui la nourrissent, l'éclairent, la complètent ou l'enferment, qu'il s'agisse de l'économie, du droit, des mathématiques, de l'informatique, de la sociologie ; sur ce point sa formation, et l'expérience acquise, l'ont puissamment servi, comme en témoignent par ailleurs ses publications.

Son appartenance pendant plusieurs années à l'Ordre des experts-comptables a en outre grandement facilité ses rapports avec l'institution, qui l'a depuis toujours considéré comme l'un des siens, et avec laquelle les actions de collaboration, au plan national, ont été nombreuses : commissions d'études, congrès, formation, jurys d'examens, publications ordinales... Témoignage patent de reconnaissance de ces services appréciés : la Médaille d'argent de l'Ordre lui a été décernée et remise, il y a quelques années par le Président René Ricol lui-même ...

2.1.2. Le Professeur

Enseignant de Lycée pendant quinze ans, certifié puis agrégé (13 ans), J-G Degos a été amené à y dispenser une large palette de cours se rattachant à la gestion, dans une interdisciplinarité sinon voulue du moins imposée par la structure de l'enseignement secondaire en héritage d'une longue histoire ; il a eu à enseigner, outre la comptabilité et la gestion, l'économie générale, les mathématiques et la statistique, l'informatique, la fiscalité et le droit des affaires. Ce qui aurait pu être pour certains dispersion et superficialité a été pour lui, comme pour ses élèves (terme aujourd'hui obsolète, tous désormais étudiants une fois franchis les barreaux du parc de la "Maternelle"), source d'enrichissement et d'efficacité pédagogique de ces cours.

Pour savoir personnellement qu'il était fort apprécié par sa hiérarchie nationale, l'Inspection générale, je peux écrire qu'il aurait très probablement pu la rejoindre s'il n'avait préféré continuer sa promotion administrative dans l'Enseignement supérieur.... et peut-être aussi rester sur les bords de la Garonne. Mais durant ses années dans le "second degré", J-G Degos a beaucoup collaboré avec ses instances nationales, membre de différents jurys d'examens et concours, concepteur de nombreux sujets d'épreuves, conférencier...

Sa production pédagogique à destination principale des Lycées comporte également de nombreux articles publiés dans la revue "Techniques économiques" lue par tous les enseignants de ce corps, ainsi que plusieurs manuels destinés à leurs élèves dont "Premiers pas en mathématiques financières", éditions Ellipses, publié en 2013 (304 p.) avec comme co-auteur Jean-Yves Degos, agrégé et docteur en mathématiques, son fils.

L'accession de notre collègue à un poste dans l'Université, de maître-assistant en 1984, puis de Professeur des Universités en 1996, n'a évidemment pas tari sa soif d'enseigner qu'elle a au contraire amplifiée et infléchie :

– **amplifiée** en raison de la plus grande liberté d'action que donne le statut, notamment quant au contenu des enseignements ; celui des Lycées est en effet corseté dans des programmes rigides, aux bornes mais aussi au contenu voire à l'approche méthodologique très souvent strictement définis ; l'universitaire est moins contraint, sans être toutefois totalement libre de ses choix au moins dans les deux premiers cycles de Licence puis de Maîtrise ; c'est le grand bonheur que nous avons au CNAM de pouvoir assez largement décider du contenu de nos cours, soumis toutefois à l'agrément préalable du Conseil de Perfectionnement, ainsi qu'à des considérations de communication avec d'autres structures, dans l'intérêt de nos auditeurs, en matière d'équivalence de diplômes notamment.

– **infléchie**, par essence même de l'Université, en raison du niveau de ses cours et de leur contenu qui peut être, dans nos matières, plus conceptuel et méthodologique, sans tomber pour autant dans une abstraction non nécessaire et nuisible à une pédagogie efficace ; modifiée également parce que le maître-assistant et *a fortiori* le professeur Degos a alors pu choisir d'assurer des cours moins disparates qu'auparavant, les recentrant davantage sur un axe comptabilité/finances, les reliant mieux aussi à ses travaux et préoccupations de chercheur, sans jamais négliger la part d'interdisciplinarité indispensable à leur compréhension et à leur adéquation professionnelle.

Bien entendu le bourreau de travail qu'est J-G Degos a toujours accompagné ses cours par la production de supports pédagogiques de qualité, dont plusieurs ont fait l'objet d'éditions en librairie, rendant ainsi service à la communauté des "apprenants" bien au-delà du périmètre aquitain, voire de l'Hexagone, dans l'espace francophone. Il faut citer principalement les ouvrages : "Comptabilité financière des sociétés et des groupes", Eyrolles, 1987, 400 p, en collaboration avec le professeur Gérard Hirigoyen ; "Introduction à la comptabilité", Eyrolles 1991, 117 p.; "Méthodes matricielles et comptabilité", Eyrolles, 1990, 192 p., avec le professeur Didier Leclère ; "Gestion financière", Editions d'Organisation, 1992, 380 p., avec Stéphane Griffiths...

2.1.3. Le Directeur et concepteur de formations comptables

J-G Degos s'est fortement impliqué dans la direction et la gestion de formations comptables et financières supérieures mais aussi, en amont, dans leur conception même.

Il a en effet été Directeur pendant plus de vingt ans, de 1986 à 2008, de la Maîtrise de Sciences et Techniques Comptables et Financières (MSTCF) de son Université, record de pérennité dans cette fonction si lourde en tâches qui ne sont pas toutes gratifiantes (et jamais gratifiées), et si légère en crédits et en moyens structurels ; en ce laps de temps, cette filière très recherchée, l'une des plus importante de France, a donné à notre économie plus de sept cents cadres comptables, financiers, gestionnaires ou experts-comptables.

Pendant dix de ces vingt-deux années le Professeur J-G Degos a présidé, appelé par le Ministre de l'Enseignement supérieur, et avec le consensus implicite de la profession, le Jury national du diplôme d'Expert-comptable ; lourde fonction, surtout lorsque l'on réside à 600 km de Paris ; présidence assumée avec grand dévouement, compétence et doigté : plusieurs centaines de membres du jury, professeurs d'Universités, experts-comptables, magistrats, avocats, fiscalistes, banquiers, cadres supérieurs et chefs d'entreprises... Dix ans avec le poids de cette charge et de cette responsabilité, c'est un autre record que détient J-G Degos que j'avais précédé dans cette fonction vingt ans auparavant, fort heureux d'en être déchargé au bout de cinq ans...

Enfin, complément logique aux précédentes fonctions, mais charges supplémentaires, le professeur J-G Degos a participé étroitement à la conception de ces formations comptables supérieures de comptabilité-finances et à leur adaptation en fonction de l'évolution de l'environnement économique et juridique, français et international, en tant que membre de maintes commissions ministérielles ou ordinales.

Il a donc exercé avec talent la plénitude des fonctions et des tâches inhérentes au métier de responsable de formations supérieures comptables, *largo sensu*. Il a, de surcroît, fait profiter de son expertise en la matière nombre d'Etats étrangers, dans l'univers francophone principalement.

2.2. Le chercheur et grand communicant

Les mérites de J-G Degos, expert-comptable et professeur de sciences de gestion, directeur de formation, sont édifiants ; pourtant cette "production", pour importante qu'elle soit, ne saurait constituer une "œuvre", la rémanence durable d'une pensée.

En revanche le chercheur J-G Degos, par les nombreux travaux qu'il a réalisés et publiés à ce jour, et sans même compter ceux non parachevés qu'il a dans ses tiroirs ou dans quelque case de son cerveau à la curiosité si aiguisée, a d'ores et déjà constitué un fort respectable legs à la disposition de tous ceux qui s'intéressent à la chose comptable, qu'ils soient enseignants, professionnels de la comptabilité ou de la finance, entrepreneurs, ou bien sûr étudiants.

Depuis son entrée statutaire dans l'Enseignement supérieur jusqu'à sa prise de retraite en 2013, et aussi d'ailleurs après ce départ, il a littéralement fait exploser sa production scientifique, sous les formes les plus diverses : publication d'articles dans les meilleures revues, participation à comités de lecture, communications à colloques et congrès, édition d'ouvrages, direction de thèses... Le nombre, la diversité et la qualité de ces travaux impressionnent.

En moins de trente années, plus de cinquante ouvrages sur papier ou électroniques, presqu'autant de chapitres dans des ouvrages collectifs, environ cent cinquante articles dans des revues scientifiques ou techniques, françaises et étrangères, plus de cent communications écrites dans des congrès et des colloques universitaires ou professionnels, sans oublier la direction d'une trentaine de thèses et la présidence ou l'assessorat d'une soixantaine d'autres... Cette abondance de la production de notre Balzac est loin d'être antinomique avec sa qualité et son intérêt scientifique, méthodologique, technique et culturel ; la démonstration de la qualité de ses travaux faite dans sa remarquable thèse d'Etat, qui avait notamment intéressé les responsables de la Centrale des Bilans de la Banque de France, n'a fait que se confirmer. Il me paraît possible d'en donner une vue synthétique en évoquant les deux caractéristiques de cette production : en premier lieu, le large champ de sa réflexion en matière de sciences et techniques de gestion ; en second lieu, son investissement marquant dans l'histoire de la comptabilité

2.2.1. Le large champ de sa réflexion

Les publications et contributions de J-G Degos couvrent un très large espace, au sein des sciences et techniques de gestion, puisqu'il empiète même sur les disciplines et techniques qui leur sont connexes, les mathématiques par exemple ; cela témoigne d'un investissement considérable en études et documentation, recherche et traduction des résultats (et aussi traduction de langues étrangères, anglais principalement, espagnol…), rédaction, pédagogie... Si la culture n'était vraiment que "ce qui reste quand on a tout oublié", alors notre collègue serait inculte…; il nous a bien entendu montré tout le contraire, ayant su conserver le bénéfice de toute la sédimentation des connaissances qu'il a acquises, mais en les laissant à leur place, conceptuelle ou technique, et y puisant seulement quand c'est nécessaire à la démonstration, sans écorner la dimension culturelle de l'exposé.

Pour donner une idée du spectre disciplinaire couvert, citons ici quelques titres d'ouvrages ou travaux :

– économie générale : "Risques de crises financières et effet de levier en cascade", 2010 ; 16 p., Revue du Financier

– micro-économie et gestion : "La vraie valeur du temps", 2014 ; 10 p. Revue du Financier ; "La méthode Kanban", 1985, 10 p., Revue française de comptabilité...

– mathématiques : "Matrices, graphes, et chaînes de Markov", 2014 ; 25 p., Revue du Financier...ou "Méthodes heuristiques et comptabilité", 1988 ; 6 p., Revue française de comptabilité...

– finances : "Analyse financière", 2012 ; 338 p., Ellipse (avec Stéphane Ouvrard), ou "Evaluation des sociétés et de leurs titres", 1988 ; 168 p. (avec Gérard Hirigoyen).... ou "Credit rating agencies : accounting adjustments, and econometrical analysis", International Journal of Economics and accounting, 2010, 19 p.

– comptabilité financière : "Le plan comptable 2014, transmutation du plan 1999", 2014 ; 12 p., Revue du Financier....

– audit : "Catastrophe theory, a relevant model for auditor's behaviour", 2013 ; 13 p., International Journal of Critical accounting.

– comptabilité de gestion : "Budgets" *in* Encyclopédie du Management, 1992, 21 p., Vuibert, ou "Icones de Chernoff et contrôle de gestion", 2013, 26 p., Revue marocaine de contrôle de gestion....

– droit, fiscalité : "Commissariat aux apports, évaluation et fusions", 162 p., Malesherbes/CNCC, 1995.

2.2.2. L'historien de la comptabilité

Une forte part des travaux du professeur J-G Degos porte sur l'histoire de la comptabilité. C'est principalement par la publication, en 1998, de son "Que sais-je" portant ce titre qu'il s'est fait connaître de la communauté comptable française et internationale en tant qu'historien de la discipline. Non pour s'adonner à la relation purement factuelle d'éléments de cette ancestrale technique, mais pour en dégager, en s'appuyant sur les acquis de sa vaste culture et dans une démarche "braudélienne", les étapes successives et le trend profond de son évolution méthodologique, technique, et sociologique, dans un monde historiquement protéiforme ; il y fait la part belle à Venise, ce qui ne saurait surprendre ceux qui auront remarqué que son patronyme est une anagramme du titre des grands maîtres de l'illustre république, les Doges. Il y montre surtout sa grande connaissance de l'univers comptable, dans le temps et dans l'espace, qu'il confirme depuis par de très nombreuses études et publications qui ne sont jamais anecdotiques, mais toujours enracinées dans l'humus économique, social, politique et culturel de l'époque et de l'espace concernés. Je me dois de citer quelques titres caractéristiques de ce type de travaux :

– concernant la France : "Léautey et Guilbault : la face mathématique de la comptabilité classique" (2005) ; "*Struggle for power in French system of professions : the historic quarrel between accountants and lawyers*", 2009, 17 p., International Journal of Critical Accounting...et "La saga de la comptabilité et de l'expertise comptable", 2005, puis 2010, 320 p., Ordre des Experts-comptables, qui a connu une large diffusion.

– concernant un plus vaste espace : "L'échec du canal de Panama ", 2008, 18 p. (avec C. Prat), Revue Française de Gestion ; "Histoire, perspectives et limites des innovations des agences de notation financière", 2015, 18 p. (avec O. Ben Hmiden), Revue d'histoire et de prospective du management....

La réflexion historique de Jean-Guy Degos ne peut évidemment être qu'internationale dès lors que l'on trouve les premières traces de formalisation comptable dans la Cordillère des Andes, aux rives du Nil, à Sumer, voire dans la Grotte Chauvet... A l'autre bout de cette si longue histoire, il constatera peut-être, dans les années à venir, l'illusoire et vaine sophistication d'une modélisation comptable mondiale tendant à l'uniformité, fruit d'une "pensée unique", la pensée financière. Alors risqueraient d'être oubliés ses importants travaux de comptabilité comparée dont il est un expert, ce que confirment ses missions *offshore*, ses cours et ses conférences dans les universités étrangères, ses échanges avec les professionnels d'Outre-Atlantique, d'Australie, d'Asie et d'Afrique... Les comparaisons critiques ne pourraient alors être qu'historiques, puisqu'il n'existerait plus de langage ni de modèle comptables propres à une économie, une histoire, une culture.

Comment le Professeur Jean-Guy Degos, si fin connaisseur de la diversité des modèles comptables et des limites de chacun d'eux, pourrait-il rester indifférent à ce rapt de la comptabilité par la finance ! Avec l'avènement, par mimétisme mondial, du modèle IFRS, la normalisation comptable en Europe comme dans le monde n'est plus qu'un simple exercice de traduction d'une langue étrangère.

Certes le Professeur Degos doit continuer à présenter, dans une perspective historique et sociologique, des analyses critiques de cette irréversible évolution et des nouvelles pratiques professionnelles y associées. Mais je crois surtout, qu'armé de la force de tous les acquis de sa vie de travail - je devrais en l'occurrence dire les "conquis" si le mot existait -, l'auteur de si beaux et importants travaux sur l'information comptable et financière des "Petites et Moyennes Entreprises" sera conduit à proposer, pour elles, une ou plusieurs alternatives à ce modèle généralisé, beaucoup plus proches de leur réalité économique et de leurs besoins d'informations stratégiques et de gestion. C'est en tout cas le vœu que je formule.

Tout son passé nous le garantit, Jean-Guy Degos continuera sur sa lancée...

A Bordeaux, le 15 avril 2017

INTRODUCTION

Théorie comptable, sciences économiques, mathématiques et histoire

Yves Levant[1]
et Stéphane Trébucq[2]

Dans la préface ci-dessus, Claude Pérochon a insisté sur les diverses facettes de l'activité de Jean-Guy Degos. Ce dernier se qualifie lui-même, essentiellement, de comptable, de comptable qui n'a jamais hésité à effectuer les travaux manuels imposés par la comptabilité, mais lorsqu'il a eu fait le tour de la comptabilité classique, après une dizaine d'années de pratique, il a souhaité aller plus loin. Il avait déjà un niveau de connaissances certaines en économie et en mathématiques et comme un apprenti-sorcier, il a cherché à appliquer ces connaissances à la comptabilité. Sans être un historien à l'origine, il a aussi découvert l'histoire et il a souhaité connaître l'histoire de la comptabilité, dont personne ne lui avait jamais parlé. Dans cette quête multidisciplinaire et parfois désordonnée, il a rencontré beaucoup de chercheurs, de théoriciens, de collègues, avec qui il a fait, souvent, un bout de chemin. Certains d'entre eux ont souhaité évoquer ici quelques aspects de leurs recherches. C'est pourquoi ils ne sont pas ici par hasard : Jean-Guy Degos a travaillé avec chacun d'entre eux, parfois il a cosigné des articles ou des livres avec eux, parfois ils ont eu des projets communs qui n'ont pas abouti, parfois ils ont passé des années à poursuivre les mêmes objectifs : améliorer les structures de l'enseignement de la comptabilité et de la profession comptable, apporter une voix française dans la communauté internationale, ou, au contraire, monter que les français, même si ce n'est pas leur langue maternelle, peuvent communiquer, en Anglais, en Russe, en Chinois ou en Japonais. Il a eu avec ces auteurs des relations profondes et attentives et ils lui ont tous apporté la richesse essentielle de la différence.

Dans la première partie, quelques-uns de ses collègues proches et plusieurs de ses enfants évoquent sa vie, son œuvre et ses pensées.

---

[1] Professeur à l'Université de Lille et à SKEMA Business School.

[2] Professeur à l'Université de Bordeaux.

Geneviève Causse, sa collègue pour laquelle il a un grand respect et une grande admiration, a souhaité le soumettre à la question, à quelques questions plutôt. Ensuite, ses deux premiers enfants, Jean-Yves et Sylvie, après des discussions avec lui, ont exposé son itinéraire personnel et professionnel selon un axe qu'il a trouvé évident : quelqu'un de différent qui n'a pas toujours bien vécu sa différence et son acculturation : un mouton noir qui aurait voulu être un loup blanc, l'éternel problème de la petite sirène d'Andersen, qui doit choisir entre deux mondes et qui ne peut hélas pas avoir le beurre et l'argent du beurre. Son troisième enfant David, a ensuite évoqué deux grands projets dont il a été un des acteurs, parmi des milliers, afin de contribuer à l'amélioration des infrastructures de Londres. On ne trouvera pas d'article de son dernier fils Eric, mais celui-ci a conçu le dessin de la p. 6, car Jean-Guy Degos, plus qu'un *Liber Amicorum*, souhaitait avoir un *Liber ad Filios et Amicos*, plus qu'un "livre des amis", un "livre des enfants et des amis". Dans le dernier article, Martine Hlady-Rispal, qui a longtemps été sa voisine de bureau et qui partageait avec lui un secrétariat, a utilisé ses compétences en représentation des données, pour représenter à l'aide de deux nuages, les mots et les choses de son œuvre.

Dans la deuxième partie, Alain Burlaud et Geneviève Causse étudient la position de la comptabilité, entre universalisme et contingence. Ses collègues Robert Obert et Jean-Claude Scheid analysent l'évolution de l'IASC de la création en 1973 à son remplacement par l'IASB en 2001. Didier Bensadon rappelle les premiers échecs de la normalisation comptable en France en évoquant le cas des bilans-type sous la Troisième République. Alan Sangster nous raconte comment la comptabilité en partie double était enseignée au 15ème siècle avant la publication de Luca Pacioli qui transforma l'enseignement de la comptabilité. Comment imposer les bénéfices sans normaliser les règles comptables ? S'interroge Béatrice Touchelay à l'occasion de l'étude des premiers pas de l'impôt sur les bénéfices industriels et commerciaux en France. Viatcheslav Sokolov de Saint-Pétersbourg, apporte des éléments nouveaux à une collaboration originale d'un auteur français et d'un auteur russe : *La science des négociants et des teneurs de livres* de Mathieu de La Porte et Pierre Boucher traduit en russe par Ivan Akhmatov en 1809. Deux autres auteurs russes, Mikhail Kuter et sa fille Marina Gurskaya, qui s'intéressent depuis des années aux travaux de Jacques Savary, protégé de Colbert, rappellent dans un article très détaillé : The unity of the early practices of financial result formation: cases of Alberti's, Datini's, and Savary's works (1675). On reste dans le domaine des entreprises françaises avec Philippe Touron qui donne une illustration de l'internationalisation des politiques comptables des entreprises françaises par l'adoption de principes comptables reconnus sur le plan international par PSA en 1980. Enfin, Eddy E. Felix, digne représentant de l'histoire comptable belge, répond à J. G. Degos, qui a beaucoup écrit sur la profession comptable française sous le régime de Vichy, dans son article sur la profession comptable en Belgique sous l'occupation allemande (1940-1944).

La troisième partie est consacrée aux sciences juridiques et aux sciences du chiffre, aux métiers de droit et aux métiers du chiffre. Jean-Guy Degos a beaucoup travaillé dans ces domaines, il a beaucoup étudié, après d'autres, tels qu'Abbott le système des professions et la rivalité entre les avocats et les experts-comptables. Pierre de touche de ses recherches dans ce domaine, il a organisé en 2010, à l'université de Bordeaux, un colloque "Fiscalité, droit, comptabilité. Divergences et convergences" qui a donné lieu à la publication d'un ouvrage auquel plusieurs des auteurs de cette partie ont contribué. Le terrain, particulièrement pertinent, est donc connu et balisé par les contributeurs suivants. Martial Chadefaux et Florence Deboissy, dont la culture en droit fiscal et pénal est peu commune, se sont limités à l'étude pertinente des relations entre comptabilité et fiscalité dans le cas du portefeuille-titres et se posent une question en forme de chiasme : principe de connexité ou connexité de principe ? Maître Maxime Delhomme, avocat à la Cour d'appel de Paris chargé de défendre les intérêts de l'Ordre des experts-comptables et qui a gagné 34 procès en leur faveur sans en perdre aucun, est spécialement qualifié pour évoquer le droit pénal des affaires à l'heure des comptes. Christian Hoarau et Robert Teller qui ont l'habitude d'écrire ensemble, plaident pour une vraie gouvernance mondiale des normes comptables internationales. Eric Séverin et Jean Claude Juhel examinent attentivement les coûts de faillite et les nouvelles procédures collectives. Jean-Yves Degos revient aux mathématiques – n'oublions pas que la comptabilité a une structure d'espace vectoriel – pour donner des représentations matricielles des groupes d'ordre 24. Didier Leclère estime que la comptabilité analytique (ou de gestion) est malheureusement considérée dans les milieux académiques comme étant un domaine sans surprises et sans enjeux, regroupant un ensemble de techniques, de « méthodes », dont la connaissance, nécessaire mais pas suffisante, constitue un préalable à l'exercice beaucoup plus noble et valorisant qu'est la mise en œuvre d'un système de contrôle de gestion alors qu'elle pourrait être à l'origine de nombreux progrès, entre autres en s'intégrant dans la nouvelle conception des systèmes d'information comptables de type ERP. Enfin Michel Coulmont et Yves Levant étudient le développement des compétences techniques lors d'une simulation de gestion.

La quatrième partie expose quelques problématiques économiques et quelques perspectives comptables. Les enseignants-chercheurs d'origine tunisienne et co-auteurs Oussama Ben Hmiden et Jamel Eddine Henchiri qui ont beaucoup discuté du sujet avec Jean-Guy Degos, font le point sur les perspectives d'évolution de la concurrence sur le marché de notation. Après avoir rappelé les structures oligopolistiques de ce marché, ils étudient la nouvelle concurrence de la Chine et de la Russie qui ne sont pas satisfaites de l'impérialisme américain et matière de notation et ils soulignent les perspectives séduisantes les agences extra-financières et de leur volonté de conquérir le marché des petites et moyennes entreprises et des entreprises de taille intérmédiaire. Bernard Christophe et Jacques Richard posent ensuite deux regards indépendants et contrastés d'experts en écologie et en développement durable, sur l'encyclique *Laudato si* du pape François "qui rend à César ce qui est à César" dans une partie de son texte qui s'interroge sur l'avenir de notre planète. Stéphane Trébucq s'interroge sur les progrès de la comptabilité et sur son destin vers une intégration. Il souligne l'obligation de mieux connaître l'évolution de notre comptabilité, en comprenant mieux ses limites, ses défauts, ses défaillances, ses écueils et ses perversions. L'outil comptable est non seulement dans les mains des professionnels habilités, mais encore il doit tomber dans les mains du citoyen, car la comptabilité est affaire de société, en produisant des informations qui contribuent à organiser la vie en société. Par son article, il souhaite contribuer à éclairer cette comptabilité du futur, la comptabilité du 21e siècle. Pascal Barneto, Stéphane Ouvrard et Serge Valant Gandja proposent des démarches de pilotage de la performance organisationnelle dans les sociétés de services en général et dans la profession comptable en particulier. Le monopole de la comptabilité qui préserve les intérêts des professionnels libéraux est de plus en plus remis en cause dans l'Union européenne. Leur étude permet de comprendre, malgré quelques limites inhérentes aux études qualitatives qu'ils exposent les conditions optimales du pilotage de la performance organisationnelle. Deux auteurs camerounais, le Professeur Louis Ndjetcheu et le Docteur Guy Djongoué, interlocuteurs privilégiés de Jean-Guy Degos au Cameroun, montrent comment se construit un marché des services particuliers : la certification des déclarations statistiques et fiscales. Une fois de plus, la théorie du sociologue Andrew Abbott et son ouvrage sur le système des professions sont mobilisés, et ils donnent un autre exemple de la rivalité de plusieurs groupes professionnels, qui n'est pas sans rappeler la rivalité entre les experts-comptables et les avocats en Angleterre au 19e siècle analysée par Steven Walker, et le même type de conflits en France au 20e siècle, analysé par Jean-Guy Degos et Loïc Geslin qui avait ouvert ses dossiers non couverts par le secret professionnel. Carole Daniel, Sylvain Dufourny et Yves Levant apportent une touche finale à l'ouvrage, dans leur article sur les jeux d'entreprises, instruments privilégiés de formation des dirigeants. Depuis les années 1970, les jeux d'entreprise ont beaucoup de succès, car malgré leur simplicité apparente, ils peuvent habituer les joueurs à faire face à des décisions imprévues en concevant diverses parties des jeux susceptibles de générer des fonctions aléatoires, à travailler en équipe, en relativisant les ruptures inévitables d'un futur difficile à prévoir. Des simulateurs aujourd'hui oubliés, comme Scorpion, étaient d'un réalisme et d'une utilité criants. Les trois auteurs concluent que les jeux d'entreprise ou simulateurs de gestion peuvent être utilisés comme des cas dynamiques, interactifs, dont l'un des objectifs pédagogiques d'apprentissage peut être le développement de la capacité de leadership des étudiants ou des professionnels qui y sont confrontés, mais ils sont surtout des instruments précieux dont ont besoin les enseignants de l'économie de la connaissance désirant développer des capacités déterminantes chez leurs étudiants. Rendant les apprenants maîtres de leur propre formation, on peut aussi, avantage supplémentaire, en mesurer l'influence quantitative.

PARTIE 1

Jean-Guy Degos, de sa vie pratique à son œuvre scientifique

L'enseignant-chercheur Jean-Guy Degos sous les projecteurs

Geneviève Causse[1]

En juillet 2016 Geneviève Causse a envoyé le courrier suivant à Jean-Guy.

On se connaît depuis quelques décennies, suffisamment pour savoir que tu es un homme « riche », riche de cœur, de connaissances, un « homme qui donne ». Les collègues et étudiants que j'ai pu rencontrer en France et en Afrique, qui te connaissent, sont unanimes. Ils se souviennent de toi avec reconnaissance pour ce que tu leur as apporté. En conséquence, puisque tu quittes officiellement la profession, tu ne peux pas partir sans nous livrer quelques secrets.

Tu sais sans doute qu'un ouvrage se prépare en ton honneur, des « mélanges », et je suis persuadée que ceux qui vont y participer, et plus généralement tous ceux qui te connaissent, seraient heureux que tu t'exprimes sur ta vie professionnelle et sur la vision que tu as de la fonction d'un enseignant en sciences de gestion à l'université.

Ayant obtenu l'accord de Jean-Guy, ainsi que des initiateurs du projet Mélanges, Geneviève et Jean-Guy se sont retrouvés, durant les vacances d'août 2016, pas très loin du fief bordelais de Jean-Guy, dans un coin ombragé des Landes, propice à un jeu de questions/réponses.

Q1. Est-ce que dès ton enfance, tu avais l'idée d'être professeur, est-ce que c'était ta vocation ?

Non, ce n'était pas ma vocation. J'aurais sans doute préféré être militaire. Dans ma famille depuis 4 siècles il n'y avait que des paysans et des militaires. Pour connaître concrètement les travaux des champs (labours, fenaisons, vendanges) que ma mère m'obligeait à assumer chez des voisins cultivateurs lorsqu'elle me trouvait franchement désagréable, et pour avoir été bercé, dans ma petite enfance, par les exploits des militaires, des soldats de la France libre et des maquisards, je rêvais surtout de gloire et de

[1] Professeur émérite de l'université de Paris-Est Créteil, et de l'ESCP Europe

grandeur. Je préférais mon grand-père quand il me racontait ses chevauchées au 8e régiment de dragons, plutôt que quand il me faisait désherber les carrés de carottes et d'oignons ou transporter des dizaines et des dizaines d'arrosoirs remplis d'eau. J'ai parfois, depuis, fait quelques travaux agricoles, mais dans la maison que j'habite depuis 40 ans, j'ai planté des arbres à fleurs (arbres de Judée, althéas, lagerstroemias) ou des arbres dont les feuilles prennent des couleurs vives à l'automne (chênes d'Amérique, liquidambars, ginkgos bilobas) pour ne pas m'occuper des rosiers qui demandent une attention permanente, à cause de la chlorose et des pucerons.

Je n'ai jamais voulu non plus, satisfaire les désirs de mon père, qui souhaitait faire de moi un ouvrier, cuisinier, dessinateur industriel ou frigoriste. J'avais conclu avec lui un accord pour être ajusteur-mécanicien, mais je n'étais pas doué pour ce travail. Pour revenir à mon destin, mes camarades, dès la classe de 3e commerciale appréciaient mes exposés, et ils avaient été très marqués en particulier par un d'entre eux sur « La ligne droite », livre d'Yves Gibeau publié en 1956 et qui raconte la renaissance au sprint de haut niveau d'un athlète allemand qui avait perdu un bras à la deuxième guerre mondiale.

La vraie décision, je l'ai prise en accord avec ma future femme quand nous étions en dernière année d'école supérieure de commerce et de maîtrise de sciences économiques : nous avons décidé d'enseigner, pour être, sinon ensemble, du moins toujours proches. Je n'ai jamais regretté cette option. Je n'ai jamais eu vraiment de vocation, contrairement à mes enfants, en particulier le premier, qui a toujours voulu être mathématicien, et ma fille qui a toujours voulu être "maîtresse" et qui se demandait, dans sa petite enfance, comment elle allait s'acheter ses premiers stylos et ses premiers cahiers d'institutrice (elle est professeur d'anglais) le premier jour de son futur travail.

Q2. Pour toi, qu'est-ce qu'être professeur actuellement dans l'enseignement supérieur français ?

Etre professeur actuellement dans l'enseignement supérieur français, c'est être quelqu'un qui a perdu beaucoup de sa respectabilité, de sa légitimité et qui a des moyens financiers de plus en plus limités, comme tous les fonctionnaires. Mon collègue bordelais Marc Malherbe[2] a publié une étude sur la Faculté de droit de Bordeaux depuis sa refondation en 1870, et il montre que les professeurs de faculté de droit, de 1870 à 1960, avaient un salaire et un train de vie qui les situaient dans les privilégiés. Quand ils achetaient une nouvelle maison, leurs liquidités ne les obligeaient même pas

---

[2] Marc Malherbe (1996) *La Faculté de Droit de Bordeaux*. Bordeaux : Presses Universitaires de Bordeaux.

à vendre leur ancienne demeure. Les professeurs de droit bordelais de la fin du 19e siècle et du début du 20e étaient des gens fortunés.

De nos jours, surtout dans les grandes villes, beaucoup de jeunes collègues ne peuvent pas acquérir un bien immobilier sans l'aide de leur famille. Les professeurs, de la maternelle à l'université, sont en général peu considérés par de nombreuses corporations qui n'ont pas leur culture, mais qui ont seulement une aptitude supérieure à gagner de l'argent. Lorsque j'accompagnais mes jeunes enfants à l'école, autrefois, je surprenais souvent des bribes de conversation de mères de famille de milieux aisés, mais à l'intelligence et à la culture limitées qui traitaient les enseignants comme de simples fournisseurs subalternes.

Pour ce qui me concerne, les dernières années, j'ai souvent eu l'impression de faire un travail d'assistant plus que de professeur de rang magistral. La fonction de transmission des connaissances et d'éveil à une culture universelle, directement issue des siècles des Lumières, a été considérablement réduite. La mission des enseignants a perdu de son lustre parce que la langue française n'est plus vraiment respectée à tous les niveaux de la société et parce que les étudiants ne comprennent plus vraiment ce qui est essentiel dans leur formation : acquérir une langue suffisamment nuancée pour leur donner des clés de compréhension du monde. Jamais Internet ou les réseaux sociaux ne donneront cette compréhension. Il n'y a qu'avec mes étudiants de doctorat et dans les congrès internationaux de premier plan, que j'ai eu l'impression d'être un professeur digne de ce nom et non pas un simple surveillant de garderie.

Q3. Quel est ton avis sur le contenu des enseignements en gestion ?

Le contenu des enseignements en gestion dépend du contenu des enseignements qui précèdent ces matières techniques, tout le long de la vie des élèves et des étudiants. Depuis plus de trente ans, et même plus, non seulement on assiste à une déconstruction de l'école, mais ses théoriciens persistent dans leurs erreurs : cela commence par l'apprentissage de la lecture avec la méthode globale, que ni toi ni moi n'avons connu et qui est maintenue malgré les multiples études qui montrent son inanité et son infériorité par rapport à la méthode classique. On a aussi beaucoup privilégié le savoir-être et le savoir-faire, alors que c'est le savoir tout court qui est essentiel. Enfin, les lecteurs mal inspirés de Foucault, Bourdieu ou Derrida qui occupaient des positions-clés, ont pris les pires options dans l'organisation des collèges et des lycées. Ce sont ces administratifs, que je qualifie d'*apparatchiks*, qui décident, sans contrôle réel, du contenu des enseignements. Nous autres, enseignants d'économie et de gestion, nous sommes chargés de parfaire la "formation" des jeunes souvent déformés par le système éducatif qui leur a fait prendre beaucoup de mauvaises habitudes, et qui sont persuadés, parce qu'on les en a persuadés, qu'en tant qu'élèves ils sont l'élément le plus important du système éducatif. Ils sont aussi persuadés, habitués d'Internet et des réseaux sociaux, que leur opinion vaut largement celle de leurs professeurs, ce qui les empêche de progresser vraiment. Ils n'ont pas toujours une vue claire d'un enseignement en gestion qui sera toujours, comme la plupart des autres enseignements, en évolution constante, dont les clés ne seront pas données par des réseaux hasardeux.

Pour en revenir aux *apparatchiks*, présents dans toutes les organisations qui souhaitent conserver des structures stables, ils préservent efficacement leur rente de situation. Thomas Kuhn, dans son ouvrage : « La structure des révolutions scientifiques », a bien montré la difficulté de renverser les vieux paradigmes qui profitent aux gens en place. Il n'y a rien de nouveau sous le soleil : des génies comme Champollion ont toujours été brimés par les Jaumard de leur époque. Le dernier en date est Laurent Lafforgue, médaille Fields 2002 de mathématiques, nommé au Haut Conseil de l'Education (HCE), qui affirmait que "l'éducation nationale est devenue un vaste mensonge", mais les plus concernés par ses accusations l'ont contraint à démissionner. La vérité, quelle qu'elle soit, n'est jamais bonne à dire dans l'enseignement.

La gestion est difficile à cerner et à définir. Pour paraphraser le poète Pierre Reverdy, qui affirmait que : "Il n'y a pas d'amour, il n'y a que des preuves d'amour" (Nord-sud, 1918), je serai tenté de dire : "Il n'y a pas de science de gestion, il n'y a que des problèmes de gestion à résoudre". Et je pense que toutes les tentatives d'unifier des disciplines comme la comptabilité, la finance, le marketing, les relations humaines, la stratégie, sont artificielles. Et le côté artificiel est encore accentué par la prétention de faire de la gestion une science dure ou une science expérimentale et de lui appliquer les principes et protocoles d'autres sciences, en particulier les approches hypothético-déductives et la publication des résultats dans des articles formatés à outrance. Là encore, ces carcans et ces pseudo-classements n'ont qu'un but : permettre à une petite oligarchie de conserver ses privilèges et de contrôler l'ensemble du système. Le temps est encore loin où la gestion sera libérée de ses chaînes. Dans toutes les sciences modernes, est-on sûr que Malthus ou Einstein verraient leurs articles révolutionnaires publiés de nos jours ? Je ne prône pas, comme Paul Feyerabend[3], une théorie destructrice des structures et de la connaissance, mais j'ai souvent constaté que le « *garbage can model* » avait beaucoup d'avantages, en particulier pour faire avancer ou débloquer les questions fondamentales.

---

[3] Paul Feyerabend (1975), *Against method, outline of an anarchist theory of knowledge*, New York, NY: Verso Books.

Q4. Je suis tout à fait d'accord avec toi sur les deux points, d'une part la prétention à faire de la gestion une science expérimentale, d'autre part la méthodologie pseudo-scientifique qui est devenue la norme. Mais tu as fait partie de ceux qui pouvaient infléchir la tendance. As-tu essayé, par exemple dans tes directions de thèses, ou dans ta fonction de président du comité scientifique d'une revue ?

Oui, j'ai essayé d'infléchir de nombreuses tendances, en équipe ou seul. Pendant 25 ans, avec mes amis de la Commission consultative pour la formation professionnelle des experts-comptables et des commissaires aux comptes, nous avons essayé, à notre niveau, d'améliorer les textes règlementaires concernant l'enseignement de la comptabilité et des disciplines connexes nécessaires aux professionnels de haut niveau, en accord avec le Conseil supérieur de l'Ordre des experts-comptables et de la Compagnie nationale des commissaires aux comptes. Un premier groupe d'études sur la modification des examens comptables a fonctionné en 1994 et en 1997, puis plus tard, le groupe de travail pour la réforme des examens comptables de l'Etat, a été mis en place par l'Ordre des experts-comptables et la direction des enseignements supérieurs entre 2004 et 2010. Ils ont proposé des programmes et des procédures, inspirés des travaux de l'IFAC qui me semblaient aller dans le bon sens.

J'ai essayé de donner à mes thésards, et à mes étudiants avancés (agrégatifs), des pistes de recherche et certains les ont suivies avec intérêt. J'ai aussi directement influencé certains cursus, en particulier en Afrique, pour faire avancer les choses : enseignement de matières nouvelles, nouvelles structures de diplômes d'expertise comptable, proposition d'un doctorat de sciences comptables au Cameroun.

Enfin, j'ai été plus loin que des fonctions de Président de comité scientifique de revues, j'ai directement participé à la fondation de certaines revues pour appliquer mes idées, telles que : l'*International Journal of Critical Accounting* (2009) qui donne une vue critique de la comptabilité, science sociale réactive plus que techno-science, la Revue marocaine de contrôle de gestion (2009) qui ne se contente pas d'être la revue d'une seule chapelle aux références anglo-saxonnes, l'*International Journal of Economic and Accounting* (2010) qui fait de bonnes synthèses entre l'économie et la comptabilité (2011), l'*African Journal of Accounting, Auditing and Finance* (2012) qui traite de sujets difficiles à traiter dans les autres revues africaines, la *Revue d'Histoire et de Prospective du Management* (2015) qui ouvre l'histoire aux perspectives d'avenir, ce qui manque souvent aux revues d'histoire traditionnelles et récemment l'*Intercontinental Journal of Business and Social Science Research* (2016) qui souhaite privilégier une vue élargie des sciences de gestion. Dans toutes ces revues, j'ai essayé de promouvoir la créativité plus que le formatage excessif qui fait que, dans de nombreuses revues de gestion, tous les articles se ressemblent et ne font pas avancer la connaissance, puisqu'ils visent simplement à structurer les profils de carrière d'auteurs *insiders* plus qu'*outsiders*.

Q5. A ton avis quelles sont les réformes souhaitables ?

Comme je l'ai dit plus haut, tout (ou presque) sépare la comptabilité, la finance, le marketing, les ressources humaines : le cadre conceptuel, les principes, les méthodes, l'épistémologie. Certains ont voulu construire les sciences de gestion, administrativement, comme les sciences juridiques ou les sciences économiques. Je ne suis pas sûr que ce soit une bonne idée d'associer la science de la carpe et la science du lapin dans un ensemble unique. Les années 1980 ont vu chacune des disciplines se développer de façon autonome, mais dans les années 2010, on a eu tendance à les regrouper pour des raisons financières et pour faire des économies. Dans beaucoup d'universités, sans doute trop nombreuses, on regroupe systématiquement de nombreux enseignements pas toujours homogènes.

Je suis professeur émérite dans une université qui résulte de la fusion, en 2014, de trois universités : une université scientifique, une université médicale et une université juridique. Cette nouvelle université a une visibilité administrative plus grande : elle fait partie des dix meilleures universités françaises et des deux cents meilleures universités mondiales du classement de l'Université Jiao Tong de Shanghai. Dans cette Université, aux multiples activités, il y a un seul collège pour le droit, l'économie et la gestion qui sont dans une sorte de fourre-tout. Mais après ? Dans ce nouvel établissement où le rôle des enseignants est des plus modestes, la communication est la priorité absolue, bien avant l'enseignement, mais ce qu'exprime cette communication est très différent de ce que ressentent les étudiants et les enseignants. De plus, ses responsables ont décidé de séparer totalement les unités de recherche des unités d'enseignement. Certains de mes éminents collègues (médecins et mathématiciens de réputation internationale) regrettent de ne pouvoir avoir de nouvelles de la Présidence et des principaux organes que par les journaux locaux et la télévision régionale. Quand je regarde ma nouvelle Université, j'ai parfois l'impression d'être dans *Animals farm* de George Orwell, où les animaux prennent le pouvoir, mais où les porcs, plus retors que les autres animaux, prennent sans pitié le pouvoir absolu avec toutes ses dérives. Beaucoup ne perçoivent plus ma nouvelle Université fusionnée comme une organisation à taille humaine, mais comme un ensemble administratif anonyme où les membres n'ont plus vraiment de repères.

Cette évolution est sans doute irréversible. Toutes les organisations modernes prennent ce chemin. Lorsqu'une organisation en est à ce stade, la sélection des étudiants devient aléatoire, les programmes pas toujours rationnels, et le contrôle des connaissances insiste plus sur la forme (rapidité des examens et des corrections, standardisation des contrôles continus et des stages, quelle que soit la matière et la filière) que sur la pertinence des formations, qui ont la prétention d'être à la carte, avec tout ce que cela comporte d'avantages, mais aussi d'inconvénients.

Il faudrait aussi supprimer les formations onéreuses et non-diplômantes qui ont surtout pour but de procurer de la trésorerie à des officines pas toujours transparentes. En matière de formation continue comme ailleurs, le temps ne respecte pas ce que l'on fait sans lui.

Pour ce qui concerne l'évaluation des enseignants, je suis plutôt partisan du système allemand qui remet en question tous les 5 ans le statut des professeurs et ne leur accorde pas une rente à vie. Je souhaite que dans le futur, tous les pays de l'Union européenne suivent cet exemple. Depuis quelques années, un système de classement des revues, qui est fortement biaisé par des experts qui sont à la fois juge et partie et qui ont des intérêts directs à attribuer des récompenses, est apparu. Ce classement à base d'étoiles paraît à première vue pratique, surtout pour les jurys chargés de délivrer des habilitations à diriger des recherches ou chargés de recruter des agrégés : un candidat qui cumule 25 étoiles est censé être meilleur qu'un autre qui n'a réussi à en obtenir que 19. L'originalité, la finesse et la créativité des candidats, appréciations qualitatives, cèdent le pas à une appréciation strictement quantitative. Bien sûr, il y a des revues meilleures que les autres, mais il y a aussi des lobbys plus efficaces que les autres. Les Canadiens ont souvent dénoncé de tels dérapages, et Pierre Bourdieu en a fait une analyse magistrale qui mériterait d'être mise à jour par un autre sociologue de sa trempe.

Q6. Quels sont les constats que tu as pu faire quant à l'évolution de la fonction ?

Je suis étudiant depuis 1962. J'ai vécu l'évolution de la fonction de professeur des universités durant une très longue période pour un être humain : 54 ans. Lorsque j'étais étudiant de première année, mes professeurs ne perdaient pas leur temps à m'expliquer ce qu'était un fonds de roulement, un besoin en fonds de roulement, ou la différence entre les deux, ou pourquoi, dans le modèle de Wilson-Within, le coût total de stockage est minimum lorsque le coût de possession est égal au coût de passation, ou pourquoi la courbe de coût marginal coupe la courbe de coût moyen en son minimum. Ces notions, pour mes professeurs, étaient considérées comme acquises, et si ce n'était pas le cas, c'était aux étudiants de faire les recherches adéquates à la bibliothèque pour pallier leurs lacunes. Les professeurs ne toléraient pas non plus que les étudiants n'aient pas une connaissance parfaite du français. J'ai noté plus haut que notre fonction s'est financièrement dégradée, ce qui a sans doute entraîné une dégradation de l'enseignement lui-même. Les derniers temps, j'ai souvent eu l'impression, à l'université de faire un travail de répétiteur plus que de professeur : la connaissance du français dans les universités a beaucoup baissé. Peu d'étudiants le parlent et l'écrivent correctement. Ils ne savent plus conjuguer les verbes aux temps corrects, ils ne connaissent pas les règles de pluriel des substantifs, ils ne connaissent même pas la différence entre les signes de ponctuation. J'ai évoqué plus haut les causes de cet état de fait.

Si je parle de fonds de roulement et de besoin en fonds de roulement, ils s'attendent à des explications élémentaires, banales et nombreuses. Si je parle de gestion de stocks, ils s'attendent à ce que je leur refasse un cours de base sur les dérivées et les différentielles. Mais je ne peux pas vraiment leur en vouloir : dans les classes terminales scientifiques des années 2010, on apprend tout juste ce qu'on apprenait en seconde dans les années 1960. J'ai eu la chance de diriger la même maîtrise pendant près de 30 ans. Comme j'avais à ma disposition des chroniques statistiques assez longues, j'ai essayé de déterminer quelle formation était la meilleure pour les étudiants qui sortaient avec leur diplôme. Sachant que je recrutais des BTS Gestion, des IUT Comptabilité et gestion, des étudiants en sciences économiques, des étudiants en droit, des étudiants en mathématiques appliquées aux sciences sociales. A ma grande surprise, le diplôme de seconde année, BTS, IUT, DEUG n'était pas discriminant, ni même la série du baccalauréat : mes meilleurs étudiants avaient dans la grande majorité des cas reçu un enseignement suivi de grec et/ou de latin.

Un élément important de l'évolution récente de la fonction est la prédominance des aspects administratifs et la nécessité nouvelle de donner des preuves administratives en tous genres. Un professeur doit donc, pour des raisons de survie professionnelle, donner la priorité au faire-savoir, à la communication, plutôt qu'au savoir transmis, assimilé et contrôlé correctement. De nos jours, nous avons des clients consommateurs, qui partent de l'hypothèse que leur opinion, formée au hasard des réseaux, est la seule qui compte et que la nôtre n'est pas spécialement intéressante. Comme ils sont virtuoses des téléphones portables, des tablettes et des spots télévisés, ils considèrent que nos cours devraient être aussi simples. Et bien entendu, ils préfèrent nos PowerPoint avec dix mots-clés par diapositive, plutôt qu'un cours aux parties subtilement articulées et aux transitions rationnelles.

Q7. Si la question n'est pas trop indiscrète, peux-tu nous parler de celui (ceux) que tu considères comme ayant été ton (tes) maître(s) ?

C'est une question intéressante. Dans un ouvrage que tout Professeur devrait avoir lu, *Homo Academicus* de Pierre Bourdieu[4], il y est précisé : « *Il n'y a pas de maître sans maître* » : *nullus assumi debet in magistrum, qui*

[4] Pierre Bourdieu (1984), *Homo Academicus*, Paris, Editions de Minuit.

sub magistro non fuerit discipulus. Pas de maître reconnu qui ne reconnaisse un maître et à travers lui la magistrature intellectuelle du sacré collège qui le reconnaissent. Pas de maître en un mot qui ne reconnaisse la valeur de l'institution et des valeurs institutionnelles qui s'enracinent toutes dans le refus institué de toute pensée non institutionnelle, dans l'exaltation du "sérieux" universitaire, cet instrument de normalisation qui a pour lui toutes les apparences, celles de la science et celles de la morale ».

Les maîtres qui m'ont le plus apporté sont certains professeurs de sciences économiques. Le premier d'entre eux est sans doute René Passet. Il a été mon premier professeur d'économie politique de 1964 à 1966 à la Faculté de droit et des sciences économiques de l'Université de Bordeaux. J'ai suivi en 1964 en première année, son cours, tendant à la perfection, d'économie politique générale, en seconde année son cours consacré à la monnaie, matière que j'aimais un peu moins et en 1966, juste pour le plaisir, son cours de mathématiques appliquées à l'économie, qui a plus tard été publié en 4 volumes aux éditions Cujas. Sans le 14/20 qu'il avait donné à ma copie d'économie de première année, j'aurais sans doute abandonné, comme beaucoup, mes études économiques universitaires. Né à Bègles (comme ma mère) en 1926, fils de laitier et fier de l'être, René Passet est aussi un fin juriste et un historien qui a fait ses preuves en soutenant une thèse d'histoire des institutions sur "L'industrie dans la Généralité de Bordeaux sous l'intendant Tourny" et ensuite une thèse d'économie politique sur : "Les subventions économiques et la lutte contre l'inflation" qui lui ont permis d'être agrégé de sciences économiques en 1958. Dès les premières minutes de son cours d'économie, il troublait ses étudiants, car il citait Auguste Detœuf, polytechnicien qui causa la première faillite d'Alsthom et qui fit de la figuration intelligente à la première commission chargée d'élaborer le premier plan comptable français. Dans un de ses ouvrages (1937), il faisait dire à son personnage principal[5] : "Il y a, prétendait Oscar Barenton, trois manières de se ruiner, le jeu, les femmes et les ingénieurs, les deux premières sont les plus agréables, mais la troisième est la plus sûre". Je n'ai jamais revu René Passet, qui est toujours vivant, mais j'ai souvent pensé à lui en lisant ses livres, dans cette vieille Université de Bordeaux où j'ai eu comme lui, l'honneur d'être Professeur.

Mais si je n'avais qu'un maître, ce serait Jean-Guy Mérigot, né en 1920, qui a fondé l'IAE de l'Université de Bordeaux en 1955 et qui a toujours été un pionnier de la gestion. Elève du professeur Henri Laufenburger, grand spécialiste de la finance, il a lui-même brillé dans cette matière. Jean-Guy Mérigot auteur d'une thèse sur les comités d'organisation en 1943, agrégé d'économie politique en 1953, était à la fois un homme simple et compliqué, qui n'aimait pas les assistants et les maîtres-assistants qui le singeaient. J'ai suivi le cours de démographie et le cours de finances publiques qu'il donnait

---

[5] Auguste Detoeuf (1937), *Propos d'O.L. Barenton, confiseur, ancien élève de l'École polytechnique*, Paris : Éditions du Tambourinaire.

en 2e année de licence ès-sciences économiques, et en 4e année de maîtrise, son cours de gestion financière. Dès qu'il a fondé à Bordeaux le premier doctorat de gestion, je me suis porté candidat et il m'a accepté. Il m'appréciait parce que j'avais le même prénom que lui, que j'étais né à Bordeaux comme lui et surtout parce que je n'essayais pas de lui ressembler. Il me parlait avec une certaine cruauté de ces enseignants lamentables qui essayaient de faire du "sous-Mérigot" et il était capable de les faire pleurer. Il avait un excellent niveau en mathématiques, qui aurait dû le conduire à l'Ecole polytechnique, mais il préférait l'économie. Il a dirigé mes trois diplômes de 3e cycle (DESS et DEA) et mes trois doctorats (Economie et administration, Gestion des organisations, Sciences de gestion). Comme un directeur courageux, il a souvent pris ma défense, et quand j'ai préparé l'agrégation des facultés, il m'a fait faire de nombreuses leçons au cours desquelles j'ai pu mesurer l'étendue de sa culture en sciences économiques et en sciences de gestion. Retraité en 1986, jusqu'à sa mort en 2007, il a été un exemple pour moi, dans tous les domaines. Colonel de cavalerie, c'était un patriote à la rigueur morale qui incitait au respect. Il aimait citer cette phrase que le marquis de Vauvenargues avait empruntée à Bernard de Chartres ou à Jean de Salisbury et qu'Isaac Newton et Blaise Pascal ne dédaignaient pas : "Si nous paraissons grands, c'est que nous sommes assis sur les épaules de nos pères". Jean-Guy Mérigot avait des amis fidèles tels que Pierre Lassègue, avec qui j'ai longtemps entretenu des relations épistolaires, ou Raymond Barre, Premier ministre du Président Valéry Giscard d'Estaing, qui lui avait proposé un poste de secrétaire d'Etat qu'il avait décliné. Etudiant à l'Ecole des sciences politiques et chargé d'enseignement à Paris dans sa jeunesse, il ne souhaitait pas y faire une carrière de professeur ni de ministre, deux statuts qui lui avaient été proposés.

Q8. Au cours de ta carrière, tu es intervenu de nombreuses fois à l'étranger, et tu continues à intervenir, quelle est ta motivation ? Que t'apportent ces interventions ?

Je n'ai jamais enseigné à l'étranger avant de devenir professeur des Universités, mais même avant ma nomination, j'ai toujours beaucoup voyagé. Mes premières missions de professeur ont été effectuées en Bulgarie, à la demande de notre collègue Jean Bénéteau, et au Maroc, où l'Université de Bordeaux avait de nombreux accords. A la création de l'Université Bordeaux IV, résultant de la scission de l'Université Bordeaux I en Bordeaux I nouvelle et Bordeaux IV Montesquieu, le nouveau Président, Jean du Bois de Gaudusson nous a demandé de développer l'Université à l'international. Avec Gérard Hirigoyen, nous nous sommes très sérieusement employés à cette tâche. Pour cela, avec le support de l'AUPELF, j'ai fait de nombreuses missions au Liban, que je connaissais bien, et en Afrique noire, au Sénégal, au Cameroun, au Gabon, au Bénin ou au Niger. J'ai aussi enseigné en Egypte, en Tunisie ou au Vietnam. Pour la FNEGE, j'ai aussi été en mission à l'Ile Maurice, en Indonésie et en Chine.

Ces missions ont eu l'avantage de m'ouvrir les yeux sur d'autres réalités. Et surtout, dès que j'ai commencé à faire des missions, et non pas simplement à être un touriste, je me suis aperçu que le travail permettait de beaucoup mieux connaître les gens que le tourisme. Dans beaucoup de pays, mes travaux et les relations que j'avais avec mes collègues ou confrères locaux, m'ont permis de comprendre en profondeur des choses qu'on ne peut pas comprendre en lisant simplement les journaux ou en consultant Internet. On a un vrai dialogue. Et j'ai aussi, durant mes voyages, observé la diversité des comptabilités et des finances locales.

J'ai donc beaucoup appris, et les voyages m'ont formé quand j'étais jeune, mais aussi quand je suis devenu plus âgé. Dans ces voyages, j'ai aussi apprécié les échanges que j'ai eus avec les étudiants. Mes meilleurs souvenirs viennent des étudiants vietnamiens, chinois et ivoiriens. En général mes rapports avec les étudiants d'Afrique centrale et de l'Ouest ont toujours été très bons. Il y a des pays, que je ne nommerai pas, où l'arrogance et l'inculture des étudiants est insupportable, mais c'est une petite minorité.

Q9. Peux-tu nous faire part de quelques moments forts de ta carrière ?

Les moments forts de ma carrière sont des moments où j'ai eu l'impression d'être maître de mon destin. La réussite au concours d'entrée à l'Ecole supérieure de commerce, mes trois doctorats, mon diplôme d'expert-comptable sont pour moi les premiers de ces moments forts, même si dans ces succès, je dois reconnaître que mes professeurs, ma famille et mes amis ont leur part. Les concours de recrutement, comme le CAPET ou les agrégations, qu'ils soient ou non couronnés de succès, m'ont moins marqué car je sais que dans de telles épreuves, le mérite des candidats n'est pas toujours l'élément déterminant de l'admission.

Il y a deux périodes spéciales dans ma vie, la première, dans les années 1985-1990 où j'ai mené de front mes activités de maître de conférences et la gestion du cabinet d'expertise comptable et de commissariat aux comptes que j'avais fondé, avec tout ce que cela comporte de stress, d'euphorie et de difficultés mélangés. Je n'avais même pas le temps de dépenser l'argent que je gagnais ! La seconde, après que je sois devenu professeur des universités, dans les années 2000-2005, où j'ai cumulé les responsabilités de président du jury d'expertise comptable, de directeur de l'UFR des formations économiques approfondies comportant 25 filières différentes et de responsable de filières à l'étranger. Durant cette période, j'ai eu à faire face aux mutations imposées par le système LMD issu du rapport de Bologne, et de nombreux voyages en Chine et dans de nombreux autres pays et à la multiplication de mes voyages et activités aux Etats-Unis. Je n'avais pas une minute à moi, mais la vie trépidante que je menais alors n'était pas pour me déplaire.

Q10. Parmi tes très nombreuses publications, quelles sont celles dont tu es particulièrement fier ?

Parlons d'abord des ouvrages, les deux premiers que j'ai écrits avec Gérard Hirigoyen ont été le début d'une longue série et j'y suis particulièrement attaché. Notre premier livre, « Comptabilité financière des sociétés et des groupes » (1987) comportait plusieurs innovations. Les deux principales étaient la rupture de la tradition : nous n'avions développé que les sociétés les plus courantes dans le domaine des affaires, et oublié les curiosités peu fréquentes comme les sociétés de personnes et les sociétés en commandite. Et dans ce premier ouvrage, nous avions utilisé à chaque page des exemples extraits de nos dossiers personnels, et donc le moindre bilan ou compte de résultat est criant de vérité et leur structure est rationnelle et plausible. Dans ce premier livre, un chapitre sur les méthodes d'évaluation nous avait permis de nous poser de nombreuses questions, et Gérard a proposé à notre ami Jean-Pierre Helfer d'écrire un livre sur le sujet pour les éditions Vuibert. Jean-Pierre était d'accord pour un ouvrage dans la petite collection de vulgarisation, mais après le succès de notre premier ouvrage, Gérard Hirigoyen a très habilement renégocié la publication de notre ouvrage « Evaluation des sociétés et de leurs titres » (1988) dans la prestigieuse collection noire. Pour cet ouvrage nous avons obtenu une mention spéciale au prix Harvard-L'Expansion et il a été traduit en italien par les éditions Franco Angeli éditeur à Milan sous le titre : « La valutazione delle società e dei loro titoli ». Nous avions alors l'impression d'être vraiment des auteurs européens et d'avoir franchi un cap.

L'ouvrage co-écrit avec Stéphane Griffiths en 1997, « Gestion financière, de l'analyse à la stratégie », qui a eu deux éditions classiques, deux retirages en édition de poche et qui a été intégré dans le package Microsoft Office 2000 a été pour nous un objet de fierté, car il reprenait l'essentiel de nos précédents travaux et de nombreux extraits de ma thèse d'Etat, et en plus, chaque fois que Microsoft vendait son programme, nous touchions de confortables royalties. Nous avons mis du temps à publier la seconde édition refondue, après la crise des subprimes, mais l'approche que nous avions de nouveaux problèmes émergents, tels que les risques, la fraude, le blanchiment d'argent sale ou la corruption financière en faisait un ouvrage qui sortait un peu de l'ordinaire et des discours convenus. La même année 1997, j'ai publié un ouvrage petit par la taille : « La comptabilité », dont j'étais fier pour plusieurs raisons, dont la moindre n'était pas que j'avais proposé ce travail à Michel Serres, de l'Académie française, qui voulait faire concurrence à la collection Que sais-je ? des Presses universitaires de France avec la collection Domino des éditions Flammarion. Comme Que sais-Je ? et Domino avaient déjà publié, chacun de leur côté, des ouvrages qui avaient exactement le même titre (La relativité, Jésus), j'ai proposé à Michel Serres de publier un ouvrage qui avait le même titre que l'ouvrage de Jean Fourastié aux PUF. Il m'a fait confiance et il a accepté. Parallèlement, j'avais en projet d'écrire un livre d'histoire de la comptabilité, et j'ai passé une année à relire les ouvrages fondamentaux de cette discipline, du 15e au 20e siècle, pour écrire le Que sais-je ? n° 3398, « Histoire de la comptabilité » (1998). Pour le 60e anniversaire de l'Ordre des experts-comptables, à la demande de Jean-Claude Spitz et en mémoire de notre consœur Martine Le Corre prématurément décédée, j'ai fait une version différente de ce Que sais-je ? traitant non seulement de l'histoire de la comptabilité mais encore de l'histoire de l'Ordre des experts-comptables, intitulée « La saga de la comptabilité et de l'expertise comptable » (2005). Elle a eté éditée à 5 000 exemplaires et distribuée aux congressistes. J'en ai fait une édition révisée et augmentée en 2010, éditée à 101 exemplaires collectors, aux éditions Spirit of Orion, et une version électronique pour Numilog.

Je suis aussi fier d'avoir écrit un livre de mathématiques, publié en 2013, avec mon fils aîné Jean-Yves, deux fois agrégé et Docteur en mathématiques, master en cryptographie et statisticien, dans des circonstances dramatiques. Nous avons commencé le livre, mais lorsqu'il était aux deux tiers rédigé, mon pronostic vital était engagé, à cause de cette maladie dont on n'aime pas dire le nom et je n'étais pas sûr de vivre quelques mois de plus, après deux graves opérations chirurgicales qui en appelaient une troisième. J'avais pris mes dispositions et j'avais demandé à mon jeune collègue Stéphane Trébucq de prendre en charge les 7 thésards qui me restaient, et à mon vieil ami Didier Leclère d'aider mon fils à terminer l'ouvrage, s'il m'arrivait malheur. La probabilité de 50 % de survie annoncée par la faculté de médecine ayant joué en ma faveur, j'ai pu terminer l'ouvrage : « Premiers pas en mathématiques financières », qui n'a pas été un succès de librairie, mais qui est unique en son genre, car il rappelle les vieilles techniques de calcul (tables de logarithmes, tables financières, règles à calculer) à côté des techniques actuelles, et il propose à la fois, pour les principales questions, les formules de calcul en variables discrètes et en variables continues.

J'ai aussi été fier de participer, avec de nombreux collègues, à des projets collectifs de dictionnaires et d'encyclopédies. Je l'ai fait en toute amitié et même si mon nom n'est pas sur la couverture, cela me donne le sentiment du devoir accompli de manière collective.

Pour ce qui concerne les articles, comme tu le sais, on peut être beaucoup moins conformiste que dans les livres. Plusieurs m'ont donné un sentiment de satisfaction :

– « L'ambiguïté de la capacité d'autofinancement », en 1985 dans lequel je soutenais la thèse que la variation de la capacité d'autofinancement n'était ni bonne ni mauvaise en soi, mais que ce qui compte, c'est la nature des postes du bilan concernés ;

– « La méthode Kanban ou comment gérer les stocks en termes de flux » en 1985 fut traduit pour l'Ordre des experts-comptables portugais. Pour rédiger cet article j'ai profité des relations que j'avais avec un de mes anciens condisciples à l'université et à l'ESC de Bordeaux, Pierre Dulck, contrôleur principal de gestion chez IBM, il m'a fait comprendre la philosophie japonaise, bien avant qu'elle ne devienne banale ;

– « Les grands précurseurs de la comptabilité », en 1985, article qui a beaucoup compté pour moi et qui était lui-même un article précurseur ;

– « L'effet de levier différentiel, un complément à l'analyse de la rentabilité des investissements », en 1987 qui est peut-être mon article préféré, car il donnait une nouvelle méthode de calcul des variations de l'effet de levier à l'aide du calcul différentiel et de l'analyse vectorielle ;

– « Comptabilité créative et gouvernance : dualité de l'image flatteuse et de l'image fidèle ». en 2001.

Dans tous ces articles, j'ai essayé de sortir des sentiers battus, comme dans les articles que j'ai pu consacrer à l'histoire axiologique, à la théorie des catastrophes, à la théorie du chaos, au blanchiment d'argent sale ou aux bitcoins. Mais trop souvent, les éditeurs et les jurys d'examen de gestion ne sont pas prêts à entendre des discours "non formatés" et "non convenus". Et curieusement, quand j'approfondis certains problèmes de gestion, je retombe sur de grands classiques économiques. On ne se débarrasse vraiment jamais, mais je ne m'en plains pas, de Walras, de Pareto, de Cournot, d'Hayek ou de Schumpeter.

J'ai aussi prêté une attention particulière au titre de mes articles, titre qui contient parfois des clins d'œil ou des oxymores :

– « Il y a de bons systèmes experts financiers, il n'y en a point de délicieux » en 1991 ;

– « Les méthodes de blanchiment des financiers de l'ombre » en 2007 ;

– « Hawala lave plus blanc que blanc, avec quelques nuances de gris » en 2013.

Q11. Avec le recul, es-tu satisfait d'avoir toujours eu une double casquette, celle d'universitaire et celle de professionnel de la comptabilité ?

Le philosophe Alain dans « Propos sur le bonheur », chapitre 43, « Hommes d'action » (21 février 1910) affirmait : "Un préfet de police est, pour mon goût, l'homme le plus heureux. Pourquoi ? Parce qu'il agit toujours, et toujours dans des conditions nouvelles et imprévisibles ; tantôt contre le feu, tantôt contre l'eau ; tantôt contre l'éboulement, tantôt contre l'écrasement ; aussi contre la boue, la poussière, les maladies, la pauvreté ; enfin souvent aussi contre la colère, et quelquefois contre l'enthousiasme. Ainsi, à chaque minute de sa vie, cet homme heureux se trouve en présence d'un problème bien déterminé, qui exige une action bien déterminée". J'ai souvent eu l'impression d'être ce genre d'homme, toujours sur la brèche.

J'ai toujours mené en parallèle plusieurs sortes d'études, comptables et économiques jusqu'à leur terme, et ensuite j'ai eu pendant 30 ans, au moins deux professions sans jamais connaître un seul jour de chômage. Ma vie a fait que très tôt, j'ai été conduit à appliquer dans mes stages et mes travaux de vacances les principes que j'apprenais en classe, et en économie comme en comptabilité, je n'ai jamais vraiment tracé de frontière entre la théorie et la pratique. J'ai donc eu, comme toi, le privilège d'enseigner ce que je connais de la pratique, mais pas seulement, et d'enrichir ma pratique des connaissances théoriques qui me faisaient réfléchir de manière critique. C'est pour cela que j'ai vivement critiqué certains modèles tels que le système croisé et au contraire largement approuvé d'autres approches telles que le *target costing* ou le diagramme cause-effet en arête de poisson.

Je ne concevais pas d'enseigner quelque chose que je n'aurai pas pratiqué, et inversement, je ne me suis jamais satisfait d'appliquer des recettes pratiques toutes faites sans les avoir intellectuellement testées. Cette approche a été particulièrement fructueuse pour moi en matière d'audit : j'ai parfois eu une longueur d'avance dans l'application de méthodes américaines, d'abord interdites dans la réglementation française, qui sont ensuite devenues obligatoires et même banales, comme l'examen analytique ou le contrôle par chaînes, ou peu encouragées, comme l'utilisation de la loi de Benford. Mais cette approche et cette synthèse personnelle ont fait de moi ce que mes enfants appellent un mouton noir : les universitaires trouvent que je suis trop professionnel, et donc impur quelque part, et les professionnels trouvent que je ne suis pas aussi sérieux qu'eux, car je cours plusieurs lièvres à la fois, notamment le lièvre théorique, pervers par définition. Comme tu le sais, il est difficile de contenter tout le monde et son père.

Q12. Tu es d'une génération différente de celle de tes jeunes collègues, les relations que tu as avec eux sont-elles les mêmes que celles que tu avais, quand tu étais jeune professeur, avec tes collègues plus âgés ?

Je pense avoir des relations cordiales non paternalistes avec mes jeunes collègues, ce qui est facile à expliquer. Quand j'étais un jeune garçon, pas toujours tranquille, j'avais des enseignants qui m'appréciaient, d'autres qui me méprisaient et ça se voyait sur leur visage. J'ai toujours eu une sorte de sixième sens, et ceux qui me détestaient n'étaient pas déçus, car je leur donnais de moi l'image qu'ils attendaient : un garçon mal embouché. Mais je reconnais que la plupart des professeurs de français appréciaient la correction de mon style et ma créativité. Les professeurs de comptabilité respectaient en général mon très bon niveau, mais il y avait des exceptions. Lorsque j'ai été jeune agrégé de lycée et expert-comptable, quelques professeurs, qui n'étaient ni agrégés ni experts-comptables ont souvent eu l'occasion de me dénigrer. C'est pourquoi, lorsque je suis devenu un professeur mûr, puis âgé, j'ai décidé de ne pas adopter leur mesquinerie. J'ai toujours été ouvert et disponible pour mes jeunes collègues, et j'ai toujours essayé de les aider, car je pense que l'avenir de l'université, à n'importe quel âge ne peut venir que de sa jeunesse, mais sans faire de "jeunisme". Dans ce sens, mon maître Mérigot m'a montré l'exemple. Envers mes jeunes collègues, je ne me sens pas en état de supériorité, je suis juste – et pour combien de temps encore ? – un *primus interpares*, rien de plus, mais c'est cela qui fait que les universités sont [presque] immortelles : un lien constructif et sincère entre les générations. Il ne sert de rien de brimer les jeunes et de pousser les vieux vers la sortie. Nous devons tous ensemble construire l'avenir et l'histoire. Et sans doute que ma pratique de la confraternité entre experts-comptables m'a aussi aidée à avoir ce comportement, qui est identique chez les avocats : l'avocat de base porte sa toge avec une épitoge à un seul rang d'hermine, les docteurs en droit ont le droit de porter, comme sur leur toge doctorale, trois rangs d'hermine, mais même ceux qui ont le droit de se distinguer, préfèrent mettre en avant l'égalité avec leurs confrères et porter la robe noire de l'avocat avec un seul rang d'hermine. Et depuis des lustres, les avocats affirment l'égalité des femmes et des hommes : "Il n'y a pas de sexe sous la robe".

Q13. Enfin, une dernière question d'actualité : As-tu envisagé sérieusement de prendre une vraie retraite et de cesser toute activité autre que la culture de ton jardin ?

Non, je pense que j'ai été programmé pour faire ce que je fais : lire, écrire, apprendre, transmettre, et ça s'arrêtera seulement à mon dernier souffle. Vauvenargues (encore lui) disait : "pour exécuter de grandes choses, il faut vivre comme si on ne devait jamais mourir". Je ne suis pas sûr, modeste artisan, d'exécuter de grandes choses, mais en tout cas j'ai décidé de toujours vivre comme si je ne devais jamais mourir. Je ne me pose pas non plus de question sur mon éventuelle vie d'outre-tombe. Lorsque j'observe les fourmis, dans mon jardin, je sais qu'elles n'ont aucune conscience du grand monde qui les entoure. Bien sûr elles connaissent parfaitement les quelques dizaines, ou quelques centaines de mètres carrés qui leur servent de territoire. Mais elles ne savent pas que quelque part dans le monde, il y a une statue de la liberté et des gratte-ciels, une cité interdite ou des pyramides et des temples grecs. Et je me demande souvent si, à notre niveau, nous ne sommes pas des fourmis et si de très très haut, quelques-uns ne nous observent pas comme nous nous observons les insectes. A moins que ce soit cet horloger, que Voltaire croyait inévitable, puisqu'il constatait que partout il y avait des horloges. Je n'aurai jamais de réponse à cette interrogation, c'est pourquoi je ne vois pas l'intérêt de cesser de faire ce que j'ai toujours fait.

Merci Jean-Guy, on te souhaite de continuer très longtemps à vivre comme si tu ne devais jamais mourir.

Itinéraire d'un mouton noir qui rêvait d'être un loup blanc

Jean-Yves Degos[1]
et Sylvie Degos[2]

Notre père, Jean-Guy Degos, a souvent été un mouton noir, et même, aux rares moments de sa vie où il aurait pu légitimement être considéré comme un loup blanc, le côté sombre des moutons noirs lui a gâché la vie. Souvent, il s'est senti *L'étranger*, comme le Meursault d'Albert Camus, dans un monde étranger comme les péruviens héros de *El mundo es ancho y ageno*, de Cori Alegria (1941). Pour nous, on ne peut pas dire que c'est un père normal car nous n'en avons pas eu d'autres et nous l'avons pris tel qu'il est. C'est juste notre père, un chercheur, un Professeur, un expert-comptable, qui aime affirmer qu'il est un simple artisan et qui écrivait en exergue de sa thèse d'État : "À mes quatre enfants, Jean-Yves, Sylvie, David et Éric, parce qu'il n'est d'éducation que d'exemple". Nos deux parents n'ont pas essayé de réussir leur vie à travers leurs enfants. Quand ils ont voulu avoir des grades universitaires (ils sont tous les deux anciens élèves d'école supérieure de commerce, maîtres en sciences économiques, experts-comptables et agrégés), ils les ont passés eux-mêmes et nous n'avons pas porté le poids d'une réussite imposée par un *pater familias* ou une *mater dolorosa* sans conscience. Ils nous ont juste imposé, pour notre bien, d'apprendre le grec et le latin. Le reste, nous l'avons choisi nous-mêmes.

Il est difficile de parler de son père en sachant qu'il va lire ce qu'on a écrit, mais il aurait sans doute pu signer ce qui va suivre. Depuis 1650, selon les archives de notre famille aussi vieille que la France, léguées par notre grand-mère maternelle, il est le premier à être autre chose qu'agriculteur ou militaire. Il faut un commencement à tout. Il n'est pas le fruit d'une longue tradition universitaire de plusieurs générations, et quelque part il est acculturé et il s'est toujours vécu comme acculturé, à l'intérieur et à l'extérieur de notre famille. Son plaisir est non seulement de s'adonner à

---

[1] Agrégé de mathématiques, Docteur en mathématiques de l'Université Bordeaux I, Insee Metz.

[2] Professeur d'anglais, DEA de l'Université Bordeaux-Montaigne, diplômée de l'Université de Cambridge.

d'abstraites spéculations, mais à essayer de faire partager ses idées à ses proches. Il est capable d'être obstiné et ne refuse jamais le combat avec ses adversaires.

Son passé de praticien des arts martiaux et de pilier de rugby lui ont appris à faire face, ce qui lui a beaucoup servi lorsqu'il était commissaire aux comptes de sociétés en difficulté. Mais ce passé lui a aussi appris que la vérité est sur le tatami ou sur le terrain plus que dans les discours convenus. Privilégiant le côté intellectuel de sa personnalité, il oublie parfois que le raisonnement et la logique doivent être accompagnés d'un peu d'intuition. Il a mis longtemps à se connaître lui-même et à s'accepter. Lorsqu'il consent à des discussions profondes, détachées des contingences immédiates, on sent que son principal désir est de se sentir et de se vivre comme un être humain à part entière, un citoyen du monde, curieux, déterminé, avec une forte dose de mauvais esprit. Ce mauvais esprit, cette indépendance intellectuelle, il les revendique en permanence et son état physique parfois difficile l'a définitivement convaincu que l'esprit devait dominer la chair, comme dans l'ouvrage de Robertson Davies : *What's Bred in the Bone* (1985), qui par parenthèse, lui a fait prendre conscience du fait qu'il était un collectionneur dans l'âme, en particulier d'incunables rares et de vieux livres de comptabilité.

Il a consacré sa vie au travail, et il n'a pas beaucoup d'autres activités, mais le travail est pour lui une façon de remplir sa vie, de se distraire, plus qu'une corvée. C'est aussi, pour lui, une sorte de bouée de sauvetage. Longtemps, dans notre jeunesse, il a exercé trois métiers : professeur, expert-comptable et commissaire aux comptes. Longtemps il a couru après le temps, en oubliant tout le reste. Mais aujourd'hui, le temps a rattrapé le mouton noir qui rêvait d'être un loup blanc, comme dans le roman de Jack Williamson *Darker than you think* (1948). Il a pour devise un extrait de *Citadelle* d'Antoine de Saint-Exupéry (1948) : "car tu ne deviens que contre ce qui te résiste" (p. 674) et beaucoup de choses, dans sa vie, ont résisté au mouton noir qui s'est construit dans la résistance et dans l'indépendance. Il a aussi appris des leçons de vie essentielles dans son ancien régiment disciplinaire, le 24e régiment d'infanterie de marine : là, ses supérieurs et ses camarades lui ont appris "qu'il ne fallait jamais abandonner ses amis, et qu'il ne fallait jamais laisser de repos à ses ennemis" ce qui n'est pas une façon de se comporter vraiment académique. Comme pour beaucoup de gens de sa génération, son parcours initiatique n'a pas été de tout repos. Né en 1944, quatre mois avant le débarquement des alliés en Normandie, il a été le premier enfant de notre grande famille apportant à la génération précédente l'espoir d'une vie nouvelle, après les épreuves subies par la plupart des Français d'alors. Toute sa vie il a été reconnaissant à ses ascendants, à ses parents et à leurs frères et sœurs, d'avoir choisi la bonne option : celle qui a refusé la collaboration et qui a résisté. Son avenir aurait pu être celui d'un Cédric, le *Petit Lord Fauntleroy*, choyé et adulé, mais dans une famille martyrisée à cause de son nom patronymique - elle s'appelait Giraud comme le général - brisée, ruinée, mais libérée, il eut la chance d'échapper à l'épidémie de choléra qui emporta ses cousins nés quelques mois avant lui avant lui, Jean-Jacques et Reine-Marie. Il eut la malchance de subir une adénite qui le garda loin de l'école pendant presque une année. À 7 ans, il savait à peine lire et écrire, butait sur des mots redoutables comme "pharmacien" et il ne savait pas faire les divisions. Mais son instinct de survie et ses capacités intellectuelles lui permirent deux années plus tard, d'être le meilleur élève de sa classe. Il aurait pu devenir un brillant élève de lycée, mais son père, syndicaliste cuisinier, ne voulait pas qu'il devienne un bourgeois et malgré l'insistance de son instituteur, il refusa que notre père passe le concours d'entrée en 6e. Notre grand-père souhaitait que son fils soit chef cuisinier, soit dessinateur industriel, soit frigoriste, tous projets rejetés avec horreur par le principal intéressé. Il réussit tout de même brillamment le concours d'entrée en 5e des collèges techniques (14e sur plus de 500 candidats) et fit la connaissance d'un milieu auquel il était mal préparé. Ses années de 5e, 4e et 3e dans une section industrielle furent un échec. Ses parents étaient en conflit permanent et sa mère demanda à sa grand-mère maternelle d'héberger notre père et d'assurer son éducation. Il resta dix ans au sein d'une famille un peu spéciale composée de sa grand-mère, de son grand-père et d'un de ses grands oncles, au nom mérovingien de Childebert, qui lui fit découvrir la chasse traditionnelle et la France lointaine (Reims, Nancy, Metz, Châlons). À 15 ans il était prêt à devenir un de ces adolescents désespérés, que Gilbert Cesbron, oublié aujourd'hui, décrivait si bien dans *Chiens perdus sans collier*. Mais si notre père refusait les colliers et avait déjà une idée de la justice et de la liberté qu'il a toujours conservée, il était ouvert à tout ce qui pourrait déboucher sur un espoir futur. Le bon samaritain prit la forme d'un professeur d'atelier, Monsieur Ortel, qui eut pitié de lui, improbable ajusteur-mécanicien, tentant désespérément de fabriquer un assemblage à angles aigus en 30 heures de temps alloué, sans grand succès après plus de 70 heures de travail et qui lui proposa un plan B : "J'ai bien peur que tu ne sois jamais mécanicien. Tu es différent de tes camarades. Si tu veux apprendre la comptabilité, j'appuierai ta reconversion". Cet échec lui donna conscience qu'il avait raté sa vie et il s'imaginait à Cayenne ou dans un lieu aussi accueillant, pour le reste de sa vie, désespérante et désespérée. À la fin de la classe de 3e d'apprentissage de l'ajustage pratique, notre père fut donc admis à redoubler en classe de 3e commerciale où, titulaire du seul Certificat d'études primaires et sans aucune culture, il faisait figure d'idiot du village, tous les autres élèves ayant au minimum le brevet des collèges. Il avait de grosses lacunes en mathématiques, ne connaissant ni l'algèbre, ni l'étude des fonctions d'aucun degré, mais il avait un avantage qu'il a gardé toute sa vie : une qualité de l'expression française à la fois correcte et nuancée, et c'est sans doute le français qui lui a permis de faire toutes les études qui ont suivi. Comme il le raconte dans la préface de son livre *La saga de la comptabilité et de l'expertise comptable* (2005), la comptabilité fut pour lui plus qu'une découverte, une renaissance ou même sa vraie naissance. En trois ans, il obtint le CAP d'aide comptable mention bien, le brevet d'enseignement commercial 1er et 2e degré, et la compagnie Air France fit appel à ses services pendant 3 ans, durant les vacances qui étaient longues, au service comptable. C'était pour lui une aubaine, car les salaires que lui versait cette entreprise correspondaient à 3 fois le montant du SMIC, et c'est à l'agence Air France de Bordeaux qu'il vécut la fin de la guerre d'Algérie, où les rapatriés partaient de l'aéroport d'Alger avec juste leur chemise et un bon de transport, pour atterrir à Bordeaux où il fallait vérifier leur état-civil, leur délivrer *a posteriori* des billets d'avion et régulariser leur transport, de jour comme de nuit. Entre temps, ses parents s'étaient séparés, et il prit le parti de sa mère, comme sa sœur. Seul son frère garda des contacts avec leur père. Pendant 10 ans, notre père ne revit jamais son géniteur jusqu'au jour de sa mort, où il le contempla dans son cercueil. C'était la veille de la naissance de son fils aîné. Mais il sait faire la part des choses au-delà de leurs différends, il a toujours apprécié le fait que son père lui ait laissé un nom de famille sans tache, à la sortie d'un camp de concentration d'où il revint, pesant seulement 35 kilos, et le statut sans tache d'enfant légitime. Ce petit héritage, bien modeste, était essentiel pour les gens qui n'avaient rien. "Car tu ne deviens que contre ce qui te résiste" : notre père s'est construit contre son père, pour ne pas lui ressembler, c'est une évidence dont il est fier, quelque part. Et il nous a toujours conseillé de n'estimer notre propre père que s'il était estimable. Notre grand-mère paternelle, séparée de son mari, sans ressource, eut la chance de devenir aide-cuisinière dans une collectivité, et elle accepta que notre père, en 1962, entre en classe préparatoire à l'École supérieure de commerce de Bordeaux, où l'un de ses cousins, plus âgé, avait été admis, puis diplômé en 1946. Pour notre père, ce furent des années intellectuellement riches, mais financièrement difficiles : il n'a jamais oublié les pantalons usés jusqu'à la corde et raccommodés par sa grand-mère, qu'il portait, invisible parmi des condisciples qui conduisaient déjà des Mercedes, des Porsche ou des Jaguar de forte cylindrée. Les jeans déchirés et troués n'étaient pas encore à la mode, et un pantalon usé était la marque des miséreux, pas des *geek* géniaux.

Admis à l'École Supérieure de Commerce de Bordeaux dès sa première tentative, toujours grâce au français et à la comptabilité qui était une option possible à l'époque, il débuta une période académique très stimulante, où il obtint le diplôme de l'École avec le certificat de spécialisation Finances Comptabilité, la licence et la maîtrise de sciences économiques, le diplôme d'espagnol de la Chambre de commerce de Madrid, le diplôme d'études comptables supérieures (DECS), le certificat d'aptitude au professorat de sciences économiques (CAPET option D), le certificat d'aptitude à l'administration des entreprises (DESS CAAE), le certificat d'aptitude au doctorat d'Économie et administration des entreprises, l'agrégation des techniques économiques de gestion, le certificat supérieur de traitement des données et de l'information, le certificat supérieur d'organisation et gestion, et le certificat de révision comptable indispensable à l'obtention du diplôme d'expertise comptable d'alors. Ce parcours ne l'empêcha pas de visiter une cinquantaine de pays d'Europe et du Moyen-Orient. Entre temps, il s'était marié et avait fait son service militaire dans un régiment disciplinaire, car nos parents avaient refusé le double poste de professeurs de sciences économiques au Lycée de jeunes filles d'Alger qu'on leur avait proposé. Son passage au 24e régiment d'infanterie de marine l'a beaucoup marqué, dans sa chair et dans son esprit. Juste avant son service militaire, il était professeur au Lycée Benjamin Morel de Dunkerque (qui a disparu, absorbé par le Lycée Jean Bart), à sa libération il devint, avec notre mère, professeur au Lycée de Marmande, Lot-et-Garonne. C'est à Marmande qu'il fait son stage d'expertise comptable. Son maître de stage, René Duprat, était président de la Compagnie régionale des commissaires aux comptes d'Agen, possédait un portefeuille de plus de 70 commissariats, dont deux groupes de sociétés cotés en bourse (la biscuiterie Olibet disparue lors d'un incendie, et la Ruche méridionale, absorbée par le groupe Casino). René Duprat était un expert-comptable breveté inscrit en 1943, commissaire aux comptes de 9 des 10 plus importantes sociétés du Lot-et-Garonne. Pour l'audit de ces sociétés de standing, notre père et son maître de stage respectaient la réglementation française, mais ils s'inspiraient déjà des ouvrages américains spécialisés et ils les expérimentaient avant que la plupart de leurs confrères ne les découvrent (*Analytical review*, *Ridge regression*, tables au hasard Kendall Babington-Smith). Il a aussi été l'un des premiers à pratiquer et à enseigner la consolidation des comptes. Après quelques années à Marmande, nos parents, qui pensaient à l'avenir de leur fils unique (Jean-Yves) et des futurs enfants qu'ils souhaitaient avoir, demandèrent leur mutation pour Bordeaux. Ils furent nommés au Lycée Victor Louis de Talence, à quelques coudées de l'Université de Bordeaux, dont ils avaient été brillamment diplômés. Alors qu'ils étaient professeurs dans ce lycée, notre père y obtint son dernier certificat de révision comptable (1974), son DEA de gestion des organisations (1976), son diplôme d'expertise comptable (1977) et ses deux premiers Doctorats, d'économie et administration des entreprises (1974) et de gestion des organisations (1979). Notre mère obtint l'agrégation des techniques de gestion (1979), le diplôme d'études comptables supérieures (1984), les deux certificats supérieurs d'organisation et gestion et de révision comptable (1984 et 1985) et le diplôme d'expertise comptable (1992). C'est dans ce lycée que nous avons fait, avec nos deux autres frères, tout ou partie de nos études secondaires.

Notre père rêvait de l'enseignement supérieur, mais il n'avait pas beaucoup de relations à l'Université de Bordeaux, et il fallut que, lors d'un entretien, en 1983, son ancien Directeur de recherche, le professeur Jean-Guy Mérigot, qui lui confiait parfois des séminaires de gestion financière ou de contrôle de gestion, lui propose de rejoindre son équipe pour l'ouverture de la maîtrise de comptabilité, pour qu'il accepte de sauter le pas. Mais son élection de Maître assistant fut mouvementée : notre père candidata sur un poste "profilé comptabilité", où la majorité des enseignants proposa un démographe bien en Cour. La décision fut cassée par le CNU, les enseignants bordelais persistèrent et la décision fut cassée une seconde fois, et c'est seulement la 3e fois, que le CNU obligea la commission à prendre une décision conforme à la règlementation. Pendant deux ans, notre père, mouton noir parmi les loups blancs, fut une sorte d'enseignant fantôme, sans bureau, sans point de chute à l'Université, où il venait juste faire ses cours et repartait chez lui. Mais il faisait un cours de stratégie, un cours de contrôle de gestion et des cours sur les fusions et les consolidations en maîtrise des sciences et techniques comptables et financières (MSTCF) et il était satisfait. Notre mère obtenant ses derniers diplômes comptables supérieurs, ils fondèrent un cabinet d'expertise comptable, modeste, mais qui leur apporta quelques satisfactions. Ils travaillaient souvent tard dans la nuit. Ils conservèrent ce cabinet comportant une quinzaine de clients de 1985 à 1991, année où notre père voulut devenir Professeur des universités. Pour ceci, il passa d'abord sa Thèse de doctorat d'État en sciences de gestion, qu'il obtint avec la plus haute mention et les félicitations du jury. C'était à la fois l'un des trois titulaires de ce Doctorat ayant eu les félicitations et l'un des trois docteurs ayant suivi le cursus complet (DEA, doctorat de 3e cycle, doctorat d'Etat) de l'Université Bordeaux I. La préparation de l'agrégation semblait se présenter sous de bons auspices, puisqu'il avait rédigé 70 articles scientifiques, 3 thèses et 4 livres, mais ses deux tentatives furent vouées à l'échec. Le mouton noir n'avait pas compris les codes de la cooptation des loups blancs. Il finit tout de même par être nommé Professeur, à la voie longue, par le CNU en 1996. Libéré de l'obligation d'obtenir des diplômes, il put se consacrer à son enseignement, au jury de l'expertise comptable au ministère de l'enseignement supérieur, à l'écriture de livres et d'articles. En 1998, encouragé par le professeur Gérard Hirigoyen, co-auteur de leurs deux premiers livres, il commença à enseigner à l'étranger dans le cadre de nombreux programmes qui le conduisirent en Bulgarie, au Maroc, en Indonésie, en Chine, au Cameroun, au Sénégal, au Gabon, au Bénin et dans de nombreux autres pays. Il prit aussi l'habitude de présenter des communications dans de nombreux congrès internationaux, aux États-Unis, au Canada, en Russie, en Turquie, en Afrique du Sud, en Australie ou en Nouvelle-Zélande. En 2001, à la demande de ses collègues, il accepta de devenir Directeur de l'UFR des formations économiques approfondies de l'Université Bordeaux IV et pendant cinq années, il géra les 25 formations dont il avait la charge. C'est aussi l'époque où il devint président du jury national du diplôme d'expertise-comptable. Il participa aussi de façon très active à la transformation des enseignements français selon les déclarations et le processus de Bologne, dans l'UFR qu'il dirigeait où il conçut les syllabus de toutes les formations, et à la commission consultative ministérielle pour la formation des experts-comptables et des commissaires aux comptes. Cette transformation entraîna la disparition de la MSTCF en 2008, formation qu'il dirigeait depuis 1986. On lui proposa de prendre la direction du nouveau Master, Comptabilité, Contrôle, Audit, qu'il avait contribué à créer au niveau national, mais il sentait qu'il n'était pas le bienvenu dans les nouvelles structures implantées. Il était contre la communication dissimulant la médiocrité des formations. Et l'année précédant sa retraite, il fut purement et simplement limogé à cause de son état de santé. Il en conçut quelque amertume, car il était la cheville ouvrière d'une formation notée A+ par l'AERES, organisme de contrôle de l'enseignement supérieur, note obtenue par seulement 3 masters CCA français et un des très rares A+ des masters de l'Université Bordeaux IV toutes disciplines confondues. Mais il savait depuis longtemps que les organisations n'ont ni morale, ni mémoire, ni reconnaissance. Protégé par son statut de Professeur des universités nommé par le Président de la République, il accomplit, jusqu'au dernier jour, le 5 juin 2013, le service dont il avait la charge. Entré au service de l'éducation nationale en septembre 1966, il avait accompli 46 années de service public, avec moins de 50 jours d'absence. Quelques-uns de ses anciens étudiants, quelques-uns de ses collègues gestionnaires et économistes, organisèrent et financèrent une cérémonie privée qui lui alla droit au cœur pour son départ à la retraite. Ce départ se fit dans la tristesse et dans la douleur : les deux dernières années, trois opérations graves avaient mis sa vie en péril, mais membre d'une génération que certains ont qualifiée d'inoxydable, il survécut. La résistance, dont parlait Saint-Exupéry, lui permet de continuer à enseigner à l'étranger, en particulier en Extrême-Orient, et ses anciens collaborateurs lui ont demandé de continuer à rédiger les sujets d'examen final d'expertise comptable pour la direction des enseignements supérieurs. Ses anciens collègues, américains, australiens, russes continuent à l'inviter à leurs congrès, auxquels il assiste volontiers. Professeur émérite, il a encore en charge quelques thésards, et ses anciens disciples l'invitent aussi dans plusieurs pays, tels que le Canada, le Cameroun ou la Tunisie. Il continue à écrire des livres et des articles dans plusieurs langues. Il est très heureux d'avoir écrit un livre de mathématiques financières avec l'un d'entre nous. Il a dépassé les 25 livres, les 170 articles, les 100 communications scientifiques et les 100 missions à l'étranger et Outremer. Pour lui, la vie ne s'est pas brusquement arrêtée le 1er septembre 2013, date officielle de sa retraite. Il sait, et nous le savons aussi, qu'il mourra "sur scène" comme les vieux comédiens accomplissant leur destin jusqu'au bout. Il sait sans doute aussi que les moutons noirs, programmés ainsi dès avant leur naissance, ne deviennent jamais des loups blancs, de même, comme dit un proverbe africain, qu'un tronc d'arbre très longtemps plongé dans le fleuve ne devient jamais un crocodile. Et il l'a difficilement, mais définitivement, accepté. Il se console en lisant les œuvres de moutons noirs de génie qui lui ont donné du courage, tels que Marie Esprit, Léon Walras (1874), Louis Bachelier (1900), Abraham Briloff (1976), Alexandre Grothendieck (1986) et surtout Albert Camus (1942a, 1942b, 1958), dont il s'est toujours senti proche, à cause de Sisyphe heureux, de son triste destin et surtout de sa réponse à des journalistes, après son discours de Suède à la réception de son prix Nobel.

Entre la justice et sa mère, notre père, comme Albert Camus aurait toujours choisi sa mère.

RÉFÉRENCES

Alegria, C. (1941), *El mundo es ancho y ageno*, Ediciones Ercilla, Santiago del Chile.

Bachelier, L. (1900), *Théorie de la spéculation*, Paris, Gauthier-Villars.

Briloff, A. (1976), *More Debits than Credits, The Burnt Investors Guide to Financial Statements*, New York, Harper and Rowe.

Camus, A. (1942a), *L'étranger*, Paris, Gallimard.

Camus, A. (1942b), *Le mythe de Sisyphe. Essai sur l'absurde*, Paris, Gallimard.

Camus, A. (1958), Discours de Suède, prononcé à Stockholm le 10 décembre 1957 à l'occasion des cérémonies de l'attribution du Prix Nobel, Paris, Gallimard.

Cesbron, G. (1954), *Chiens perdus sans collier*, Paris, Robert Laffont.

Davies, R. (1985), *What's bred in the bone, Cornish Trilogy*, Toronto, McMillan.

Degos, J.-G. (2010), *La saga de la comptabilité et de l'expertise comptable*, Paris, Spirit of Orion.

Degos, J.-G. et Degos, J.-Y. (2013), *Premiers pas en mathématiques financières*, Paris, Ellipses Édition marketing.

Grothendieck, A. (1986), *Récoltes et semailles*, Université Paris 6, Grothendieck Circle.

Saint-Exupéry, A. de (1948), *Citadelle*, Paris, Gallimard.

Walras, M.E.L. (1874), *Éléments d'économie politique pure ou théorie de la richesse sociale*, Lausanne, F. Rouge éditeur.

Williamson, J. (1948), *Darker than you think*, Fantasy Press, New York, Scott Meredith Literary Agency,

Les grands projets de Londres dans le futur immédiat : le travail d'un acousticien

David Degos[1]

Mon père, Jean-Guy Degos, a toujours été fasciné par les grands projets, qui ont parfois marqué ses études et ses publications : pour sa première Thèse de doctorat, soutenue en 1974, vivement encouragé par le Professeur Jean-Guy Mérigot, il a étudié les méthodes PERT, PERT-Cost, RAMPS, Critical Path Method et MPM, qui ont permis aux américains, dans les années 1958-1960 de rattraper, dans le domaine spatial, leur retard sur les russes qui avaient mis le Spoutnik en orbite dès 1957. Il a ensuite imaginé, avec la connaissance qu'il avait de ces méthodes, de les appliquer à la planification des travaux saisonniers de fin d'exercice du commissariat aux comptes, et d'en tirer son mémoire d'expertise-comptable en 1977. Bien plus tard, il a publié des articles sur l'histoire financière du canal de Suez, sur la faillite du canal de Panamá et sur la cession de canal du Midi à l'Etat français par les héritiers de Pierre-Paul Riquet. Il suit avec attention l'évolution du projet chinois de construction d'un nouveau canal au Nicaragua. Les grands projets, leur préparation, leur suivi, totalement pris en charge par les systèmes informatiques les plus complexes et les plus perfectionnés ont beaucoup changé depuis la course-poursuite entre les USA et l'URSS des années 1950 et les logiciels de gestion des temps des cabinets d'audit ont beaucoup amélioré les idées novatrices de mon père.

Après des études de sciences cognitives à l'université Victor Segalen (désormais Université de Bordeaux), un master d'acoustique à l'université Pierre et Marie Curie (Paris 6), un Master en acoustique à l'université de Sydney et pour finir un master de communication au London College of Communication de Londres, je me suis trouvé au cœur de plusieurs grands projets, à Londres, avant les jeux olympiques de 2012 et après. Ingénieur acousticien dans le groupe URS Corporation, ensuite absorbé par le groupe américain AECOM Technology, j'ai été consultant dans le cadre de deux grands projets londoniens d'une envergure inhabituelle : la construction d'une nouvelle ligne de métro (projet Crossrail) et la construction d'un

[1] Master Université Pierre et Marie Curie Paris 6, Master of Science Sydney University, Master of Arts London College of Communication

nouveau réseau de collecte et d'assainissement des eaux usées (Thames Tideway Scheme) se déversant dans la Tamise.

1. Le projet de métro Crossrail du Grand Londres

Le premier projet de métro à Londres remonte à 1827. Le Metropolitan Railway fut la première ligne, inaugurée le 10 janvier 1863 (son tracé de l'époque constitue une grande partie de la ligne "rose" Hammersmith & City Line). Le réseau actuel comporte 270 stations réparties sur 402 km. En 2005, année de record, le Tube a transporté 976 000 000 voyageurs soit presque 2 700 000 par jour. Un réseau plus modeste, le Docklands Light Railway, dessert le centre de Londres et surtout le quartier des Docklands et la City. Le métro de Londres comporte onze lignes (4 près de la surface et 7 en souterrain profond) : Bakerloo Line, Central Line, Circle Line, District Line, Hammersmith & City Line, Jubilee Line, Metropolitan Line, Northern Line, Piccadilly Line, Victoria Line, et Waterloo & City Line. La douzième ligne, East London line a fermé pour travaux en 2007 et a été intégrée, à sa réouverture en 2010, au réseau du London Overground. Il y a deux types de lignes : les lignes près de la surface (subsurface) et les lignes profondes (deep-level Tube). Les lignes simplement recouvertes ont des rails à cinq mètres sous la surface du sol, les lignes en souterrain profond, construites à l'aide de tunneliers, sont enterrées à vingt mètres sous la surface. Contrairement au métro parisien, chaque voie se situe dans un tube séparé de 3,56 m de diamètre. Les lignes profondes sont en grande partie autonomes, les lignes recouvertes sont interconnectées et elles partagent leurs voies avec une ou plusieurs autres lignes. Cette organisation est un peu semblable au métro de New York, où les lignes se partagent également les mêmes voies. Depuis 2003, le métro de Londres appartient au Transport for London (TFL), entité qui gère aussi les bus de Londres. Il était auparavant exploité par la London Regional Transport.

Londres est la 24e ville du monde quant à sa population : 13,7 millions d'habitants en 2016, un peu devant Paris, 29e ville avec 12,4 millions d'habitants (Source : populationdata.net), mais la population de Londres augmente bien plus vite que celle de Paris. Oxford Economics prévoit 2,3 millions d'habitants supplémentaires à Londres en 2030 (contre 900 000 pour Paris). Avec l'augmentation rapide de la population à Londres, une nouvelle ligne de métro, d'Ouest en Est, est indispensable : c'est le projet Crossrail qui devrait augmenter les capacités de transport du réseau de 15 %.

Le budget initial du projet Crossrail est de 21 milliards d'euros. Il est financé conjointement par l'Etat et la municipalité de Londres, qui a introduit en 2010 une taxe spécifique prélevée sur les entreprises installées dans le Grand Londres, pour une durée de 25 ans (Business Rate Supplement Tax). La construction de Crossrail, le plus grand chantier d'Europe, avance rapidement. Sa mise en service est prévue pour fin 2018, et la future ligne express permettra de transporter 200 millions de passagers par an. La ligne traversera le Grand Londres sur 188 kilomètres (73 miles) entre l'aéroport d'Heathrow, Shenfield et Abbey Wood, et desservira 40 stations, dont 10 nouvelles : Bond Street, Tottenham Court Road, Farringdon, Liverpool Street, Whitechapel, Canary Wharf, Custom House, Woolwich et Abbey Wood. Chaque train mesurera 200 mètres de long, pourra accueillir jusqu'à 1 500 passagers. Les équipements des gares et des trains seront totalement accessibles aux handicapés et des espaces privilégiés leur seront réservés. Grâce à cette nouvelle ligne, un million et demi de personnes supplémentaires seront à moins de 45 minutes du centre de Londres. Michael Hebbert, professeur d'urbanisme à University College of London a précisé que : "C'est l'équivalent de la ligne A du RER parisien, mais en plus grand" et l'ancien Premier ministre, David Cameron avait constaté que : "C'est un triomphe de l'ingénierie", après sa visite du chantier.

Les travaux ont déjà commencé en 2009 à la station Canary Wharf, et à la station Tottenham Court Road, et les équipes de chantier travaillent 7 jours sur 7 et 24 heures sur 24. Plus de 10 000 ouvriers travaillants sur 40 sites le long de la ligne. En juillet 2015, les 8 tunneliers de 1 000 tonnes chacun et de 140 mètres de long ont terminé le percement de 42 kilomètres d'un tunnel qui traverse le centre de Londres d'Ouest en Est, en utilisant l'espace libre entre les voies de métro actuelles, les égouts, les fondations des bâtiments, à 40 mètres sous terre. Aujourd'hui, début 2016, 65% des travaux sont terminés.

Il est prévu de commencer l'exploitation commerciale complète en 2019. L'objectif de Crossrail est de fournir un système de transport à haute fréquence pour les passagers des banlieues du Berkshire et du Buckinghamshire à l'Ouest vers Essex et le Sud-Est, en passant par le centre de Londres, à Essex et du Sud-Est. La nouvelle ligne permettra de répartir les voyageurs concentrés sur la Central line et la District line, ligne principales actuelles de passage Est-Ouest, et la branche Heathrow de la ligne Piccadilly. Les experts pensent que les rames de Crossrail seront totalement remplies à son ouverture.

En ce qui concerne l'aspect financier, Crossrail sera exploité par MTR Corporation Ltd et sera une concession accordée par Transport for London, dans les mêmes conditions que pour London Overground. L'objectif initial était de faire fonctionner une partie du réseau en 2017, mais en 2010, une analyse des temps et des coûts du projet a permis d'envisager une économie de plus de 1 milliard de £ sur un coût total 15,9 milliards de £ à condition de différer légèrement certains travaux, au moins jusqu'en 2018.

2. Le projet d'assainissement Thames Tideway Scheme, des eaux usées se déversant dans la Tamise

Le projet de Tamise propre (*Thames Tideway Scheme*) est la construction d'un collecteur de 25 km (16 miles) situé sous les voies ferroviaires, le long des rives de la Tamise à Londres. Il permettra la collecte, le stockage et le transport de presque toutes les eaux usées brutes et les rejets d'eaux pluviales qui se déversent actuellement dans le fleuve lors des fortes pluies. La canalisation est la propriété de Thames Tideway Tunnel Ltd (un nouveau fournisseur d'infrastructure agréé), et sera construit par Bazalgette Tunnel Ltd (un consortium de sociétés dont Thames Water est le chef de file) et exploité par Thames Water. Le 3 novembre 2015, Bazalgette Tunnel Ltd a reçu sa licence d'exploitation de l'office des eaux OFWAT, afin d'assurer le démarrage du projet.

À partir de 2016, la durée de construction prévue du collecteur Tideway Thames est de sept à huit ans, soit une fin des travaux vers 2023. Une fois construit, la profondeur du Tideway Thames Tunnel sera de 30 mètres à Acton son point de départ dans l'Ouest de Londres pour s'enfoncer jusqu'à 70 mètres au centre de Londres jusqu'à son point terminal à Abbey Mills à l'Est. Il permettra de connecter les 34 stations d'égouts les plus saturées et les plus polluantes de la ville, via des canalisations de transfert, et de transférer les eaux d'égout du Lee Tunnel pour les acheminer ensuite à l'usine de traitement des eaux usées de Beckton pour la dépollution. L'eau propre recyclée sera ensuite déversée dans la Tamise. Le collecteur principal aura un diamètre intérieur de 7,20 mètres et il devrait permettre de réduire le nombre de débordements des égouts à quatre par an au moment de la mise en service. L'estimation actuelle de son coût en capital - à l'exclusion des coûts de financement inconnus, des opérations en cours et des coûts de maintenance - est de 4,20 milliards de £, soit approximativement 5,50 milliards d'Euro.

Après 4 ans d'études préliminaires, le rapport de Thames Tideway, publié en 2005, mettait l'accent sur trois objectifs principaux :

– Protection de l'écologie des bords de la Tamise ;

– Réduction de la pollution, surtout esthétique (dépôts malodorants) due aux eaux usées provenant des toilettes ;

– Protection de la santé des pratiquants de loisirs aquatiques.

Après évaluation des stratégies possibles, il a été décidé qu'une seule, le dépistage, le stockage ou le traitement aux points de rejet répondait pleinement aux objectifs. Les autres se sont révélées soit impossibles à mettre en œuvre, soit insuffisantes pour fournir une solution, même si un certain nombre de parties prenantes remettent en question la validité de cette conclusion. Certains groupes sont opposés au principe du collecteur, en arguant que c'est une solution archaïque du 19ème siècle incompatible avec la résolution d'un problème du 21e siècle. Ils affirment que l'eau de pluie, qui cause le débordement des fosses de toilettes, devrait plutôt être traitée ou ralentie avant d'entrer dans les égouts communs aux différents types d'eaux usées, ce qui réduirait la pression sur la capacité d'évacuation et sur la nécessité de construire un nouveau collecteur de grande capacité.

Il a été décidé que pour le dépistage, le stockage et le traitement des eaux usées, la meilleure option serait une solution comportant trois volets, connue sous le nom de London Tideway Improvements. La première partie, composée d'un tunnel de stockage et de transport en profondeur, sous le Tunnel Lee est actuellement en cours de construction. Cette partie des canalisations, longue de 6,9 km (4.3 miles), est en cours d'exécution ; elle descend jusqu'à 75 m (246 pieds) de profondeur, d'Abbey Mills à Beckton et elle collectera 16 millions de m^3 ($1,6 \times 10^{10}$ litres), ou 16 millions de tonnes, chaque année, soit la majeure partie des eaux usées polluantes de Londres. La construction du collecteur a commencé en 2010. Thames Water a obtenu le contrat de construction du consortium composé de Morgan Sindall, Vinci Grands Projets de Construction et Bachy Soletanche, en Janvier 2010. Le coût est estimé à 635 millions de £.

La deuxième partie du projet est estimé à 675 millions de £ et a pour objectif de moderniser et d'étendre cinq grandes usines de traitement des eaux usées de Londres. Cette mesure vise à accroître au maximum le volume des eaux usées traitées, ce qui limiterait les risques d'inondation en cas de tempête et de pluie diluvienne. Les cinq sites de traitement des eaux usées susceptibles d'être améliorés sont :

- Site de Mogden : mise à niveau du débit pour augmenter le traitement des eaux usées de 50 %. Coût 140 millions de £ ;
- Site de Crossness : mise à niveau du débit pour augmenter le traitement des eaux usées de 44 %. Coût 220 millions de £ ;
- Site de Beckton : mise à niveau du débit pour étendre la capacité de traitement des eaux usées de 60 %. Coût 190 millions de £ ;
- Site de Riverside : mise à niveau dans le cadre d'un important programme pour aider à améliorer la qualité de l'eau de la Tamise et à produire de l'énergie renouvelable sur place pour traiter les eaux usées. Coût 85 millions de £ ;
- Site de Long Reach : mise à niveau dans le cadre d'un programme pour aider à améliorer la qualité de l'eau de la Tamise, à Dartford. Coût 40 millions de £ ; Ces travaux seront menés conjointement à l'amélioration de la norme de traitement des eaux usées sur chaque site, afin d'améliorer la qualité générale de l'eau de la Tamise.

La dernière partie du plan de Londres Tideway Improvements est une aire de stockage et de transport en tunnel profond, qui va dévier les sorties de la plus polluante OSC de Londres et les diriger vers les installations de traitement des eaux usées, avant de pouvoir les re-diriger vers le fleuve. Cette partie est connue sous le nom de projet Tideway Thames Tunnel.

3. EN QUOI CES PROJETS CONCERNENT-ILS LES ACOUSTICIENS ?

Ces projets sont des projets typiques de génie civil, mais qui ne sont pas seulement des projets de génie civil : à l'occasion des différents travaux accomplis, les entreprises concernées ont des opportunités de faire des opérations immobilières importantes, qui augmentent substantiellement leur part de bénéfice à long terme. Les sociétés et les groupes qui participent aux projets Crossrail ou Thames Tideway Tunnel Scheme sont en contact permanent avec les riverains et sont à même de saisir toutes les opportunités d'achat de terrains ou de constructions "stratégiques dans le futur" car elles bénéficient d'une asymétrie d'information dont elles ne se privent pas de tirer avantage. Mais on peut se demander, dans le cadre de tous ces problèmes complexes, quel est le rôle des acousticiens en général (3 ans d'études) et des ingénieurs acousticiens en particulier (5 ans d'études).

Les acousticiens, dont le métier est assez récent, ont pour mission d'analyser la pollution sonore afin d'établir le climat acoustique typique d'un environnement ou espace, pour que cette pollution puisse être contrôlée et acceptable. Qui n'a pas vécu ou travaillé près d'un grand axe routier ou d'une grande rue commerçante, ou d'une boite de nuit, ne peut pas évaluer les dégâts du stress causé sur les personnes. Laisser la pollution sonore se dégrader dans les nombreuses constructions complexes des villes et dans leurs nombreuses connexions de circulation est un mal aussi grave que la dégradation et la pollution générée par l'absence de traitement des ordures ménagères et autres. De nombreuses études ont prouvé les effets néfastes que le bruit peut avoir sur l'organisme, non seulement sur les organes auditifs mais également sur d'autres organes, en particulier les organes viscéraux. Le bruit a également une influence négative sur les niveaux de stress et peut causer des troubles psychologiques, en particulier liés aux troubles du sommeil, générés par un environnement sonore inapproprié. Il peut avoir des conséquences graves sur la vie quotidienne, et peut être à l'origine de problèmes psychosomatiques et dépressifs. L'Organisation Mondiale de la Sante a publié de nombreuses recherches sur les effets néfastes du bruit et ces recherches ont permis d'établir des critères acoustiques mondiaux qui sont référencés dans les législations anti-bruit de nombreux pays.

Les acousticiens ont un premier travail de mesure des sources de bruit et l'unité de mesure de bruit principal est le décibel. Dans les deux cas de grands projets d'infrastructure évoqués ci-dessus, le travail des ingénieurs acousticiens est de surveiller le bruit d'appareils surdimensionnés (climatiseurs, producteurs d'énergie, ventilateurs) et le bruit causé par la simple activité humaine de passage. Mais le travail de l'acousticien ne s'arrête pas ici. L'acoustique décrite ci-dessus peut être apparentée au domaine environnemental ; l'acoustique dite du bâtiment, concerne le détail de la construction et peut avoir une implication importante dans le *design* très complexe des bâtiments. Des relations très proches avec les architectes et les ingénieurs structurant les projets sont maintenus durant le processus de planning, jusqu'à la construction finale des bâtiments.

L'acquisition des données acoustiques d'un environnement se fait à partir d'instruments de mesure spécifiques appelés sonomètres. Ce sont des appareils électroniques composés d'un microphone, d'un système d'amplification et d'une interface qui doivent répondre à des normes de fonctionnement très strictes (instruments de Classe 1 et 2) et qui donnent la mesure et donc la preuve que la législation anti-bruit est respectée. Toutes sortes de données peuvent être extraites et analysées à partir des mesures effectuées. Il est intéressant de noter qu'une grande partie de l'analyse des données acoustiques se fait de manière statistique en employant des outils classiques à beaucoup de métiers et activités scientifiques.

Les administrations emploient les acousticiens dans un but préventif, pour se conformer à leur propre réglementation, et dans un but répressif, pour sanctionner les entités qui dépassent les normes (klaxons, pots d'échappement, sonorisation et musique des magasins, équipements de climatisation, équipements de construction). La difficulté est d'établir des normes qui protègent les populations de manière adéquate, sans pour autant induire des charges de coûts ou de critères trop onéreux pour les développeurs et les autres institutions finançant les projets.

Lorsque le diagnostic a mis en évidence une source de bruit, l'acousticien est le mieux placé pour participer à la conception de matériaux isolant ou atténuant le bruit (Conception de matériaux spécifiques aux usines, aux stations de métro, aux salles de concert, de théâtre, de cinéma). Cependant l'atténuation du bruit est très dépendante de l'espace et de la taille des sources à atténuer, ce qui entraine souvent des challenges pour l'acousticien. Par exemple l'atténuation des bruits d'équipement se fait de manière très efficace en utilisant des silencieux, en revanche ces silencieux entrainent des chutes de pression d'air importantes qui parfois ne satisfont pas les critères requis, et une communication permanente entre les équipes de design est souvent indispensable. Certains peuvent encore aller plus loin en concevant de nouvelles générations d'instruments de mesures plus précis que les anciens, ou des processus anti-vibrations plus efficaces que les anciens. Une autre tâche de l'ingénieur pratiquant des mesures sonores à grande échelle est de construire des cartographies du bruit dans certaines zones sensibles (Aéroports, zones militarisées, carrières, centres des villes) et de proposer des solutions d'amélioration.

La technologie acoustique, tout comme la technologie informatique et digitale en général s'est rapidement développée ces dernières années. Il est maintenant banal d'avoir des procédures permettant d'enregistrer des données acoustiques en temps réel et de transmettre l'information par l'intermédiaire de l'Internet, ce qui permet des réactions beaucoup plus rapides en cas de plainte des usagers ou d'action nécessaire pour contrôler les bruits. Enfin, l'ingénieur acousticien peut effectuer une cartographie du bruit et des pollutions sonores sur une zone donnée. Il peut ensuite mettre en place des protocoles de détection et de mesure des nuisances, ou travailler à la prévention ou aux solutions à apporter pour remédier à un problème de nuisance sonore donné.

La pollution sonore ayant de multiples origines, il est indispensable de travailler en équipe pour avoir une efficacité opérationnelle. Communiquer suppose pour les acousticiens une capacité d'analyse, de synthèse et préparation de supports écrits associés à la communication orale. Lorsqu'il a dépassé le stade de junior pour devenir sénior et expérimenté, le chef de projet doit pouvoir animer une équipe et mener à bien des réunions de travail. Ses capacités professionnelles ne s'improvisent pas. Le bruit est un phénomène physique, et seule une formation orientée vers la physique et les mathématiques permet de comprendre sa nature profonde, ses répercussions et les moyens de les atténuer. En dehors de ses connaissances scientifiques générales, il doit posséder les notions de base en acoustique, et souvent les concrétiser dans des calculs mathématiques complexes (équations d'ondes, calculs d'impédances et modélisation d'éléments finis). Il ne peut pas non plus négliger la législation anti-bruit des différents pays où il est amené à intervenir.

CONCLUSION

Les bruits de différentes activités (Aéronautique, transports routiers et ferroviaires, constructions) sont souvent spécifiques et à côté de connaissances générales de ceux-ci, l'acousticien doit sans cesse améliorer ses connaissances particulières à tel ou tel secteur. Il doit aussi s'adapter à la culture de ses interlocuteurs, qu'ils soient très qualifiés on non-spécialistes, qu'ils appartiennent au secteur public (fonctionnaires, militaires, élus en tous genres) ou au secteur privé (ingénieurs, financiers, avocats). Il travaille en équipe, assisté de techniciens qui font des relevés et des mesures, mais la technicité de ses missions, fait qu'il doit souvent payer de sa personne en grimpant sur des pylônes à l'équilibre incertain, en parcourant des échafaudages instables ou en descendant dans des fosses, tunnels et cavités profonds, par tous les temps : canicule, grand froid, pluie diluvienne.

C'est avec ces petits détails générateurs de grands risques, que l'acousticien lutte contre la pollution sonore, qui comme toutes les autres pollutions physiques, est de moins en moins supportée par le commun des mortels. Elle est devenue, à ce titre, enjeu de société et les réglementations publiques de plus en plus nombreuses, de plus en plus complexes se sont succédé pour y remédier, en particulier dans les grandes villes mondiales et les immenses complexes industriels où elle est un facteur de stress important dont on ne mesure pas toujours l'influence sur le stress des personnes, la fatigue générale, les accidents de travail ou les accidents de circulation. Dans nos sociétés à la limite de l'humanité, l'ingénieur acousticien, qui peut adoucir les conditions sonores néfastes aux êtres humains, a un grand avenir et de nombreux marchés rentables devant lui.

Les nuages au-dessus des cartes du territoire

Martine Hlady-Rispal[1]

Dans un des ouvrages qu'il a préféré écrire, *La comptabilité* (Flammarion, collection Domino, 1998), parce qu'il a su convaincre Michel Serres, *de l'Académie française*, de le publier, Jean-Guy Degos avait utilisé le territoire comme fil d'Ariane : du territoire à la carte : les états comptables (pp. 26-47), l'arpentage du territoire : les comptes en partie double (pp. 48-66), analyse et synthèse : nouveaux territoires (pp. 67-81). Ces territoires, on les retrouve, sous la forme de territoires géographiques dans l'espace du monde où il a présenté plus de 100 communications, et des territoires temporels où, année après année, il a affuté ses idées dans plus de 230 publications.

En ce matin de juillet, je vide le placard de mon bureau à l'Université. Une page se tourne, le départ de l'IAE, de l'Université de Bordeaux, approche.... Des documents les plus divers s'offrent au tri : supports de cours, notes pédagogiques, articles en cours, revues anciennes... un petit livre orange s'échappe d'une pile pour glisser sur le sol.... *Que sais-je ? Histoire de la comptabilité* de Jean-Guy Degos (PUF, 1997). Par la magie de la madeleine, que dis-je, de ce petit livre, les souvenirs resurgissent... une surveillance d'examen en amphi, deux bureaux mitoyens et des échanges : responsabilités pédagogiques, concours, écriture d'articles « fixe-toi des objectifs, un ou deux articles par an, c'est indispensable ... ». Je prends mes repères en tant que jeune Maître de conférences et Jean-Guy me prend un peu sous son aile. Il me conseille.... Ah le concours de l'agrégation, quelle aventure, équipe, collègues, pouvoir, contre-pouvoir... un monde aux subtils enjeux. Comment se repérer ?

Jean-Guy est un de ces Professeurs qui ont longtemps travaillé pour parvenir au statut qui est le sien. Il s'est fait plaisir par une activité de publication selon son domaine d'intérêt, sa passion du moment, avec une approche réseau à l'international... Le Professeur Jean-Guy Degos, c'est une volonté d'échange d'égal à égal, de protection aussi face aux jeux des acteurs « tu sais, je suis comme ce soldat de la Navy Seals qui ne laissera

[1] Professeur à l'Université de Limoges.

jamais un de ses compagnons d'arme sur le terrain ennemi ». Jean-Guy affirme, dénonce, se positionne. Il dit ce qu'il pense et il pense ce qu'il dit, tels les Nord-américains qu'il côtoie souvent. Alors, nos échanges sur le monde, la vie, le travail, la santé, la mort, la justice sont forcément fructueux.

De bons moments et en même temps, je suis impressionnée… que de publications, que de publications, que de publications…. Et pourquoi pas un nuage de mots, que dis-je des nuages de mots pour de façon métaphorique, ludique et amicale, rappeler au monde universitaire les pierres à l'édifice de la recherche internationale apportées par le Professeur Jean-Guy Degos. Jean-Guy même si nous savons que tout est vanité, nous savons aussi que se réjouir de son travail est satisfaction saine…. Que ces nuages t'honorent Jean-Guy et que *l'histoire de la comptabilité* continue de s'écrire avec toi et bien d'autres auteurs…

1. LE NUAGE DES MOTS DU TERRITOIRE GÉOGRAPHIQUE DANS L'ESPACE

Accounting saute aux yeux. Tout juste après, financière, histoire, French, comptabilité, ne sont pas bien loin. Accountancy, qui a longtemps désigné, en anglais, la comptabilité au sens noble du terme, par opposition à book-keeping (tenue des livres), est minuscule. Pérochon, auteur de la préface du présent ouvrage, est présent, en petit mais en position centrale.

2. Le nuage des mots du territoire culturel dans le temps

Dans ce second nuage, le Français reprend ses droits : comptable, financière, comptabilité sortent du lot en premier plan, mais blanchiment, normes, agences, matricielle, IFRS, notation ne sont pas à négliger. Fusion et expert-comptable, pourtant présents au singulier et au pluriel, n'ont peut-être pas la place qu'ils tiennent réellement dans l'œuvre de Jean-Guy Degos. Et certaines de ses préoccupations récentes, bitcoins, blockchains, forensic, fraude, ne sont pas encore en exergue dans le nuage actuel. Mais comme chacun sait la formation des nuages et leurs transformations sont permanentes et toujours en devenir.

Références

Degos, J.G. (1997), *La comptabilité*, Collection Dominos, Paris, Librairie Flammarion, 128 p.

Degos, J.G. (1998), *Histoire de la comptabilité*, Collection Que sais-je ? n° 3398, Paris, Presses universitaires de France, 128 p.

Degos, J.G. (2005), *La saga de la comptabilité et de l'expertise comptable*, Paris, Expert-Comptable Média, Ordre des experts-comptables, 155 p.

Degos, J.G. (2010), *La saga de la comptabilité et de l'expertise comptable*, 2e Edition revue et augmentée, Spirit of Orion, 320 p.

Degos, J.G. (2010), *La comptabilité française, ses racines et son histoire*, E-book, E-thèque Numilog, 112 p.

Partie 2

L'histoire et autres théories utiles aux sciences comptables

La comptabilité : entre universalisme et contingence

Alain Burlaud[1]
et Geneviève Causse[2]

La comptabilité est une technique qui remonte à l'origine des temps[3]. C'est à Jean Fourastié que revient d'avoir bâti, le premier, une théorie historique de la comptabilité. L'économiste, mais aussi le Professeur qu'il était, considérait qu'un enseignement de la comptabilité sans référence historique est aussi illogique et aussi dangereux qu'un « enseignement de la musique où l'on ne ferait aucune place aux œuvres de Bach » (Fourastié, 1943, p. 59 édition 1976). On comprend dès lors que de nombreux auteurs, spécialisés dans la discipline, en particulier notre collègue Jean-Guy Degos, se soient intéressés à l'histoire de la comptabilité[4].

La comptabilité est inhérente à la vie sociale. Elle « est née de l'activité organisée rendue nécessaire par la vie en société : l'*homo computator* était inscrit dans l'*homo faber* » (Cossu, 2008) (l'*homo computator* étant, selon l'auteur, un avatar de l'*homo œconomicus* et de l'homo *socius*)[5].

Mais, si au départ la comptabilité avait pour principal objet de mémoriser les données quantitatives relatives aux activités agro-pastorales et aux transactions entre commerçants, avec le développement économique apparut très vite la nécessité d'en faire un outil pour « rendre compte ». La séparation des fonctions, entre celles de l'agent (le berger, l'exploitant agricole, le commerçant, ...) et celles du propriétaire décideur, entraîna cette nécessité.

---

[1] Professeur émérite au Conservatoire national des arts et métiers (Cnam).

[2] Professeur émérite de l'université de Paris-Est Créteil, et de l'ESCP Europe.

[3] Selon Jean-Guy Degos "La comptabilité commence à Sumer", in "Histoire de la comptabilité", PUF Que sais-je ? p. 7.

[4] Cf. l'ouvrage cité plus haut ainsi que des articles : "Les grands précurseurs de la comptabilité", *RFC* n° 161, oct. 1985; "Jean Fourastié : diachronie d'une pensée comptable", *Revue CCA*, T3, Vol. 1, mars 1997; "La Mésopotamie, berceau de la finance et de la comptabilité", *Direction et gestion*, 1999, n° 174; "Les origines de la normalisation comptable internationale : le rôle des français et des américains", *The certified Accountant*, 2006, n° 27.

[5] Extrait de l'avant-propos d'un ouvrage "Les origines de la comptabilité" que notre collègue C. Cossu n'a pas pu mener à terme.

Le système se perfectionna ensuite techniquement. L'étape importante est la parution de l'ouvrage de Pacioli, le « Traité des comptes et des écritures », paru en 1494.

Puis, au XIXème la comptabilité fit des progrès importants lors de l'avènement du capitalisme. Les managers devaient rendre des comptes aux propriétaires du capital et ces derniers entendaient bien disposer des informations utiles à la prise de décision et procéder au partage du résultat. L'Etat était également partie prenante dans ce partage, d'où très vite est apparue la nécessité de normaliser la comptabilité. Chaque pays disposait de sa réglementation comptable qui avait été élaborée en fonction de la finalité assignée à la comptabilité, en fonction des besoins des différents utilisateurs de l'information et des moyens matériels et humains disponibles dans le pays.

On a donc pu considérer que la comptabilité était inhérente au capitalisme. Mais, curieusement, elle a été revendiquée comme essentielle pour le développement du communisme. « La comptabilité, contrôle et synthèse idéale du processus, devient d'autant plus nécessaire que la production s'effectue davantage sur une échelle sociale et perd son caractère purement individuel ; donc plus nécessaire dans la production capitaliste que dans celle, disséminée, des artisans et paysans, plus nécessaire dans la production communautaire que dans la production capitaliste » (Marx, 1968, p. 573).

On constate donc que chaque courant économique, voire chaque idéologie, tente de s'attribuer le monopole de la comptabilité et de la façonner en fonction de la finalité recherchée et du contexte. « La comptabilité n'est pas seulement un outil … elle est un phénomène social » (Capron, 1993, p. 9).

Mais, à l'heure de la mondialisation, le contexte est devenu planétaire, le capitalisme s'est imposé dans la quasi-totalité des pays du globe. La question de la finalité que l'on doit assigner à la comptabilité dans ce contexte global se pose donc. Nous sommes devant l'alternative suivante : les besoins en matière de comptabilité sont-ils devenus universels ou ne doit-on pas plutôt continuer à considérer que les besoins des utilisateurs peuvent être différents selon les entités (sociétés familiales, sociétés cotées, ONG, organisations publiques, etc.), les pays ou les zones économiques ? Nous sommes devant le dilemme : universalisme ou contingence ?

Après avoir examiné les fondements et les apports de chacune de ces options nous tenterons de répondre à la question de savoir si un équilibre est possible entre les deux extrêmes.

1. L'universalisme

L'universalisme se fonde sur les contraintes de la mondialisation et de la financiarisation, sur le fait de considérer que les besoins des utilisateurs sont identiques dans tous les pays, sur la nécessité de pouvoir comparer les documents comptables, sur le principe de neutralité et de la transparence de l'information et la recherche de l'intérêt général.

1.1. Les contraintes de la mondialisation et de la financiarisation

La mondialisation de l'économie dans la seconde moitié du XXème siècle a été un changement majeur en un temps extrêmement court. Ainsi, les exportations mondiales sont passées de 2 000 milliards de dollars en 1960 à 16 000 en 2009[6]. Mais cette mondialisation ne se limite pas aux échanges de biens et services ; elle s'accompagne d'investissements transfrontaliers qui constituent une nouvelle forme de concurrence avec les délocalisations. Ainsi, les flux mondiaux d'investissements directs étrangers entrants ont évolué de la façon suivante[7] :

1985 : 50 milliards de dollars,
1989 : 200 milliards de dollars,
2007 : 2 000 milliards de dollars,
2013 : 1 400 milliards de dollars.

Ces volumes d'investissement correspondent en bonne partie à la multiplication du nombre d'entreprises multinationales, passé de 37 000 (avec 170 000 filiales et 20 millions de personnes employées) en 1990 à 70 000 entreprises (69 000 filiales et 57 millions de personnes employées) en 2004[8].

Ce développement des entreprises s'accompagne d'une évolution de leur mode de financement. Ainsi, la part des émissions d'actions dans le total des financements externes (actions + obligations + dettes bancaires) évolue comme suit[9] :

1980 : 2.8 %,
1990 : 31.0 %,
2008 : 42.3 %.

Mais plus de 50 % de ces titres sont détenus par des investisseurs institutionnels[10] illustrant ainsi la financiarisation de l'économie.

La forme la plus dynamique du capitalisme est celle du capitalisme financier qui se caractérise notamment par le nomadisme boursier et la recherche d'un profit rapide sous forme de dividende ou de plus-value. C'est le règne de la valeur actionnariale par opposition à la valeur patrimoniale de l'entreprise familiale dont l'actionnariat est stable et gère dans une perspective de transmission entre générations.

---

6 CNUCED (2009), *Manuel de statistiques*, p. 9.

7 Wikipedia, "Investissement direct à l'étranger", Source des chiffres non citée.

8 Bécuwe S. et al. (2007), *Economie*, Nathan, p. 33.

9 Plihon D. et al. (2013), *Oral d'économie*, Foucher, p. 33.

10 Ibid. p. 35.

Les besoins d'information comptable sont évidemment différents selon les utilisateurs, leurs objectifs, leur modèle de décision. Toutefois, les investisseurs institutionnels, dont le portefeuille ne connaît pas les frontières des Etats, ont des besoins communs qui peuvent se résumer à la comparabilité, la neutralité et la transparence de l'information financière afin de pouvoir effectuer les arbitrages (acheter, conserver ou vendre des titres) au mieux. En ce sens, à supposer qu'elle ait pour seule vocation de servir les intérêts des investisseurs, la comptabilité est universelle, c'est-à-dire que la demande est la même quel que soit le lieu ou quelle que soit la nationalité de ces investisseurs. C'est sur la base de ce raisonnement qu'ont été conçues les normes comptables internationales, les IFRS. Précisons d'ailleurs qu'il s'agit plus précisément de normes de communication financière puisqu'elles ne s'intéressent qu'à une extrémité de la chaîne comptable, c'est-à-dire au produit final que sont les comptes publiés. En amont, rien n'est normé.

1.2. Un utilisateur sans frontières

Le Cadre conceptuel des IFRS annonce clairement les intérêts servis : « L'objectif de l'information financière à usage général est de fournir, au sujet de l'entité qui la présente (l'entité comptable), des informations utiles aux investisseurs, aux prêteurs et aux autres créanciers actuels et potentiels aux fins de leur prise de décisions sur la fourniture d'apport de ressources à l'entité. Ces décisions ont trait à l'achat, à la vente ou à la conservation de titres de capitaux propres ou de créance, et à la fourniture ou au règlement de prêts et d'autres formes de crédit. »[11], « Les décisions que prennent les investisseurs actuels et potentiels au sujet de l'achat, de la vente ou de la conservation de titres de capitaux propres et de créances dépendent des rendements qu'ils attendent d'un placement dans ces titres, sous forme, notamment, de dividendes, de remboursements avec intérêts ou d'augmentation du prix de marché. »[12] et « D'autres utilisateurs, par exemple les autorités de réglementation et les membres du public autres que les investisseurs, les prêteurs et les autres créanciers peuvent également trouver utiles les rapports financiers à usage général. Cependant, ces rapports ne visent pas prioritairement ces autres groupes. »[13]

Les décisions à prendre, essentiellement les arbitrages boursiers, supposent que l'information à usage général, qui peut être complétée à la demande des investisseurs, soit comparable, neutre et transparente afin que les marchés soient efficients.

---

11 Cadre conceptuel de l'information financière, Exposé-sondage ES/2015/3, § 1.2.

12 Ibid. § 1.3.

13 Ibid. § 1.10.

1.3. La comparabilité

Le Cadre conceptuel des IFRS définit la comparabilité comme suit : « La prise de décisions par les utilisateurs implique qu'ils doivent faire des choix entre diverses possibilités, par exemple vendre ou conserver un placement, ou investir dans une entité comptable plutôt qu'une autre. Par conséquent, les informations au sujet d'une entité comptable sont plus utiles si elles peuvent être comparées avec des informations semblables d'autres entités et avec des informations semblables de la même entité pour d'autres périodes ou à d'autres dates. »[14].

La comparabilité comporte donc deux dimensions : l'espace (comparer des entités différentes) et le temps (pour une même entité, comparer des comptes arrêtés à des dates différentes).

Si la dimension **spatiale** est a priori pertinente pour un actionnariat international et nomade, elle suppose cependant qu'il existe des entités comparables. Or les grandes entreprises multinationales avec leurs dizaines, voire centaines de filiales, ne le sont pas d'un point de vue stratégique et opérationnel. Elles n'ont pas le même portefeuille d'activités par suite d'une croissance conglomérale et n'ont pas le même modèle économique (type de clientèle, image, R & D, relations avec les sous-traitants, etc.). Seule la performance financière est comparable dès lors que l'entreprise est considérée uniquement comme un placement et que les règles de calcul de cette performance sont les mêmes pour tous.

La comparabilité dans le **temps** a évidemment son utilité mais elle n'exige pas des règles comptables identiques pour des entités n'appartenant pas au même groupe. Elle suppose simplement la permanence des méthodes, ce qui peut être fait sans qu'il soit besoin d'avoir recours à des normes et, a fortiori, à des normes mondiales.

En conclusion, on voit que l'exigence de comparabilité dans l'espace et le temps ne justifie l'existence de normes universelles que dans un nombre limité de cas : celui des entités ayant des activités et un modèle économique très proche. De plus, la comparaison des états financiers n'a de sens que pour des entités en compétition sur le marché des capitaux : les investisseurs ont besoin de comparer pour arbitrer, les banquiers pour financer. Il ne faut pas oublier non plus que la comparaison peut aussi avoir un sens pour les fournisseurs, les clients et les salariés, soucieux des performances et de la pérennité de l'entité.

1.4. La neutralité

Le Cadre conceptuel des IFRS définit ainsi la neutralité : « Une description représentation neutre implique une absence de parti pris dans le choix ou la présentation de l'information financière. Elle ne comporte pas de

[14] Ibid. § 2.23.

biais, de pondération, de mise en évidence, de minimisation ou d'autre manipulation visant à accroître la probabilité que l'information financière sera perçue favorablement ou défavorablement par les utilisateurs. Une information neutre ne signifie pas pour autant une information qui n'a pas de but ou qui n'influence pas le comportement. Au contraire, l'information financière pertinente est, par définition, celle qui a la capacité d'influencer les décisions des utilisateurs. »[15]

Cette définition de la neutralité appelle deux remarques.

Si la neutralité implique une absence de parti pris dans le choix ou la présentation de l'information financière, elle devrait alors satisfaire tous les utilisateurs et, par conséquent, produire une information financière à valeur universelle.

Mais, dans la même définition, le Cadre conceptuel précise que l'information financière doit avoir la capacité d'influencer les décisions des utilisateurs. La nature des décisions à prendre étant différente d'une catégorie d'utilisateurs à l'autre, on ne voit plus comment cette information financière pourrait alors avoir une valeur universelle.

Cette caractéristique qualitative est donc définie de façon contradictoire.

1.5. La transparence

L'une des propriétés majeures de la comptabilité est d'assurer la traçabilité des flux financiers et, par conséquent, de contribuer à la transparence[16] sans laquelle il ne peut y avoir de confiance, confiance qui est le ciment aussi bien de la Société que du monde des affaires.

Curieusement, ni la « Constitution » de l'IASB Foundation, ni le Cadre conceptuel des IFRS, ni la directive européenne de 2013 relative aux états financiers annuels, ni le PCG de 2014, n'utilisent, à aucun moment, le mot « transparence ». Il n'y est pas plus fait référence dans la « Constitution » de l'IFAC. Cela est d'autant plus étonnant que la transparence induit un besoin de langage commun afin que l'information soit correctement produite puis interprétée par les différents utilisateurs. Elle n'est pas non plus évoquée par les codes de déontologie ou d'éthique de l'IFAC, de la Compagnie des commissaires aux comptes ou de l'Ordre des experts-comptables.

Opposée à l'opacité, la transparence est pourtant une des conditions d'existence d'un Etat de droit. Cela ne signifie pas que tout doit être su de tous. Il y a bien sûr des « droits d'accès », comme disent les informaticiens, variables faute de quoi il n'y aurait plus de vie privée ou de secret des affaires, secret qui peut être nécessaire et ne couvre pas nécessairement des malversations.

---

[15] Ibid. § 2.17.

[16] Cf. au sujet de la transparence : Burlaud A. et Colasse B. : "Normalisation comptable internationale : le retour du politique ?", *Revue CCA*, Tome 16, Vol. 3, décembre 2010, p. 165.

La transparence peut être « intermédiée ». Ainsi, le commissaire aux comptes a accès à tous les documents de son client, utiles à l'exercice de sa mission et c'est par son intermédiaire que les tiers savent qu'ils ne contiennent pas d'éléments constitutifs ou révélateurs de faits délictueux. Ajoutons que les droits d'accès ne sont pas transférables. Ainsi, certains destinataires de l'information ont aussi à respecter une obligation de discrétion (cas, par exemple, des membres élus du comité d'entreprise) ou de secret professionnel (cas, par exemple, du commissaire aux comptes ou de l'expert-comptable).

Si le besoin de transparence est universel, la façon dont on y répond est fonction du degré d'ouverture des droits d'accès (le secret n'est pas protégé partout de la même façon comme le montre par exemple le cas du secret bancaire) ou de l'équilibre contingent entre la transparence qui permet d'exercer un contrôle social et le secret des affaires qui permet de neutraliser d'éventuelles actions hostiles.

1.6. La recherche de l'intérêt général

La recherche de l'intérêt général, que l'on peut opposer à la défense d'un intérêt particulier, plaide pour l'universalisme. C'est l'argument central de légitimation du législateur ou du normalisateur qui est en quelque sorte un législateur par délégation. Ce concept jouit d'une très forte puissance évocatrice. Ainsi, la « Constitution » de l'IFRS Foundation utilise l'expression « intérêt général » huit fois en 19 pages et celle de l'IFAC 28 fois en 17 pages.

Aucun des deux normalisateurs ne donne de définition de l'intérêt général ; ils se contentent d'apporter une réponse institutionnelle en termes de gouvernance.

Pour l'IFRS Foundation, les 22 Trustees s'engagent à agir dans l'intérêt général (Constitution, art. 6). Il est précisé que :

– "The mix of Trustees shall broadly reflect the world's capital markets and diversity of geographical and professional backgrounds." (art. 6).

– "The Trustees shall comprise individuals that, as a group, provide an appropriate balance of professional backgrounds, including auditors, preparers, users, academics, and officials serving the public interest. Normally, two of the Trustees shall be senior partners of prominent international accounting firms. To achieve such a balance, Trustees should be selected after consultation with national and international organisations of auditors (including the International Federation of Accountants), preparers, users and academics." (art. 7).

Cela montre que, pour l'IASB, l'intérêt général se résume plutôt à l'intérêt des marchés financiers et que les Trustees sont essentiellement des professionnels nommés par des professionnels.

Pour l'IFAC, la « Constitution » prévoit une « Public Interest Oversight Authority » sans plus de précisions.

Ces réponses institutionnelles illustrent la difficulté rencontrée pour définir l'intérêt général. Constituer une assemblée de personnes techniquement compétentes et dont la probité ne fait aucun doute ne suffit pas pour garantir une bonne représentation de l'intérêt général[17].

L'intérêt général est par nature une notion floue et contingente. Il a un caractère éminemment politique. A défaut de pouvoir le définir avec précision, ce concept est-il repris dans le dispositif normatif lui-même ? Le Cadre conceptuel des IFRS ne le mentionne pas une seule fois. Il en est de même de la directive comptable de 2013 et du PCG français. Dans aucun de ces documents, l'intérêt général a pu trouver une traduction opérationnelle et contribuer à l'universalisme de la norme.

En conclusion, nous voyons qu'un marché financier mondialisé est logiquement demandeur de normes comptables universelles pour comparer les performances financières des entités, considérées comme de simples opportunités de placement. De ce fait, l'information financière doit être neutre et contribuer à la transparence des transactions qui assure la confiance sans laquelle le marché ne peut fonctionner.

Clairement, les IFRS sont produites par une institution professionnelle et de droit privé se réclamant de l'intérêt général[18]. Il est évidemment paradoxal qu'un normalisateur dont la préoccupation première est d'améliorer le fonctionnement du marché financier puisse s'en réclamer. Cela postule que satisfaire les investisseurs revient à satisfaire toutes les parties prenantes, ce qui reste à vérifier. Nous allons voir que des facteurs de contingence peuvent infirmer cette hypothèse.

2. La contingence

La contingence se fonde sur la prise en compte de l'impact des normes (le conséquentialisme), de l'environnement économique et social, des besoins spécifiques des utilisateurs (la pertinence de l'information), et de l'adéquation avec les règles juridiques applicables. Par ailleurs, elle laisse une place au jugement professionnel et à la prise en considération du *business model*

2.1. Le conséquentialisme

L'ensemble des principes comptables constitue la base du « système comptable ». Selon la théorie de la contingence, il convient d'intégrer les conséquences économiques et sociales résultant de l'application de ces principes, c'est-à-dire dépasser le cadre de la réglementation. La

17 Cf. à ce sujet : "Réponse aux commentaires sur 'Normalisation comptable internationale : le retour du politique ?' ", *Revue CCA*, Tome 17, Vol. 3, décembre 2011, p. 119.

18 IFRS Foundation, Constitution, art. 6.

comptabilité ne se résume pas à une technique, son application entraîne des conséquences pour les parties prenantes. Considérant que le système comptable peut participer à l'instauration d'une société plus juste, on peut parler d'éthique de la comptabilité.

« Il ne s'agit plus de privilégier la recherche d'une (de la ?) vérité qui serait toujours bonne à dire, mais de rechercher une information ne produisant pas d'effets dommageables » (Burlaud et Baker, 2015, p. 57). En conséquence une place est laissée au jugement du professionnel comptable. Le respect de la réglementation ne suffit pas, la comptabilité a une fonction de régulation qui ne peut être assurée que par la mise en place de dispositifs agissant sur les comportements. Les institutions professionnelles précisent les devoirs de leurs membres dans un code de déontologie professionnelle.

2.2. La pertinence de l'information comptable

La finalité de l'information comptable est de fournir à l'utilisateur des données pertinentes au moment opportun pour prendre des décisions efficaces. Le problème est que les utilisateurs sont nombreux et qu'en conséquence, les décisions à prendre ne sont pas de même nature. Les utilisateurs sont plus ou moins nombreux selon que l'on adopte l'approche partenariale ou l'approche actionnariale.

Selon l'approche partenariale, la liste des acteurs concernés est abondante. On a coutume de distinguer parmi eux les utilisateurs internes, les dirigeants, les salariés, et les utilisateurs externes, les prêteurs, les fournisseurs et autres créanciers, l'administration fiscale, et même la société en général. Chacune des parties prenantes a des besoins différents. Ainsi si le salarié veut plutôt juger de la pérennité de l'entreprise, les créanciers sont davantage intéressés par la solvabilité. Naturellement chaque catégorie ne fait pas l'objet d'une attention particulière dans la réglementation. L'information est la plus large possible, destinée à tout public.

Selon l'approche actionnariale, la relation d'agence se limite aux rapports entre actionnaires et dirigeants. La publication de l'information comptable et financière est pertinente dans la mesure où elle apporte une solution à l'asymétrie d'information entre l'agent (dirigeant) et le mandant (l'actionnaire). Elle vise à favoriser les décisions optimales d'allocation des ressources.

Notons que, lorsqu'il s'agit d'une société cotée, l'information est pertinente pour les investisseurs lorsqu'elle permet d'effectuer des prévisions. De nombreuses études montrent les variations des cours boursiers selon l'annonce de résultats comptables et financiers. Les attentes de chaque acteur dépendent donc de la position occupée dans l'entreprise, généralement du contrat qui le lie à l'entreprise. Elles dépendent également d'autres facteurs, comme le statut juridique, le contexte économique et social.

Ainsi, en France, dont le tissu économique est composé majoritairement de petites entreprises, l'objectif de comparabilité des informations avec une entreprise étrangère n'est pas primordial. De plus, pour différentes raisons, ces entreprises ne font pas appel à un financement externe. En conséquence si le banquier a besoin d'informations lorsqu'il est appelé à combler un déficit de trésorerie, il peut toujours les demander aux dirigeants, ainsi que des informations sur leur patrimoine personnel. Il n'en est pas de même des fonds d'investissement nationaux ou internationaux, nullement intéressés par ce type d'entreprises.

En matière de besoin d'informations, le contexte économique et social est particulièrement prégnant dans les pays en développement car « les systèmes comptables participent donc activement au développement économique et social des pays. Non seulement ils permettent le pilotage des entités qui les utilisent, entreprises et autres organisations [coopératives, ONG, ...] mais ils sont également les instruments d'aide à la planification économique nationale » (Causse, 2009, p. 702). Etant donné les objectifs spécifiques des pays en développement et les moyens dont ils disposent, on peut même se demander si les normes internationales, élaborées dans un contexte très différent, au lieu d'accompagner le développement, ne constituent pas au contraire un frein[19]. Elles répondent en grande partie à des besoins qui n'existent pas dans les pays considérés.

En résumé, les utilisateurs ne forment pas une catégorie homogène et les besoins ne sont pas universels.

2.3. Le lien avec le droit

En France la réglementation comptable, telle qu'elle a été élaborée au cours du XIXème siècle, a abouti à un véritable corpus homogène que l'on appelle le système juridico-comptable. « Ainsi, en ce qui concerne l'entreprise et plus largement le secteur privé, la *Lex mercatoria* au moyen âge, les ordonnances royales, telles celles de Colbert de 1673 sous l'ancien régime attestent de l'appréhension du domaine comptable par le droit, quelle que soit sa forme. Après la Révolution, la codification des pratiques comptables des entreprises dans un code de commerce en 1807, repris en 1867 atteste cette volonté de la puissance publique de régir la comptabilité privée par un ensemble resserré et identifiable de normes juridiques » (Kott, 2014, p. 40). Comme le souligne l'auteur, la loi de 1866 sur les sociétés commerciales contient la réglementation relative à la comptabilité des commerçants, aux comptes consolidés, ainsi qu'aux commissaires aux comptes.

---

[19] Cf. à ce sujet : Causse G. et Ebondo Wa Mandzila E. "Les normes comptables dans les pays de l'UEMOA : apport ou frein au développement ?", in *Dynamique normative - arbitrer et négocier la place de la norme dans l'organisation*, EMS, Management et Société, 2015, Paris. p. 39.

Ce système comporte des principes contenus dans le code de commerce (définition des capitaux propres, permanence des méthodes, principe de prudence, ...), fixe les missions du comptable et définit les pratiques comptables (enregistrement chronologique, conservation des documents, ...). Le principe de patrimonialité, selon lequel les comptes annuels doivent donner une image fidèle de la situation financière et du résultat de l'entreprise, est inscrit dans le code de commerce (article 9).

Comme le soulignent de nombreux auteurs[20], des liens forts existent entre la comptabilité et le droit, elle a même été qualifiée d'« algèbre du droit »[21]. Les particularités du droit comptable par rapport au droit commercial, lui confèrent une certaine autonomie. Ainsi, en comptabilité, l'entité entreprise est considérée comme un sujet comptable. De même, en comptabilité on appréhende les biens selon leur destination économique, c'est-à-dire selon l'intention de les détenir de manière durable. Les titres, par exemple, peuvent être considérés soit comme des immobilisations, soit comme des actifs à court terme. Malgré la prise en considération de cette dimension économique, on ne peut toutefois pas le qualifier de droit économique.

L'élaboration des normes juridiques, qui valent pour le secteur privé et le secteur public, est du ressort du ministère des Finances. Elles constituent un système homogène[22]. L'Etat est partie prenante à plus d'un titre. « La fiscalité exerce une double influence sur la comptabilité, une influence directe par les règles qui visent les écritures, une influence indirecte qui pèse sur les décisions de gestion et par là même sur leur enregistrement comptable » (Rossignol, 1999, p. 6).

L'Etat entend jouer également le rôle de régulateur : « L'union sacrée du droit et de la comptabilité pour la protection du capitalisme prend alors la forme de délits comptables et ce n'est qu'au début du XXème siècle que s'ouvre le processus de normalisation comptable. Le passage vers une économie dite *dirigée* s'accompagne d'un objectif politique de contrôle étatique des comptes autant pour des raisons économiques que fiscales » (Muller, 2014, p. 36).

Mais, dans les années 70/80 apparaît le processus de normalisation internationale qui a pour caractéristique d'être déconnecté du droit. L'avènement du capitalisme financier vient bouleverser le système au point d'opérer une scission entre d'une part la comptabilité étatique qui continue à s'imposer pour les comptes sociaux et d'autre part la normalisation internationale, élaborée par une institution privée, qui s'applique aux comptes consolidés. Le principe de patrimonialité juridique, qui est

---

20 Cf. : Burlaud A. et al. (1998), *Comptabilité et droit comptable - L'intelligence des comptes et leur cadre légal*, Gualino ; Raybaud-Turrilo B. et Teller R. (2009), "Droit et comptabilité", *Encyclopédie de comptabilité, Contrôle de gestion et audit* (Coord. Colasse B.), p. 705-717.

21 Garnier P. (1947), *La comptabilité, algèbre du droit et méthode d'observation des sciences économiques*, Dunod.

22 Dont l'aboutissement est la LOLF (Loi organique relative aux lois de finance) de 2001.

dominant dans la comptabilité française, se heurte à celui de la prééminence de la réalité économique sur la substance juridique. La comptabilité n'est plus le reflet de la situation du patrimoine juridique de l'entreprise mais de sa situation économique. La comptabilité s'est affranchie du droit.

L'évaluation de la situation économique ne peut aboutir qu'en recourant à des méthodes d'évaluation plus ou moins sophistiquées. Le comptable économiste a remplacé le comptable juriste. « Avant les comptes étaient faux, et tout le monde le savait, le problème avec les normes internationales, c'est que les comptes sont toujours faux mais tout le monde croit qu'ils sont vrais »[23].

L'objectif des normalisateurs internationaux qui est de fabriquer et d'imposer des règles universelles reconnues n'est cependant pas atteint. Pour beaucoup de pays, la logique demeure le respect de la contingence.

2.4. La place laissée au jugement professionnel

« Tout au long de sa mission, le professionnel de l'expertise comptable fait preuve d'esprit critique : il exerce son jugement professionnel[24] notamment pour décider de la nature, du calendrier et de l'étendue des procédures à mettre en œuvre sur la base des informations recueillies »[25]. L'exercice de ce jugement, qui introduit une part de liberté par rapport à la réglementation, se justifie par plusieurs raisons :

– d'abord, parce que le normalisateur n'a pas pu prévoir toutes les situations,

– puis, parce que, dans certaines situations, il est nécessaire de faire appel aux connaissances que l'expert peut avoir de l'entreprise et de son environnement afin d'apprécier la cohérence et la vraisemblance des comptes,

– enfin, les textes font parfois appel à son jugement, ainsi, par exemple, lorsqu'il faut appliquer le principe de l'importance relative.

Naturellement, dans l'exercice du jugement professionnel les principes fondamentaux destinés à garantir la qualité de l'information doivent être respectés. Comme l'indique un document de l'Institut canadien des comptables agréés (ICCA) de février 2013, intitulé « Exercice du jugement professionnel », « Le jugement professionnel n'autorise pas le comptable à choisir une méthode du seul fait que rien ne l'interdit ». Lorsqu'une liberté est laissée quant au choix d'une méthode comptable, une explication de ce choix doit être fournie.

La place laissée au jugement professionnel occupe une place plus importante en audit. En effet, l'exercice de l'audit, notamment

---

23 Cette remarque, attribuée à W. Nahum, est rapportée par J. Haas (2014, p. 21).

24 Sur le concept de jugement professionnel, cf. Burlaud et Niculescu, 2016.

25 Normes professionnelles applicables à la mission de compilation des comptes, arrêté du 20/06/2011.

l'identification des risques, la planification des interventions, supposent la mise en relation des faits, l'aptitude à détecter les anomalies, la faculté de juger. « Un audit de grande qualité dépend de la capacité des auditeurs à exercer un jugement professionnel approprié et pertinent tout au long de leur mission » (IAASB, 2016, 6).

Suite aux scandales financiers, notamment la faillite de la banque Lehman Brothers, qui a mis en cause les auditeurs davantage pour un manque de détection des risques que pour un non respect du processus d'audit, une place plus importante est accordée au jugement professionnel.

2.5. La prise en compte du *business model*

Le *business model,* ou modèle d'entreprise, est un outil qui permet de décrire et de comprendre la manière dont une organisation crée de la valeur par la mise en œuvre d'un ensemble d'activités, de processus, de réseaux, de ressources, et le recours à des compétences clés. Il repose sur une vision systémique de l'entreprise.

C'est un concept récent, donc quasiment absent de la réglementation. Cependant, partant du principe que la comptabilité doit rendre compte des opérations relatives à l'activité de l'entreprise durant la période écoulée, et doit fournir des informations utiles à la décision des parties prenantes concernées, la notion de modèle d'entreprise est importante.

La comptabilité peut être considérée « comme [un] instrument de modélisation de l'entreprise » (Colasse, 2008, p. 185), ce qui en fait un outil indispensable pour établir la confiance entre les acteurs économiques et sociaux.

La prise en compte du *business model* peut se traduire par la fourniture d'informations extracomptables, ainsi les informations relatives aux éléments du capital immatériel, ou les choix comptables, ces derniers étant souvent caractéristiques du modèle d'entreprise.

Cependant : « En dehors de la norme IFRS 9, aucune référence explicite au modèle économique n'apparaît dans le référentiel IFRS, traduisant ainsi la prudence de l'IASB vis-à-vis de ce concept. Les raisons qui peuvent expliquer cette prudence sont liées au risque de privilégier la comptabilité d'intention (*management intent*) au détriment des principes de neutralité et de comparabilité de l'information financière » (Barneto et *al.*, 2015, p. 14). C'est ce qui explique sans doute que les rares travaux portant sur le sujet indiquent que, si le concept est présent dans la littérature académique, il est peu intégré dans les normes nationales et internationales[26].

En résumé, la dimension éthique de la comptabilité, l'hétérogénéité des utilisateurs et de leurs besoins, la place nécessairement accordée au jugement du professionnel et au modèle d'entreprise, ont pour conséquence d'admettre

---

[26] Citons Disle et al. (2016), "Business Model et normalisation comptable : quelle intégration du modèle économique pour les IFRS ?", *Revue CCA,* Tome 22, Vol. 1, avril, p. 85-119.

que la comptabilité est logiquement contingente au contexte économique, juridique et social des pays.

3. L'ÉQUILIBRE ENTRE UNIVERSALISME ET CONTINGENCE

L'universalisme tente de s'imposer comme une contrainte face à la mondialisation et la financiarisation de l'économie. Il n'est pas dénué d'avantages comme l'ont montré les fondements sur lesquels il repose. Mais, par ailleurs, nous avons considéré que la comptabilité est logiquement contingente. En conséquence, la solution n'est-elle pas la recherche d'un équilibre entre les deux extrêmes ?

Pour tenter d'y répondre, effectuons d'abord un constat de l'adoption des normes internationales actuellement dans le monde et examinons les conditions d'admission d'une norme mondiale.

3.1. Actualité de l'adoption des normes IFRS

A en croire l'IFRS Foundation, la messe est dite, les IFRS ont conquis le monde. On peut ainsi lire sur le site officiel[27] : « Nearly all (93 %) of the jurisdictions have publicly expressed support for a single set of high-quality global accounting standards. The relevant authority in nearly all (94 %) of the jurisdictions has made a public statement supporting IFRS as the single set of global accounting standards. Even in those few countries that have not publicly supported IFRS, IFRS is commonly used by publicly accountable entities in half of the jurisdictions. ». Mais à y regarder de plus près et au-delà du manque de modestie du texte, le tableau n'est pas si glorieux. Les pourcentages donnés ci-dessus sont exacts si l'on considère, par exemple, que les îles Fidji ou la Macédoine pèsent autant que les Etats-Unis ou la Chine ! Parmi les pays qui n'ont pas adopté les IFRS, on trouve quand même ces deux immenses pays. D'autres grands pays ne les autorisent ou exigent que pour au moins certaines EIP : l'Inde, le Japon ou la Suisse. La France est classée dans les 116 pays qui exigent l'application des IFRS pour toutes ou la plupart des EIP. Mais l'IASB oublie de préciser que, dans ce dernier cas, cela ne concerne que les comptes consolidés. Le paysage serait totalement différent si l'on mesurait les aires d'adoption des IFRS en pondérant les réponses des différents pays par exemple, par leur PIB. Enfin, ces statistiques sont fondées sur des déclarations et non sur des constats. Ainsi dans certains pays en développement ayant formellement adopté les IFRS, on sait que la profession comptable est quasiment inexistante et que les normes ne sont en fait pas appliquées.

Si l'on s'intéresse aux PME, on constate que les résultats sont encore moins unanimes en faveur des IFRS. Ainsi, Nobes (2011, p. 43) recense 65

---

27 http://www.ifrs.org/Features/Pages/Global-reach-of-IFRS-is-expanding.aspx

pays interdisant l'emploi des IFRS pour les PME, 57 pays les ayant simplement autorisées et 6 pays les ayant rendues obligatoires. De plus, lorsqu'on regarde en détail la liste des pays, on trouve dans le groupe des pays interdisant les IFRS pour les PME pratiquement tous les grands pays de la planète : Allemagne, Canada, Chine, Espagne, Etats-Unis, France, Inde, Italie, Japon, Royaume-Uni, Russie, etc. Seuls trois grands pays autorisent l'emploi des IFRS pour les PME : Afrique du Sud, Brésil et Turquie. Les six pays rendant leur usage obligatoire sont les suivants : Chili, Fidji, Macédoine, Rwanda, Serbie et Vénézuela.

Ces chiffres montrent que la réalité se situe bien entre universalisme et contingence, c'est-à-dire localisme et pertinence par rapport aux besoins exprimés localement. Il est clair que l'information financière publiée par les EIP opérant sur les marchés internationaux doit être normée selon des règles internationales mais même cela n'est pas admis partout en fonction des rapports de force. Ainsi la Chine et les Etats-Unis gardent leurs propres normes. En revanche, pour les entreprises ayant une activité nationale et qui ne sont pas des EIP, les comptes préparés selon les normes locales sont la règle.

3.2. Une norme mondiale est–elle envisageable ?

La recherche d'un équilibre entre normes locales et normes internationales s'avère compliquée car nous nous trouvons entre deux mondes dont les caractéristiques essentielles sont opposées :

– une comptabilité de nature juridique face à une comptabilité de nature économique ;

– une comptabilité destinée à tout public face à une comptabilité destinée aux investisseurs financiers ;

– une comptabilité dont les règles émanent d'une institution étatique face à une comptabilité dont les règles émanent d'un organisme privé.

Le projet de création d'une norme comptable mondiale unique a fait l'objet de réflexions de la part des plus hautes instances professionnelles françaises. Nous faisons référence aux écrits et interventions de Jérôme Haas, président de l'Autorité des normes comptables[28], dont nous reprenons les idées essentielles ci-dessous.

Selon lui, il y a d'abord un problème de terminologie commune. Il n'est pour s'en convaincre que de faire référence à l'image fidèle. Dans la culture française, cela signifie « des chiffres sûrs, certifiés, ancrés dans le droit »,

[28] Ainsi : - le discours prononcé le 6 avril 2011 à la réunion de l'Association française des trésoriers d'entreprise (AFTE), intitulé "Le merveilleux projet de création d'une norme comptable mondiale unique", - l'entretien publié dans les Petites Affiches n° 44, du 3 mars 2011, p. 5, intitulé "Il faut trouver un juste équilibre entre normes locales et normes internationales".

dans la culture anglaise, ce sont « des chiffres pour les investisseurs en priorité, variant avec la conjoncture, non ancrés dans le droit, … ».

Puis, toujours selon Jérôme Haas (2011a,b ; 2014), le mode de financement conduit à la prise en considération d'horizons différents. Lorsque les entreprises se financent essentiellement par capitaux propres, ce qui est le cas de la France, elles ont une vision de plus long terme par rapport à des entreprises qui ont recours essentiellement aux marchés financiers, ce qui est le cas aux Etats-Unis.

Enfin, le *business model* dominant, ainsi que le degré de sophistication de l'économie, sont très différents selon les pays ou les zones géographiques. Ainsi dans les pays en développement, la plupart des entités économiques sont de très petites tailles, se situent essentiellement dans le secteur agricole et artisanal. On ne peut les soumettre à des normes complexes qui ne répondent à aucun de leurs besoins.

Partant de ces constats, et de la manière dont ont été élaborées et appliquées les normes internationales, J. Haas (2011a, 2014) pose les conditions à l'instauration d'une norme comptable internationale unique.

Les conditions fondamentales suivantes doivent être réunies :

– le choix « entre *fair value* et coût historique, entre la prudence et la transparence, entre la représentation du passé ou la prise en compte d'hypothèses sur l'avenir », une séparation nette doit être effectuée et apparaître entre ce qui est sûr et ce qui est calculé,

– « l'appréciation des normes par une autorité publique selon des procédures contrôlées par elle-même et ses pairs ».

Il faut également :

– envisager la pertinence d'un système d'options justifié par l'existence de contextes dissemblables,

– tester les effets de l'introduction d'une norme,

– entretenir « un dialogue continu avec l'ensemble des parties prenantes au niveau mondial ».

A ces conditions, il ajoute qu'il faut :

– « mettre un terme à la politique de convergence », telle qu'elle est menée actuellement et qui conduit à des résultats contraires aux objectifs recherchés, celui de la comparabilité, par exemple,

– admettre qu'une « norme unique faite pour les marchés financiers ne peut pas être la référence pour des pays dans lesquels le recours aux marchés financiers est quasi nul, ni pour les PME ».

En conséquence, sans renoncer à terme à la possibilité de création d'une norme comptable mondiale unique, pour l'instant ce projet tient « de l'aventure de Babel », il apparaît comme utopique.

Conclusion

Nous avons voulu, dans cet article, nous interroger sur la pertinence d'une comptabilité universaliste *versus* une comptabilité contingente par rapport aux caractéristiques économiques, juridiques et fiscales des entreprises.

Il est évident que des normes comptables sont indispensables. Elles font partie des attributs d'un Etat de droit car elles permettent une fiscalité respectant l'égalité de traitement des contribuables, personnes physiques ou morales. Elles assurent la traçabilité des flux financiers pour lutter contre la corruption et l'évasion fiscale. Ces normes doivent-elles être mondiales ? Nous avons vu qu'aujourd'hui, si elles sont formellement adoptées par une très grande majorité de pays, les plus grands, dont les Etats-Unis et la Chine, ne le font pas. D'autres grands pays expriment des réserves ou, comme la plupart des pays européens, en limitent l'usage aux comptes consolidés des EIP. Cela signifie deux choses :

– les groupes multinationaux, les grands cabinets (les *Big Four*) et les analystes ont besoin de règles reconnues mondialement afin de ne pas avoir à satisfaire à plusieurs référentiels normatifs ;

– les autres entreprises et les utilisateurs de leurs comptes annuels ont besoin de normes adaptées à des situations locales.

On constate que le périmètre des systèmes normatifs locaux correspond presque toujours aux frontières des Etats car le lien entre comptabilité, droit et fiscalité reste très fort. Faute d'une fiscalité européenne, il n'y a pas de normes européennes très contraignantes, tant la directive comptable est peu détaillée et laisse place à 27 ou 28 référentiels nationaux. En revanche, les 17 pays de l'Organisation pour l'Harmonisation en Afrique du Droit des Affaires (Ohada) sont allés plus loin et ont adopté un référentiel comptable commun : le Système comptable Ohada (Syscohada). Il est fondé sur un droit des affaires commun. De plus, les règles fiscales des pays membres, à défaut d'être identiques, sont d'inspiration commune puisqu'elles dérivent du code général des impôts français. Enfin, le niveau de développement de ces pays est relativement comparable.

Mais un système normatif ne peut prévoir tous les cas de figure présents et, a fortiori, à venir. Il faut donc laisser un espace de liberté pour l'exercice du jugement professionnel des préparateurs des comptes et de leurs auditeurs. La recherche de pertinence de l'information financière suppose aussi la possibilité d'intégrer les spécificités de chaque entité, son *business model*, son environnement, etc.

En définitive, nous voyons que la définition de normes comptables est un acte éminemment politique[29], donc un art du compromis, compromis entre le principe de la règle universelle, d'apparence simple mais pas nécessairement

---

[29] Cf. à ce sujet : Burlaud et Colasse, 2010.

pertinente, et des règles nationales ou régionales, mieux adaptées aux contextes particuliers.

RÉFÉRENCES

Barneto, P., Degos J-G. et Ouvrard, S. (2015), Normes financières et modèle économique : Comment concilier neutralité, comparabilité et pertinence de l'information publiée ? *La Revue des sciences de gestion*, n° 273-274, pp. 13-20.

Burlaud, A. et Baker, C. R. (2015), Epistémologie de la comptabilité : de la doctrine au conséquentialisme, *Revue Française de Comptabilité*, No. 488, juin, pp. 54-58.

Burlaud, A. et Colasse, B . (2010), Normalisation comptable internationale : le retour du politique ? *Comptabilité, contrôle, audit*, Tome 16, Volume 3, décembre, pp. 153-175.

Capron, M. (1993), *La comptabilité en perspective*, Paris, La Découverte, 128 p.

Causse, G. (2009), Développement et comptabilité, *Encyclopédie de comptabilité, contrôle de gestion et audit*, (Ed) Colasse, B. (Coord), Economica, Paris, pp. 689-703.

Colasse, B. (2008), La comptabilité comme instrument de modélisation, in *Le management – Fondements et renouvellements,* Schmidt (Ed), Paris, Editions des sciences humaines, pp. 185-193.

Fourastié J. (1976), *La comptabilité*, Collection Que sais-je ? Paris, PUF, 128 p.

Haas, J. (2014), Derrière le désordre normatif mondial, l'ignorance du droit, *in Normalisation comptable – Actualités et enjeux*, L'Académie des sciences techniques comptables financières, pp. 20-22.

Haas, J. (2011a, Discours prononcé le 6 avril 2011 à la réunion de l'Association française des trésoriers d'entreprise (AFTE), intitulé « Le merveilleux projet de création d'une norme comptable mondiale unique ».

Haas, J. (2011b), Entretien publié dans les Petites Affiches, No. 44, du 3 mars 2011, p. 5, intitulé « Il faut trouver un juste équilibre entre normes locales et normes internationales ».

Kott, S. (2014), Le concept de système juridico-comptable à l'épreuve de la normalisation internationale, *in Normalisation comptable – Actualités et enjeux*, L'Académie des sciences techniques comptables financières, pp. 39-46.

Marx, K.H. (1867), *Le capital.* Livre II, Tome 2, Collection La pléiade, Paris, Gallimard, 1968, 2112 p.

Muller, Y. (2014), L'évolution des relations de la comptabilité à l'économie et au droit, *in Normalisation comptable – Actualités et enjeux,* L'Académie des sciences techniques comptables financières, pp. 34-38.

Nobes, C. (2011), *International Variations in IFRS Adoption and Practice.* ACCA, Research Report, No. 124, 44 p.

Rossignol, J-L. (1999), Comptabilité et fiscalité : chronique d'une relation « impérieuse », *Comptabiluté Contrôle Audit*, Vol. 2, No. 5, pp. 5-24.

L'évolution de l'IASC de la création en 1973 à son remplacement par l'IASB en 2001

Robert Obert[1]
et Jean Claude Scheid[2]

Jean Guy Degos nous explique la création d'une institution internationale de normalisation comptable (Degos, 2005, p. 70) par le fait que « de nos jours, ce sont des raisons de communication interne et externe et des objectifs évidents d'efficacité qui guident principalement les entreprises dans leur choix d'un référentiel plus que tout autre motif. Dans cette quête sans cesse renouvelée, l'IASC élaborant les normes IAS, transformée en 2001 en IASB élaborant les normes IFRS, a eu les faveurs et est devenu la vitrine de l'harmonisation internationale ».

Les premiers actes de normalisation comptable datent du début du vingtième siècle. En 1909 (Zeff, 1971, p. 112) le Conseil de l'American Association of Public Accountants (AAPA), organisme prédécesseur de l'American Institute of Certified Public Accountants (AICPA) décida de la création d'un « Comité de terminologie comptable » (Special Committee on Accounting Terminology), dirigé par Seymour Walton, qui, en 1915, proposa une liste de termes et de définitions acceptés par les organisations officielles existantes. Plus tard, suite au IXè congrès international de la comptabilité qui s'était tenu à Paris en 1967, un groupe de travail de quatorze personnes de différents pays s'est constitué, à l'initiative de Sir Henri Benson, associé de Coopers & Lybrand de Londres (Revue Française de Comptabilité, 1975, p. 244). Il comprenait notamment des représentants des institutions professionnelles britanniques, américaines et canadiennes. Ce groupe avait recommandé, entre autres choses, de former une organisation mondiale chargée de coordonner la profession comptable sur le plan mondial et d'établir des normes comptables internationales. Ce groupe est l'ancêtre de l'IASC, mais aussi de l'IFAC, l'IASC ayant eu la mission

[1] Professeur agrégé des techniques de gestion, docteur en sciences de gestion, diplômé d'expertise comptable.
[2] Professeur émérite en sciences de gestion au Conservatoire national des arts et métiers, diplômé d'expertise comptable.

également à sa création de traiter les normes d'audit (Camffermann et Zeff, 2007, p. 26).

1. La création de l'IASC en 1973

L'idée de création de l'IASC est née lors du dixième Congrès international de la comptabilité en Australie (Revue française de comptabilité, 1973) à Sydney du 16 au 20 octobre 1972, qui avait réuni plus de 3 000 participants venant de 55 pays. Ce congrès avait manifesté le désir de créer des standards comptables de base qui seraient avec le temps adoptés dans le monde entier. C'est aussi à ce congrès qu'a abouti l'idée de la création d'une fédération comptable mondiale, l'IFAC (International Federation of Accountants) qui devait apporter son concours dans les domaines de l'éthique de la profession, de la formation et de la pratique de l'audit.

Et c'est le vendredi 29 juin 1973 qu'a été signée à Londres, toujours à l'initiative de Henry Benson, par les représentants des organisations comptables professionnelles d'Australie, du Canada, de France, d'Allemagne, du Japon, du Mexique, des Pays-Bas, de Grande Bretagne, d'Irlande et des Etats-Unis (E.H Burgess, pour l'Australie, P.Howards Lyons pour le Canada, Roger Caumeil pour la France -au nom de l'Ordre des experts-comptables et des comptables agréés - Dr Krafft Von der Tann, pour l'Allemagne, Shozo Tatsumi pour le Japon, J. Fressynier pour le Mexique, J.W. Schoonderbeek pour les Pays-Bas, Sir Henry Benson, pour le Royaume Uni et l'Irlande - au nom de l'ICAEW, de l'ICAS, de l'ICAI, de l'ACCA, du CIMA et de l'Institute of Municipal Treasurers - et Wallace E. Olson - au nom de l'AICPA - pour les Etats Unis), la charte de création d'un organisme international, le comité des normes comptables internationales, l'IASC (International Accounting Standards Committee), ayant pour « fonction d'élaborer et de publier, dans l'intérêt du public, des principes de base qui devront être respectés lors de la présentation des comptes vérifiés et des rapports financiers, ainsi que d'assurer l'acceptation et l'application de ces principes à l'échelon mondial » (Revue française de comptabilité, 1973, p. 420).

Selon l'article 2 des statuts, le comité était présidé par un président élu pour deux ans, et non rééligible, à la majorité simple des membres du comité. Aux neuf membres fondateurs se sont ajoutés en 1974 la Belgique, l'Inde, Israël, la Nouvelle Zélande, le Pakistan, le Zimbabwe, puis en 1976, l'Afrique du Sud et le Nigeria.

En 1982, un accord est passé avec l'IFAC : l'IFAC reconnaît l'IASC comme le seul normalisateur mondial ; tous les membres de l'IFAC sont considérés comme membres de l'IASC (Nobes et Parker, 1991, p. 74) ; le Board de l'IASC passe à 17 membres nommés par le Conseil de l'IFAC (13 pour les pays membres, dont 3 pour les pays en voie de développement, plus

4 pour des organisations auxquels il faut ajouter 2 observateurs sans droit de vote : le FASB et la Commission européenne. Le Conseil était présidé par un « Chairman » élu pour deux ans et demi (et non rééligible). Le président de l'IFAC avec voix consultative participait au Conseil de l'IASC.

Sir Henry Benson en fut le premier président. Les autres présidents de l'IASC furent successivement J.P. Cummings (USA) en 1976, J.A. Hepworth (Australie) en 1978, J.A. Burggraff (Pays-Bas) en 1980, S. Elliott (Canada) en 1982, J. Kirkpatrick (UK) en 1985, G. Barthes de Ruyter (France) en 1987, A.R. Wyatt (USA) en 1990, E. Shiratori (Fapon) en 1993, M. Sharpe (Australie) en 1995, S. Enevoldsen (Danemark) en 1998.

Selon l'article 4 des statuts (Revue française de comptabilité, 1975, p. 421), aucun principe fondamental (standard) ne pourra être publié (après publication de projets sous forme d'exposé sondage) s'il n'a pas été approuvé par un vote recueillant au moins les trois quarts des voix (chaque pays représenté disposant d'une voix) ».

Un comité d'interprétation (Standing Interpretation Committee) fut aussi créé en 1996 pour répondre aux questions d'interprétation qui pourraient lui être posées. En mai 2001, ce Comité avait publié 32 recommandations.

2. La construction des premières normes : de 1974 à 1979

Les premières années de l'IASC ont été consacrées à écrire des normes. Le degré d'innovation était en fait assez faible. L'IASC n'inventait pas de nouveaux principes ou méthodes comptables. Ce qu'il écrivait existait ailleurs, notamment aux Etats Unis et plus généralement dans le monde anglo-saxon. Cette normalisation était plutôt une codification des pratiques existantes et « généralement » admises. Tout au plus, l'IASC excluait certaines pratiques par trop déviantes et au fond très marginales (Gélard, 1992, p. 22).

2.1. La norme n°1 de l'IASC

C'est le 16 janvier 1975 au cours d'une conférence de presse que Sir Henry Benson, président de l'IASC a présenté la première norme arrêtée par cet organisme « Publicité des méthodes comptables ». Cette norme (OECCA, IASC, CNCC, 1995, p. 54-59) traitait en particulier des principes comptables de base, classés en conventions comptables de base et méthodes comptables : continuité de l'exploitation, permanence des méthodes, spécialisation des exercices, prudence, prééminence de la réalité sur l'apparence, importance relative. Ces principes étaient généralement pratiqués dans la quasi-totalité des pays occidentaux, sauf peut-être celui de la prééminence. La norme précisait à ce sujet que « les opérations et autres évènements de la vie de l'entreprise doivent être enregistrés et présentés conformément à leur nature et à la réalité financière sans s'en tenir uniquement à leur apparence juridique ».

2.2. Les normes IAS 2 à 13

La norme IAS 2, appelée « Evaluation et présentation des stocks dans le contexte du coût historique » fut adoptée en juillet 1975. Contrairement à la première norme qui était une norme de principes généraux, cette norme avait un champ plus précis. Il est à noter cependant qu'elle présentait quand même sept formules de coûts utilisés pour l'évaluation des stocks : premier entré - premier sorti (FIFO), coût moyen pondéré, dernier entré - dernier sorti (LIFO), stock outil, identification des lots, prochain entré - premier sorti (NIFO), dernier prix d'achat.

La norme IAS 3 « Etats financiers consolidés » a été adoptée en mars 1976. Dans son introduction, elle définissait les notions de société participante, de société dépendante, de filiale, de société mère et d'états financiers consolidés, de contrôle, de groupe, d'intérêts minoritaires, de capital ordinaire, de société apparentée, d'influence significative, de méthode mise en équivalence.

La norme IAS 4 « Comptabilisation des amortissements » fut adoptée en juillet 1976. Elle définissait l'amortissement comme étant « la répartition d'un montant amortissable d'une immobilisation sur sa durée d'utilisation estimée ».

La norme IAS 5 fut adoptée en juillet 1976 et portait sur les informations que doit fournir l'entreprise dans ses états financiers.

La norme IAS 6 « Traitement comptable des variations de prix » fut adoptée en mars 1977. Elle précisait que « les entreprises doivent présenter dans leurs états financiers une information décrivant les procédures adoptées pour refléter l'effet sur les états financiers des variations de prix spécifiques, des variations du niveau général des prix, ou la combinaison de ces deux types de variations.

La norme IAS 7 « Tableau de financement » fut adoptée en mars 1976. Cette norme très générale n'imposait aucun schéma aux utilisateurs.

Les normes IAS 8 « Eléments inhabituels, éléments sur exercices antérieurs et changements de méthodes comptables » et la norme IAS 9 « Comptabilisation des frais de recherche et de développement » furent adoptées respectivement en octobre 1977 et en mars 1978.

La norme IAS 10 adoptée en juin 1978 avait pour titre « Eventualités et évènements survenant après la date de clôture de l'exercice ».

La norme IAS 11, relative aux contrats de longue durée, a été adoptée en novembre 1978. Elle autorisait, sans préférence, la méthode du pourcentage d'avancement des travaux comme celle de l'achèvement des travaux.

La norme IAS 12, adoptée en juillet 1979, autorisait la méthode de l'impôt exigible comme les méthodes du report fixe ou variable d'impôt.

La norme IAS 13, adoptée en juin 1979 traitait de la définition et de la présentation dans les états financiers de l'actif à court terme et du passif à court terme.

Durant la période de construction de ces premières normes, il faut voir, compte tenu des nombreuses options autorisées, que les normes IAS n'étaient pas fondamentalement différentes des normes nationales de nombreux pays (Camffermann and Zeff, 2007, p.80).

3. La construction d'une seconde série de normes : de 1980 à 1990

Entre 1980 et 1990 ont été publiées 18 normes nouvelles allant des numéros IAS 14 à IAS 31.

La norme IAS 14 traitait de la présentation d'une information sectorielle. Cette norme a été adoptée en mars 1981.

La norme IAS 15 (remplaçant la norme IAS 6), adoptée en juin 1981, traitait des informations reflétant les effets des variations de prix sur les mesures utilisées pour la détermination des résultats et de la situation financière de l'entreprise.

La norme IAS 16 « Immobilisations corporelles » a été adoptée en octobre 1981. Après avoir donné un certain nombre de définitions, elle traitait des règles de comptabilisation à pratiquer.

La norme IAS 17 relative à la comptabilisation des contrats de location a été adoptée en mars 1982. Elle distingue deux (plus un) types de contrats : le contrat de location-financement, le contrat de location simple et le contrat de cession bail.

La norme IAS 18, relative à la constatation des produits a été adoptée en juin 1982.

La norme IAS 19, adoptée en janvier 1983, intitulée « comptabilisation des prestations de retraite dans les états financiers de l'employeur » distinguait la comptabilisation des prestations dans deux régimes différents : le régime à prestations définies et le régime à contributions définies.

La norme IAS 20, adoptée en novembre 1982 traitait de la comptabilisation des subventions publiques ainsi que des informations à fournir sur ces subventions et sur les autres formes d'aide publique.

La norme IAS 21, adoptée en juillet 1983 et profondément révisée en mars 2003 est relative à la comptabilisation des effets des variations du cours des monnaies. Elle traitait de la comptabilisation des opérations conclues en monnaie étrangère et de la conversion des états financiers des établissements étrangers.

La norme IAS 22 relative à la comptabilisation des regroupements d'entreprises a été adoptée en juin 1983. Elle traitait de la comptabilisation des regroupements d'entreprises ainsi que du goodwill en résultant.

La norme IAS 23, adoptée en octobre 1983, traitait de la capitalisation des charges d'emprunt dans les états financiers en tant que composantes du coût d'acquisition de certains biens.

La norme IAS 24 relative à l'information concernant les parties liées a été adoptée en mars 1984.

La norme IAS 25 adoptée en mars 1986 traitait de la définition, de la forme, de la classification, du coût et de la valorisation des placements.

La norme IAS 26 relative à la comptabilité et aux rapports financiers des régimes de retraite a été adoptée en juin 1986 Elle venait compléter la norme IAS 19 présentée ci-dessus.

Les normes IAS 27 et IAS 28 adoptées en avril 1989 traitaient (Scheid, 1989, p. 14-16) des consolidations dans les filiales et dans les sociétés associées. Elles remplacaient la norme IAS 3 adoptée en mars 1976.

La norme IAS 29, relative à la présentation des comptes dans les économies hyperinflationnistes a été adoptée en avril 1989.

La norme IAS 30, adoptée en juin 1990, traitait des informations à fournir dans les états financiers des banques et des établissements financiers assimilés.

Enfin, la norme IAS 31, adoptée en novembre 1990, présentait les définitions des notions de coentreprise et de contrôle conjoint et les traitements comptables correspondants.

4. La construction du cadre conceptuel et la réduction des options

L'année 1989 a été pour l'IASC une année fondamentale. Avril 1989 a vu la fin des travaux correspondant à la construction du cadre conceptuel, et janvier 1989 a vu la première présentation d'un projet de révision de normes existantes en vue de la réduction des options.

4.1. La construction du cadre conceptuel de l'IASC

Le FASB, dès sa création, en 1973, avait pour ambition de construire une théorie générale de la comptabilité financière. Le cadre comprenait de très longs développements dans lesquels toutes les théories sont citées et reconnues dignes d'un apport (Scheid et Standish, 1989, p. 92). Ce cadre n'a pas vu le jour d'un seul coup, bien au contraire : il a évolué graduellement et ce n'est vers les années 1980 qu'il a atteint un certain stade de réalisation. Six normes (concepts statements) ont finalement été publiées par le FASB entre 1978 et 1985, la septième étant publiée en février 2000 et la huitième en 2010.

L'IASC, dans la conception de son cadre conceptuel, a rétréci son champ d'application, le limitant aux états financiers, c'est à dire aux états de synthèse et aux notes jointes aux états de synthèse (Béthoux, Kremper, 1988, p. 61). Un cadre de préparation et de présentation des états financiers (Framework for the preparation and presentation of financial statements) a été adopté par l'IASC en avril 1989. Il s'inspire beaucoup des concepts statements du FASB.

4.2. Le projet « comparabilité des états financiers »

A la fin des années 1980 arriva, au niveau de l'IASC, le temps des questions : vieillissement des normes, défauts apparents de certaines, prise en compte de cultures différentes, dispositif jugé insuffisamment contraignant, ne garantissant pas le niveau de comparabilité jugé souhaitable. Ainsi, après avoir longuement réfléchi sur les fondements de la comptabilité, l'IASC a mis en chantier un projet « Comparabilité des états financiers » couplé avec celui des améliorations.

Un exposé sondage ED 32 fut présenté en janvier 1989. Il avait pour objectif de réviser 13 normes (sur les 28 existantes) d'autres étant par ailleurs en révision à titre individuel. Il concernait (Revue Française de Comptabilité, 1989, p. 9-11), les normes IAS 2, IAS 5, IAS 8, IAS 9, IAS 11, IAS 16, IAS 17, IAS 18, IAS 19, IAS 21, IAS 22, IAS 23 et IAS 25.

L'exposé sondage ED 32 (Obert, 1994, p. 16) avait prévu :

– soit de n'admettre pour certaines normes qu'une seule méthode pour la comptabilisation d'une même transaction ou d'un même évènement ;

– soit, en admettant plusieurs méthodes, d'indiquer la préférence de l'IASC, ou s'il n'y a pas de préférence, les conditions d'application de chacune des méthodes.

En juin 1990, après prise en compte des commentaires reçus, l'IASC décidait, sur les 29 propositions de réduction d'option d'en confirmer 21, d'en faire réexaminer 3 dans un nouveau projet et d'en reporter 5 (IASC – OECCA - CNCC, 1995, p. 10-11).

En fait, après prise en compte des commentaires, l'IASC présentera de nouveaux exposés sondages en 1991 et 1992. Après de longs débats, l'approbation finale des normes révisées (IAS 2, IAS 8, IAS 9, IAS 10, IAS 11, IAS 16, IAS 18, IAS 19, IAS 21, IAS 22, IAS 23) de ce projet a été effectuée par le Conseil de l'IASC qui s'est tenu à Oslo du 2 au 5 décembre 1993, la date d'application des nouvelles règles étant fixée aux exercices ouverts à compter du 1er janvier 1995.

5. Les normes de 1990 à 2000

De 1990 à 2000, un certain nombre de normes IAS ont été révisées (d'IAS 1 à IAS 23) et d'autres nouvelles ont été publiées (IAS 32 à IAS 41).

5.1. La révision des normes IAS 1 à IAS 23

La norme IAS 1 a été révisée en août 1997. De « Publicité des méthodes comptables » elle est devenue « Présentation des états financiers », l'analyse des principes comptables fondamentaux ayant été reprise dans le cadre conceptuel. Cette nouvelle norme a rendu sans objet les anciennes normes IAS 1, IAS 5 et IAS 13. Elle présente notamment les rubriques qui doivent figurer au bilan et au compte de résultat (Obert, 2003, p. 73 et 82).

La révision de la norme IAS 7 (sur le tableau de flux de trésorerie), adoptée en décembre 1992, remplaçant l'ancienne norme IAS 7 sur le tableau de financement, classe les flux de trésorerie en flux de trésorerie des activités d'exploitation, flux de trésorerie des activités d'investissement et flux de trésorerie des activités de financement.

La révision de la norme IAS 10 (relative aux évènements survenus après la clôture de l'exercice) a été effectuée en mars 1999.

La révision de la norme IAS 12 (relative à la comptabilisation de l'impôt sur les bénéfices) a été effectuée en octobre 1996. La charge fiscale doit être établie dorénavant suivant le principe du report variable d'impôt.

La révision de la norme IAS 14 (relative à l'information sectorielle) fut réalisée en août 1997 et celle de la norme IAS 17 (relative aux locations) en décembre 1997.

La révision de la norme IAS 19 (relative aux avantages sociaux) a été effectuée également en décembre 1993. Une seconde et une troisième révision ont été effectuées en février 1998 et en octobre 2000.

Il y a lieu par ailleurs, d'ajouter à l'ensemble de ces révisions, les révisions adoptées en décembre 1993, à la conclusion du projet « comparabilité », des normes IAS 2, IAS 8, IAS 9, IAS 10, IAS 11, IAS 16, IAS 18, IAS 19, IAS 21, IAS 22, IAS 23.

IAS 16 a été également amendé en juillet 1998 lors de la publication des normes IAS 36, IAS 37 et IAS 38. Dans un souci de cohérence avec ces trois normes, une nouvelle version d'IAS 22 a également vu en juillet 1998 (IASC, 1999, p. 921 et s.).

5.2. Les normes IAS 32 à IAS 41

La norme IAS 32 relative aux règles de présentation et informations à fournir relatives aux instruments financiers a été adoptée en juin 1995. Cette norme, qui faisait suite aux exposés sondage ED 40 (présentée en septembre 1991) et ED 48 (présenté en janvier 1994) ne traite ni de l'évaluation ni de la comptabilisation des instruments financiers qui firent l'objet d'études complémentaires compte tenu de désaccords. L'exposé-sondage ED 48 comportait notamment la définition des notions de juste valeur et de valeur de marché (§ 5), définitions qui seront reprises dans la première édition de la norme IAS 32, deux paragraphes sur les techniques d'évaluation à la juste valeur (§ 17 et 18) et quatre paragraphes (§ 225 à 228) sur les informations à fournir sur la juste valeur (Obert, 2009, p. 26). Cette norme a été révisée au moment de l'approbation de la norme IAS 39 en février 1999.

En fait (Camfferman, Zeff, 2007, p. 368), le congrès de 1994 de l'IOSCO attendait que soit publiée une norme sur les instruments financiers pour donner son accord à la reconnaissance des normes IAS. Ceci explique pourquoi IAS 32 a été séparé d'IAS 39. Pour cette dernière norme, trois exposés sondages se sont succédé, E 40 et E 48 déjà cités et E 62 considéré (Camfferman, Zeff, 2007, p. 374), comme un résumé de la norme américaine en préparation (la future FAS 133).

La norme IAS 33, relative au résultat par action, a été adoptée en février 1997. Cette norme était tout à fait conforme à la norme FAS 128.

La norme IAS 34, relative aux comptes intermédiaires, a été adoptée en février 1998. Elle prévoyait que doivent être publiés au titre de l'information financière intérimaire au minimum un bilan, un compte de résultat, un tableau de flux de trésorerie, un tableau de variation des capitaux propres condensés et des notes annexes correspondant à la mise à jour du dernier rapport annuel.

La norme IAS 35, relative aux abandons d'activités, a été adoptée en juin 1998. Cette norme précisait notamment le moment à partir duquel il est nécessaire de présenter dans les états financiers les éléments relatifs à la cessation de manière séparée par rapport aux éléments liés aux activités qui se poursuivent.

La norme IAS 36, relative à la dépréciation des actifs a été adoptée en avril 1998. Elle précisait qu'une dépréciation doit être comptabilisée si la valeur recouvrable d'un actif corporel ou incorporel est inférieure à sa valeur nette comptable.

La norme IAS 37, relative aux provisions, dettes et actifs éventuels, a été adoptée en septembre 1998. Cette norme précise que les actifs et passifs éventuels ne donnent pas lieu à comptabilisation.

La norme IAS 38, relative aux actifs incorporels, a été adoptée en septembre 1998. Elle annulait et remplacait IAS 4 pour ce qui concerne les amortissements des immobilisations corporelles et IAS 9 « Frais de recherche et de développement ». Cette norme qui définissait les critères d'immobilisation des éléments incorporels impose un amortissement systématique et établit des règles spécifiques de première utilisation.

La norme IAS 39, relative à l'évaluation et à la comptabilisation des instruments financiers, a été adoptée en décembre 1998. Cette norme se superposait en partie à la norme IAS 25 sur les placements et a entraîné des changements dans les normes IAS 18, IAS 27, IAS 28, IAS 30, IAS 31 et IAS 32. Proche de la norme FAS 133, elle imposait l'évaluation de tous les produits dérivés, dès la date d'engagement de l'entreprise, pour leur entrée initiale au bilan et postérieurement à leur juste valeur. Une révision a été adoptée en octobre 2000. Un guide d'application de la norme a été ajouté fin 2000. Ce guide comprenait 164 questions / réponses sur l'application d'IAS 39. La norme IAS 39 n'a été approuvée que par douze voix sur seize (le minimum d'acceptation par l'IASC). Les quatre opposants étaient l'Australie, la France, la Grande-Bretagne et les Etats-Unis, mais pour des raisons différentes (Camfermann, Zeff, 2007).

La norme IAS 40, relative aux immeubles de placement, a remplacé la norme IAS 25, « Comptabilisation des placements ». Elle a été adoptée en avril 2000. Elle couvrait l'immobilier de placement à savoir les terrains, les immeubles détenus par un propriétaire ou un preneur d'un contrat de location-financement, dans le but d'obtenir des loyers ou des gains en capital.

La norme IAS 41, norme sectorielle relative à l'agriculture a été adoptée en décembre 2000. Cette norme définissait les règles d'évaluation et de comptabilisation des actifs et des produits des entreprises agricoles.

6. Les accords entre l'IOSCO et l'IASC

L'IOSCO ou International Organisation of Securities Commission (Organisation Internationale des Commissions de Valeurs mobilières ou OICV) est un organisme fédérant les commissions de contrôle de bourse de chaque pays (SEC aux Etats-Unis, COB, puis AMF depuis 2003 en France). En 1993, l'IOSCO déclarait qu'elle avalisait la norme IAS 7 relative au tableau de financement. Des accords furent ensuite pris en juillet 1995 pour qu'à l'avenir les entreprises dont les états financiers seraient conformes aux normes comptables internationales n'aient plus à retraiter leurs comptes pour être cotés en bourse, même aux Etats-Unis.

A l'issue de cet accord, l'IASC et l'IOSCO avaient arrêté une liste de domaines comptables qui devaient faire avant 1999 l'objet de nouvelles normes (ou de la révision de normes existantes).

Début 1999, on a pu constater que le programme fixé d'un commun accord entre IASC et IOSCO avait été réalisé : la nouvelle norme IAS 1 a remplacé en août 1997, les anciennes normes IAS 1, 5 et 13. La norme IAS 10 a été révisée en mars 1999, la norme IAS 12 en octobre 1996, la norme IAS 14 en août 1997, la norme IAS 17 en décembre 1997, la norme IAS 19 en février 1998. La norme IAS 9 a été intégrée dans la norme IAS 38 sur les actifs incorporels en septembre 1998 et la norme IAS 25 dans les normes IAS 32 et 39 sur instruments financiers en février 1999. On pouvait aussi observer un certain alignement des normes IASC sur les normes américaines.

La commission européenne, quant à elle, s'est également ralliée au processus d'élaboration d'un référentiel international par l'IASC, en précisant que plutôt que d'inventer une nouvelle réglementation, elle se proposait « d'associer l'Union européenne aux efforts entrepris par l'IASC et l'IOSCO en faveur de l'élargissement de l'harmonisation internationale des normes comptables ».

7. L'APPROBATION DE LA NOUVELLE STRUCTURE EN MAI 2000

L'IASC a vécu 28 ans et a connu (Gélard, 1994, p. 23) en définitive trois phases dans son histoire :

– une phase de codification des pratiques existantes qui a duré de dix à douze ans ;

– une phase de recherche de la comparabilité, voire de l'uniformité ;

– une phase de conceptualisation, débouchant sur l'innovation.

Approuvée lors du Board de Sao Paulo en mars 2000, la nouvelle constitution a été votée à l'unanimité par l'assemblée des membres (membres d'organisations comptables de plus de 100 pays) de l'IASC le 24 mai 2000 à Edimbourg.

En 2001, une nouvelle organisation s'est mise en place, composée notamment :

– d'une fondation IASC, l'International Accounting Standards Committee Foundation (IASCF), comprenant 22 membres (Trustees) devenue depuis la révision de la constitution de 2010 IFRS Foundation ;

– d'un nouveau conseil dénommé International Accounting Standards Board (IASB) composé de 15 membres (16 depuis 2010) ;

– d'un comité d'interprétation dénommé International Financial Reporting Interpretations Committee (IFRIC) devenu depuis la révision de la constitution de 2010 IFRS Interpretations Committee ;

– et d'un comité consultatif dénommé Standards Advisory Council (SAC) devenu depuis la révision de la constitution de 2010 IFRS Advisory Council.

RÉFÉRENCES

Béthoux, R. et Kremper, F. (1988), Le cadre conceptuel de l'IASC. Contexte et contenu, *Revue française de comptabilité*, No. 191, pp. 59-80.

Camffermann, K. et Zeff, S.A. (2007), *Financial Reporting and Global Capital Markets – A History of the International Accounting Standards Committee 1973-2000*, Oxford, Oxford University Press, 676 p.

Degos, J. G. (2005), *La saga de la comptabilité et de l'expertise comptable*, Paris, 60ème congrès de l'Ordre des experts-comptables, Paris, Editions Expert-Comptable Média, 154 p.

Gélard, G, (1992), Le point sur les normes internationales et sur l'évolution de l'IASC, *Revue française de comptabilité*, No. 238, pp. 19-23.

Gélard, G. (1994), La normalisation comptable internationale de l'IASC, *Revue française de comptabilité*, No. 258, pp. 22-25.

IASC – OECCA – CNCC. (1995), *Normes comptables internationales*, Paris, Editions Comptables Malesherbes, 567 p.

IASC, (1999), *Normes comptables internationales 1999*, Paris, IASC – OEC – CNCC, 1067 p.

Nobes, C., Parker R., (1991), *Comparative International Accounting*, Cambridge, Prentice Hall, 3ème édition, 519 p.

Obert, R. (1994), *Pratique internationale de la comptabilité et de l'audit*, Paris, Dunod, 308 p.

Obert, R. (2003), *Pratique des normes IFRS - Comparaison avec les règles françaises et les US GAAP*, Paris, Dunod, 1ère édition 2003 - 5ème édition 2013, 622 p.

Obert, R. (2009), Genèse du concept de la juste valeur dans les normes comptables Partie I et partie II- *Revue française de comptabilité*, No. 427 et 428, pp. 23-26 et pp. 30-34.

Revue française de comptabilité. (1973), La création du comité international des principes comptables – IASC, *Revue française de comptabilité*, No. 31, pp. 419-422.

Revue française de comptabilité. (1975), La norme n° 1 de l'IASC, *Revue française de comptabilité,* No. 51, pp. 243-256.

Revue Française de comptabilité. (1989), L'IASC précise ses normes, *Revue française de comptabilité*, No. 198, pp. 9-11.

Scheid, J.C. (1989), Deux nouvelles normes de l'IASC : IAS 27 - Etats financiers consolidés et comptabilité des participations dans les filiales ; IAS 28 - Comptabilité des participations dans les sociétés associées, *Revue française de comptabilité*, No. 179, pp. 14-16.

Scheid, J.C. et Standish, P. (1989), La normalisation comptable : sa perception dans le monde anglophone et en France - *Revue française de comptabilité*, No. 179, pp. 90-99.

Zeff, S.A. (1971), *Forging Accounting Principles in Five Countries. A history and an analysis of trends,* Edinburgh, University of Edinburgh Press, 332 p.

Premiers échecs de la normalisation comptable en France : le cas des bilans-type sous la Troisième République

Didier Bensadon[1]
et Nicolas Praquin[2]

INTRODUCTION

La qualité de l'information comptable et financière publiée par les entreprises constitue un facteur décisif et déterminant dans l'allocation optimale des ressources et dans la protection de l'épargne publique. Aujourd'hui l'idée d'une normalisation comptable ne fait plus débat. L'existence de cadres conceptuels comptables, implicites ou explicites (Colasse, 1991 ; Hoarau, 1992) est aujourd'hui reconnue. Ils sont le fruit d'une histoire économique, financière et sociale propre à des espaces géographiques différents. De leur côté, les organismes de normalisation comptable ont pour but de définir les règles ou les principes que les entités privées et publiques doivent suivre afin de fournir aux lecteurs des états financiers une information fiable et pertinente.

La normalisation comptable en France a été conduite, après la Seconde guerre mondiale, sous l'égide du Ministère de l'économie et des finances. Son objectif ? Produire un plan comptable à même de fournir des données macro-économiques utiles à la mise en place d'une politique économique et disposer d'une base fiscale pour le calcul de l'impôt sur les sociétés. Le rôle de l'Union européenne n'a pas été négligeable dans l'œuvre codificatrice de la comptabilité en France. Ce qui semble aujourd'hui être une évidence, à savoir l'idée même de normalisation comptable, ne l'a pas toujours été dans la France des XIXe et XXe siècles.

Cette contribution en hommage à notre collègue Jean-Guy Degos vise à explorer les raisons pour lesquelles l'idée de normalisation comptable – abordée ici sous l'angle de l'unification des bilans – n'a pas été admise durant le régime de la Troisième République en France (1870-1940). Pourquoi, dans une France marquée par des scandales financiers

[1] Maître de conférences à l'Université de Paris-Dauphine.
[2] Professeur à l'Université de Paris Sud, diplômé d'expertise-comptable.

retentissants et des crises économiques successives, cette approche normalisatrice n'a-t-elle pas pu pénétrer les cercles progressistes et s'imposer dans le monde des affaires ?

A la fin du XIXe siècle, la réflexion comptable est encore largement influencée par la logique de la personnification des comptes (Lemarchand, 1996 ; Ouriemmi, 2014) et l'idée qu'il est impossible d'unifier la présentation des états financiers ; le débat est donc mal engagé (1.). Au cours de la période étudiée surgissent de nombreuses tentatives de réforme (2.) ; elles échouent toutes du fait de la résistance des milieux d'affaires, en forte collusion avec la représentation parlementaire.

1. La problématique du bilan-type : un débat mal engagé ?

L'idée du bilan-type est le fruit d'une conception scientifique de la comptabilité principalement défendue par Eugène Léautey. Isolé dans sa démarche, il se heurte à l'incrédulité de ses contemporains qui y voient l'œuvre d'un utopiste ; pour ses détracteurs, le principe de réalité prévaut : la diversité des situations rend impossible toute réduction à un bilan-type les multiples comptabilités existantes. Cependant, derrière ce débat, se cachent les nombreuses insuffisances de la profession comptable de l'époque (Bocqueraz, 2000 ; Labardin, 2008 ; Lemarchand, 1993, 1995 ; Praquin, 2003).

La réflexion comptable du XIXe siècle s'inscrit dans le positivisme ambiant de l'époque ; et ceux qui la pensent, sont tentés par la synthèse entre le renouvellement de théories explicatives antérieures et l'apport des sciences nouvelles, qu'elles soient humaines ou fondées sur les mathématiques. Parallèlement à ce mouvement scientifique, les praticiens soucieux de faire progresser leur discipline, doivent lutter contre l'absence de règles comptables et certaines pratiques condamnables des entreprises. De leur côté, les théoriciens de la comptabilité, tenants du positivisme scientifique, ne sont pas en reste ; les propos sont radicaux et parfois polémiques, à l'instar de ceux que tient Eugène Léautey (Verbatim. 1).

Verbatim 1

> « (...) *et cette science* [la comptabilité], *tant dédaignée jusqu'ici de certains économistes, est précisément la science indispensable à la réalisation du bonheur des individus et des sociétés.*
>
> *Ah ! Le beau rôle que rempliraient nos éducateurs en initiant les jeunes garçons et les jeunes filles à ces vérités si simples. C'est à la solution même de la question sociale qu'ils travailleraient* » (Léautey, 1897), *Traité des inventaires et des bilans*, p. XVI.

De façon plus prosaïque, les avis contradictoires se manifestent d'abord à propos de la recherche de l'unification des méthodes comptables. Elle oppose Beauchery (1879), organisateur du 1er Congrès national des comptables, ardent défenseur d'un procédé unique, à Guilbaut et Léautey (1885), qui considèrent cette idée comme *« une proposition utopique qui ne soutient pas l'examen »* (Léautey, 1881, p. 200), mais acceptent le principe d'une partie double obligatoire et unifiée par *« séries similaires de commerces et d'industries »*. C'est ensuite la question du bilan-type qui mobilise jusqu'à l'entre-deux-guerres et en nombre bien supérieur, comptables et juristes.

La question divise ; trois positions sont identifiables. Aux deux extrêmes, se trouvent d'un côté ceux qui pensent à la possibilité d'un bilan unique et de l'autre, ceux qui le considèrent irréalisable ; au milieu, se situent ceux qui envisagent le recours à plusieurs bilans-types réalisés en fonction des branches de commerce et d'industrie.

Eugène Léautey constitue le principal défenseur du bilan unique. Dès 1885, il écrit avec Adolphe Guilbaut que *« Plusieurs comptables digraphiant une même affaire doivent déterminer des résultats identiques et vrais, ils doivent aboutir au même bilan, si leur pratique n'est pas vicieuse »* (éd. 1895, p. 479) ; sa position est avant tout épistémologique : *« La comptabilité ne devient une science exacte qu'à cette condition »*.

La *« formule fixe du bilan »* est l'aboutissement d'un processus méthodologique : une langue précise, des principes rationnels et une classification méthodique. Ses défenseurs se réclament d'un *« mouvement comptable scientifique »* dont Adolphe Guilbaut serait l'initiateur à la fin des années 1870 (cf. Léautey, 1904, p. 6). De son côté, Eugène Léautey alimente sa réflexion à partir des tentatives législatives belges de 1873 et de 1895 de réaliser un modèle de bilan, puis de l'abandon de la commission extra-parlementaire française de 1902 – pourtant initialement bien engagée à réglementer la forme des bilans.

A la suite de cet échec hexagonal, il publie *L'unification des bilans dans les sociétés par actions* (1904) ; il y reprend chacun des points d'un questionnaire sur la *« confection des bilans »*, réalisé par l'*Institut international de statistique* lors de son congrès de 1901 à Budapest. Il propose sa propre méthodologie et considère que *« Très controversée naguère, lors des Congrès de comptables, l'Unification des bilans a fait son chemin dans les esprits »* (p. 24).

Déclaration d'intention beaucoup plus que constat réaliste, cette position en faveur du bilan-type demeure un vœu pieux ; elle ressurgit cependant régulièrement, comme aux congrès de Gand en 1913, de Bruxelles en 1926 où René Delaporte (1926) défend la formule du bilan-type, de Barcelone en 1929, ou encore comme celui de la « Compagnie des Chefs de comptabilité » à Lyon en 1932 où est émis le vœu *« que la recherche d'un Bilan-type soit mise à l'ordre du jour »* (Gaffet, 1934, p. 414a).

Les opposants, qu'ils soient radicaux ou mesurés sont, de loin, les plus nombreux (cf. Touzet, 1924, p. 18); la diversité des situations, l'impossibilité de les réduire à une seule formule de bilan et son détournement possible à des fins frauduleuses constituent le socle commun de leur argumentation (Verbatim. 2).

Verbatim 2

> « (...) *la majorité de la doctrine considère cette réforme comme une utopie* » (Touzet, 1924, p. 18).
>
> « *Ce n'est qu'une dangereuse utopie. Une utopie parce que les entreprises, et par conséquent leurs comptabilités sont trop diverses pour qu'on puisse les réduire à une formule unique. Dangereuse, parce que la généralité nécessaire d'une formule universelle y faciliterait la dissimulation de toutes les irrégularités. Le bilan uniforme, ce serait l'âge d'or pour toutes les entreprises frauduleuses* (...). *La bonne comptabilité est celle qui se calque exactement sur l'activité de l'affaire* » (Charpentier et Hamelin, 1933, p. 526).

L'opposition idéologique au bilan-type est cependant rare ; Maurice Bellom (1910), ingénieur en chef au Corps des mines, en est vraisemblablement l'un des plus illustres représentants : « *l'unification des bilans n'est nullement désirable, car la possibilité de tracer un programme invariable aux caractéristiques des résultats de toute entreprise industrielle ou commerciale, dénoterait dans l'activité humaine une immutabilité voisine de l'automatisme* » (1910, cité par Spire, 1931, p. 72). Dans l'ensemble, les positions sont plutôt mitigées et le refus du bilan-type tient plus du scepticisme que de la conviction sociale et politique. Alfred Savigny, commissaire aux comptes et chroniqueur à la *Revue de comptabilité* voit en « *l'unité absolue du bilan, c'est-à-dire le bilan-type, le bilan-étalon, [est] une chimère* » même s'il partage par ailleurs les principes défendus par Léautey ; Gabriel Faure, expert-comptable et expert judiciaire, Jacques Charpentier, avocat féru de comptabilité, partagent un avis identique (Verbatim. 3).

Verbatim 3

> « *Les entreprises sont infiniment variées et si l'on veut que le bilan soit le miroir fidèle de leur situation, il faut qu'il reflète toutes ces variations, ce qui est contraire au principe même de l'unification* » (Charpentier, 1921 *in* Spire, 1931, p. 71).
>
> « *Il ne paraît pas qu'une formule unique de bilan applicable aux hypothèses infiniment variées de la pratique puisse jamais être établie* » (Faure *in* Spire, 1931, p. 71).

Cette pondération amène certains d'entre eux à considérer que la formule doit passer par la réalisation de bilans-types propres à chaque branche industrielle ou commerciale ou, plus timidement encore, par l'imposition d'un minimum de règles. Ce dernier point de vue est apparemment partagé par de nombreux experts-comptables, tels Louis Batardon, Gustave Doyen ou J.-M. Caquas ; l'idée est de procéder par étapes et de commencer par s'accorder sur la terminologie des comptes (verbatim. 4). Cinquante ans plus tard, on se retrouve au point de départ !

Verbatim 4

> *« Il ne semble pas qu'on puisse imposer sur ce point à toutes les sociétés une formule ou une présentation uniforme : en dehors d'un mode de classification très générale des divers postes du bilan, qu'il serait désirable, dans un but de clarté, de voir adopter, on ne peut guère fixer de règle précise applicable indistinctement à la diversité des entreprises commerciales et industrielles »* (Batardon, 1914, p. 392).
>
> *« On peut dire que la confection des bilans, quels qu'ils soient, doit se plier à un certain nombre de règles communes, et c'est cet ensemble de règles qu'il importe de faire passer dans la loi »* (*Gazette des Sociétés et du Droit financier*, 1917 *in* Spire, 1931, p. 72).
>
> *« Lors de sa conférence du 2 février dernier, M. Pierre Garnier nous disait :* « Le problème du bilan-type ne pourra être résolu d'une façon scientifique et définitive que le jour où le problème préalable de la définition des comptes sera résolu, et nos collègues lyonnais, dans leur récent rapport, commencent par cette phrase : *« Avant de discuter d'unification des bilans, il est nécessaire d'unifier le langage comptable pour arriver à une terminologie précise » »* (Gaffet, 1934, p. 415a).

L'idée de réglementer la présentation des bilans n'a donc pas franchi le stade des débats. Il convient maintenant d'essayer d'en trouver quelques facteurs explicatifs au travers d'un bref panorama des projets de réforme.

2. QUELQUES PROJETS DE RÉFORME

Les projets de réforme de réglementation des bilans, qu'ils proviennent d'institutions privées, d'instances parlementaires ou gouvernementales, sont moins fréquents dans l'entre-deux-guerres qu'à la fin du XIXe siècle ; comme le remarque lui-même le député Fleury-Ravarin, l'un des plus fervents défenseurs du bilan-type, cette situation tient sans doute au fait que cette question générait beaucoup plus de résistances de la part des milieux d'affaires au début de la Troisième République.

Les propositions de réforme suggèrent un modèle de bilan ou se contentent d'une classification, généralement peu détaillée, des comptes y figurant.

Lors de la discussion de la loi de finances de 1907, Maurice Colin introduit dix-huit amendements dont le volet relatif à la réglementation des bilans se limite à une classification très sommaire des chapitres – valeurs immobilisées, valeurs disponibles ou engagées, etc. – du bilan.

En 1912, Jaurès, président de la commission d'enquête sur l'affaire Rochette, suggère que *« La chambre invite le gouvernement à étudier et à lui proposer les mesures de nature à protéger contre la fraude, l'épargne publique* (…)*, notamment en recherchant s'il n'est pas possible d'exiger que les statuts de chaque société prévoient les conditions d'établissement des bilans »* (J.O., 1912, p. 856) ; bien que votée à l'unanimité, cette motion n'est suivie d'aucun projet de loi.

Le projet Tardieu-Peret du 8 juillet 1930 n'impose pas de classification mais oblige l'assemblée générale à approuver le premier bilan et toute modification ultérieure qui lui serait apportée, après que leur ait été communiqué un rapport des commissaires aux comptes.

En 1934, le sénateur Lesaché propose une réforme complète, identique à celle de Tardieu-Peret en ce qui concerne la présentation du bilan : le principe de sa fixité, au détriment de la notion de bilan-type, est préféré ; il prévaudra lors de l'instauration du décret-loi de 1935 qui s'inspirera, en dernier lieu, du projet Pernot du 18 janvier 1935.

En 1921, en réponse à l'inaction du gouvernement sur la question de la normalisation des comptabilités, et malgré les scandales financiers qui se succèdent, le député Henry Fleury-Ravarin est le premier parlementaire à proposer un bilan-type ; mais n'y figurent que *« des rubriques très générales »* qu'il complète par une *« nomenclature »* obligatoire de comptes (Bensadon, 2010).

Il dépose en même temps un projet de loi visant à légiférer sur l'établissement du bilan dans les sociétés par actions. Il rappelle aux députés que cette question avait déjà été évoquée en 1912 par la commission d'enquête chargée de l'affaire Rochette. Près de dix ans plus tard et malgré l'adoption à l'unanimité de cet ordre du jour, rien n'avait été fait. Dans son projet de loi, Henry Fleury-Ravarin revient sur la question essentielle qui est de savoir s'il faut réglementer les comptabilités ou si au contraire, un régime libéral doit être mis en œuvre. Il décrit la situation actuelle en France en notant que : *« En l'absence de réglementation légale, fixant les bases sur lesquelles les bilans doivent être établis, on peut dire sans exagération qu'en France il s'est créé pour la confection de ces bilans, presque autant de méthodes différentes que de sociétés »* (Fleury-Ravarin, 1921, p. 1927). Avant de présenter les seize articles du projet de loi, il rappelle les avantages de la réglementation des bilans et la situation dans d'autres pays (Belgique, Royaume-Uni, Allemagne, Suisse et Bulgarie).

Les objectifs assignés à cette proposition de loi sont quelque peu contradictoires car : « (…) *la proposition de loi tend à ce que la réglementation soit large, élastique et souple et qu'elle ne paralyse pas l'esprit d'initiative indispensable aux affaires, enfin qu'elle soit une entrave efficace aux agissements répréhensibles ; sans nuire en quoi que ce soit aux entreprises honnêtes* » (Fleury-Ravarin, 1921, p. 1930). Cette proposition de loi est renvoyée devant la Commission des finances et ne donne pas lieu à un rapport. Elle ne sera donc jamais discutée.

Malgré le caractère faiblement contraignant de ces propositions qui laissaient une grande part d'autonomie aux sociétés, toutes ces propositions sont refusées.

Cinq ans plus tard, c'est le député Jean Chastanet qui, en février 1926, dépose une proposition de loi visant à réformer le commissariat aux comptes dans les sociétés anonymes, à réglementer tant l'établissement du bilan dans ces mêmes sociétés que la profession d'expert-comptable. Concernant le second volet de la proposition de loi, il s'attaque à la façon dont a été rédigé l'article 34 de la loi du 24 juillet 1867 car il considère que : « *L'article 34 laisse aux sociétés la plus entière liberté pour présenter leur situation sous un jour plus ou moins exact, suivant leur bon plaisir. L'actionnaire, dès lors, n'est pas renseigné, ou plutôt il est mal renseigné. Certaines sociétés sont d'ailleurs arrivées, il faut l'avouer, à un degré de perfectionnement remarquable dans l'art d'établir un bilan aussi bref et obscur que possible* » (Chastanet, 1926, p. 276). Chastanet revient sur l'hostilité que rencontre la solution de la création d'un bilan-type. Toutefois, il distingue les sociétés commerciales et industrielles, pour lesquelles la réglementation des bilans peut ne pas être imposée, et les banques où celle-ci doit être mise en œuvre. Cette distinction s'appuie, selon lui, sur la possibilité qu'ont les actionnaires et l'Etat de pouvoir se renseigner sur la solidité des entreprises grâce aux commissaires aux comptes, aux assemblées générales et aux agents du fisc. En revanche, concernant les établissements financiers, le déposant ne dispose d'aucun moyen pour connaître la situation réelle de la banque autrement que par le bilan. En outre l'activité des établissements de crédit se prête davantage à une telle réglementation car contrairement aux sociétés industrielles et commerciales : « *On ne rencontre pas dans le bilan des banques, les nombreuses questions litigieuses qui ont fait obstacle à la réglementation des comptes des sociétés industrielles et commerciales.* (…). *Le bilan d'une banque se compose d'éléments concrets, qui ne peuvent ni ne doivent prêter à discussion. Tout le problème se résume à obtenir le groupement et la présentation de ces éléments d'une manière telle que le bilan ainsi établi soit un reflet exact de la situation de la société* » (Chastanet, 1926, p. 277).

Deux années s'écoulent avant que le député Chastanet ne revienne à la charge en proposant une version condensée de la même proposition de loi. Malgré l'aval donné par deux experts-comptables de renom – Reymondin et Sénéchal –, la proposition de loi présentée lors de la séance du 20 décembre

1928 n'est pas discutée, la commission des finances n'ayant pas jugé utile de présenter un rapport à son sujet.

Conclusion

L'idée de normalisation comptable a animé une partie de la profession comptable durant la Troisième République. Certaines de ces idées sont d'ailleurs formalisées dans des thèses de droit de cette période. En revanche, l'idée même de normalisation comptable ne parvint pas à franchir les bancs de l'hémicycle de la chambre des députés. Malgré les scandales financiers qui érodent la confiance des épargnants, le législateur n'agit pas en faveur d'une normalisation comptable qui permettrait de protéger l'épargne publique : les projets de loi de l'opposition ne dépassent pas le stade de la discussion en commission parlementaire.

Il faut attendre un choc exogène majeur, à savoir la débâcle de 1940 et l'instauration d'un régime autoritaire, pour qu'une Commission interministérielle élabore un plan comptable qui certes n'est pas totalement appliqué mais qui connaît quelques adaptations sectorielles. Au sortir de la Seconde guerre mondiale, rares sont les voix discordantes qui s'opposent à l'idée de normaliser la comptabilité en France. Cette rapide incursion dans l'histoire de la normalisation comptable en France montre combien la comptabilité est influencée par le contexte économique, politique et social.

RÉFÉRENCES

Beauchery, M. (1879), *De l'unification de la comptabilité – Résumé des travaux du comité d'initiative d'un projet de congrès des comptables*, ouvrage collectif, Paris, E. Meuriot.

Bellom, M. (1910), Le bilan dans l'industrie, *Revue du génie civil*, 26 nov.

Bensadon, D. (2010), *Les comptes de groupe en France (1929-1985) : Origines, enjeux et pratiques de la consolidation des comptes*, Rennes, Presses universitaires de Rennes, 371 p.

Bocqueraz, C. (2000), *The professionalisation project of French accountancy practitioners before the second world war,* Thèse, Genève-Nantes, 389 p.

Charpentier, J. (1921), *Recueil juridique des sociétés.*

Charpentier, J. et Hamelin, J. (1933), *Traité pratique des bilans et inventaires. Evaluations, amortissements, réserves, dividendes, responsabilités,* Paris, Berger-Levrault, 528 p.

Chastanet, J. (1926), Proposition de loi n° 2668 (annexe au procès verbal de la première séance de la Chambre des députés du 25 février 1926) relative à la réforme du commissariat aux comptes dans les sociétés anonymes, à la réglementation des bilans et à la réglementation de la profession d'expert-comptable agréé

Colasse, B. (1991), Où il est question d'un cadre conceptuel français, *Revue de droit comptable*, mars, pp. 3-20.

Delaporte, R. (1926), La comptabilité d'après des principes rationnels basés sur les mouvements des valeurs et les grandeurs arithmétiques, *Syndicat des employés de commerce et d'industrie*, tap.

Fleury-Ravarin, H. (1921), Proposition de loi n° 2600 (annexe au procès-verbal de la deuxième séance de la Chambre des députés du 29 avril 1921) relative à l'établissement du bilan dans les sociétés par actions

Gaffet, M. (1934), La rationalisation des bilans, *Banque*, p. 414a.

Guilbaut, A. et Léautey, E. (1885), *La science des comptes à portée de tous : traité théorique et pratique de la comptabilité*, Paris, Librairie Comptable et Administrative, 14e éd., vers 1895, 502 p.

Hoarau, C.H. (1992), Les enjeux de l'adoption d'un cadre conceptuel comptable français, *Revue de droit comptable*, mars. pp.9-24.

Labardin, P. (2008), *L'émergence de la fonction comptable en France,* Thèse, Université d'Orléans, 491 p.

Léautey, E. (1881) : De l'unification de la comptabilité, *Le congrès des comptables français – Questions actuelles de comptabilité et d'enseignement commercial*, Paris, Lib. Guillaumin, p. 198-205.

Léautey, E. (1897), *Traité des Inventaires et des Bilans au point de vue comptable, social et juridique.* Paris, Librairie comptable et administrative, 2e éd., 1897, 248 p.

Léautey, E. (1904), *L'unification des bilans des sociétés par actions (Solution de la question)*, Paris, Librairie Comptable et Administrative, 4e éd., 47 p.

Lemarchand, Y. (1993). *Du dépérissement à l'amortissement : enquête sur l'histoire d'un concept et de sa traduction comptable,* Nantes, Ouest Editions, 719 p.

Lemarchand, Y. (1995), 1880-1914 : l'échec de « l'unification des bilans » ou le rendez-vous manqué de la normalisation, *Comptabilité Contrôle Audit*, Vol. 1 No. 1, pp. 7-24.

Lemarchand, Y. (1996), A la conquête de la science des comptes, variations autour de quelques manuels français de tenue des livres, *Actes du XVIIe congrès de l'Association Française de Comptabilité*, pp. 33-64.

Ouriemmi, O. (2014), *Formes de problématisation de l'uniformisation des comptabilités (1879-1947) : La naissance de la normalisation comptable française*, Thèse, Université de Nantes, 537 p.

Praquin, N. (2003), *Comptabilité et protection des créanciers (1807-1942) : une analyse de la fonction technico-sociale de la comptabilité,* Thèse, Université Paris-Dauphine, 780 p.

Spire, F. (1931) : *La réglementation des bilans en France et à l'étranger,* Thèse de droit, Paris, 1931, 141 p.

Touzet, M. (1924), *La réglementation des bilans dans les sociétés par actions,* Paris, Delbrel, 1924, 211 p.

How double entry bookkeeping was taught before Pacioli[1]

Alan Sangster[2]

This chapter owes a lot to the encouragement I received from Jean Guy Degos when I first became interested in accounting history 15 years ago. His enthusiasm and his unique spirit gave me an immense desire to discover more, not just for my own interest, but because, as I learnt from him, history can and should be fun. I remember our meetings with affection, especially our last, in St Petersburg only weeks before his death where I discussed this project with him. This chapter is dedicated to his memory. It tells the story of a project seeking to reveal and understand how double entry bookkeeping was taught in the 15th century before Luca Pacioli printed his treatise that changed everything, transforming accounting instruction into a generic and standardized approach. What it found reveals a level and depth of coverage that extends far beyond what can be seen in any of the printed manuals until the mid-16th century, and a contextualization to real business that will likely never again be so evident in an instructional accounting text.

INTRODUCTION

In a book published in 1989, the renowned scholar of Renaissance humanism, Paul Oskar Kristeller (1905-1999) presented brief details of a book he had located in the National Library of Malta. The book was a manuscript copy, prepared in 1475, of Benedetto Cotrugli's *Libro de Larte dela Mercatura* and, according to Kristeller's description, it was followed by "financial records, dated 1475":

f. 99-101 blank. 101v (same hand). Questa sie larregola de libro laqual sie fondamento de ogni quadernier. At the end (same page): MCCCCLXXV adi XVIIII decembr. In Neapoli. 101v-121. Financial records, dated 1475.

---

[1] This research has been supported by a grant from the Chartered Accountants Ireland Educational Trust. The images of Libr. XV are reproduced by kind permission of the National Library of Malta.

[2] Professor at the University of Sussex (UK).

121v-122 blank. 122v. Religious notes in Latin, by another hand (s. XV). (Kristeller, 1989, p. 328).

A few years later, this entry in Kristeller's book was found by two Dutch accounting historians, Johanna Postma and Anne J. van der Helm. Intrigued, they obtained a copy and began analyzing the 'financial records'. In 1998, they made a presentation about this material at a conference in Portugal and, in 2000, they presented their findings at the 8th World Congress of Accounting Historians in Madrid:[3] they had discovered that the 'financial records' were actually a 36 page manual on how to do double entry bookkeeping. However, despite announcing in April 1998 that they planned to prepare "an edition of the 'appendix' together with a transcription and an English translation",[4] they never did and the manual once again returned to obscurity.

In mid-January 2013, I was working in Australia on a biography of Luca Pacioli when a reference to Cotrugli reminded me of the van der Helm & Postma article. Looking to see if they had published their translation, I found nothing. So, I decided to investigate for myself and sent an email to the National Library of Malta asking for confirmation that it had the book in its collection. Within a week, I received a CD of the entire book and I set out to see if it was everything van der Helm & Postma claimed it to be, but the writing of the material on accounting was in *mercantesca* (mercantile) script, full of abbreviations, and very difficult to read. As luck would have it, three weeks later, I was at a conference in Frankfurt where I happened to ask Stefano Zambon, Professor of Business Economics at the University of Ferrara, if he knew of anyone who could read medieval *mercantesca* script. He put me in contact with Dr Franco Rossi, a noted paleographer and, at that time, Vice-Director of the State Archives of Venice, as well as Director of the State Archives of Treviso. Meanwhile, I had begun painstakingly transcribing the first page of the manuscript, line-by-line. It quickly became apparent that van der Helm & Postma were correct: this was a manual of instruction on double entry and, even more interesting, it was significantly different from Pacioli's.

---

3 http://home.kpn.nl/annejvanderhelm/paper.html

4 http://home.kpn.nl/annejvanderhelm/cotrugli.html

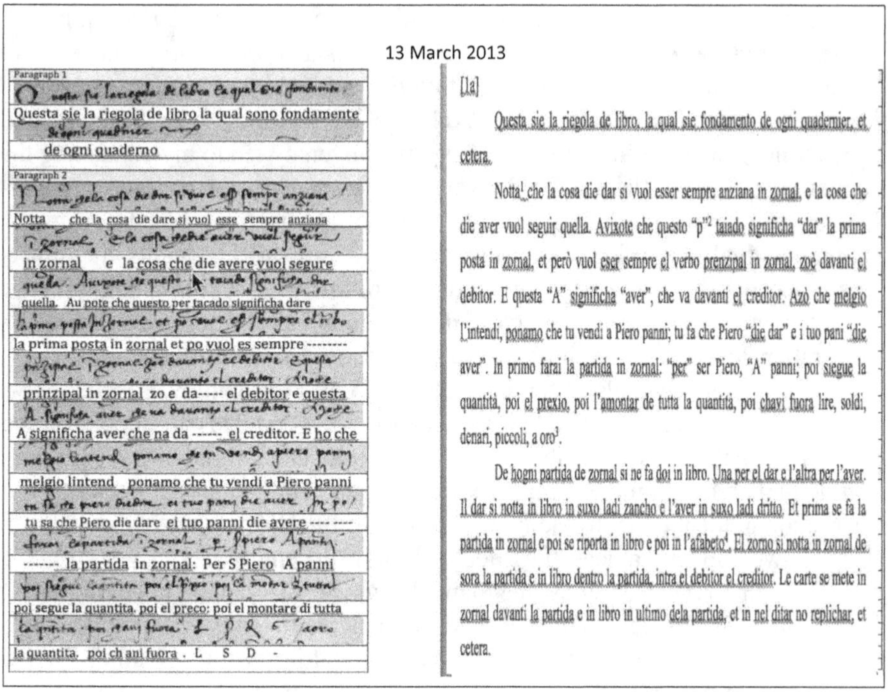

Figure 1. My transcription of part of the first page compared to Franco Rossi's.

Then, on 13th March, I received a transcription of the page from Franco Rossi. As can be seen in Figure 1, comparing his transcription with mine confirmed one of my preoccupations: I would not be able to do this without help. I replied to Dr Rossi and asked him if he would transcribe and translate the manual into modern Italian, which he kindly agreed to do, "over breakfast". It was a very generous gesture and we spent the next few weeks exchanging emails, mine in English, his in Italian, as the project developed and everything in the manual began to take shape. The longer this went on, the more evident it became that I needed to travel to Malta to look at the original book, not least because some of the images were not very clear and needed to be redone. But, I was working in Australia, so the cost of such a trip was not insignificant. Funding was needed, but from where?

Another stroke of luck came when I was chatting with a former colleague in the UK, Catriona Paisey, Professor of Accounting at the University of Glasgow, about my search for sponsorship. She mentioned that Chartered Accountants Ireland had supported one of her projects. I contacted them and, in June 2013, I was awarded with a grant to support the project. In late June, I set off for Malta where I spent three weeks examining the book and the background to how it had found its way to the library. Within a few days, I was so impressed by the quality of the book that I decided that it should be given a wider audience. The Library was very supportive, granting me permission to publish the book in facsimile form. Higher quality images were provided and the facsimile was published in December 2014: *Libr. XV: Cotrugli and de Raphaeli on business and bookkeeping in the Renaissance.* Meanwhile, I was working on translating the manual into English.

Again, luck was on my side. A chance conversation with business and accounting historian Paul Miranti of Rutgers University led to my contacting the economic historian Richard Goldthwaite, professor emeritus at Johns Hopkins University and long-term resident of Florence. He, in turn, introduced me to Reinhold Mueller, professor emeritus at the Ca' Foscari University in Venice. Their decades of knowledge of medieval business and accounting practice provided the insights my background in accounting history lacked and, by November 2016, my first draft of the translation was complete. Interestingly, Professor Mueller had also been consulted by Van Der Helm & Postma. Now, the translation is complete and the story it tells of how double entry bookkeeping was taught before Luca Pacioli published his manual in print in 1494 is both compelling and, to some extent, surprising. There is little doubt that the form of instruction in the manual in Malta was the catalyst for Pacioli's text and all those that followed up until at least the middle of the 17th century.

This is first revealed in how the manual begins its instruction in double entry: it explains what a debit entry is and what a credit entry is and then uses something akin to a trial balance as the basis for entries in a new journal. Pacioli adopted the same initial approach and includes examples at that point and in the rest of his treatise that are very similar to some of those to be found in the earlier treatise. The method of bookkeeping presented by Pacioli was the one presented in 1475, as was the concept of including a great many exemplar entries once Instruction had finished that dominate, not Pacioli's text, but those texts printed after Pacioli's. This manual from 1475, far more than Pacioli's, is where we should look for the foundations of modern accounting.

1. The manual

The manual is bound together with Cotrugli's book in a volume identified by the Library as Libr. XV. Before it came into the possession of the Library, it had been in the collection of Dun Ignazio Saverio Mifsud (1722 - c.1773). Dun Ignazio was a Jesuit priest and well-known Maltese bibliophile and writer, particularly of religious sermons and local history. Among his collection was a set of 24 self-penned manuscript books, most labeled *Stromatum Melitensium.* One of these contains his diaries for 1756, 1757, and 1758, in which he writes that in 1756 he obtained a copy of Cotrugli's book. He does not, however, draw attention to the manual at the back of that book. The handwriting found in Libr. XV and, in particular, the page numbering of the book, which is in the same hand as the bookkeeping text,[5] indicates that both texts were included in Libr.

[5] Palaeographic analysis of the handwriting was conducted on behalf of the author by former Director of the State Archives of Venice, Dott.ssa Maria Francesca Tiepolo.

XV when it was first bound, and that that occurred when this copy of the bookkeeping manuscript was completed in 1475. From analysis of the watermarks of the paper, Cotrugli's manuscript copy was prepared in Naples and the manual in the Venetian Republic. The scribe who transcribed the copy of Cotrugli's book was Marino de Raphaeli (Marinu Rafaeliju), a native of Ragusa (now Dubrovnic, Croatia), which was then part of the Venetian Republic. It is clear from the names of merchants used in the examples in the manual, that de Raphaeli was the author and that he dictated it to a pupil, Zuan de Domenego. There are many arithmetical mistakes and a half-completed calculation at the foot of the second page, suggesting strongly that de Raphaeli was teaching both bookkeeping and mercantile arithmetic.

The text begins with a page of instructions in double entry that ends with the presentation of an *aventario* (inventory) of a merchant's capital at the beginning of a new business. This is then transferred to a new Journal in which opening entries are made on the next page. In total, it contains 267 exemplar journal entries showing how double entry is used to record transactions across a range of business activities. This approach is mirrored in Pacioli and also in the other printed manuals of the 16th and 17th centuries, particularly Giovanii Antonio Tagliente's of 1525, which is similar in many respects in the content and the form of exposition, so much so that Franco Rossi and I considered at one point that it may have been plagiarized from the manual of 1475.

☛Praise to God 1475, on the 29th day of December in Naples. Inventory of my wealth.	
☛First, I find I have cash in coins	ducats 4,000
In the Gueruzzi bank	ducats 2,500
In the State Loan Office, 8,000 cameral ducats at 25 ducats per 100 cameral ducats, totals	ducats 2,000
Houses for rent, 10 in the San Polo district	ducats 8,000
100 loads of '*cholli*' peppers, which I believe are worth 60 ducats per load, totalling	ducats 6,000
Debtor: Ser Antonio Contarini at par on the exchange	ducats 900
Creditor: Ser Francesco Zane for the rest of the cloth	ducats 100

Figure 2. The first *aventario*[6]

Thereafter, there are very few instructions in the text apart from on the pre-penultimate and final pages. The rest comprises of two inventories of possessions and liabilities on folios 101v and 102v (i.e. pages 1 and 3), though the second is implied rather than actually presented; and a series of 267 journal entries organized within 13 themes. The style of the entries is consistent throughout, mirroring what Luca Pacioli and his successors taught

[6] The pointing fingers represent *manicule* – symbols indicating that something is important. In the manual, they are used to indicate the beginning of a new section.

in the printed manuals of the following 200 years. The contents are summarized in Table 1.

Section[7]	Cartas[8]	Began		Merchant	Topics	J/Es	
I	101v-102r	Dec	19	Rafael de Nicolò	General instructions, *aventario* and its journal entries	7	
II	102v-105v	Mar	1	Rafael (presumably the same person)	Entries of another *aventario*, purchases, sales	57	
III	105v-106v	Apr	11		Buying/selling for account of another	21	
IV	107r	May	4		Voyage to Beirut, commissioned to someone	8	
V	107v		16		*Camera d'Imprestedi* (Government Bonds)	8	
VI	108r	June	6	Rafael de Marin	Partnership, with voyage *in persona* to the Levant	8	
VII	108v-109r		14		Voyage to Alexandria, commissioned to someone: 108v purchases, etc. 109r shipping	6 6	12
VIII	109v-111v	Aug	1	Marin de Rafael[9]	Partnership, with voyage *in persona*: 109v-110v purchases, etc. 110v-111v shipping, conduct business by barter in several seaports	15 16	31
IX	112r-115r	Sep	4	Zuan de Domenego	Partnership of a 'silk shop', with complete cycle from formation to selling the finished products	55	
X	115v-116r	Oct	1		Construction of a building	18	
XI	116v		14		Let of houses, bad debts, and the *decima*	9	
	117 & 118 missing[10]						
XII	119r-120r		29		Bills of exchange (with *protesto*) and some instruction	23	
XIII	120v-121r	Nov	2		Maritime insurance and some additional instructions regarding maritime insurance, voyages and balancing the ledger	10	
						267	

Table 1. The contents, number of journal entries, and changes of 'owner' in the manuscript. (Source: van der Helm & Postma (2000, p. 174), Sangster (2015), amended by the author.)

[7] Section numbers have been added. They are not numbered in the manuscript.
[8] A carta is a sheet of paper representing two pages, one on the front and the other on the back. Carta 102r is the right-hand page in an open book. 102v is on the back of that page, i.e., it is the left-hand page you will see if you turn over page 102r. The pages in the manuscript are numbered in cartas on the right-hand pages.
[9] The Italian equivalent of this name, which is in 15th century Venetian dialect, is Marino di Raffaele or, because spelling had not yet become consistent, Marino de Raphaeli.
[10] Those are likely to have been on domestic bookkeeping and marriage and dowry accounting (Sangster, 2015).

As to what de Raphaeli may have been saying during his classes, Pacioli's bookkeeping treatise [1494] and Tagliente's of 1525 provides many statements that would likely have been made by any Venetian tutor at that time.

2. THE INSTRUCTION PROCESS

As described in Sangster (2015), from the beginning, a focus is placed upon learning that the capital account is credited whenever the owner makes a contribution to the business and that purchases and expenses are debited. Six of the seven entries on page 2 and all the 10 entries on page 3 involve a credit to the capital account. The eight entries on page 4 are for purchases and for expenses relating to purchases, as are the first two entries on page 5. These are followed by the first entry for a sale. While this follows what would be expected in any new business: capital is invested in the form of assets that are then used to make purchases and pay for expenses, and this would precede any sales being made, it has the pedagogical advantage of reinforcing an awareness of what should be debited and what should be credited where capital, assets, purchases, and expenses are involved.

Unfortunately, as soon as the start-up period covered in the first few pages is over, sales and other forms of entries become more common. This increase in the variety of transactions taking place diminishes the ability of any teacher to reinforce the principles of allocation to accounts of the debits and the credits as a result of repetition of similar events. However, de Raphaeli counters this and enhances the clarity of the approach by limiting the number of entries on each topic. Furthermore, by clearly separating different business activities and processes into their own sections, there is a clarity of method apparent throughout the text. From a pedagogical perspective, If someone was taught using this approach, he would be aware of which section in his textbook was relevant, and could go to it and rapidly identify the correct entry to make.

Thus, initially the emphasis in the treatise is upon learning how to make entries but, after the first 64 example journal entries in Sections I and II, it becomes more specialized. Topics are introduced or extended within more specific contexts – brokerage fees, bank transfers, promissory notes, customs duty, maritime insurance, barter, compulsory investments in Government bonds, bills of exchange including dishonored bills – and the treatment of each of these is demonstrated clearly in the entries made. Voyage accounting is dominant, an activity typical of Venetian business practice of the period. Both major forms are presented, voyages made in person by the merchant and voyages made on behalf of the merchant by someone else. These activities were what distinguished Venice from its competitors and made it the great trading center it became (Cessi, 1917; Lane, 1966; 1973; Puga and

Trefler, 2014). Some examples of entries relating to a voyage in person from Section VIII of the manual are presented below:

First, the *colleganza* (partnership) is formed:

Dr	Cash box. **Cr** The company of myself, Marin de Rafael, of master goldsmith Zorzi, and Ser Zuan de Fiorio of Ragusa. I hereby give 500 ducats for my share in the profits and losses, by the conditions set out in the Agreement of fellowship agreed between us.	lire 50	soldi -	denari -	piccoli -
Dr	as above. **Cr** as above. 500 ducats contributed by master goldsmith Zorzi for his share in the profits and losses.	lire 50	soldi -	denari -	piccoli -
Dr	as above. **Cr** as above. 500 ducats contributed by Ser Zuan de Fiorio for his share in the profits and losses.	lire 50	soldi -	denari -	piccoli -

Several entries later, the remaining funds of the *colleganza* are taken on the voyage by one of its members. The others stay behind.

Dr	Cash. Cash for the Ponente[11] voyage (that I, Marin de Rafael) made in person. **Cr** The company account, for 524 ducats, 12 denari that I have in cash to trade during said voyage.	lire 52	soldi 9	denari -	piccoli -

During this voyage, the cash was used to pay for port licenses, city gate levies, freight, and storage. However, barter was used for all purchases. The cloth that had been purchased and loaded in Venice was bartered for wheat, wheat for slaves and, finally, all the slaves were traded for sugar. As shown in later in Figure 7, after the final slave is sold in Saragoza, Marin de Rafael embarks for Venice with the sugar.

The manual mainly comprises of a mixture of topics of generic relevance to a merchant in 15th century Venice, which is the case of the printed manuals of Pacioli (1494), Tagliente (1525), Manzoni (1540), and Casanova (1558a, 1558b). However, this manual was prepared for a specific student, so some topics are more specialised: accounting for a partnership formed to create and operate a silk shop; building construction; and letting and renting of property.

---

11 'Ponente' = 'West' - avoyage to the Mediterranean via the east, south, west and north-west coastline of Italy that could include such ports as Naples, Civitavecchia, Livorno, and Genoa.

Some further examples of a variety of types of entries are shown in Figures 3-9. These reveal more of the complexity of the instruction, and the mathematics involved as transaction currencies are converted into a money of account so that a single currency is used in the monetary columns of all the entries. The money of account used in the manual for the entries in these columns to the right of the journal entries was the gold *lire di grossi*, which comprised of *lire, soldi, denari,* and *piccoli* in the ratios 1:20:12:32. The exchange rate used with the principal transaction currency, the gold ducat, was 10 ducats to 1 lira. With a pedagogic need to place these currency conversions in the hands of the student, it is little wonder that mistakes are evident in many entries made.

Dr	Ser Ghabriel d'Alban Cr Ginger, 980 lbs at 16 ducats per 100 lbs equals 156 ducats, 9 grossi, 6 piccoli. Reduced by my part of the *Misataria* at 1 per cent, 1 ducat, 13 grossi, 20 piccoli. Leaving net 175 ducats, 5 (grossi), 18 (piccoli).	£ 15	s 10	d 5	p 18
Dr	Ginger Cr Cash, paid to Ser Domenego Falchon for brokerage, 2 ducats, 16 grossi, 0 piccoli.	£ -	s 5	d 4	p -

Figure 3. A journal entry for a sale of ginger net of the *Misataria* fee, and a journal entry for the brokerage fee on the sale.

Dr	Hairy moleskin Cr Ser Marcho Moresini, for 142 pieces at 4 ducats per piece, total value 568 ducats, 0 grossi, 0 piccoli. Reduced by his part of the *Misataria* at 1½ per cent, 8 ducats, 12 grossi, 15 piccoli, leaving net 559 ducats, 11 (grossi), 12 (piccoli).	£ 55	s 18	d 11	p 12
Dr	Moleskin, as above, Cr *L'Ofizio de la Misataria*, on an overall total of 568 ducats at 1½ per cent equals 17 ducats, (0 grossi), 30 (piccoli).	£ 1	s 14	d -	p 30
Dr	Moleskin, as above, Cr Merchandise expense account for lagoon transport and porters, 1 ducat, 15 grossi, 0 piccoli.	£ -	s 3	d 3	p -

Figure 4. A journal entry for a purchase of moleskin net of the *Misataria* fee,[12] the payment of the fee for the purchase plus the seller's share of the fee, and the merchandise expense account entry on the purchase.

Dr	Vicentine cloth purchased on behalf of Ser Nicolò de Zorzi Cr Ser Zuan de Polo de Vizenza, 40 rolls at 18 ducats per roll equals 720 ducats. Reduced by the *Misataria* fee, 1 per cent, 7 ducats, 4 grossi, 25 piccoli, leaving net to pay 712 ducats, 19 grossi, 7 piccoli.	£ 71	s 5	d 7	p 7

Figure 5. The recording of a purchase of cloth belonging to a client.

Dr	Ser Anttonio di Lorenzo Cr Wool belonging to Ser Nicolò de Zorzi, 12 sacks, weighing 4,980 lbs at 12 ducats per 100, equals 597 ducats, 14 denari, 12 piccoli. Reduced for my part of the *Misataria*, 1 per cent, 5 ducats, 23 denari, 13 piccoli. Leaving net 591 ducats, 14 denari, 31 piccoli.	£ 59	s 3	d 2	p 31

[12] The *Misateria* fee was a sales tax.

Figure 6. The recording of a sale of wool belonging to a client.

	On day 31 of the above				
D^r	Abram Moro. C^r Wheat belonging to the company, for 504 bushels, at 2 ducats to the bushel, makes a total of 1,008 ducats. A barter of dark skinned unbaptised slaves, at 24 ducats to the slave.	₤ 100	g 16	k –	p –
D^r	Hodonmur Moro and Company. C^r Wheat belonging to the company, 4,380 bushels, at 2 ducats to the bushel, makes a total of 8,760 ducats, in barter for unbaptised slaves, 24 ducats to the slave.	₤ 876	g –	k –	p –
D^r	Unbaptised slaves, a variety, belonging to the company. C^r [A]bramo Moro. They number 42, of which 30 are male and the rest female. Each one at a flat rate of 24 ducats, making overall 1,008 ducats. It was a barter for wheat.	₤ 100	g 16	k –	p –
D^r	Unbaptised slaves, a variety, belonging to the company. C^r Odonmur Moro and Company. They number 365, of which 245 are male and the rest female, bought at a flat rate of 24 ducats each. It was a barter for wheat. Making overall 8,760 ducats.	₤ 876	g –	k –	p –
	Take note that on arrival in [Syracuse] I bartered these slaves for sugar. From here I depart with it and return to Venice. And you will be able to take the sugar on the next voyage to the West. For that trip, you should make the voyage debtor (for the sugar).				

Figure 7. The entries for two transactions involving barter of wheat for slaves.

D^r	Rent C^r Ser Anttonio Girardo, 32 ducats for a house he leased in San Polo number 10, who fled. There is no hope of receiving anything from him.	₤ 3	g 4	k –	p –	

Figure 8. The entry for a bad debt.

	On the 29th day of the above.				
☞ D^r	Ser Zecho de Tomaxo of London C^r Cash, 500 ducats paid in cash to Zuan de Marchanuova for a bill of exchange for London, (at) 56(d) sterling per ducat, according to the custom. Handled by the Cosmo de Medeci (bank).	£ 50	s -	d -	p -
…					
D^r	Ser Zuan de Marchanuova C^r Ser Zecho de Tomaxo, 539 ducats, 19 denari, 13 piccoli, for the refusal of a bill (of exchange) of his. It was (issued) at 56½(d) sterling per ducat and returned at 52⅓(d) for its failing to be accepted by the correspondent.	£ 53	s 19	d 7	p 13

Figure 9. The journal entries to record the issue of a bill of exchange to be drawn in London and to record its refusal. (Note: the second entry contains an error. The bill was issued at 56 sterling not 56½.)

By the end of the treatise, the pupil is well-prepared to apply his knowledge in practice, far more so than at the end of Pacioli's manual and those of Tagliente and Manzoni. He has been taught with examples that use realistic prices and quantities, such as can be seen for example, in the account books for 1418-1449 of the Venetian Merchant Andrea Barbariga. Furthermore, and adding considerably to the realism of the examples, many if not all of the people and businesses mentioned in the entries are of real people. These include Nicolò Vendramin, Antonio Contarini, Marco Morosini, Francesco da Lezze, Francesco da Canal, Francesco Zane, Nicodemo Spinelli, Cecco di Tommaso, Giovanni da Marcanova, the Medici bank,.the Soranzo bank, Garzoni bank, and Piero Gueruzzi bank; and the tax mentioned (the *decima*) dates from 1472, revealing the topicality of the instruction (Mueller, 2017).

CONCLUSION

The fine condition in which this manual and Cotrugli's text have survived suggests that it was not often consulted, though four missing pages (2 sheets of paper) from what was a very tightly bound book indicates that there were some pages he may have looked at more than others.[13] It is unlikely that we shall ever know if this was the only manuscript of its type, but there can be no doubt that it holds a very special place in the history of accounting, accounting practice, and date, providing a foundation for a mercantile career in Venice. It was not simply a random set of notes of examples of journal entries, but a carefully organized set of instruction that had clearly been customized for the needs of the student; and the student, conscious of its usefulness, bound it with Cotrugli's book on being a good merchant. Whether he was successful as a merchant, we shall probably never know but, together, these two documents provided him with a reference text to which he could refer when required. It was a great advantage to have in a period when tuition in double entry appears to have been rare in the extreme (Sangster, 2018), and not a poor equivalent of a merchant apprenticeship. Marino de Raphaeli certainly knew how to educate his students in the intricacies of the mysterious art of double entry bookkeeping.

REFERENCES

Casanova, A. (1558a), *Ordine, Modo et osservantie, che gli fattori debbeno tenere gli conti delle amministrade facuita, and mandare a gli loro padroni, ouer maestri,* Venice: Comin da Trino.

Casanova, A. (1558b), *Specchio lucidissimo nel quale si vedeno essere diffinito tatti i modi ...che si deve menare nelle negotiamenti della Mercantia,* Venice: Comin da Trino.

[13] Those are likely to have been on domestic bookkeeping and marriage and dowry accounting (Sangster, 2015).

Cessi, R. (1917), "Note per la storia della società di commercio nel medio evo in Italia," *Rivista Italiana per le Scienze Giuridiche*, Vol. LIX, pp. 1-95, pp.181-224.

Kristeller, P.O. (1989), *Iter Italicum Volume IV: Great Britain to Spain*, Leiden: Brill.

Lane, F.C. (1966), *Venice and history,* Baltimore: The John Hopkins Press.

Lane, F.C. (1973), *Venice, a maritime republic*, Baltimore: John Hopkins University Press.

Manzoni, D. (1540), *Quaderno doppio col suo giornale, nouamente Composto, and diligentissimamente ordinato, secondo il costume di Venetia...*, Venetia: Comin de Tridino de Monferrato.

Mueller, R.C. (2017). Private correspondence with the author.

Pacioli, L. (1494), *Summa de Arithmetica Geometria Proportioni et Proportionalita,* Venice: Paganino de' Paganini.

Puga, D. and Trefler, D. (2014), "International Trade and Institutional Change: Medieval Venice's Response to Globalization," *The Quarterly Journal of Economics*, Vol. 129 No. 2, pp. 753-821.

Sangster, A. (2014), *Libr. XV: Cotrugli and de Raphaeli on business and bookkeeping in the Renaissance,* Stirling: Lomax Press.

Sangster, A. (2015). The earliest known treatise on double entry bookkeeping by Marino de Raphaeli. *Accounting Historians Journal*, Vol. 42 No. 2. pp. 1-34.

Tagliente, A. (1525). *Considerando ... Diversi Mercanti Et Molti Artesani Li Quali Sanno Le Sue Mercantile Ne Le Loro Botege ...* .Venetia, Italia.

Van der Helm, A.J. and Postma, J. (2000), "La Riegolo de Libro. Bookkeeping instructions from the mid-fifteenth century," in G.J. Previts and Hernández-Esteve, E. (eds.), *Accounting and History,* Madrid, Asociación Española de Contabilidad y Administración de Empresas, pp. 147-178.

Comment imposer les bénéfices sans normaliser les règles comptables ? Les premiers pas de l'impôt sur les bénéfices industriels et commerciaux en France

Béatrice Touchelay[1]

INTRODUCTION

La taxation des bénéfices industriels et commerciaux est introduite en trois étapes dans la France du XXe siècle : par la loi du 15 juillet 1914 qui définit l'impôt sur le revenu tout d'abord (Asselain, 2006), puis par un texte de circonstances adopté le 1er juillet 1916 qui met en place le premier impôt portant exclusivement sur les bénéfices industriels et commerciaux - la contribution extraordinaire sur les bénéfices de guerre (Grotard, 1996), dernière étape en 1917 lorsque la loi du 15 juillet introduit l'impôt cédulaire, distinguant la taxation des bénéfices de celle des salaires. Si le montant des salaires déclarés est facile à contrôler, l'évaluation des bénéfices s'avère beaucoup plus délicate en l'absence de cadre comptable rigoureux. Ces réformes fiscales précèdent en effet d'un quart de siècle la publication du premier Plan comptable général (1942), elles anticipent d'un demi-siècle la décision de le rendre obligatoire (loi de finance de 1959) et de plus de soixante ans l'application de cette décision. À part pour les sociétés soumises au droit de communication et pour les entreprises contractant avec l'Etat ou qui bénéficient d'avantages fiscaux, la tenue d'une comptabilité normalisée reste facultative pendant la plus grande partie du XXe siècle. Ceci n'empêche ni l'industrialisation, ni l'expansion économique soutenue des Trente glorieuses, ni l'ouverture de la France à la compétition internationale. Cette situation distingue la France du monde Anglo-saxon où le processus de normalisation des comptabilités privées est soutenu par la puissante profession des *Certified Accountants* dès la fin du XIXe siècle. La création de l'Ordre national des experts comptables et des comptables agréés en 1943 (Degos, 2004 ; Cardoni, Touchelay, 2012) et la normalisation comptable française sont impulsées par l'État (Degos, 1998). Ce décalage entre la France et la Grande-Bretagne se retrouve en matière fiscale. L'*income tax* est

[1] Professeur d'histoire contemporaine à l'Université de Lille.

introduite en Grande-Bretagne en 1842, mais son équivalent français, l'impôt général sur le revenu, ne le sera pas avant la loi du 15 juillet 1914 (Bouvier, 1973). Ce décalage témoigne des réticences françaises à l'égard de l'impôt personnel et du principe déclaratif jugés contraires au respect du secret des affaires. L'inefficacité des Quatre vieilles contributions directes introduites au tournant des XVIII et XIXe siècles est pourtant attestée et les propositions de réforme se multiplient depuis l'affirmation de la République des républicains des années 1880 (Ardant, 1972). Les batailles de l'impôt (Delalande, 2011) sont acharnées. La réforme de l'impôt général sur le revenu est prête en 1907, mais elle n'est pas votée avant la veille du déclenchement de la Première Guerre mondiale. Le contexte est peu favorable puisque la mobilisation prive l'administration fiscale de la plupart de ses agents et soustrait de leur foyer une majorité des contribuables. La « révolution fiscale » est pourtant enclenchée. L'impôt sur les bénéfices pose le plus de problèmes à partir de 1917. L'insuffisance numérique des professionnels de la comptabilité et l'absence d'habitude comptable des assujettis accentue les difficultés des agents du fisc qui ont déjà à déchiffrer des comptabilités hétérogènes. La nomenclature comptable et les modes de calcul des bénéfices se précisent progressivement à travers les arrêtés du Conseil d'État qui tranchent les contentieux sur la contribution extraordinaire, mais certaines règles pour évaluer les amortissements ou les réserves restent floues. Les ligues de contribuables se développent et les comptables, juristes-fiscalistes, agents d'affaires et autres conseillers fiscaux conseillent les entreprises sans aucun contrôle. L'impôt sur les bénéfices rentre mal. Soutenus par des majorités fragiles, les gouvernements successifs réagissent peu. Les propositions d'obliger à tenir des comptes de façon normalisée et celles d'organiser la profession comptable, qui constituent la clé du problème fiscal, sont systématiquement rejetées au profit de simplifications à l'extrême des modes de calcul et des évaluations comptables. Ces pratiques n'encouragent pas la diffusion de règles comptables homogènes.

1. L'INCAPACITÉ COMPTABLE POSÉE EN DOGME

L'impôt général sur le revenu ne concerne que 2% des contribuables en 1917 et 12% en 1925 (Lescure, 1996) et la part de ceux qui sont soumis à l'impôt sur le bénéfice à partir de 1917 est encore plus faible. Malgré ce petit nombre, la plupart de ces assujettis sont jugés incapables de tenir une comptabilité régulière et le dualisme fiscal est introduit pour l'imposition des bénéfices.

1.1. Le régime particulier du forfait

La loi du 15 juillet 1917 propose des modes de calcul extrêmement simples, basés sur une simple estimation du volume du chiffre d'affaires, aux contribuables dont le chiffre d'affaire est inférieur à 200 000 francs. Sans fournir aucun document comptable, ces petits contribuables négocient de gré à gré le montant de leur imposition avec le contrôleur du fisc pour une période déterminée. Le bénéfice des autres assujettis est évalué de façon indirecte, à partir de leur chiffre d'affaires auquel est appliqué un coefficient spécifique selon les professions. Ces contribuables sont tenus de fournir au fisc tous les documents comptables réclamés en cas de contrôle. Taxes et contrôles se concentrent donc sur les échelons intermédiaires et supérieurs qui le plus souvent tiennent une comptabilité.

La procédure forfaitaire est conçue comme provisoire, la généralisation de la déclaration contrôlée étant soumise à l'amélioration de l'éducation comptable de tous les contribuables. Or, les « petits » contribuables industriels et commerçants représentent l'écrasante majorité des actifs puisqu'en 1926, 93,84% des établissements industriels, hors isolés et établissements sans salarié, comptent entre 1 et 20 salariés, 4,87% entre 21 et 100 salariés, 1,11% entre 101 à 500 salariés et 0,18% plus de 500 (Lescure, 1996, p. 23). La volonté politique de protéger ce réservoir électoral essentiel aux majorités gouvernementales détermine les règles fiscales. Dès 1923, sous la pression des ligues anti fiscales, les artisans et façonniers sont transférés de la cédule des bénéfices industriels et commerciaux à celle des salaires. Ils bénéficient ainsi d'un taux d'imposition moins élevé et de l'exemption de la taxe sur le chiffre d'affaires et de la taxe d'apprentissage introduite en 1925 (Lescure, p. 250). En revanche, l'administration fiscale résiste efficacement aux nombreuses demandes de rehaussement du seuil de 200 000 francs pour bénéficier de la procédure du forfait car elle considère que ce seuil est déjà trop élevé et qu'il favorise des contribuables qui, à l'évidence, tiennent une comptabilité[2].

Comment expliquer le régime de faveur concédé aux « petits » contribuables? Outre le jeu des pressions politiques et la faiblesse des effectifs de contrôle de l'administration fiscale, la réponse tient à la conviction générale qu'ils sont incapables de compter. La réforme provoquée par l'élection du Cartel des gauches, à majorité radicale et soutenu par une partie des socialistes en 1924, confirme le dualisme fiscal (Rossignol, Touchelay, 2016).

[2] Centre des archives économiques et financières (CAEF) Savigny-le-Temple, B 33 983. Loi de finances de 1925. Impôt sur les bénéfices industriels et commerciaux (BIC). Commentaire de l'amendement Dubys-Fresney (n° 76) qui préconise de rehausser la limite à 250 000 francs le 27 novembre 1924, 29 décembre 1924.

1.2. La réforme du Cartel : l'imposition au bénéfice réel

Considérant que les plus gros industriels et commerçants sont désormais « familiarisés avec le régime de l'impôt sur le bénéfice institué par la loi du 31 juillet 1917 », le Cartel envisage de remplacer l'évaluation indirecte du bénéfice d'après le chiffre d'affaires par une évaluation basée sur la déclaration de bénéfice. Cette déclaration devrait être accompagnée du résumé annuel du compte profits et pertes ainsi que de toutes les justifications nécessaires à l'établissement de l'impôt, tout manquement à ces obligations étant passible de la taxation d'office. La réforme est bloquée par la commission des Finances de la Chambre qui juge impossible d'imposer « la généralisation de la comptabilité en partie double qu'exige le compte profits et pertes »[3]. La commission invite à ne réclamer aux intéressés qu'un « état de leurs bénéfices » indiquant leur chiffre d'affaires, leur bénéfice brut, le montant de leurs frais généraux et leur bénéfice net et de se contenter des pratiques de communication en usage dans les professions. Elle suggère que la charge de la preuve revienne à l'administration et que la pénalité retenue en cas de fausse déclaration soit réduite de 50 à 10 % de la cotisation. La commission admet le principe de la taxation d'office et celui de fortes majorations en cas de refus de présenter les pièces obligatoires.

Malgré ces amendements et un premier rejet par le Sénat, la réforme représente un pas important vers l'application du principe déclaratif pour les « gros contribuables ». Elle aboutit à la loi du 4 avril 1926 qui remplace l'évaluation des bénéfices par le coefficient au chiffre d'affaires pour les titulaires d'un bénéfice supérieur à 50 000 francs par le régime de la déclaration du bénéfice réel à partir de 1927[4]. Les contribuables dont le bénéfice est inférieur à cette somme sont libres de choisir leur mode d'imposition, au forfait ou selon le bénéfice réel. Ceux qui optent pour le régime du bénéfice réel devront le faire connaître au contrôleur des Contributions directes trois mois après la promulgation de la loi. A défaut, ils seront considérés comme ayant opté pour le régime forfaitaire. Le mode de taxation choisi sera conservé cinq ans puis le changement devra être demandé au contrôleur par courrier.

La loi du 4 avril 1926 allège en outre les contraintes des industriels et les commerçants dont le bénéfice est inférieur à 50 000 francs et qui ne tiennent pas de comptabilité, ou qui ne souhaitent pas la produire : ils doivent juste faire connaître l'ordre de grandeur, et non plus le montant, de leur bénéfice

---

[3] *Idem*. Chambre des députés. Séance du 19 février 1925, Journal Officiel du 20 février, p. 1011.

[4] CAEF B 33 988. Budget de 1930. Discussion générale (1929). Note de Borduge, directeur général des Contributions directes sur le projet de loi portant fixation du budget de l'exercice 1930, 25 mars 1930.

en indiquant dans quelle catégorie prévue pour le calcul de l'impôt ils se situent. La loi définit 11 catégories[5].

Ce texte ouvre la voie à la surimposition des grandes entreprises et des grands établissements au profit des petits. Un taux uniforme d'imposition de 15% est en effet appliqué au-delà de 50 000 francs tandis que les forfaitaires sont soumis à des taux allant de 2,8% à 14,99% selon les catégories (Lescure, p.250).

1.3. L'efficacité de la réforme

Les discussions suscitées par la renégociation des forfaits ayant pris effet au 1er janvier 1925 pour le 1er janvier 1927 permettent d'éprouver la solidité du système établi[6]. Les circulaires des Contributions indirectes incitent à la modération pour apprécier l'importance du chiffre d'affaires devant servir de base au nouveau forfait. Les agents sont invités à éviter « toute apparence d'excès de fiscalité » et à apprécier l'accroissement du capital pouvant résulter du développement du commerce. N'étant pas autorisé à consulter la comptabilité des forfaitaires, ils devront mobiliser tous les renseignements recueillis sur les contribuables pendant les deux dernières années, examiner les signes extérieurs de l'activité de l'affaire (loyer, personnel, force motrice, machines, etc.) et comparer les situations avec celle des redevables comparables soumis au principe déclaratif[7]. Il leur faudra aussi s'assurer que le chiffre d'affaires obtenu est en rapport avec les « dépenses présumées du contribuable » étant donnés sa situation de famille et son train de vie. On le constate, la charge des contrôleurs est délicate et le recours aux signes extérieurs de richesse reste décisif pour déterminer l'impôt des forfaitaires.

La relation entre le fisc et les contribuables soumis à la déclaration du bénéfice réel a été complétement bouleversée par la réforme de 1924 puisqu'elle repose désormais sur la tenue d'une comptabilité régulière. La fraude ne viendra pas de ces contribuables mais des forfaitaires qui joueront du système des catégories et contribueront à la faible rentabilité de l'impôt.

---

[5] CAEF B 33 993. Réformes fiscales. Projet de loi n° 5582 portant fixation du budget général de l'exercice 1936, observations sur l'amendement présenté par Joseph Denais, député, p. 6 ; Projet de loi portant fixation du budget général de l'exercice 1925 envoyé à la commission des finances du Sénat le 13 mars, 6 mars 1925.

[6] CAEF B 33 985. Budget de 1927. Direction générale des Contributions indirectes. Révision des forfaits pour la taxe sur le chiffre d'affaires, note du directeur général pour les directeurs, au sujet de la dénonciation et de la révision des forfaits consentis pour les années 1925-1926, n° 954, Paris, 6 octobre 1926.

[7] *Idem.* Note du directeur général pour les directeurs, 6 octobre 1926. Ces moyens d'appréciation sont indiqués dans la note n° 6 959 du 29 novembre 1924.

2. L'IMPÔT RENTRE MAL

Dans un article du quotidien national le *Temps* du 3 novembre 1928, le député ancien ministre des Finances Charles de Lasteyrie indique que le rendement de l'impôt sur les bénéfices industriels et commerciaux est « notoirement insuffisant »[8]. Il critique particulièrement les procédés de contrôle « inquisitoriaux et vexatoires » imposés au petit commerce soumis au principe de la déclaration obligatoire pour la cédule des bénéfices commerciaux et réclame d'introduire un système complètement forfaitaire pour cette catégorie. Les radicaux socialistes et les socialistes s'opposent à cette proposition au nom de la justice fiscale. A la même date, le directeur général des Contributions directes confirme la faiblesse du rendement de l'impôt sur les bénéfices industriels et commerciaux. Il précise que cet impôt « est assis dans des conditions tellement défectueuses que l'abattement à la base ne se justifie pas »[9]. Le directeur dénonce « les dissimulations généralisées » et l'insuffisance des moyens de l'administration pour les combattre. Des statistiques sur l'année 1927 concernant les revenus de 1926 établies par les Contributions directes montrent en effet que moins de 5 % des commerçants et industriels (particuliers et sociétés), soit 67 035 sur 1 510 251, déclarent avoir réalisé un bénéfice supérieur à 50 000 francs. Le surplus, soit 1 443 216, déclare en moyenne 7 700 francs de bénéfices et 203 280 commerçants affirment avoir gagné moins de 800 francs dans l'année. Ces déclarations sont très en deça de la réalité. L'administration fiscale explique ces résultats par le système d'imposition qui incite à la fraude. Elle considère qu'un commerçant faisant 15 000 francs ou 20 000 francs d'affaires par mois peut sans difficulté tenir une comptabilité et connaître son chiffre d'affaires réel. Celui-ci n'opte pour le régime des déclarations non contrôlées que dans la mesure où cela lui permet de réduire son imposition[10]. Ainsi, ce régime permet non seulement aux industriels et aux commerçants de ne pas payer l'impôt cédulaire qu'ils devraient acquitter, mais il leur permet aussi d'échapper « en totalité ou en partie à l'impôt général sur le revenu dont le poids retombe sur d'autres catégories de contribuables ». Il aboutit donc « à priver le Trésor de ressources considérables et à favoriser, sans motif légitime, une catégorie importante de contribuables ». Les salariés en font largement les frais puisque, sur 57 milliards de revenus taxés à l'impôt général, 26 milliards environ, soit plus de 45 %, sont des revenus du travail. Le développement des « agences de contentieux fiscal » facilitant les dérives du système et la fraude est confirmé

---

[8] CAEF B 33 987. Budget de 1929. Ministère des Finances, discussion générale (1928-1929). Texte extrait du quotidien *Le Temps* du 3 novembre 1928.

[9] *Idem.* Notes diverses sur l'équilibre et sur les dispositions fiscales. Direction générale des Contributions directes. Note relative aux modifications apportées par la commission des Finances de la chambre au projet de budget de 1929, 12 novembre 1928, 6 pages.

[10] CAEF B 58 846. Réformes fiscales. Historique sur le forfait, non daté, 11 pages.

par un rapport de l'inspection des Finances de 1928[11]. Lorsqu'il devient évident qu'une grande partie des forfaitaires utilise la comptabilité pour contourner l'impôt, la réforme s'impose.

2.1. Les dérives du système des catégories : la goutte d'eau ...

Le système du forfait facultatif incite donc certains contribuables à gonfler leurs bénéfices pour profiter du régime plus avantageux du bénéfice réel ou bien, au contraire, à minimiser fortement leurs gains pour apparaître dans la tranche la moins taxée. En 1934, une enquête de l'administration fiscale pointe ses dérives en constatant que la forte hausse du nombre des forfaitaires à partir de 1929 ne peut pas seulement s'expliquer par les baisses de revenus liées à la crise économique.

Catégorie	**Nombre de contribuables**						
	1927	**1928**	**1929**	**1930**	**1931**	**1932**	**1933**
De 5 001 à 7 000	146 930	146 372	145 620	175 653	177 842	180 519	184 543
De 7 001 à 10 000	154 436	150 788	150 191	153 116	156 953	157 869	158 128
De 10 001 à 15 000	146 371	141 838	143 552	141 790	143 733	139 512	134 220
De 15 001 à 20 000	82 934	80 400	83 418	83 138	86 412	81 470	76 250
De 20 001 à 25 000	50 998	47 771	50 285	49 522	49 538	44 732	40 299
De 25 001 à 30 000	31 901	29 692	31 567	30 754	30 447	27 151	23 648
De 30 001 à 35 000	21 931	20 738	21 679	20 793	20 830	18 155	15 352
De 35 001 à 40 000	16 440	14 847	15 445	15 197	14 946	12 834	10 731
De 40 001 à 45 000	12 559	11 252	12 057	11 439	11 611	9 548	7 860
De 45 001 à 50 000	11 685	9 920	10 604	10 344	10 088	8 214	6 604
Supérieur à 50 000	70 415	58 182	66 647	60 678	56 514	42 749	33 617

Tableau 1. Nombre des contribuables taxés dans chaque catégorie (1927-1933)[12]

Le tableau montre que le système des catégories a d'abord fonctionné correctement puis qu'il s'est grippé. A partir de 1929 en effet, pour les déclarations de bénéfices de 1928, on constate un « tassement » vers le bas des bénéfices déclarés que l'administration fiscale attribue à l'intervention[13]:

« Des comptables peu scrupuleux qui avaient accru leur clientèle parmi les petits commerçants en leur faisant valoir qu'une comptabilité adroitement établie permettait une atténuation des déclarations fiscales largement suffisantes pour leur laisser un profit substantiel après le paiement du comptable. »

---

[11] CAEF 4 A 1. Rapports de l'inspection des Finances sur les travaux de l'année 1928.

[12] CAEF B 33 993. Budget. Loi de finances (1936-1938). Projet de loi portant fixation du budget général de l'exercice 1936. Observations sur l'amendement présenté par Joseph Denais, *op. cit.*

[13] CAEF B 58 846. Réformes fiscales. Historique sur le forfait, *op. cit.*

L'enquête de 1934 souligne que le système aboutit à véritable « partage organisé des bénéfices résultant de la fraude fiscale »[14]. Ce système permet à de nombreux contribuables dont le bénéfice est « de toute évidence » inférieur à 50 000 francs, d'assumer les frais de rétribution d'un comptable pour joindre à leur déclaration un compte de profits et pertes en vue de déclarer leur bénéfice réel. Ainsi, la plupart des comptabilités présentées au contrôleur ne servent qu'à « gonfler les bénéfices » pour éviter aux contribuables l'imposition forfaitaire qui aurait été moins avantageuse. L'administration fiscale estime qu'en 1933, 123 000 contribuables manœuvrent dans ce sens. Elle explique aussi que les redressements nécessaires n'ont pas pu être faits à cause de la fréquence des ventes au comptant, qui ne laissent aucune trace, et de l'importance du nombre de comptabilités produites par les petits commerçants rendant les vérifications impossibles. La fréquence des contentieux liés aux discussions sur le forfait facultatif oblige en outre les contrôleurs « à écarter les comptabilités ne présentant pas de garanties suffisantes de sincérité »[15]. Ces constats conduisent à la réforme.

2.2. La réforme de l'imposition forfaitaire

En application de la loi du 6 juillet 1934, le décret-loi du 20 juillet 1934 réforme l'impôt cédulaire et d'impôt général sur le revenu. Il rend le forfait obligatoire, vise à simplifier la tâche des services fiscaux et réduit au maximum les formalités imposées aux petits redevables[16]. Il réagit aussi à l'augmentation de la fraude liée au système des catégories. Le décret-loi du 20 juillet 1934 instaure un régime d'évaluation forfaitaire obligatoire pour les commerçants et les industriels dont le chiffre d'affaires est inférieur à 60 000 francs pour les premiers, et à 300 000 francs pour les seconds. Il supprime toute référence au chiffre d'affaires dans la détermination du forfait qui « porte désormais directement sur le bénéfice imposable, renforçant de ce fait, pour les petites entreprises la possibilité de négocier avec les agents du fisc » (Tristram 2008, p.303). Comme avant, le montant du forfait reste établi après accord entre l'administration et le contribuable et c'est une commission départementale qui se charge des recours en cas de désaccord[17]. Le contrôleur des Contributions directes arrête le montant du bénéfice imposable et la charge de la preuve revient à l'administration. La possibilité ouverte par l'article 15 du Code des impôts directs de demander

[14] CAEF B 33 993. Budget. Loi de finances (1936-1938). Projet de loi portant fixation du budget général de l'exercice 1936. Observations sur l'amendement présenté par Joseph Denais, *op. cit.*

[15] CAEF B 58 846. Réformes fiscales. Historique sur le forfait, *op. cit.*, p. 10.

[16] CAEF B 33 993. Budget. Loi de finances (1936-1938). Projet de loi portant fixation du budget général de l'exercice 1936.

[17] CAEF B 58 846. Réformes fiscales. Historique sur le forfait, *op. cit*

une révision du forfait dans les deux premiers mois de l'année accroît la souplesse de la procédure.

Les défenseurs du forfait facultatif pour les bénéfices industriels et commerciaux ne désarment pas. Un amendement à la loi de finances du 31 décembre 1935 suggère vainement de le rétablir[18]. Ils l'emporteront une dernière fois avec le texte adopté par la commission des finances de la Chambre au moment de la discussion du budget de 1936, mais pour une courte durée[19].

2.3. Ses effets

Les premiers mois de l'application du nouveau régime donnent des résultats satisfaisants. Le système est bien accueilli. Sur un total de 1,3 millions de redevables soumis au forfait obligatoire, 1,2 millions, soit 98 %, ont accepté sans discussion les propositions des contrôleurs. Sur les 24 000 désaccords survenus, 7 500, soit presque un tiers, ont été réglés à l'amiable. La commission départementale n'est intervenue que dans moins de 2 % des cas. Aucune difficulté sérieuse n'est donc apparue au cours de la première année d'application du régime de l'obligation.

Le dualisme fiscal, qui existe de fait et qui tient aux différentes capacités des entreprises en matière comptable, est entériné. La réforme de 1934 permet en outre de concentrer les contrôles sur une plus petite proportion de contribuables. Les pressions exercées sur les plus grandes entreprises s'accentuent encore avec l'amélioration des méthodes de vérification des comptabilités et avec la mise en place des impôts spéciaux liés au réarmement. Le renforcement des contraintes pesant sur les grandes entreprises se manifeste de trois façons. A travers le décret-loi du 30 octobre 1935 tout d'abord, qui oblige les sociétés à établir un bilan aux formes invariables et qui ne peut être modifié qu'à la demande de l'assemblée générale des actionnaires motivée par un rapport des commissaires aux comptes ; par la création du service de vérification des comptabilités qui sera opérationnel en 1935 ensuite (Touchelay, 2016) ; par la mise en place de règlements spécifiques pour les entreprises travaillant pour la défense nationale (Touchelay, 2011).

Les premières entorses au libéralisme comptable introduites avec les réformes de la fiscalité directe représentent des concessions minimes comparées aux ambitions des auteurs des projets successifs visant à

---

[18] CAEF B 33 970. Cabinet du ministre des Finances. Conjoncture (1930-1935). « Historique de la politique financière ».

[19] CAEF B 33 993. Budget. Loi de finances (1936-1938). Projet de loi portant fixation du budget général de l'exercice 1936. Direction générale des Contributions directes. Observations sur l'amendement n° 5 582 au projet de loi présenté par Joseph Denais qui propose un retour au forfait facultatif et l'élargissement des pouvoirs de la commission consultative d'arrondissement, 14 pages.

réglementer les bilans et à encadrer la profession comptable, depuis, et parmi d'autres, Fleury-Ravarin en 1921, Jean Chastanet en 1924, Édouard Daladier en 1928 ou encore Pierre Mendés France en 1934. Le syndicat des Contributions directes qui a l'oreille de Vincent Auriol, futur ministre des Finances du Front Populaire, invite aussi à renforcer les exigences comptables. Ses suggestions conduiront à la formation de la première commission officielle visant à organiser la profession comptable et à réglementer la comptabilité générale sous le Front Populaire et dont hérite la commission interministérielle du plan comptable constituée en avril 1941.

L'expérience de l'imposition des bénéfices de l'entre deux guerres montre que l'efficacité de la politique fiscale exige une forte volonté politique incompatible avec le jeu des lobbies. Elle témoigne de la timidité des réformateurs qui préservent leur électorat majoritairement composé de petits indépendants, au détriment de l'équité fiscale. Elle montre aussi toute l'importance de la profession des comptables, organisée et contrôlée, (Cardoni, Touchelay, 2012 ; Touchelay, 2013) et de la normalisation comptable pour la mise en place d'une fiscalité moderne. Elle montre enfin comment le système du forfait a préservé artificiellement une catégorie d'actifs condamnée par concentration économique.

RÉFÉRENCES

Ardant, G. (1972), *Histoire de l'impôt*, Paris, Fayard.

Asselain, J.-C. (2006), Un siècle d'histoire fiscale de la France. Le mirage de l'impôt progressif sur le revenu, Lévy-Leboyer M., Lescure M., Plessis A., (Ed.), *L'impôt en France aux XIX et XXe siècles*, Paris, CHEFF, pp. 67-89.

Bouvier, J. (1973), Le système fiscal français du XIXe siècle. Étude critique d'un immobilisme, in Schnerb R. (Ed), *Deux siècles de fiscalité française XIXe-XXe siècle. Histoire, économie, politique*, recueil d'articles présenté par Bouvier J. et Wolff J. (Eds), Paris, Mouton, pp. 226-262.

Cardoni, F. et Touchelay, B. (2012), *La marque expert-comptable au service de l'économie. 70 ans d'histoire*, Paris, Ordre des experts-comptables.

Degos, J.-G. (1998), *Histoire de la comptabilité*, Paris, Presses universitaires de France.

Degos, J.-G. (2004), Un aspect trop peu connu de l'histoire financière : les diplômes d'expertise comptable français, *La Revue du Financier,* Vol. 25 No 146, pp. 33-48.

Delalande, N. (2011), *Les batailles de l'impôt. Consentement et résistances de 1789 à nos jours*, Paris, Seuil.

Grotard, S. (1996), Le premier impôt sur les bénéfices d'entreprises en France. La contribution extraordinaire sur les bénéfices de guerre. 1916-1930, *Etudes et Documents* VIII, CHEFF, pp. 259-280

Lescure, M. (1996), *PME et croissance économique. L'expérience française des années 1920*, Paris, Economica.

Rossignol, J.-L. et Touchelay, B. (2016), Le développement du contrôle des bénéfices fiscaux (XX-XXIe s.), *in* Bensadon D., Praquin N., Touchelay B.

(Eds), *Dictionnaire historique de comptabilité des entreprises*, Villeneuve d'Ascq, Presses universitaires du Septentrion, pp. 241-243.

Touchelay, B. (2011), *L'État et l'entreprise, une histoire de la normalisation comptable et fiscale en France*, Rennes, PUR.

Touchelay, B. (2013), Du métier à la profession d'expert-comptable et de comptable agréé, *Comptabilités* [En ligne], 5 | 2013, mis en ligne le 18 février 2014, URL : http://comptabilites.revues.org/1341

Tristram, F. (2008), Les PME dans les sociétés contemporaines de 1880 à nos jours », *in* Guillaume, S. et Lescure, M. (Eds.) *Les PME dans les sociétés contemporaines de 1880 à nos jours. Pouvoir, représentation*, action, Bruxelles, P.I.E. Peter Lang, pp. 301-318.

La science des négociants et teneurs de livres de Mathieu de la Porte et Pierre Boucher traduit en Russe par Ivan Akhmatov en 1809

Viatcheslav Sokolov[1]

INTRODUCTION

Ivan Fyodorovitch Akhmatov (1766-1829) est le premier à avoir enseigné la comptabilité à l'université en Russie. Il est l'auteur de l'un des premiers livres sur la comptabilité en langue russe. En 1809 il a publié avec l'aide des célèbres auteurs De la Porte et Kruse à Saint Pétersbourg « La comptabilité italienne ou empirique... », avec des sous-titres.

Ce livre avait d'abord été considéré comme l'un des premiers livres russes sur la comptabilité en partie double mais une référence à De la Porte dans le sous-titre a laissé penser en Russie au 20ème siècle qu'il s'agissait de « la traduction complète des premières 220 pages du livre de De la Porte » (Galagane, 1927, p.83). Une analyse a permis de conclure que cette œuvre se réfère à De la Porte mais dans la version réécrite par Boucher, elle comporte d'autres sources et textes d'Akhmatov lui-même. Le très respecté Dictionnaire des écrivains russes de Venguerov fait état du nom d'Akhmatov comme auteur de livres sur la comptabilité. Ce dictionnaire comporte deux I. Akhmatov : Akhmatov Iv. (Décrit comme traducteur dans la table des matières) : « en s'aidant de l'œuvre de De La Porte et de Kruse il a composé la comptabilité italienne ou comptabilité expérimentale SPB 1809 » et Akhmatov I. : « auteur d'un atlas géographique, historique et chronologique de l'Etat russe sur la base de l'histoire de N.M. Karamzine » (Venguerov, p. 881). Il s'agit en fait d'une seule et même personne, Ivan Fyodorovitch Akhmatov.

[1] Professeur à l'Université d'Etat de Saint-Pétersbourg, expert-comptable associé PriceWaterhouse Coopers.

1. La vie d'Ivan Akhmatov

1.1. Le comptable de l'Université de Kazan

Fils d'un ouvrier typographe de la Typographie du Sénat, Ivan Akhmatov a obtenu son diplôme de l'Ecole Commerciale de Moscou en 1792, fondée par le célèbre mécène P.A. Demidov (1710 -1788). En 1799 il sert comme surveillant auxiliaire à Saint Pétersbourg à la maison d'éducation avec un traitement de 80 roubles par an. (Boulitch, p. 283). Akhmatov était l'ami d'Ilya Fyodorovitch Iakovkine (1764 – 1836), premier recteur de la nouvelle Université de Kazan. Celui-ci était également le parrain de son fils. Akhmatov est nommé premier comptable de l'université et enseignant de la classe de français en 1805 1805 (part.1, p. 258) et de la classe d'allemand. Son nouveau traitement est de 500 roubles par an et on lui attribue un appartement de fonction et le bois de chauffage. Akhmatov occupait le poste de Greffier de Collège, le plus bas de la fonction publique et en cinq années de service à Kazan il atteindra le grade de Secrétaire de Gouvernement. Les années suivantes sa situation de fonctionnaire sera plus que modeste. Il n'atteindra que le niveau de Conseiller Titulaire correspondant au grade de capitaine dans l'armée.

Son amitié avec le recteur et son service à l'Université se sont terminés de la façon la plus inattendue. Le recteur et le comptable occupaient des appartements de fonction et celui d'Akhmatov se trouvait au-dessus de celui d'Iakovkine. En raison d'une mauvaise isolation les fumées de tabac d'Iakovine remplissaient la pièce d'Akhmatov. De l'eau de la cuisine d'Akhmatov avait fui dans le salon et la chambre du recteur abimant les murs et le plafond. Cela entrainait d'incessantes disputes entre les épouses (Zagorskine, 1904, t. 1, p. 144). A la fin Iakovkine fit venir Akhmatov, lui « reprocha cette vie de porc » et lui ordonna, ainsi que s'en plaignit Akmatov, « non pas comme un fonctionnaire bienveillant mais comme un criminel de quitter dans les trois jours sans forme de procès son logement » (Nagouyevsky, 1904, p. 99). Akhmatov s'était plaint au Conseil de l'Université et avait été soutenu par ses membres, mécontents du comportement excessivement autoritaire du recteur. Le Conseil de l'Université voulait limiter le pouvoir du recteur et une des démarches entreprises consista à refuser d'approuver l'état des dépenses préparé par Akhmatov dans la mesure où « un seul bureau décide de toutes les dépenses, et le Conseil n'en reçoit aucune information. (Nagouyevsky, p. 98).

Le recteur, tout en gardant rancune envers Akhmatov, se réconcilia avec lui et ouvrit un cours de comptabilité. Il expliquait que l'enseignement à l'université devait être très orienté vers la pratique. Il confia cette classe à Akhmatov avec 150 roubles d'appointements supplémentaires par an. (Zagorskine, 1902, t. 2, p. 530). Akhmatov déclara que l'augmentation était insignifiante et faite pour le railler. Il fut accusé de condescendance et renvoyé en septembre 1806. Pour se venger Akhmatov embrouilla les écritures comptables entrainant le « mélange des sommes » (Boulitch, 1904,

p. 287), ce qui lui permis de se maintenir en service jusqu'à la correction des états financiers en avril 1807. Le temps ainsi gagné servit à Akhmatov à dénoncer le recteur qu'il traitait de « voleur d'état, de malfaisant et d'ivrogne » auprès du gouverneur. Akhmatov racontait également à tous que l'impératrice Maria Fyodorovna (1759-1828) récemment devenue veuve, lui avait envoyé 400 roubles pour son déménagement à Saint Pétersbourg en remerciement de son livre sur la comptabilité qu'il lui avait fait porter (Boulitch, 1904, p. 288).

2. Le livre de Ivan Akhmatov « par feu Delaporte » et Boucher

Ivan Akhmatov avait pu faire publier son livre en 1809 alors qu'il était à Saint Pétersbourg grâce à l'argent de l'empereur Alexandre 1er. Il l'avait intitulé « La comptabilité italienne ou empirique ». Ecrit sur la base des travaux de De la Porte, il ne s'agissait pas d'une simple traduction ainsi que le prétendait Galagane. Akhmatov lui-même l'a indiqué de façon très claire : « j'ai décidé de traduire en russe ce qui a déjà été corrigé et complété par Mr Boucher » (Akhmatov, 1809, p. XI). Une citation de Boucher ouvre le livre. Akhmatov a donc traduit ou plutôt paraphrasé le livre de De la Porte comportant des ajouts de Boucher. Il reste à déterminer quelle était l'édition de « La Science des négociants et des teneurs de livres » dont disposait Akhmatov.

Les informations bibliographiques de la Bibliothèque Nationale Russe et de la Bibliothèque d'Etat Russe affirment qu'Akhmatov avait utilisé l'édition de Boucher de 1803. Cependant une comparaison du texte d'Akhmatov avec celui de Boucher des années 1800 et 1803 témoigne que le texte de Boucher n'était pas la source. Akhmatov n'avait fait que renouveler la traduction dont il disposait avec des références à Boucher afin de moderniser le texte. En quittant Kazan il avait présenté son livre à Maria Fyodorovna avec la dédicace correspondante (Boulitch, 1904, p. 288). Dans le livre d'Akhmatov des exemples d'écritures comptables sont datées de 1802. Il ne mentionne pas de franc. Comme exemple de devise il cite la livre, d'avant la Révolution. Différents exemples dans le dictionnaire, par exemple une lettre de change en page 77 est datée de 1806. De toute évidence Akhmatov modernisait en permanence le texte. La dernière modernisation traite de la comptabilité publique, dont Akhmatov avait fait l'expérience en servant dans les administrations publiques russes en 1807-1809.

Ivan Akhmatov a inclus dans son livre une série de références au livre de Boucher « La Science des négociants et teneurs de livres, par feu Delaporte » publié en 1800 (an VIII de la révolution) à Bordeaux. Visiblement Akmatov travaillait avec cette édition et non avec la deuxième édition de Boucher de 1803. Ainsi, dans l'édition de Boucher de 1800 de nombreuses dates sont exprimées selon le calendrier révolutionnaire (cela n'est pas le cas pour les exemples de registres comptables contenant des écritures faites en 1712, ainsi que dans les précédentes éditions de De la Porte de 1732 et 1782). Akhmatov a inclus dans le Dictionnaire des termes commerciaux, dont disposaient également De la Porte et Boucher, le nom des mois introduits par la révolution française : fructidor, brumaire, germinal, etc. Le dictionnaire d'Akhmatov est bien plus détaillé que celui de Boucher. On y trouve les emprunts de Boucher qui ne se trouvent pas chez De la Porte, par exemple, l'article « Agents » contient une description de la lettre de change dont tous les calculs proviennent du livre de Boucher (Boucher, 1800, p. 17 ; Akhmatov, 1809, p. 2). La description de l'histoire de la comptabilité et les références aux auteurs sont faites par Akhmatov à partir des livres de De la Porte et de Boucher. Dans l'édition de 1800 Boucher ne mentionne pas du tout Gestevelt (Akhmatov, 1809, p. IX) alors que De la Porte lui faisait référence. Mais il remarque la contribution au développement de la comptabilité apportée par des auteurs tels que Gobain de Bordeaux, Larue de Bayonne, Giraudeau de Genève, Imhoff de Vevey, Gaignat de Laulnais de Nantes, Gentil de Paris (Boucher, 1800, p. VII-VIII ; Akhmatov, 1809, p. IX) et dans l'édition de 1803 Boucher ne leur fait aucune référence. Dans l'édition 1803 de Boucher nous trouvons un long récit sur la comptabilité romaine jusqu'à Luca Pacioli qui ne se trouve pas dans l'édition de 1800. Et il n'y a pas de récit analogue chez Akhmatov. Dans sa description de la façon de composer les articles du journal, Akmatov ne compte pas 8 (comme Boucher en 1803) mais 7 éléments, comme dans les éditions antérieures de De la Porte et de Boucher de 1800, supprimant le dernier élément, la livraison. (Akhmatov, 1809, p. 217 ; Boucher 1800, p. 68 ; De la Porte, 1782, p.82).

Akhmatov lui-même, ainsi que ses contemporains, n'aurait jamais considéré une telle publication comme un plagiat. Au contraire, il écrit avec fierté : « autant que possible cette nouvelle édition est beaucoup plus exacte, plus étendue et mieux commentée que la première, dans laquelle il est mentionné le droit des lettres de change ainsi que certains cas qui satisferont le public et la curiosité du lecteur, donc j'ai décidé d'utiliser ce dernier et de traduire en russe ce qui a déjà été corrigé et complété par Mr Boucher » (Akhmatov, 1809, p. XI). Akhmatov a une approche créative. Il écrit un livre russe empruntant au français non pas le texte mais le fond : les règles de la comptabilité, la description des registres, les exemples. Non seulement il utilise des termes russes plutôt que des emprunts directs au français mais il explique leur étymologie. Ainsi il écrit : « Journal n'est pas un mot russe mais français et signifie un livre qui contient les évènements quotidiens. » (Akhmatov, 1809, p. 215), « Le nom du grand livre est emprunté au dialecte allemand Haupt Buch, car Haupt signifie Grand et Buch veut dire livre » (Akhmatov, 1809, p. 229).

Boucher fait référence à la tentative ratée de Colbert (1618- 1683) d'introduire la comptabilité en partie double dans la comptabilité publique

(Boucher 1800, p. VIII ; Boucher 1803, p. 4) justifiant ainsi pourquoi il ne traite que de la comptabilité commerciale. A la fin du livre, non seulement Akhmatov s'accorde avec Boucher pour dire que la comptabilité en partie double est indispensable pour la comptabilité publique, mais encore il démontre l'invalidité de l'affirmation contraire en s'appuyant sur sa propre expérience professionnelle. Il donne un exemple très original de classification des comptes en comptabilité publique sur le modèle de la comptabilité en partie double (Akhmatov, 1809, p. 345).

Il ne se contente pas de répéter les écrits de De la Porte et de Boucher. Il adapte leurs idées aux règles russes. Par exemple pour décrire les règles de tenue des livres de lettres de change il se réfère au règlement sur les lettres de change de 1729 de Pierre II (Akhmatov, p. 256). Parlant des monts-de-piété, Akhmatov décrit leur réalité à Saint Pétersbourg et Moscou (Akhmatov, 1809, p. 70). Il complète le dictionnaire commercial avec un article sur la Russie dans lequel il donne la liste de tous les gouvernorats avec l'indication de leurs coordonnées géographiques, surface en miles carrés et en verstes, et le nombre de leurs habitants. Ensuite, pour chaque gouvernorat il indique les villes, les cours d'eau qui les traversent et les principales industries, les commerces et les secteurs agricoles.

La description de la Russie est « empruntée à la revue statistique de l'Empire russe, publiée par le professeur Storch, lequel avait utilisé les travaux du professeur Schubert pour les mesures de la terre » (Akhmatov, 1809, p. 79). Pour le calcul des terres russes Akhmatov se réfère aux travaux de Kruse, dont le nom figure dans le titre du livre.

Akhmatov avait prévu de publier son livre en deux tomes. Le premier est consacré à la comptabilité et le deuxième qui n'a jamais été publié devait contenir une description des différentes devises étrangères et une comparaison des unités de mesure de longueur, de volume, de poids, comme chez De la Porte. De toute évidence, dans le second tome il avait l'intention d'apporter des corrections à De la Porte sur la base de Kruse de même qu'il avait procédé avec Boucher dans le premier tome.

Le livre d'Akhmatov s'ouvre par la citation : « d'après l'œuvre du comptable Boucher » : « les livres et la correspondance sont le siège et les preuves indiscutables de l'honnêteté des marchands, de leur bonne volonté et de l'excellence de leurs talents pour le commerce… Celui qui conduit ses affaires dans l'ordre avec une sévère exactitude ne peux jamais risquer d'embrouiller son bien » (Akhmatov, 1809, p. 1). Ensuite l'auteur indique que le livre a été publié par ordre du tsar. Plus loin suit une dédicace à Sa Majesté « l'impératrice douairière Maria Fyodorovna, souveraine la plus miséricordieuse, grande protectrice des écoles commerciales de Saint Pétersbourg et Moscou ». Akhmatov remercie pour le droit et les avantages accordés à son école dans sa position de sujet fidèle et ancien élève de cette école. Plus loin dans le prologue il remarque « la protection personnelle de Maria Fyodorovna des écoles commerciales » et le fait que le livre a été publié aux « plus hauts dépens d'Alexandre 1er (c'est-à-dire aux frais du tsar). Akhmatov indique qu'en Russie avaient été publiés des livres sur la comptabilité : « La clé du commerce » et un livre publié à Riga, « mais comme ces livres sont sans règles, anciens, sombres et incompréhensibles, et que donc celui qui s'y connait en comptabilité a du mal à les déchiffrer, voilà pourquoi on peut dire qu'il n'y a pas encore dans notre langue de livres qui pourraient sans danger mener à la connaissance de la comptabilité italienne et que ce ne sera pas possible tant qu'un vrai russe ne sacrifiera pas son travail à l'enseignement des bases de cette science » (Akhmatov, 1809, p. 1).

Le livre d'Ivan Akhmatov a eu une influence significative sur les comptables russes. Même son principal critique Galagan reconnaissait que, pour son temps, le livre « était sans doute la meilleure œuvre de langue russe sur les questions comptables » (Galagan, 1927, p. 133). Pour la première fois il y était indiqué que la comptabilité est une partie de l'économie politique. De plus il était dit que l'économie politique « est la science la plus nécessaire, la plus importante et la plus utile » (Akhmatov, 1809, p. VIII) et « se trouve actuellement au plus haut niveau de perfection » (Akhmatov, 1809, p. IX). Cependant il est regrettable que les comptables se forment « pratiquement » directement avec les registres. Akhmatov montrait que la connaissance « s'acquiert par l'instruction et non par la copie » (Akhmatov, 1809, p. X). Par instruction il entendait une série de règles qu'il convient de suivre et non pas des exemples.

Ainsi Ivan Akhmatov est le premier auteur considérant la comptabilité comme une science. En cela Akhmatov dérogeait consciemment au texte de De la Porte. Il remplaça la phrase « Frère Luc publia son Traité » (De la Porte, 1782, p. XIII) par « le moine Luc est le fondateur de cette science » (Akhmatov, 1809, p. IX), déclarant pour la première fois en Russie que Luca Pacioli est le père fondateur de la science comptable. L'objet de notre science, écrivait-il, « consiste à créer des comptes pour différentes opérations, afin qu'à travers eux, on puisse toujours savoir leur état » (Akhmatov, 1809, p. I). Il déclarait ainsi que le sujet de la comptabilité se trouvait être non l'économie mais son reflet dans les comptes. Ce concept deviendra primordial dans la comptabilité russe du XXème siècle, avant tout grâce aux travaux de Roudanovsky (1863-1931) et Sokolov (1938-2010).

En conclusion de son livre Ivan Akhmatov remarque l'inconsistance des points de vue sur le caractère inapproprié de la comptabilité en partie double pour les entreprises publiques, c'est-à-dire pour la comptabilité publique. Il se fonde sur sa propre expérience dans le service de révision au Service de l'approvisionnement du Collège d'Etat de la Guerre ainsi qu'à la Douane. Il élabore un plan comptable pour le service de l'approvisionnement (Akhmatov, 1809, p. 345). La classification des comptes budgétaires ne copie pas du tout De la Porte et Boucher. Elle applique les principes budgétaires : au lieu du capital, des marchandises et des comptes tiers, les comptes sont divisés en comptes : 1) permanents, 2) occasionnels et 3) accessoires, et à l'intérieur de chaque groupe en recettes et dépenses. Akhmatov classifie comme recettes permanentes les moyens consacrés au fonctionnement du département et les recettes de recrutement. Les recettes occasionnelles comportent les fonds reçus pour l'entretien des chevaux, les règlements des divers débiteurs (administrations et particuliers), les excès de fonds non utilisés, les différences de change, les produits de la vente de biens, les intérêts reçus. Les recettes accessoires comportent les sommes perçues des créditeurs, les saisies, les sommes reçues appartenant à des tiers. Les dépenses permanentes comprennent les dépenses de fonctionnement du département, les commissions versées, les achats (règlements des fournisseurs, des transporteurs), la location de bateaux et d'entrepôts, la transformation des denrées alimentaires, l'achat de denrées de fourrage et de marchandises, les livraisons à l'armée (partiellement en argent, nourriture et fourrage). Les dépenses occasionnelles comprennent les différences de change, les saisies, la vente de nourriture et de fourrage, les ventes de vivres et de fourrage contre de l'argent. Les dépenses accessoires comprennent les remboursements des créditeurs et des autres tiers. Malheureusement, Akhmatov a dessiné le schéma contenant ces comptes mais n'a pas décrit les modalités de leur utilisation. Cependant cette classification doit être reconnue comme le début des recherches dans le domaine de la comptabilité publique en Russie et de l'application de la comptabilité en partie double.

Comment ne pas apprécier l'originalité des pensées d'Akhmatov ? Son livre était une grande contribution au développement de la comptabilité dans notre pays. Et pas seulement de la comptabilité. Akhmatov a inclus dans son livre un dictionnaire des termes commerciaux, dont la particularité réside dans les nombreux termes français. Cela constituait une nouveauté dans la pratique russe dont la majorité du vocabulaire provenait historiquement de l'allemand.

3. Quelques autres éléments de la vie d'Ivan Akhmatov

3.1. Comptable en chef à Saint-Pétersbourg

Lors de son arrivée à Saint Pétersbourg, Akhmatov a occupé la fonction de comptable en chef au Service de révision de la Commission d'Etat à la Guerre. Il en a été licencié au bout d'un an et n'a repris du service qu'un an plus tard en 1809 d'abord au service comptable de la Douane, et, en 1810, il a été transféré au Ministère des Finances. Akhmatov explique cette nomination par son livre : « le Tsar répondit ainsi : déclarez-lui que je le reconnais comme une personne remarquable, travailleuse et utile à la société et c'est pourquoi en signe de ma bienveillance j'ordonne d'imprimer tous les exemplaires aux frais du Cabinet ». Après une telle appréciation, le ministre des finances lui-même me confirma comme comptable de la commission de remboursement des emprunts » (RGIA, feuille 69). Akhmatov occupa ce poste pendant 10 ans, servant jusqu'au grade de conseiller titulaire, percevant 4.000 roubles d'émoluments par an, un appartement de fonction et

« d'autres avantages ». Mais il fut renvoyé alors qu'il n'avait pas servi suffisamment longtemps pour avoir droit à une pension. Le comte Lambert, son chef, selon les mots d'Akhmatov, « avait écrit seulement dans l'attestation que je suis proposé à la retraite mais, après 29 ans de service, on me laisse sans ressources ». Akhmatov écrivait qu'il avait souffert « pour le compte de la vérité ». Dans une lettre à Nicolas 1er, Akhmatov écrivait que quand il avait présenté un bilan avec une perte de 40 millions, le comte Lambert « troublé par une vérité aussi imprévue et audacieuse, se mit à trembler de colère, pâlit et, frappant de toutes ses forces sur la table, cria très fort : « le souverain ne doit pas le savoir », ordonna de refaire les comptes mais non plus selon les règles de la comptabilité italienne, mais pour ainsi dire, à la manière d'un boutiquier, pour masquer la réalité » (RGIA, feuille 51).

3.2. Démission et difficultés matérielles d'un retraité

Après sa démission, Akhmatov a commencé à écrire des lettres sur sa retraite à toutes sortes d'instances. Il écrit au tsar. Le prince Piotr Volkonsky (1776-1835), chef de l'état-major demanda au nom de l'empereur les raisons pour lesquelles Akhmatov n'avait pas obtenu de pension au ministre des finances. Le 1er décembre 1821 le ministre et comte Gouriev (1751-1835) répondit que Akhmatov n'avait servi que 29 années, ce qui ne lui donnait pas droit à une pension selon la loi (RGIA, feuille 52). N'ayant pas obtenu de pension Akhmatov se plaignit à nouveau au tsar de l'injustice de son renvoi et demanda à être réintégré dans le service, à être rémunéré pour son absence contrainte et demanda à ce qu'on lui confère le rang d'Assesseur de Collège correspondant au grade de commandant dans l'armée. Privé d'appartement de fonction, Akhmatov déménage souvent. Il habite rue Sadovaya dans la maison de la veuve Eckert, ensuite rue Srednaya Podyatcheskaya dans la maison Tchoutinaya, 130, rue Gorokhovaya dans la maison du marchand Galibine. En 1824 meurt son fils unique Evgueny à l'âge de 26 ans. Il servait au département des voies de communication. C'est dans sa tombe, au cimetière Volkovsky que sera inhumé Ivan Akhmatov lui-même en 1829 (Saitov, 1912/1913, p.109).

3.3. L'Atlas historique de l'Etat russe

A sa retraite, Akhmatov a entrepris de composer un atlas pour l'Histoire de l'Etat russe écrite par l'historien et écrivain Nicolas Karamzine (1766 – 1826). Pour imprimer l'atlas, Ivan Akhmatov avait besoin de gravure métallique et d'estampage, et il s'adressa au tsar pour obtenir une subvention. Akhmatov justifiait ainsi sa demande : « J'ai 55 ans. L'histoire de Karamzine m'a captivé et j'ai dessiné 15 cartes » (RGIA, feuille 10). Akhmatov reçut un avis positif de la part du prince Golitsine, ministre de l'instruction publique (1773 – 1844) et surtout de Karamzine lui-même : « je considère que son travail est utile » et qui proposait d'augmenter le nombre de cartes créées par Akhmatov (RGIA, feuille 23) en en regrettant le nombre insuffisant. Devant ce zèle Alexandre offrit à Akhmatov un anneau de diamant d'une valeur de 1 000 roubles. Pour l'impression de 3 000 exemplaires de l'atlas, Akhmatov demandait 30 000 roubles, mais Alexandre lui en accorda 5 000. Cela suffit à faire imprimer 12 cartes. Et il avait l'intention d'imprimer 200 cartes. Sur avis de Karamzine, Alexandre versa encore (5 000 roubles. En 3 ans, de 1821 à 1823, Akhmatov reçut 5 000 roubles par an et en 1824 il en demanda 4 000 de plus. En tout, les subsides du tsar pour l'atlas d'Akhmatov, comprenant 54 cartes, ont totalisé 40 000 roubles. En outre le ministère de l'Instruction publique versa à Akhmatov 12 000 roubles assorti d'une promesse de lui en verser autant à l'achèvement de l'atlas et de le promouvoir au grade si espéré d'Assesseur de Collège. Akhmatov n'a jamais achevé l'atlas mais a demandé le versement promis, s'engageant à « compléter le Dictionnaire de l'Académie russe, d'établir une généalogie de tous les princes et un dictionnaire des personnages remarquables » (RGIA feuille 23). L'atlas a été publié après la mort d'Akhmatov en 1831 et réédité en 1845 (Guide alphabétique, p. 30). L'atlas d'Akhmatov est le premier atlas de Russie illustrant la première description complète de son histoire.

CONCLUSION

Ivan Akhmatov a obtenu des résultats remarquables dans le domaine de la comptabilité, de l'histoire et de la culture de la Russie. Son livre « La comptabilité italienne ou expérimentale » a exercé une très grande influence sur le développement de la comptabilité en Russie. A la différence de la majorité des travaux sur la comptabilité en langue russe, ce livre se fonde sur la comptabilité française et non allemande. Ainsi que tous les travaux d'Akhmatov, le livre est resté incomplet : seul le premier tome a été écrit. Le même sort d'inachèvement a touché la deuxième œuvre d'Akhmatov : la composition du premier atlas de l'histoire de la Russie qui ne va pas au-delà du règne d'Ivan III. Mais l'atlas d'Ivan Akhmatov a eu une telle influence sur la recherche historique, qu'il n'a pas seulement été réédité deux fois au 19ème siècle après la mort de l'auteur mais il vient encore d'être réédité en 2007. Ivan Akhmatov a été le premier enseignant de comptabilité à l'université et le premier auteur russe d'une comptabilité en partie double pour le secteur étatique.

RÉFÉRENCES

Akhmatov, I. (1809) : *Comptabilité italienne ou expérimentale... Sous le haut patronage publié à l'aide des glorieux auteurs De Laporte et Kruse. A l'usage du marchand russe.* SPB : imprimé par la typographie du comité de l'artillerie. Ахматов, Иван : Итальянская или опытная бухгалтерия … По высочайшему повелению издана с помощью славнейших авторов Де-Лапорта и Крузе, в пользу российского купечества Иваном Ахматовым, Санкт-Петербург, печатано при Артиллерийской комитетской типографии.

Boucher, P. B. (1800) : *La Porte, Mathieu La Science des négociants et teneurs de livres, par feu Delaporte... Nouvelle édition entièrement refondue... suivie d'un commentaire nouveau de l'édit de 1673 et d'un dictionnaire [de commerce]* par Boucher, Bordeaux : la citoyenne Pellier-Lawalle, an VIII.

Boucher, P. B. (1803) : *La Porte, Mathieu La Science des négociants et teneurs de livres ouvrage utile aux négociants et jeunes gens qui désirent se former, sans maître, à la tenue des écritures à parties simples, mixtes et doubles...* Seconde édition, entièrement refondue... par Boucher, Paris : Levrault, Schoell et Cie : l'auteur, An XI.

Boulitch, N.N. (1904) : *Des premières années à l'université de Kazan (1805-1819)* SPB, part.1.Булич Н.Н. Из первых лет Казанского университета (1805-1819).

Calendrier-adresses ou état général de l'empire russe (1807). Адрес-календарь или общий штат Российской империи.

Galagan, A.M. (1927) *La comptabilité dans son développement historique*, Moscou – Léningrad. Галаган А. М. Счетоводство в его историческом развитии.

Index alphabétique des noms des hommes d'action russes pour le dictionnaire biographique. Recueil de la société historique russe (1887), Saint Pétersbourg, tome 16. Азбучный указатель имен русских деятелей для биографического словаря. Сборник русского исторического общества.

La Porte, M. de (1732) : *La Science des négocians et teneurs de livres, ou Instruction générale pour tout ce qui se pratique dans les comptoirs des négociants...* par M. de La Porte, Paris : G.-A. Dupuis.

La Porte, M. de (1782) : *La Science des négocians et teneurs de livres, ou Instruction générale pour tout ce qui se pratique dans les comptoirs des négociants...* » par M. de La Porte, Rouen, P. Machuel et J. Racine.

Nagouyevsky D. (1904) : *Piotr Tseline, premier professeur de l'université de Kazan (1772-1832)*, Kazan. Нагуевский Д. Петр Цеплин – первый профессор Казанского университета (1172-1832)

Saitov, V.I. (1912-1913) : *La nécropole de Saint Pétersbourg*, t.1-4 / Edition du Grand Duc Nicolas Mikhailovitch, SPB, typ. M.M. Stassioulievitch, 4t. Саитов В.И. Петербургский некрополь. Санкт-Петербург, тип. М.М. Стасюлевича/ Изд. вел. кн. Николай Михайлович, Т. 1-4

Venguerov, S.A. (1889) : *Dictionnaire critique et biographique des écrivains et savants russes*, SPB, T.1. Венгеров С.А. Критико-биографический словарь русских писателей и ученых.

Zagoskine, N.P. (1902) : *Histoire de l'université impériale de Kazan pendant les premiers cent ans de son existence 1804-1904*, en 2 t., Kazan. Загоскин Н.П.История Императорского Казанского университета за первые сто лет его существования 1804-1904,

ARCHIVES

RGIA, fonds 737, rubrique (opis) 87, dossier 155 [*Affaire de l'octroi de subventions au comptable de la commission du remboursement des emprunts I.F. Akhmatov pour la création et la publication de « l'atlas de l'état Russe », 19 novembre 1821- 11 décembre 1827*]. РГИА, ф. 737, оп. 87, дело 155 [Дело о выдаче пособия бухгалтеру комиссии погашения долгов И.Ф. Ахматову на составление и издание ""Исторического атласа Российского государства"". 19 ноября 1821 г. - 11 декабря 1827 г.]

The unity of the early practices of financial result formation: the cases of Alberti's, Datini's, and Savary's works (1675)

Mikhail Kuter[1]
and Marina Gurskaya[2]

INTRODUCTION

The accounting systems of the period from the 14th to the 17th centuries, intended for financial result (companies and sole proprietorships) can be divided into two types: full-scale double-entry bookkeeping and the system of combined accounting (when one part of the indicators is calculated on the accounts of single-entry or double-entry bookkeeping, and other indicators are determined by means of inventory of certain accounting items).

About the first type – full-scale double-entry bookkeeping – it has been written quite a lot, from Fabio Besta to modern researchers. The system was focused on the application of bilateral accounts and double-entry method and, as a rule, the main task was the calculation of financial result on the "Profit and Losses" account by means of comparing revenues and expenses reflected on special operational accounts. According to our more than ten-year research in the archives and libraries of Italy (Florence, Genoa, Venice and Prato), during which the electronic archives of photocopies of accounts of early account books, containing more than 55 thousand copies, was formed, one may state the following:

– The trial balance was perceived as a tool of information support for the owners concerning the financial result;

– Copying the "Profit and Losses" account, which often took several folios of text written in small hand, was not carried out in those days.

– In our opinion, the owners were not interested in specific operating profits or losses, they were interested in the financial result as a whole.

For such statements the authors have quite sufficient argumentation. Firstly, starting from the affiliated branch of Giovanni Farolfi's company in

---

[1] Professor, Dr. Sc. (Econ.), Head of the Chair of Accounting and Audit, Kuban State University – Russia.

[2] Associate professor of the Chair of Accounting and Audit, Kuban State University – Russia.

Provence (1299–1300) there were found many trial balances and balance sheets, in which the equality between sum totals (total) of debit and credit sides of the balance was not observed. Thus, in the above-mentioned company this difference was £. 17 s. 12 d. 11 (in the livre tournois of France). Amatino Manucci, one of the partners who acted as a bookkeeper (Lee, 1977, p. 80), left this issue without any comments. In Francesco Datini's company in Barcelona (1395–1397) Manager Simone Bellandi found the discrepancy of £. 116 s. 10 d. 1 (in the currency of Barcelona), and "promised to find a mistake, when he had free time" (for the sake of fairness, we should note that after a while he fulfilled his promise).

Secondly, among the archive materials we found many copies of balance accounts, and did not find any copies of the "Profit and Losses" account given to the owners.

Thirdly, the system of financial result formation in big commercial companies was very complicated. For each transaction a separate operational and results-based account was opened, on which operating profits or losses were estimated. Operating results of transactions were accumulated according to the types of activity (trade, currency exchange, assets lease, etc.). Furthermore, operational and savings accounts were opened separately for profits and separately for losses. When the folio was complete, the accounts were closed and re-opened in a new (blank) one. Often, the number of such accounts within a type of activity amounted to several dozens. And only final results of operational and savings accounts were transferred to the "Profit and Losses" account.

Fourthly, the operating results for certain transactions were not subjected to preliminary saving and were transferred directly to the "Profit and Losses" account.

Fifthly, the "Profit and Losses" account often covered several folios. Moreover, the entries on each folio were presented as a separate account. Far from classic accounts, that were included in the "Profit and Losses" account, were arranged one after the other in the Ledger.

The number of entries in the "Profit and Losses" account was, as a rule, substantial. Suffice it to analyze the accounting systems of Francesco Datini's companies in Pisa. The "Profit and Losses" account over the period 1383–1386 (Prato, AS, D. № 377, was formed in 1406 during the liquidation of the company) covered three sequentially arranged folios for the debit items and three folios for the credit items. The account contained 102 entries in all, of which the number of debit items was 80, and 22 credit items. The "Profit and Losses" account in this company over the period 1394–1395 was recognized as the most complete one. The account was in the Prato Ledger, AS, D. № 362, and covered four folios for each section. Accounts are placed in different parts of the Ledger. For describing profit and loss indicators 133 entries were involved, of which, on the debit side – 36, on the credit side – 97.

The provided evidence confirms the previously expressed opinion that owners (geographically distant owners in particular) did not study individual items of operating results formation. The "Profit and Losses" account was not copied for them. They were satisfied with a copy of the balance, which contained the most significant indicator for them – the overall financial result. However, the main part of our research considers the accounting type that was equally used at the time, that is, combined accounting, about which, unfortunately, has been very little written. In 1921 in the fourth edition of "Accounting and Balance" I.F. Schär said: "Accounting must withdraw the results of enterprise activity (profit or loss) by means of two ways, firstly, by determining increment or loss of assets and liabilities value, and then, using "Profit and Losses" accounts, by comparing costs and any household expenses with assets increments (profit) that was obtained by the household" (Schär, 1921, p. 355). Those were the origins of the first method, recommended by Schär, that were of interest to us.

We studied in detail the accounting practice of financial result formation in Francesco Datini's individual enterprises and companies in Avignon (1363–1410). At the same time, as is known from the publications, similar practice was first approved in Alberti's company in the accounting cycle of 1304–1306. The study sources concerning Alberti's company allow us to expand the boundaries of the research for the period of 60 years.

The comparison of the method of medieval Italian merchants and the method described by Savary allowed us to establish their identity and to clarify the algorithm of the financial result formation.

1. Writers about the accounting of Alberti's and Datini's company

In the paper prepared for the XIVth World Congress of Accounting Historians (Pescara, Italy, 25–27 June 2016), Adamo S., Alexander D. and Fasiello R. carried out an important generalization, which was directly related to our research: "Before the double-entry bookkeeping was used, the traditional book-keeping system consisted of elementary registers of payable and receivable accounts and of book inventories used in order to know the amount of the assets held by the company and the related changes in the course of time (Besta, 1910, p. 51, Pezzoli, 1993, pp. 51–57): this was obtained comparing the starting statement of assets with the final ones, considering a period of time covering often several years (Alfieri, 1891, p.47; Besta, 1916, pp. 642–643; Corsani, 1922, pp. 37–66). Ceccherelli attributed to the balance sheet, and not to double-entry bookkeeping, the crucial role of profit calculation (Antonelli, Sargiacomo, 2015, p. 130). Combining the bookkeeping with the book inventories, it was already possible to obtain some reports similar to the financial statements (Ceccherelli, 1939, p. 30 ss.). Indeed, it's in the late medieval age (thirteenth century) that the combined use of bookkeeping and book inventory, gave rise to the first financial statements with the assessment of the periodic return ("guadagno") (Ceccherelli, 1939, pp. 45–51; Melis, 1950, pp. 575–584; Perrone, 1992, pp. 165–170). Hence the habit to close and open at the same time the accounts for accounting reporting reasons (cfr. Ceccherelli, 1910, p. 37; Corsani, 1922, pp. 139–140; Melis, 1991; pp. 227–238; Strieder, 1905, p. 3; Yamey, 1991, pp. 177–178; 1994, pp. 252–255)" (Adamo S., Alexander D. and Fasiello R., 2016, p. 6). At the same time the authors of the given generalization confined themselves to stating and did not corroborate it by any arguments.

As we known, Leon Battista Alberti was the first to mention Alberti's company (Alberti, 1893). Armando Sapori decrypted all the entries of the company's books from 1302 till 1360 (Sapori, 1955, pp. 975–1012). R. de Roover (Roover, 1956, pp. 124–7) and Alvaro Martinelli (Martinelli, 1977, pp. 423–64), who wrote about the books of the Alberti family, made use of the text decrypted by Sapori. The authors of the given paper also resorted to Sapori's decryption.

However, an Italian researcher Federigo Melis was one of the first among the contemporary authors who studied Alberti's books. Melis wrote: "It is, ultimately, the secret book or account book (libro segreto o della ragione), because it contains the companies' contracts and balances (saldamenti delle ragioni) (the first one – in 1306 and, as I say, looking ahead, about the balance, is the oldest of the known surviving balances)… At the end of carta 49 I discover that after the indication of the year (1306) and a usual-religious invocation, I read "ragioni vedute e fatte" of the company, established by Alberto, Lapo and Neri brothers, Jacopo's sons), which functioned from September 20, 1304 till December 31, 1306. Its initial part (from carta 49R to 51V) is basically a financial statement, since here we can find the balance, enumerating the liability items (including the shares of the partners' capital) and the valuation of assets (receivable accounts, merchandise inventory, cash, clothing and textiles, which were in fondacho, etc.), first the amount, their appropriate results and, finally, their total sum, profits (carta 51V). … Immediately after profit registration, there appears a group of journal entries according to which the salary paid to factors and employees in general, and in the same place there is an indication to the folio (of the same book), where the accounts, entitled costoro, were placed, which are properly accredited" (Melis, 1950, pp. 490–1).

Melis pays special attention to the procedure of profit distribution among the partners: "… At the end the total is indicated, it is subtracted from the gross profit, and then the net result is registered. Later, the latter is divided equally (in proportion to the capital), it is placed on the "avere" side (***to have***) of the accounts of three partners and, accordingly, it is marked with the word "demmo" (*gave*), also here – on the same page (carta 52V), transferred after the previous balance of account, using three accounting entries" (Melis, 1950, p. 492).

Melis completes the issue by the words: "After the presentation of the content and mechanism of Alberti del Giudice's "secret book" we can draw a general conclusion that it casts a lot of light, and the book comes to the fore - it seems to me that the correct judgment that these are company accounts, that are very advanced and fully directed to the canons of double-entry bookkeeping (Melis, 1950, p. 494).

The main failing of the work by F. Melis is that without an in-depth study of the procedure of financial result calculation, without making sure of full-scale use of double-entry accounting for the formation of reporting indicators, the author draws a conclusion (besides, which is erroneous), based on the procedure of financial result distribution.

In 1956, de Roover describes the remaining fragments of the accounting system. In contrast with the in-depth study of the procedure of financial result distribution, de Roover presents the accounting procedure without many details, in that implicitly criticizing the publication by Federigo Melis (Melis, 1950, pp. 490–4) without mentioning his name: "In a recent book on accounting history it has been advanced that the Alberti's company kept its books in compliance with 'all the canons of double entry', but the *libra segreto* and the other extant fragments do not, in my opinion, afford any evidence in support of such an assertion'. Accounts are not yet in bilateral form; instead, the debit is still placed below the credit or vice versa, according to the nature of the initial entry. What is more important, it does not seem that the fundamental rule without which there can be no double entry is strictly observed. In going carefully through the *libra segreto,* I have not found that each transaction is recorded twice. On the contrary, there are many debits without an equivalent credit or the reverse. Furthermore, there is no trace of accounts for expenses or operating results. The financial statements-and there are a dozen of them-are not really balances. Profits were determined by deducting total liabilities and invested capital from total assets including receivables, goods in stock, and cash in hand. Once determined, earnings were distributed among the partners after making a provision for unpaid salaries" (Roover, 1956, p. 125).

In the conclusion de Roover comes to a definite conclusion "While this procedure is correct and betrays a high level of proficiency, it does not prove anything more and it certainly does not justify the conclusion that the Alberti books are in double entry. One point, perhaps, deserves special mention: 'at each *saldamento generale,* inventory was taken of all the stock on hand. The Alberti, consequently, did not have a system of venture accounting with separate accounts for each lot of merchandise" (Roover, 1956, p. 125–6).

In 1974, Alvaro Martinelli, an American of Italian descent, carried out quite a thorough research into the books of Alberti's companies. A. Martinelli, as well as de Roover, pays special attention to the inventory of most positions of the company's property (assets) and gives enough examples (over the period of 60 years), that prove that capital accounting, settlements with debtors and creditors, and the distribution of profits among the partners were carried out according to the rules of double entry. Accordingly, financial result was calculated not on the operating accounts of income and expenses, but by means of a special calculation: from the sum of everything that we ***must be given***, the sum of everything that we ***must have*** was subtracted.

As for the statement by F. Melis, A. Martinelli said: "A few writers have sought in the account books of the Alberti is almost a perfect example of double entry bookkeeping, because the gross profit, which was determined in the manner just indicated, was distributed among the factors of production in a way that gave rise to an income account, quite similar to the profit-and-loss account: employees received their salaries, which were considered as an expense by the firm, and profits were distributed among the capitalists or partners. We have already criticized this point of view, and it is doubtful whether double entry bookkeeping as applied by the accountant of the Alberti company, was complete due to structural deficiencies of the system" (Martinelli, 1974, p. 499).

About a medieval merchant Francesco Datini, his business and his archives it is written quite enough. However, not much has been written about Datini's accounting.

The authors who wrote about the archives can be divided into two groups: a) those who described the life of Francesco, the history of the archives and their contents; b) those who worked directly with the archive documents, leading research in the sphere of the history of accounting development. Of course, the first group will be more numerous, especially given that it includes the authors who have never visited the archives and referred to the earlier authors.

Besta was the first to introduce readers to the archives of the medieval merchant Francesco di Marco Datini from Prato (Besta, 1909, pp. 317–20). Though Besta cited only one fragment from Campione Giallo "B" (Prato, AS, D. №357), confirming the use of double entry in Datini's company in Pisa in 1383. At the same time he does not describe the primary sources, but refers to Gaetano Corsani expressing his sincere gratitude for the granted material. Besta wrote the following: "I am indebted to the exquisite courtesy of the above said my pupil delight Rag. Gaetano Corsani – translation of the authors" (Besta, 1909, p. 318).

In 1922 Corsani published his own work devoted to F. Datini's archives, in which the example presented by Besta, was expanded and described in more detail. He mentioned the formation of accounting in Datini's companies in Avignon, the issue, to which much attention is paid in this paper. Corsani described many of the books that are stored in the archives as well as business transactions registered in them with a detailed disclosure of accounts correspondence. Unlike the teacher, Corsani did not make general conclusions that could serve for the development of accounting theory.

A. Ceccherelli, a researcher, who was the first to point out the Tuscan trace in the origin and development of double-entry bookkeeping

(Ceccherelli, 1913), also mentioned F. Datini's archive, but like F. Besta, with the reference to G. Corsani (Ceccherelli, 1939, pp. 31, 43).Among the early researchers of Francesco Datini's archives we should emphasize M. Benelli (Melis, 1954, pp. 61–62), C. Guasti (Melis, 1954, pp. 61–62), D. Livi (Livi, 1910), I. Dell Lungo (Lungo, 1897), S. Nicastro (Nicastro, 1914), E. Bensa (Bensa, 1928). These authors mainly described the content of the archival documents without making any generalizations and conclusions.

We can speculate that Martinelli did not visit the archives of Prato, and did not thoroughly research into the books stored in it, though he had four references to them. The first two refer to Datini's company in Avignon, and one of them directly to the actual publication, which he produced on the basis of Federigo Melis' book (Melis, 1962). At that, Martinelli makes reference to Melis' work, but does not give the page number (Martinelli, 1974, p. 192).

The first group should also include Origo (Origo, 1958), the team of the researchers Nigro (Nigro, 2010), K.W. Hoskin and R. Macve (Hoskin and Macve, 1986, p. 122) described in detail the contents of the archives with the references to J. Hyde (Hyde, 1979, p. 115) and R. Goldthwaite (Goldthwaite, 1968). Pierre Jouanique (Jouanique, 1996, pp. 261–75) told about the work done by Federigo Melis in 1949–1953 on the preservation of the archives and the assistance given by Raymond De Roover.

As we can see, there is not much written about the subject of accounting in Francesco Datini's companies apart from the works by Melis and Roover. There is an explanation to it. On the one hand, Datini's archives are Melis's monopoly. On the other hand, Melis, after "obtaining Datini's inheritance" had two decades to live, and, most likely, he hastened to ensure the safekeeping of the archives for mankind. He numbered each survived page of more than five hundred books, and the publication of two major works (Melis, 1962; 1972) that became guides to the archives, will allow interested scholars to continue their research.

As for Francesco Datini's company in Avignon, De Roover acted more as Datini's historian and bibliographer, but not as a historian of the early accounting: "Francesco Datini, so the story goes, was a poor boy who lost both parents through the Black Death (1348). Two years later he went to Avignon where he worked his way up from *garzone*, or office-boy, to factor, until he had acquired enough experience to stand on his own two feet. In 1363 Datini invested his modest savings in a partnership which throve and grew by reinvestment of earnings. By 1371, at any rate, he was in possession of a sizeable capital that made him a well-to-do, if not a rich, man. In 1376 he married a Florentine girl also residing in Avignon, who brought him no dowry. In December 1382, Datini left Avignon to return to Prato, where he died twenty· eight years later (1410)" (Melis, 1972, p. 140).

Raymond de Roover devoted only one major article to the accounting business of the famous merchant, although referred to it in other works many times. De Roover described only the ledger and financial statements of

Datini's company in Barcelona over the period of 1397–1399 (Roover, 1956, pp. 141–145).

Melis wrote twice about the first synthetic balance sheets, and each time just a single page. In an earlier book by Melis (1962) the page of the text devoted to the synthetic balance does not contain a photocopy of the balance, but the description of the text is given in more detail.

Let us look at the translation of the text into English: "Almost all analytical balances are the most rich with data. These balances present the balance of all unclosed property accounts in the accounting book, after certain corrections which, however, have not survived in full and those which managed to survive do not always single out the capital – which is veiled between partner's different Credits and Debits and the distribution of profit.

The synthetic condensed balance hides the capital between the creditors of the company, as it follows from this very unique copy, which is probably the most early example of the discovered ones so far (if talking about the degree of syntheses).

The "analytic notebook" of the same company has also survived, i.e. the analytical budget where even 11 creditors are listed, which make up the only entry (with profit) on liabilities' side, does not single out that part of Credit which is owed to "*corpo*" (initial investment) and "*sovraccorpo*" (reinvestment capital, formed by the shareholders of the company at the expense of the profit which was meant for the liquidity replenishment).

And even then when the entries made simultaneously or just before the closure of the business in the books give us the basis to build positions "*corpo*", "*sovraccorpo*" and the balance, quite intensive revisions made afterwards, change their content in whole (in particular, it concerns the profits which influence the *sovraccorpo*), for a number of firms canceling intermediate decision" (Ibid).

In the book (Melis, 1972, p. 459) half of the page is taken by the photocopy of the balance, and is followed by a paragraph that presents the history of the company in Avignon, and one quite short paragraph is devoted to the balance structure. The translation of the balance into modern Italian completes the page.

2. The evidence of identity of methods of financial result formation of Alberti's company, Datini's company in Avignon, and Savary's recommendations

2.1. The purpose of the publication

On the basis of archive documents and sources of literature that make it possible to assess the methods of financial result formation in Alberti's company (1304–1360), Datini's company in Avignon (1366–1411) and recommendations in J.P. Savary's "Le parfait negociant" (The Perfect Merchant) (Savary, 1675) to identify their general provisions and confirm the presence of a unified formation algorithm in them.

Alberti's company: We managed to take photos of all four books of Alberti's company, which are stored in the National Central Library of Florence. Figure 1 shows the photocopies of accounts, included into the financial report of financial result calculation for the period from 20 September 1304 to 1 January 1307, which are mentioned in the papers of reputable scientists.

The report begins with folio 49V. This folio lists all those who ***must have*** from us: Alberto del Giudice (£. 16072, transferred from fo 1), Lapo del Giudic (£ 15999, transferred from fo 1), Neri del Giudice (£ 9293, transferred from fo 2), Tieri di messer Ridolfo (£. 1525 s. 9, transferred from fo 2), etc. Sum – £ 50 763 s. 16.

Here you can see that the owners of the company (the first three entries) as the second figures as well as ordinary creditors, that is, third figures, are described in succession. The total for the second figures is not marked, and there is no need for that, because an accountant perceives the owner as an ordinary third figure.

On folio 50R we can see what we have in merchandise and things, and what we must have for this partnership. All the items are transfered by means of double entry. The enumeration starts from debtors: the debtors of Genoa (the sum is unreadable, transferred from fo. 207), More Bonsengnore for the branch-house of Flanders (£ 23490, transferred from fo. 227). Sum – £ 51924 s. 4.

The third folio (50V) described who ***must give*** for this partnership. The first 19 entries were transfered to the folio by the method of double entry (for instance, Tieri of messer Ridolfo, in fo. 325, £ 247 s. 3. As for the last entry, it is worth special discussing, although neither Melis nor de Roover nor Martinelli paid attention to it. The entry says : "Found in cash December 31, £ of tournois 783". It is evidence that the double entry was not applied to cash flow accounting. The sum according to folio – £ 7631 s. 18.

The fourth folio (51R) described "the cloth which we found in the warehouse". In the accounting of cloth the method of double-entry was not applied. The number of pieces of cloth according to product numbers and cost was established by means of inventory. The total amount according to the folio – £ 2541.

The upper part of the folio 51V also provides the information concerning "the cloth which we found in the warehouse". The sum of the accounted cloth was £ 962. We should note that for supplies of goods separate accounts were not opened and, correspondingly, there were no special (operational and result-based) accounts for operating result calculation.

Amount of everything which we must receive until the evaluation of cloth and other things, in all lbs. 63059 (£ 51924 s. 4 + £ 7631 s. 18 + £ 2541 + £ 962).

Further, on the same folio (fo. 51V) there revealed the difference between "what ***must be given*** to us" and "what they ***must have*** from us". The given sum represents the financial result before salary accounting from profit. This partnership shows a profit before salary expense deduction of £ 12295 s. 4 (£ 63059 – £ 50763 s. 16).

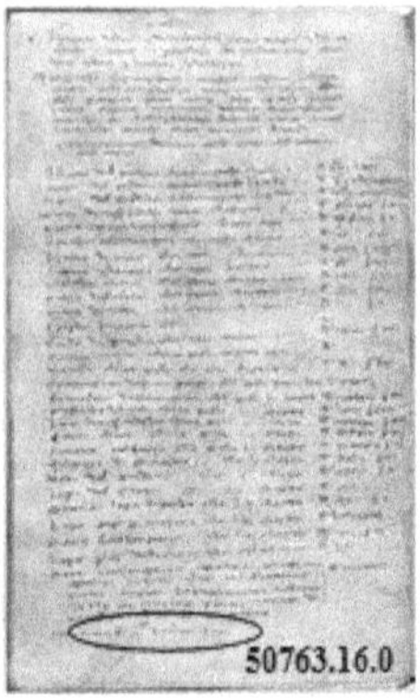

Libro Piccolo Dell 'Asse, fo. 49V

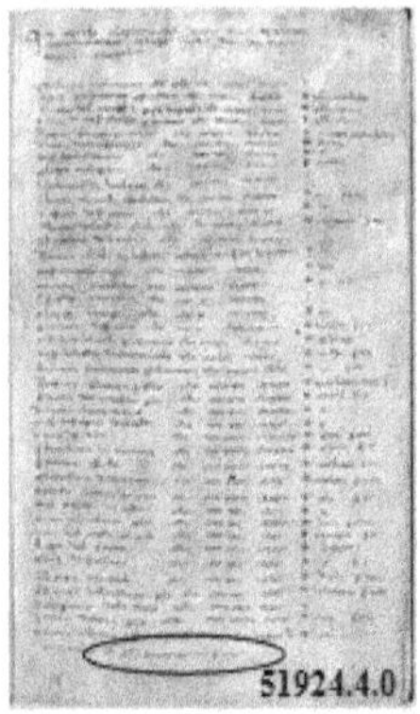

Libro Piccolo Dell 'Asse, fo. 50R

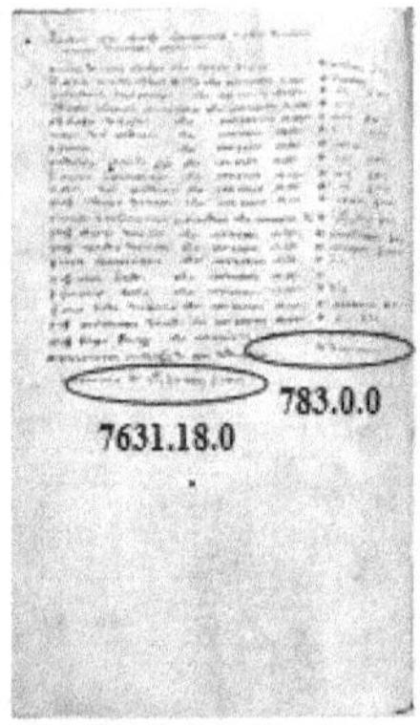

Libro Piccolo Dell 'Asse, fo. 50V

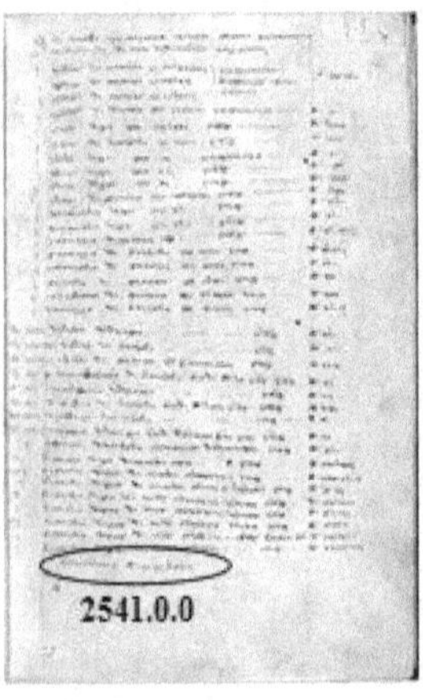

Libro Piccolo Dell 'Asse, fo. 51R

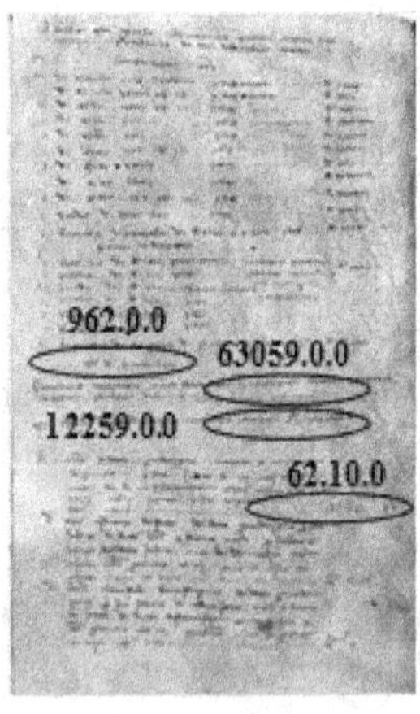

Libro Piccolo Dell 'Asse, fo. 51V

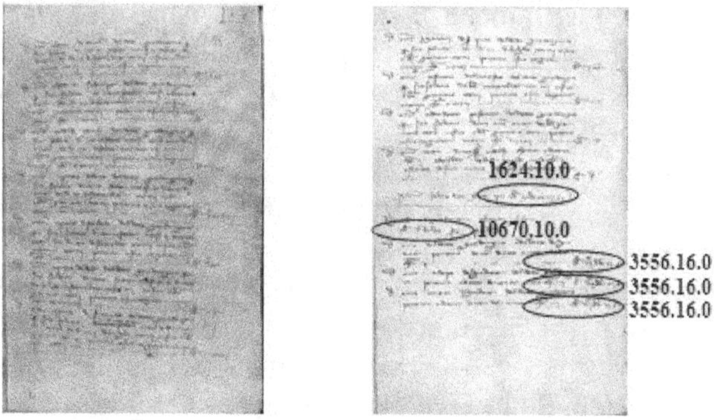

Libro Piccolo Dell 'Asse, fo. 52R — Libro Piccolo Dell 'Asse, fo. 52V

Figure 1 - Financial result formation, Alberti's company, 1304–06

This is followed by the adjustment of the amount of profit due to salary accounting. Salary accounting out of profit is carried out according to all the rules of double-entry bookkeeping, for instance: We gave of the said profit to Cione and to More Bonsengniore for their salary of three months and ten days, which is from the 20th of September 1306 until the first of January 1306. We posted to their account, further, in folio 125, £ 62 s. 10.

The last but one folio (52R) is completely assigned to salary accounting out of profit. Folio fo. 52V is final in the balance of financial result calculation. Here, the amount of the salaries given (£ 1624 s. 10) is calculated, the amount of accrued net earning (£ 10670 s. 10) is determined. Further, its distribution is implemented by means of double entry:

We gave of the said profit to Alberto del Giudice. We posted where he had to have behind in folio 3, £ 3556 s. 16

We gave to Lapo del Giudice of the said profit. We posted behind, where he must have, in folio 3, £ 3556 s. 16

We gave to Neri del Giudice of the said profit. We posted behind, where he must have, in folio 4, £ 3556 s. 16.

The analysis of the procedure of financial result calculation indicates that the financial result is calculated on the "balance of financial result" account not by means of accumulation of operating profit and operating losses according to certain transactions, but by means of comparing "They ***must give*** us" and "They ***must have*** from us". Additionally, we should note that the accounting of cloth supply is not covered by the double entry system, and the amount of its cost is determined by physical inventory and evaluation. In all likelihood, there is no accounting book of cash. In our opinion, the observations mentioned in this paragraph **do not permit to recognize** the accounting system of Alberti del Giudice's company as double-entry bookkeeping.

Furthermore, let us build a bridge between Alberti's company and F. Datini's company in Avignon. *F. Datini's company in Avignon.* In the given time-limited presentation, it is not possible to present in detail the process of building a synthetic balance (Figure 2, the translation into English is in Table 1) according to the "analytic notebook".

And so, contrary to Martinelli's statement, the system was not completely ruled by means of double-entry bookkeeping and not even by double entry. The first four indicators of "Debtors" balance section are formed using the inventory. By means of inventory method the balance included: Goods in house and in shop (total f. 1.877 s. 12 d. 6), Cash, in the main cash (total f. 453 s. 3 d. 7), Household goods of house and of shop (total f. 253 s. 16 d. 6), Provisions in house (total f. 35 s. 18).

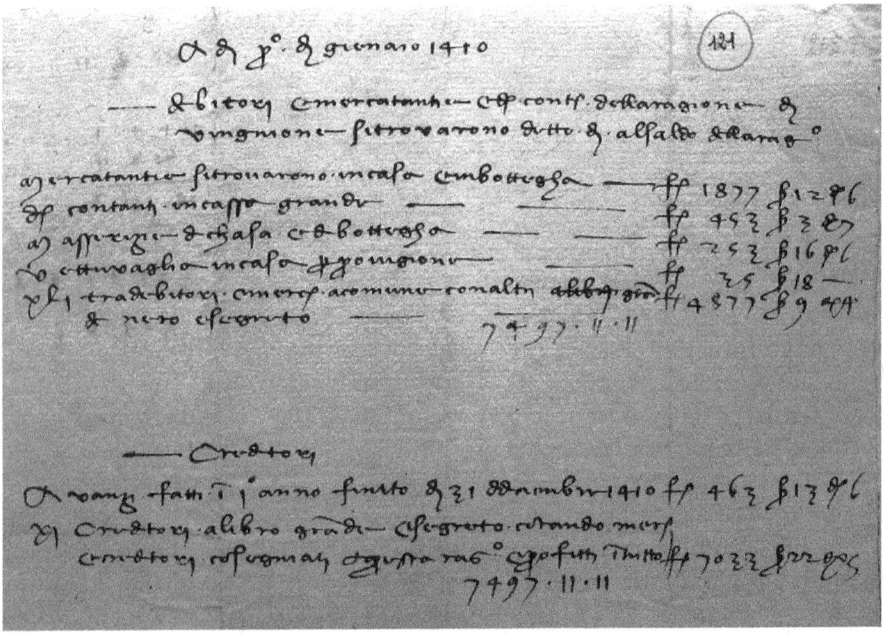

Figure 2 – Prato, AS. D. № 1127: the Synthetic balance sheet

Table 1 – Syntetical Balance Sheet of Datini Company in Avignon, as of January 1, 1410.

January 1, 1410	
Debtors and goods and cash of the Avignon enterprise that are, at this date, as balance of the enterprise.	
Goods in house and in shop	*f. 1877 s. 12 d. 6*
Cash, in the main cash	*f. 453 s. 3 d. 7*
Household goods of house and of shop	*f. 253 s. 16 d. 6*
Provisions in house	*f. 35 s. 18*
41 debtors and goods, jointly with others, to the black main and secret Ledger	*f. 4877 s. 9 d. 4*
(sum f.) 7497.11.11	
Creditors.	
of a year ended December 31, 1410	*f. 463 s. 13 d. 6*
11 creditors, to main and secret Ledger, counting Goods and creditors of this enterprise and profits; all in all,	*f. 7033 s. 22 d. 5*
(sum f.) 7497.11.11	

We should note that the company kept cash records in *"Entrata e Uscita"* book (the book survived), but the balance in the book was not drawn up (only the movement was reflected), which would take place later. Figure 3 show the photocopies of a part of 6 pages of an analytical balance. The"Goods in house and in shop" section begins from page 1R.

Figure 3 - Prato, AS. D. № 178/18. The page of the Analytical balance sheet, 1410

Tables 2–5 show the translation of subsections, the first section of "Goods in house and in shop". For each subsection the numbers of pages in the analytical balance, the code of a subsection set by the researchers, the number of filled lines, the total figure (total of a subsection) are indicated. Section 1 “Goods in house and in shop” contains 94 subsections, occupying 25 pages, includes 756 lines, and ends on page 13R of the analytical balance. Page 13V (Figure 4) begins with the total of this section.

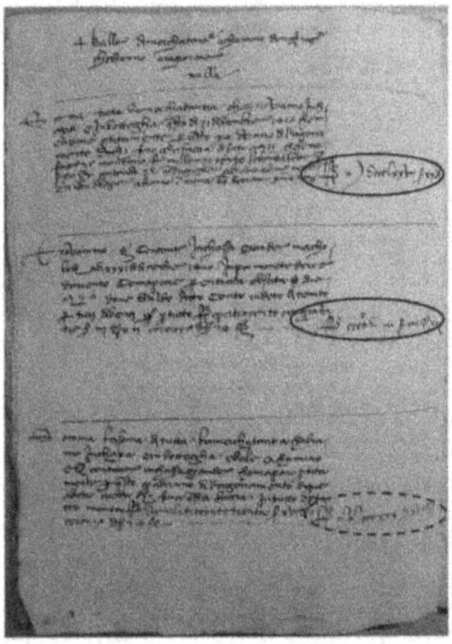

Figure 4 - Prato, AS. D. № 178/18,
totals of the first two sections of the analytical balance (p. 13V)

Page 13V introduces three totals:

– Total of the first section of “Goods in house and in shop” – total 1877.12.6;

– Cash, in the main cash – total 453.3.7;

– And summary total of these sums (circled by dotted line) – total 2330.16.1.

The next section, which in complex accounting is also carried out by means of inventory, is “Household goods of house and of shop”. In the analytical balance the section occupies pages 14R–16V (Figure 5, Table 6). The section consists of 13 subsections and includes inventory records numbering 151. The last section, which is carried out by the method of inventory in complex accounting is “Provisions in house”. The section itself has only 12 lines and also occupies page 16V (the last photocopy is in Figure 5). The total of two sections completes the page – 289.10.6.

Thus, we have determined all the inventory components of combined accounting. The fact that no record of these sections contains corresponding references to the accounts of the Ledger or the Secret book, proves the above mentioned.

Table 2 – Analytical table of the first section of the inventory sheet, pages 1R–3V (Datini's company in Avignon, 1410)

Page	Text	Account		Number of lines	Sum
		page	code		
1R	All the entries are related to "bacinetti", some kind of iron helmets and "visiere", some parts of iron visors.	1R	D1.1	20	127.13.0
	Total		**1**	**20**	**127.13.0**
1V	"Chapelli elmetti a barbotta" (Iron helmets)	1V(1)	D1.2	7	53.0.0
	Chappelline coperte e schoperte" (closed and open iron helmets)	1V(2)	D1.3	7	7.16.0
	"Uvette e corbelliere di ferro" (other kinds of iron helmets)	1V(3)	D1.4	3	1.16.0
	"Peze d'acciaio e di ferro" (pieces of steel and iron)	1V(4)	D1.5	5	70.0.0
	Total		**4**	**22**	**132.8.0**
2R	"Arnesi di ghamba e di choscia" (pieces of armors aiming to protect the legs and the things)	2R(1)	D1.6	5	10.8.0
	"Braccali d'acciaio e di ferro" (steel and iron pieces of armors aiming to protect the wrist and the arm)	2R(2)	D1.7	5	31.6.0
	"Guardalbracci d'acciaio e di ferro" (steel and iron pieces of armors aiming to protect the wrist and the arm)	2R(3)	D1.8	3	2.12.0
	"Ghuanti di fero e d'acciaio" (iron and steel gloves)	2R(4)	D1.9	9	37.18.0
	Total		**4**	**23**	**81.20.0**
2V	"Choraze d'acciaio e di ferro" (steel and iron armors)	2V(1)	D1.10	3	11.21.0
	"Accie d'acciaio e di ferro" (steel and iron armors)	2V(2)	D1.11	3	23.0.0
	"Spiedi e manichi e feri per cinghaly" (swords and parts of swords)	2V(3)	D1.12	4	8.16.0
	Aresti di ferro" (other iron tools for armors)	2V(4)	D1.13	3	2.6.0
	"Smeriglio per traversare" (material for sanding metallic tools)	2V(5)	D1.14	1	0.1.0
	"Cotte d'acciaio chaccato e di fero" (steel and iron coats)	2V(6)	D1.15	4	125.0.0
	Total		**6**	**18**	**170.20.0**
3R	"Chotte d'acciaio a ½ boza" (a kind of steel coats)	3R(1)	D1.16	4	87.12.0
	"Chamagli d'acciaio e boza cchaccati" (other iron tools for armours)	3R(2)	D1.17	9	104.6.0
	"Chamagli d'acciaio di meza boza" (other iron tools for armours)	3R(3)	D1.18	5	54.10.0
	Total		**3**	**18**	**246.4.0**
3V	Steel broaches of any kind	3V(1)	D1.19	2	25.12.0
	Steel *abozacchaccate,* firecrackers of any kind	3V(2)	D1.20	2	13.0.0
	Steel hoses of any kind	3V(3)	D1.21	2	13.0.0
	Iron overcoat of any kind	3V(4)	D1.22	11	94.6.0
	Iron firecrackers of any kind	3V(5)	D1.23	5	4.22.0
	Total		**5**	**22**	**150.16.0**

Table 3 – Analytical table of the first section of the inventory sheet, pages 4R–6V (Datini's company in Avignon, 1410)

Page	Text	Account		Number of lines	Sum
		page	code		
4R	Iron aventails of any kind	4R(1)	D1.24	10	30.20.0
	[Metal] Hoses and broaches of any kind	4R(2)	D1.25	9	9.8.0
	Pieces of iron, chains	4R(3)	D1.26	5	35.10.0
	Total		**3**	**24**	**75.14.0 (76.14.0)**
4V	"Bechetti e frappe d'ottoni" (brass objects)	4V(1)	D1.27	8	28.5.0
	"ferri taglienti" (cutting iron tools)	4V(2)	D1.28	20	31.19.0
	Total		**2**	**28**	**60.0.0**
5R	"ferri taglienti" (cutting iron tools)	5R(1)	D1.29	6	30.11.0
	"Choltella e choltelini e colteliere" (knives and small knives)	5R(2)	D1.30	8	17.16.6
	"forbici da tagliare" (cutting scissors)	5R(3)	D1.31	5	4.20.0
	Total		**3**	**19**	**52.23.6**
5V	"ferri d'acciaio per balestre e archi" (iron parts for crossbows and for bows)	5V(1)	D1.32	4	5.3.0
	"staffe d'ottone d'ogni ragione" (brass stirrups for horses)	5V(2)	D1.33	2	0.23.0
	"staffe d'ottone d'ogni ragione" (brass stirrups for horses)	5V(3)	D1.34	13	31.18.0
	"filo di ferro stagnato" (tinned iron wire)	5V(4)	D1.35	3	4.22.0
	Total		**4**	**22**	**42.18.0**
6R	"di detto filo di ferro" (iron wire)	6R(1)	D1.36	29	68.5.9
	Total		**1**	**29**	**68.5.9**
6V	"di detto filo di ferro" (iron wire)	6V(1)	D1.37	19	11.12.6
	"fibie di ferro da ciabatte" (iron buckles)	6V(2)	D1.38	5	21.0.0
	Total		**2**	**24**	**32.12.6**

The fifth (last) component of "Debtors" section is called "41 debtors and goods, jointly with others, to the black main and secret Ledger". As we can see, this position is formed by the method of double entry both in the Ledger and the Secret book.

Figure 6 shows the photocopy of the pages of this section, which have clearly visible references to the account s of the Ledger and the Secret book, which, unfortunately, are lost with no opportunity to collate them.

However, we should pay attention to the fact that we have tested similar entries in the "Analytic notebook" and the accounting books for the past years, and they, as a rule, coincide.

The total of "41 debtors and goods, jointly with others, to the black main and secret Ledger" section is f. 4877 s. 9 d. 4.

Table 4 – Analytical table of the first section of the inventory sheet, pages 7R–9V (Datini's company in Avignon, 1410)

Page	Text	Account		Number of lines	Sum
		page	code		
7R	"Fibie di fero per scharsela e patini" (iron buckles for bags)	7R(1)	D1.39	6	3.2.3
	"Magliette d'ottone" (brass small mails)	7R(2)	D1.40	2	0.17.0
	"Filo d'ottone" (brass wire)	7R(3)	D1.41	4	10.12.0
	"Filo di rame" (copper wire)	7R(4)	D1.42	1	3.16.0
	"Foglia d'ottone" (brass leaves)	7R(5)	D1.43	1	0.7.0
	"Foglia d'ottone" (brass leaves)	7R(6)	D1.44	6	.18.21.0
	Total		**6**	**20**	**37.3.3**
7V	"Di detti freni da mula" (bits for mules)	7V(1)	D1.45	6	4.17.0
	"Filo di ferro" (iron wire)	7V(2)	D1.46	2	20.10.0
	"Finesti [?] e puntetti e serraglie" (various metal tools, can't understand the specific types)	7V(3)	D1.47	3	4.3.0
	"Sunagli e torneti d'ottone" (brass rattles)	7V(4)	D1.48	16	20.17.4
	Total		**4**	**27**	**50.0.0**
					(49.23.4)
8R	"Martelli e tanaglie" (hammers and pincers)	8R(1)	D1.49	13	48.18.0
	"Streghie di ferro" (iron *streghie*)	8R(2)	D1.50	3	5.12.0
	"Dopioni d'ottone e di fero" (brass and iron *dopioni*)	8R(3)	D1.51	6	4.22.0
	"Chiovi d'ottone" (brass nails)	8R(4)	D1.52	3	1.4.9
	Total		**4**	**25**	**60.8.9**
8V	"Di detti chiovi d'ottone" (brass nails)	8V(1)	D1.53	5	1.19.6
	"Bozette d'ottone" (brass *bozette*)	8V(2)	D1.54	5	13.13.0
	"Bozetti di ferro" (iron *bozette*)	8V(3)	D1.55	3	3.14.0
	"Chiovi di ferro ..." (iron nails)	8V(4)	D1.56	12	38.22.0
	"Puntali da spada bulaneli" (sword tips)	8V(5)	D1.57	1	0.10.0
	Total		**5**	**26**	**58.6.6**
9R	"Di detti puntali da spada ... e bulanelli" (sword tips and *bulanelli*)	9R(1)	D1.58	3	2.0.0
	"Raparelle di ferro e d'ottone" (iron and brass washers)	9R(2)	D1.59	3	2.21.0
	"Lime e stampe di ferro e d'acciaio" (iron and steel files)	9R(3)	D1.60	8	4.15.0
	"Lucerne lanterne e chandelieri" (lanterns and candlesticks)	9R(4)	D1.61	4	3.11.0
	"Bilance sagnoli e pesi" (scales and weights)	9R(5)	D1.62	7	9.11.0
	Total		**5**	**25**	**22.9.0**
					(22.10.0)

Table 5 – Analytical table of the first section of the inventory sheet, page 9V (Datini's company in Avignon, 1410), the end

Page	Text	Account		Number of lines	Sum
		page	code		
9V	"Chatene e cholari da chane" (chains and collars for dogs)	9V(1)	D1.63	10	17.7.10
	"Aoglia di fero stamignate ???" (iron leaves)	9V(2)	D1.64	1	0.16.0
	"Miscirobe e bacini d chandelieri d'ottone" (brass basins, pitchers and candlesticks)	9V(3)	D1.65	3	1.20.0
	"Teglie e orcuoli di rame e ferro" (brass and iron pans and jars)	9V(4)	D1.66	2	8.7.0
	"Chofani e cofanetti" (small and normal coffers)	9V(5)	D1.67	5	17.13.0
	Total		**5**	**26**	**45.15.10**

As a result of the performed building "Debtors" side of the analytical and synthetic balances in the amount of – f. 7497 s. 11 d. 11 is formed.

2.2. The Formation of Creditors part of synthetic balance

The first five out of 11 credit indices are described on page 20R (Figure 7, right side). We will try to describe them. The headline of the page says: "Who ***must have*** in the Libro Grande Nero marked A from 31 December 1410 on". The first entry says: "Messer the Visconte D'Osses ***must have*** in that book at c. 20, f. 19 s. 4, but we don't add anything, moreover the debtor is the old partner of Francesco and Co".

The next two entries "Quaderno di Ragionamento" formed in the Main Black book reflect the account payable to the concrete individuals and registered according to all rules:

– Giufrero Stangno Darlli ***must have*** as it is said in the book on c. 21, f. 7 s. 18;

– Michele Genovardi from Lucca ***must have*** as it is said in the book on c. 31, f. 17 s. 14.

There is a headline before the left two entries (the fourth and the fifth): "Who ***must have*** at the Secret book of the partnership marked 2".

The first of them says: "Francesco di Marco and Co. of Bruges of the old account from 1 of November 1401 ***must have*** f. 2625 s. 15 at the said book at c. 46, for merchandises and furniture given by that old account to the new one".

The second entry is of great interest for the researchers. This account presented "sovraccorpo" where the profits were accumulated from 1 November 1401 to 31 December 1409 and reinvested into the company in 1410.

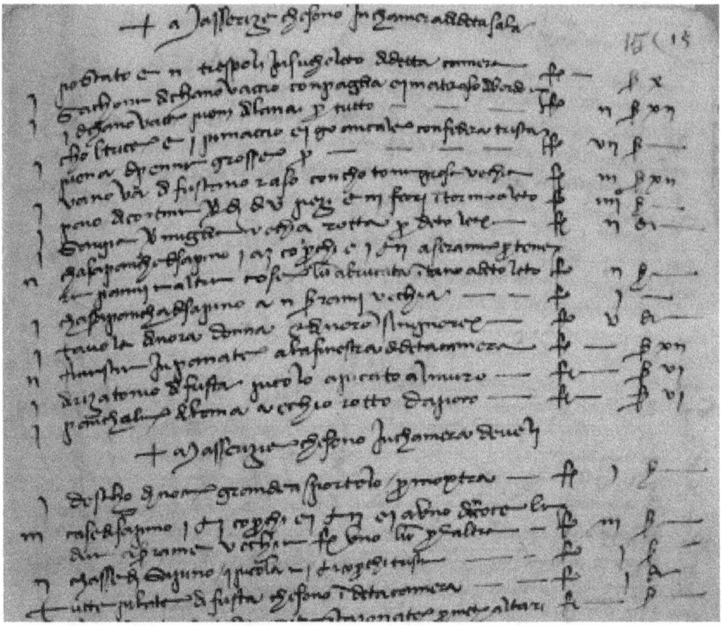

Figure 5 - Prato, AS. D. 1127, c. 15R. Photocopy part of pages of "Household goods of house and shop" (c. 14R–16V)

Table 6 – Analytical table of "Household goods of house and of shop" section

Page	Text	Account		Number of pages	Sum
		page	code		
14R	Masserizie che sono per lavorare in bottega (Household goods in our workshop)	14R(1)	D3.1	35	32.17.6
	Total		**1**	**35**	**32.17.6**
14V	Masserizie che sono nel fondacheto di detro a la botega (Household goods in the small warehouse behind the workshop)	14V(1)	D3.2	6	12.10.0
	Maserizie che sono in chamereta sopra la bottega (household goods in the small room above the workshop)	14V(2)	D3.3	9	20.8.0
	Masserizie che sono in chamera del'arnesi (household goods in the equipment room)	14V(3)	D3.4	4	19.8.0
	Maserizie che sono in sala dove si mangia (household goods in the dining room)	14V(4)	D3.5	7	5.17.0
	Total		**4**	**26**	**57.19.0**
15R	Masserizie che sono in chamera di deta sala (household goods in the room of the previous hall)	15R(1)	D3.6	12	28.10.0
	Masserizie che sono in chamera de' veli (household goods in the room of the veils)	15R(2)	D3.7	5	6.0.0
	Masserizie che sono in chamera de la servente (household goods in the room of the servant)	15R(3)	D3.8	10	12.22.0
	Total		**3**	**27**	**47.8.0**

15V	Lenzuola e tovaglie e lingerie e tovagliuole o mantelli (Sheets, tablecloths, towels, lingerie, robes)	15V(1)	D3.9	23	62.1.0
	Lenzuola e tovaglie e lingerie e tovagliuole o mantelli (Sheets, tablecloths, towels, lingerie, robes)	15V(2)	D3.10	6	15.20.0
	Total		**2**	**29**	**77.21.0**
16R	Di dette maserizie de chucina (household goods in the kitchen)	16R(1)	D3.11	23	12.12.0
	Maserizie che sono nella casa dove sta Tieri (household goods in the house where Tieri lives)	16R(2)	D3.12	2	3.0.0
	Maserizie sono nel fondaco soto deta casa (household goods in the warehouse under the previous house)	16R(3)	D3.13	4	3.19.0
	Total		**3**	**29**	**19.7.0**
16V	Merchandises that are into the cave of L…no (…)	16V(1)	D3.14	5	18.16.0
	Total		**1**	**5**	**18.16.0**
The sum of all the merchandise we have in our house and warehouse, as it can be seen in this notebook (Quaderno di ragonamento) from c. 14 to this page, 6 pages in total, is f. 253 s. 16 d 6 current money at s. 24 for florin			***13***	***151***	***253.16.6***

And so we read: "Francesco di Marco and Co. of the new account from 1 November 1401 on, ***must have*** at the said book at c. 46, f. 3960 s. 18 d. 7, they are for the profit made from 1st November 1401 to 31 December 1409, which are 8 years and 2 months, and they are for Francesco himself and Tommaso himself".

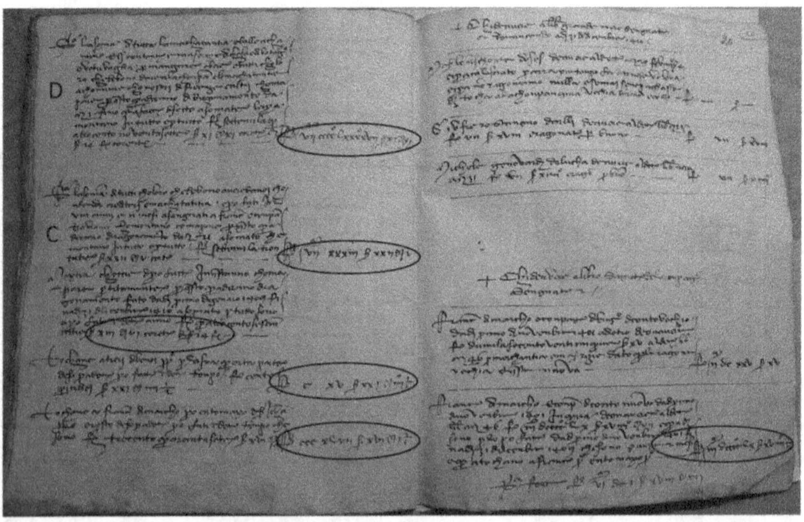

Figure 6 - Prato, AS. D. № 1127, c. 19V-20R

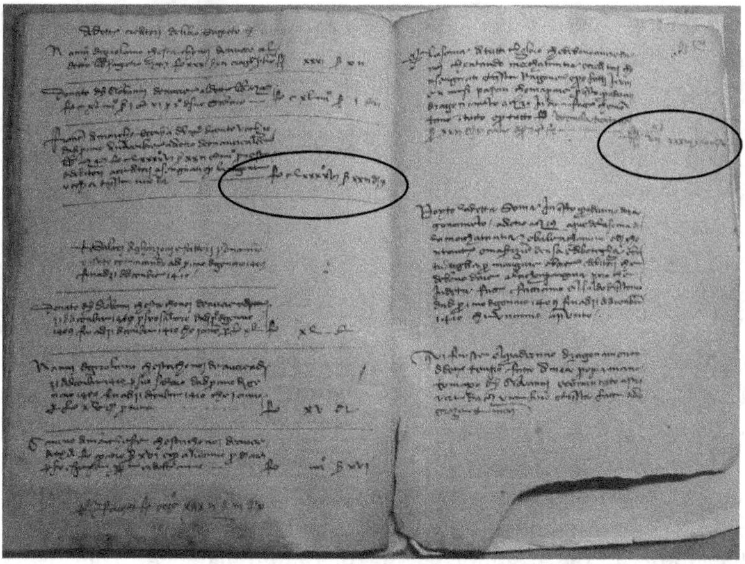

Figure 7 - Prato, AS. D. № 178/18, p. 20V–21R,
(the end of "Creditors" section)

The page 20R is concluded by the total calculated by Tommaso di ser Giovanni: "Sum of this page is f. 6601 s. 18 d. 7". We checked the total and it did not have any divergence and did not include the sum of f. 19 s. 4 related to Messer Visconte D'Osses.

The page 20V (Figure 8, left side) shows six last entries related to 11 creditors and goods suppliers, payables to whom were included into f. 7033 s. 22 d. 5 (the total of the section "Who ***must have***"). There is a headline for the first three entries: "The creditors of the Secret Book marked 2". Two of these entries are information which is probably taken from ordinal personal account with unpaid wages. The placement of these accounts in the Secret book and not in the Black Ledger is dictated by preservation of the commercial secret. During the Middle Ages the wages of the main owners, if they took an active participation in managing the company, the wages of partners, top managers and managers, their bonuses and the owners' rewards were always recorded in the Secret book.

In our case we read: "Nanni di Girolamo who stays with us ***must have*** at the said book at c. 47, f. 31 s. 12". And further: "Donato di see Giovanni ***must have*** at the said book at c. 47, f. 144 s. 1 d. 6 for balance of his wage".

Analyzing the next entry we can only regret that the Secret Ledger belonging to Datini's company in Avignon is lost and we will never have the opportunity to confirm our thoughts. In our opinion we deal here with an extract of the initially invested capital (*corpo*).

Here is the text: "Francesco di Marco and Co. of Burges of the old account from the past 1 of November at the said book at c. 47, f. 196 s. 22 d. 4 for the balance of the debtors and creditors from the old account to the new one". We understand the date "the previous 1 of November" not as a date of the somehow nearest previous period, but as a date of the last reorganization of the company in the past, that is the first of November 1401. It should be reminded that the analytical buildings of the company from 1392 are kept in Francesco Datini's archive in Prato.

The company's accountant and also Francesco Datini's partner on the Tuscan side (besides there are partners on the Bruges side) Tommaso di ser Giovanni led separate account of the invested (*corpo*) and reinvested capital (*sovraccorpo*). The owner's capital account, as any account of accounts payables (the common practice was to grant the receiver with the monetary credit or the credit against goods with the obligation to pay it back within the set period including the set bonuses; the owners gave the monetary means or means against goods without claiming it back but with the claim to pay bonuses upon the business results), shows the credit balance. When closing the accounts and transferring the balance into the new book the account is balanced by the debit sum, and in a new account of a new book it is recorded into the credit of the account as the incoming balance. Thus we see all features of the invested capital account which is kept unchanged since the date of the company's establishment or reorganizations.

Therefore, there are three entries in the Quaderno di Ragionamento which are directly related to the owners of the company:

– The sum of invested capital (*corpo*) – f. 196 s. 22 d. 4;

– The sum of reinvested capital (*sovraccorpo*) – f. 3960 s. 19 d. 7;

– The sum of accounts payable to the owners of the inner company (Francesco di Marco Datini and the partners from Bruges) acting as creditors or the suppliers of inventory – f. 2625 s. 15;

Three left creditors' entries, which were transferred from the Secret book, are combined in section "Wages of boys for the past year beginning from 1 of January 1409 to 31 of December 1410". Here we read:

– Donato di ser Giovanni ***must have*** 31 of December 1410 for his wage from 1of January 1409 to 31 of December 1410, which is a year, f. 40;

– Nanni di Girolamo who stays with us ***must have*** 31 of December 1410 for his wage from 1 of January 1409 to 31 of December 1410, which is a year, f. 15;

– Ganino di Marchese who stays with us ***must have*** f. 4 s. 16 for his expenses in the last year.

The page is completed by the calculated total: "The sum of this page f. 432 s. 3 d. 10". The concluding page of the analytical entries (Quaderno di ragionamento) page 21R (Figure 8, right side) consists of the total of all credit entries (except for divided and not withdrawn bonuses): "The sum of everybody who must have from us, considering the merchandises, creditors given to this account but made during the past 8 years and 2 months, as it can be seen in this Quaderno di Ragionamento at c. 20 in two pages which sum in total f 7033 s 22 d 5 at s 24 for florin". Further Tommaso di ser Giovanni writes: "The above mentioned sum is put in this Quaderno di ragionamento at c. 19 under the sum of the merchandise and the bales sent, and cash money and the furniture of the workshop, and the food and beverage, and debtors who ***must have*** to the partnership, and the balance from 1 of January 1409 to 31 of December 1410, which is a year".

Once again let's pay attention to the fact that Tommaso di ser Luca understands the period from 1 of January 1409 to 31 of December 1410 as the completed year. Besides, it is not clear why the accountant placed the date of January 1st 1410 on the synthetic balance. All these require further analysis, which undoubtedly will start with detailed studies of the Black Ledger, stock books and a Book of income and expenses. The Quaderno di Ragionamento ends with the words: "Here ends the Quaderno di Ragionamento, made by my own hand, Tommaso di ser Giovanni and began from c. 1 until this page. In God's grace".

2.3. The folio of financial result

Now about the most important page of the analytical balance – 19 V (Figure 7, left side), which should be identified as "Account of Financial Result".

And then he writes the following: "The above mentioned sum is put in this Quaderno di ragionamento at c. 19 under the sum of the merchandise and the bales sent, and cash money and the furniture of the workshop, and the food and beverage, and debtors who must have to the partnership, and the balance from 1st January 1409 to 31st December 1410, which is a year".

Section « They *must give* » ("Debtors")
1. Goods in house and in shop
2. Cash, in the main cash
3. Household goods of house and of shop
4. Provisions in house
5. 41 debtors and goods, jointly with others, to the Black Ledger and the Secret Ledger
Total « They *must give* »
Section of Financial Result
Total « **They *must give*** »
Total « **They *must have*** »
Profits or Losses for the accounting period
Section « They *must have* » ("Creditors")
1. They ***must have*** in the Black Ledger
2. They ***must have*** in the Secret Ledger:
2.1. "Corpo"
2.2. "Sovraccorpo"
2.3. Payable on salary
Total « They *must have* »

Figure 8 - Scheme of financial result drawing in the analytical notebook of F. Datini's company in Avignon (1410)

The latter will allow him on page 19V from the sum, what "they ***must give***" (total of "Debtors" section of the analytical and synthetic balances), to subtract "the sum of all who have from us" (the estimated value of "Creditors" section of the analytical balance). The target value is "Profit for the accounting period".

Thus, it can be concluded that the purpose of the earliest survived synthetic balance was not in the control function of the balance equation, but on the contrary the desired indicator was drawn up from the balance equation – profit for the accounting period. The scheme of financial result drawing is presented in Figure 8. In the given study, the methods of formation of the first synthetic balance and analytical notebook of financial result drawing, according to which the given balance was built, is considered. Obviously it is more correct to speak not of synthetic balance but of the balance of financial result drawing.

Let us pay attention to one important point. The State Archives of Prato keep analytical notebooks of financial result drawing starting from 1366. It is an interesting fact that the company learned how to keep analytical notebooks before the first book for cash accounting, Entrata e Uscita (1367), was opened.

We have studied every single analytical notebook for the period of 1366–1410. We should note that most of the archival materials are in good condition for studying. In particular cases, the Ledger or the Secret Ledger, or Entrata e Uscita are absent. The latter fact makes it difficult to reconcile the accounting data with analytical notebooks of financial result drawing.

It seems that up to 1382, while Francesco Datini was himself in Avignon, the accounting was done at a high level. And the quality of accounting was not reduced up to December 25, 1397, when Boninsegna di Matteo, the partner who carried out accounting, died. Up to the 31st of October 1401 the ownership structure was not changed and included the deceased. During this period the company went over from simple accounting (single) to the combined one, when one part of accounting data is formed by means of inventory, and the other part is formed on the accounts by double entry bookkeeping. This practice took place in 1410. November 1, 1401 Tommaso di ser Giovanni joined the company, and was responsible for the accounting, up to the closing the company. At this stage, in our opinion, we can have a claim on the knowledge of accounting rules (as compared to their predecessors), as well as on the reliability of accounting data, because there are differences between the data of accounting records and analytical notebooks.

Here it is appropriate to make a remark: the accountants of Datini's companies on the cusp of the 14th – the 15th centuries showed the profit for the accounting period in different ways: in Pisa it was distributed on the account of financial result and it was absent in the trial and report synthetic balances; in Barcelona it was shown in the report synthetic balance and then was distributed in the new Ledger, adding it to the owners' account; in

Avignon the profit for the accounting period and reinvested profit were recorded separately.

Thus, we can make a generalization concerning the first part of the study: medieval accountants, who did not use double-entry bookkeeping for drawing up financial equities, *did not compare capital at the end and the beginning of activities and preferred a slightly different algorithm.* They compared the indicators "All that they *have to give*" and "All that they *have to have*". Moreover the latter included invested and reinvested capitals as well as passive debts.

Here we should pay attention to the identity of algorithms for the calculation of financial result described in relation to Alberti's company and reproduced by us in relation to Datini's company in Avignon (1410). We should add that in both cases, the combined model dominated in the accounting systems of the companies. It involved the simultaneous use of indicators of property inventory and the application of double-entry method for accounting of capital flow and payment transactions with debtors and creditors.

3. JACQUES SAVARY'S RECOMMENDATIONS IN TERMS OF FINANCIAL RESULT CALCULATION

Now we can proceed to the second part of our research: to draw an analogy between the accounting practices of the beginning of the XVth century in Datini's company in Avignon and the theoretical calculations of J.P. Savary in 1675.

In the XVIIth century the French economy was on full decline. In 1673, with the aim of increasing the role of the state in economic life, strengthening the guarantee of public order and protecting the interests of creditors, and also for the evolution of trade and usury capital, as well as due to the growth of banking operations, there arose a need for special regulation of professional activities of merchants, bankers, brokers, etc. By order of Louis XIV the Royal Ordinance concerning trade was issued, which is known by the name of its originator as the "Code Savary".

Two years later, in 1675, Savary publishes his own work, "Le partait negociant" (The Perfect Merchant) (Savary), which will explain to merchants the main directions of the Ordinance. The difference between the requirements of the Code and the recommendations of the Commentary is in the fact that the former established statutory provision for bankruptcy prevention and elimination of real bankrupts from the market; the latter, besides statutes, satisfied management provisions - calculation of financial result.

Accordingly, the former was supposed only to take an inventory of assets and debts as well as building fictitious liquidation balance (in the first 6 months after the promulgation of the Code) and a periodical repetition of this procedure at least once every two years. The recommendations of the Commentary on the Code – a full-scale interpretation of the theory of balance varieties: different balances – for different purposes.

Consequently, three problems concerning inventory appear, for the solution of which Savary recommended to build balances:

– Preservation of owner's assets;

– Calculation of the financial results of management;

– Identification of assets status, i.e. determination of the sufficiency of the business assets to cover debts.

In "The Perfect Merchant" Savary acts as a true manager, "because this will make it easier to manage their affairs well, and make their trade successful and profitable" (Savary, 1993, p. 321). "...A merchant takes an inventory of his passets in order to know whether he has suffered loss or a made a profit *from the start of his business*, or from the time of the last inventory ..." (Ibid, p. 327). Savary was one of the first to raise a question concerning the appropriateness of accounting data application for management. For Savary the balance of capital investment efficiency (financial result) prevailed.

The balance of capital investment efficiency. In chapter 38 J. Savary explained the basics of inventory balance building to identify the financial result. In chapter 39 the real example of formation of inventory form and balances built on the basis of inventory is given. Due to the limited time we will only focus on the financial result balance.

On pages 331–346 "Le parfait negociant" (Savary) shows the "Inventory Form, which should be taken every two years in accordance with the Code in order to serve as an example for Merchants dealing with gold and silver fabrics and also silk, wollen cloth as well as to be the example to others merchants ..." (Ibid, p. 331) (Figure 9).

332 CHAP. XXXIX. *Formule d'Inventaire qui peut*

tion de l'Inventaire de deux aſſociez des meubles, & immeubles ; parce que leur ſocieté n'eſtant que pour le fait de la marchandiſe ſeulement, & non pas pour leurs meubles, & immeubles qui ne ſont point communs, il n'eſt point neceſſaire d'en faire mention dans l'intitulation de l'Inventaire, puis qu'ils n'y ſeront point écrits; & pour ſatisfaire à l'Ordonnance, j'eſtime que les aſſociez chacun endroit ſoy, doivent faire à part & ſeparément l'Inventaire de leurs meubles & immeubles, pour rendre compte de leurs actions à leurs creanciers, en cas de faillite, afin qu'ils puiſſent faire voir l'eſtat de leurs affaires, tant en general qu'en particulier au jour de l'Inventaire qu'ils ſont tenus de faire ſix mois aprés la publication de l'Ordonnance. La raiſon en eſt qu'ils ſont ſolidairement obligez envers les creanciers qu'ils auront faits, pour raiſon de leur ſocieté, ainſi leurs meubles, & immeubles y ſont ſolidairement obligez ſuivant l'Article ſixiéme du Titre quatriéme de ladite Ordonnance duquel il ſera parlé en ſon lieu.

Aprés l'intitulation l'on commencera l'inventaire de la maniere ſuivante.

Brocards & toiles d'or & d'argent de toutes ſortes.

N°					
1	Brocard, or & argent,	aun. 19.10.	aun. 35. ¼		
2	dit,	aun. 15.15.			
			à 30. l.	L 1057.	10.
3	dit d'argent,	aun 20.	à 25. l.	L 500.	
4	Toile d'argent blanche,	aun. 15.10.	aun. 38. 1. ſix.		
5	dit argent & bleu.	aun. 12.13.4			
			à 12 l.	L 338.	
6	Moyre or & vert,	aun. 14. 10.	aun. 27. ¾		
7	dit or & noir,	aun. 13. 5.			
			à 10. l.	L 277.	10.
8	Velours violet à fond d'or,	aun. 21.	aun. 36. ,		
9	dit à fond bleu,	aun. 15.13.4.			
			à 24. l.	L 880.	

Velours plains noirs, & couleurs de toutes ſortes.

10	Velours noir trois poils,	aun. 19.10.	aun. 33. ¼		
11	dit,	aun. 13.15.			
			à 19. l.	L 631.	15.
				L 3683.	15.

Figure 9 - Prato, AS. D. № 178/18.
The first sheet of the inventory form recommended by Savary

In the inventory form Savary in the first place describes professional assets, starting with goods for sale. After that follows "Active debts, either good, doubtful or bad, i.e. those named below who owe me" section. "Cash on hand" indicator comes the last. As we see, professional assets are located in the inventory in the following hierarchy: inventory, receivables, and cash. Unlike declared by L. Pacioli's location of assets according to the principle of decreasing probability of loss of assets, the implementation of the principle of increasing liquidity of assets is obvious, which was first described by A. Di Pietro.

The inventory form is completed by “Passive debts that I owe those listed below” section (L_1). This section includes the following items (Ibid, p. 346):

– Cash deposited;

– Under debts;

– For wholesale merchants as well as those working according to purchase ledger;

– For my commission merchants as well as domestic servants.

In the Commentaries on the Code *Savary considered inventory form as the basis* for balance building. The balance is treated as an integrated part of the inventory form, as the final stage when the results of the inventory are presented in the form of accounting statement, and is called “Balance de present inventaire” (Figure 10).

The balance formula is of the following form:

$$A_1^{Prof} = L_1 + Eq_0 \pm FR \ (1)$$

(Financial result ($\pm FR$) in this case will be calculated according to the formula:

$$\pm FR = A_1^{Prof} - (L_1 + Eq_0), \ (2)$$

Where:

A_1^{Prof} – professional assets (business stocks, calculated at cost price, active debts either good, doubtful or bad, that I lent, cash on hand;

L_1 – debts;

Eq_0 – the charter capital in accordance with the charter of our society on any given day.

The formula (2) indicates that Savary, in essence, repeats the method that was used by the accountant of Datini’s company in Avignon in the early XVth century. He subtracts from “the sum of what we ***have to be given***” “the sum what they ***have to have***” ($L_1 + Eq_0$). Here, as it was 265 years ago, the second sum includes equity capital and debts.

We should at once make a reservation that Jacques Savary’s method is focused on the accounting principle of the liquidation of the business, according to which the profit is distributed only after the closing of the company and the repayment of all debts. Consequently, such a business cannot have reinvested capital (accumulated profit). Even if the owner transfers all the profit or part of it to the new business, it will be considered as the originally invested capital in the new business. Savary’s balance of identifying financial result represents the interests of owners or management. The purpose of building such a balance – by means of financial result (profit or loss), is to see the efficiency of capital investments and to analyze the quality of management.

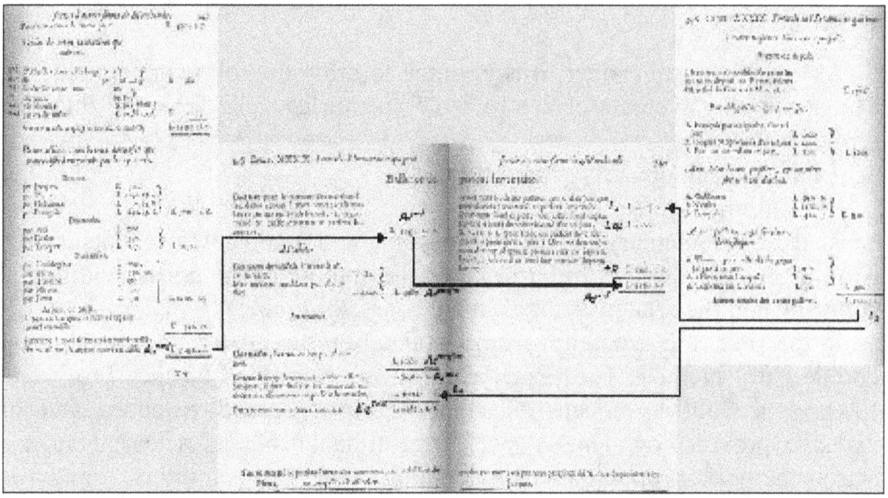

Figure 10. Formation of balances according to J.P. Savary (financial result and fictitious liquidation)

Consequently, such a balance should include only the assets involved in the formation of financial result, i.e. professional assets (A_1^{Prof}). Since when building the financial result balance (capital investment efficiency) there is no need to investigate the consequences of the facts of business life, leading to the real liquidation of a business and the sale of its assets to cover debts owed to creditors, and to the foreground comes the analysis of the efficiency of assets use, then there is no need for the assets valuation at the price of possible or actual sale. It is for this reason Savary proposes to keep a record of the assets in the historical assessment of the acquisition or creation of assets.

Consequently, such a balance should include only the assets involved in the formation of financial result, i.e. professional assets (A_1^{Prof}). Since when building the financial result balance (capital investment efficiency) there is no need to investigate the consequences of the facts of business life, leading to the real liquidation of a business and the sale of its assets to cover debts owed to creditors, and to the foreground comes the analysis of the efficiency of assets use, then there is no need for the assets valuation at the price of possible or actual sale. It is for this reason Savary proposes to keep a record of the assets in the historical assessment of the acquisition or creation of assets.

"The Balance of Inventory Form" occupies pages 348–349 in the book by J. Savary, and the final sheets of the form are on page 345 (with the total value of professional assets) and page 346 (with the total of debts).

Conclusion

As tackled in this paper, it is possible to draw the following conclusion. The accounting systems of the 14th –17th centuries can be divided into two types:

– Full-scale double-entry bookkeeping;

– Combined system of accounting, was used, "the book-keeping system consisted of elementary registers of payable and receivable accounts and of book inventories used in order to know the amount of the assets held by the company and the related changes in the course of time".

In the first case accounting is maintained on the bilateral accounts using double entry method. The financial result is determined on the "Profit and Losses" account by means of comparison of earned revenues and of expenses provided by them on special operational accounts. The trial balance acts as the peak of double-entry accounting, it serves as an information basis to inform users of the financial result (the "Profit and Losses" account in those days occupied several folios and was not copied, because the owners were not interested in the details, but in the overall financial result). With the combined accounting described in the examples in relation to Alberti's company (1302–1360) and Francesco Datini's company (1366–1410), for the calculation of financial result the data of property inventory were used, and the records concerning cash flow, accounts receivable and accounts payable and capital (invested and reinvested) were carried out on the accounts of the Ledger and the Secret Ledger by double-entry bookkeeping. However, it is difficult to agree with the highly respected scientists who stated that the given bookkeeping system "was used before the double-entry bookkeeping ...". In our opinion the system was applied not only "before", but also in parallel with the double-entry bookkeeping. The authors studied in detail nearly two dozen accounting systems of F. Datini's companies in Avignon since 1366. At the same time the company of 1410, the year of his death, was chosen as an illustration. By this time, another Datini's company (in Pisa) since 1392 had regularly showed financial result in "Profit and Losses" account. Since 1394 in the company the trial balance had been formed in the Ledger, which also served as the closing balance of the old Ledger and the opening balance of the new Ledger. In the accounting cycle of 1392-1394 the depreciation was charged twice (each year), the profit reserves were established, and the unused part of the reserve was added to the profit of the following accounting cycle before distribution. Since 1394 the company had sent the physically distant owner the post reporting in the form of the balance copies. Datini's companies in Barcelona and Majorca, which we studied, maintained records in a similar way. At the same time many other companies (including the new ones) applied the system approved in Avignon. Moreover, J.P. Savary in 1675 recommended that methodology of calculation of financial results, a method similar to that of Avignon.

The methods applied in the companies of Alberti and Datini had only one minor difference: in the former the total of “Who ***must have*** from us” was calculated in the first place, after that, the total of “We ***must have*** for us” (They ***must give*** to us) was calculated, and in the latter it was done vice versa. Further, the procedure of financial result calculation is the same and coincides with the procedure proposed by Savary.

The accountants of those centuries were not familiar with the requirements of the era of Johann Friedrich Cher, and did not resort to the calculation of equity capital at the end of the activity, but used simplified algorithms that were convenient for them.

REFERENCES

Adamo, S., Alexander, D. and Fasiello, R. (2016), *Time and accounting in the Middle ages* // 14th World Congress of Accounting Historians, Pescara, Italy URL:// http://www.wcah2016.org/papers/WCAH2016_paper_93.pdf.

Alberti, L.B. (1873), *Cena di Famiglia di L.B. Alberti Dedicata dal Nonno Mario Mori Ubaldini Alberti al Nipote Luigi Vivarelli Colonna nel Fausto Giornodelle Nozze di Lui con la Nobile Donzella Paolina Forteguerri*, Firenze,

Alfieri, V. (1891), *La partita doppia applicata alle scritture delle antiche aziende mercantili veneziane*. Torino: Paravia e Comp.

Antonelli, V, and Sargiacomo, M. (2015), *Alberto Ceccherelli (1885–1958): pioneer in the history of accounting practice and leader in international dissemination.* Accounting History Review, Vol. 25 No. 2, p. 121–144.

Bensa, E. (1928), *Francesco di Marco da Prato. Notizie, e documenti sulla mercatura italiana del secolo XIV,* Treves, Milano.

Besta, F. (1909), *La Ragioneria,* 2nd Edition (In 3 Volumes), Facsimile Reprint, 2007, Rome: Rirea.

Besta, F. (1910), *La Ragioneria*, vol. II, Vallardi, Milano.

Besta, F. (1916), *La Ragioneria*, vol. III, Vallardi, Milano.

Besta, F. (1922), *La ragioneria, seconda edizione riveduta ed ampliata col concorso dei professori Vittorio Alfieri, Carlo Ghidiglia, Pietro Rigobon. Parte prima.* Vol. III. Milano: Vallardi.

Ceccherelli, A. (1910), *Le scritture commerciali nelle antiche aziende fiorentine,* Firenze, R. Castrucci.

Ceccherelli, A. (1913), *I libri di mercatura della Banca Medici e l'applicazione della partita doppia a Firenze nel secolo decimoquarto*. Firenze: Bemporad.

Ceccherelli, A. (1939), *Il linguaggio dei bilanci. Formazione e interpretazione dei bilanci commerciali.* Firenze: Le Monnier).

Corsani, G. (1922), *I fondaci e i banchi di un mercante pratese del Trecento. Contributo alla storia della ragioneria e del commercio. Da lettere e documenti inediti*, La Tipografica, Prato.

Datini Francesco di Marco: the man the merchant, (2010), edited by Giampiero Nigro, Fondazione Istituto internazionale di storia economica F. Datini Prato, Firenze, Firenze University Press.

De Roover, R. (1956), *The development of accounting prior to Luca Pacioli according to the account-books of Medieval merchants, in* R. de. Roover,

Littleton, A.C. and Yamey, B.S. (Eds), *Studies in the History of Accounting*. London, pp. 114–174.
De Roover, R. (1955), New Perspectives on the History of Accounting, *The accounting review*, Vol. 30. No.3, pp. 405–420.
Del Lungo, I. (1897), *Francesco di Marco Datini mercante e benefattore, Giaclietti, Prato.*
Hyde, J, (1979), *Some uses of literacy in Venice and Florence*, Transactions of the Roy of Historic&Society. p. 115.
Goldthwaite, R. (1968), *Wealth in Renaissance Florenc,* Princeton: Princeton University Press.
Jouanique C. (1996), Three medieval merchants: Francesco di Marco Datini, Jacques Coeur and Benedetto Cotrugli, *Accounting, Business and Financial History,* No.6 Vol. 3, pp. 261–275.
Hoskin, K. and Macve, R. (1986), Accounting and the examination: a genealogy of disciplinary power, *Accounting, Organizations and Society*, Vol. 11 No. 2, pp. 105-136.
Hyde, J. (1979). *Some uses of literacy in Venice and Florence*, Transactions of the Roy of Historic & Society.
Littleton, A.C. and Yamey, B.S. (1956), *Studies in the History of Accounting*, Homewood: Richard D. Irwin Inc.
Livi, G. (1910), *Dall'Archivio di Francesco Datini mercante pratese*, F. Lumachi, Firenze.Lee, G.A. (1977), The coming of age of double entry: the Giovanni Farolfi ledger of 1299–1300, *The Accountings Historians Journal*, Vol. 4 No. 2, pp. 79–95.
Martinelli, A. (1974), *The Origination and evolution of double entry bookkeeping to 1440.* ProQuest Dissertations & Theses Global pg. n/a.Martinelli, A. (1977). Notes on the origin of double entry bookkeeping. *Abacus*, Vol. 13 No. 1, pp. 3–27.
Melis, F. (1950), *Storia della Ragioneria* (Bologna: Cesare Zuffi).
Melis Federigo (1954), *L'archivio di un mercante e banchiere trecentesco: Francesco di Marco Datini da Prato*, in "Moneta e Credito", VII.
Melis, F. (1962), *Aspetti della vita economica medievale* (studi nel'Archivio Datini di Prato), Siena.
Melis, F. (1972), *Documenti per la storia economica dei secoli XIII–XVI* (Firenze).
Melis, F. (1991), *L'azienda nel Medioevo*, a cura di Marco Spallanzani, Le Monnier, Firenze. Nicastro, S. (1914). *L'Archivio di Francesco di Francesco di Marco Datini in Prato*, Rocca Origo, I. (1958), *Francesco di Marco Datini* – il Mercante di Prato, 1335–1410, Milano, Bompiani.
Perrone, E. (1992), *Il linguaggio internazionale dei bilanci d'impresa,* Cedam, Padova.
Pezzoli, S. (1993), Breve storia dell'inventario fino a Luca Pacioli, in *Atti del Primo Convegno di Storia della Ragioneria*, Siena, 20-21 Dicembre 1991, pp. 51–57.
Sargiacomo, M.,S., Servalli, and Andrei. P. (2012), Fabio Besta: Accounting Thinker and Accounting History Pioneer, *Accounting History Review, Vol.* 22 No. 3, pp. 249–267.
Sapori, A. (1955), La Famiglia e le Compagnie degli Alberti del Giudice, Studi di Storia Economica Medievale, Secoli XIII, XIV, XV, 2 vols. Florence, II, 975–1012.Strieder J. (1905), *Die Inventar der Firma Fugger aus dem Jahre 1527,* Tubingen.

Savary, J. (1993), Le parfait négociant ou instruction générale pour ce qui regarde le commerce … et l'application des ordonnances chez Louis Billaire… ; avec le privilège du Roy. (Reproduction en fac similé de la 1ère édition par Klassiker der Nationalökonomie, Allemagne).

Schär, J.F. (1921), *Buchhaltung und Bilanz auf wirtschaftlicher, rechtlicher und mathematischer Grundlage für Juristen, Ingenieure, Kaufleute und Studierende der Privatwirtschaftslehre mit Anhängen über "Bilanzverschleierung" und "Teuerung Geldentwertung und Bilanz"*. 4th ed. Berlin: Springer.

Yamey, B.S. (1991), Bookeeping and Accounts, 1200–1800, in S. Cavaciocchi (a cura di), *L'impresa industria commercio banca secc. XIII-XVIII*, Le Monnier, Firenze, pp. 163–187.

Yamey, B.S. (1994), *Luca Pacioli. Exposition of double entry bookkeeping,* Venice, Albrizzi editore.

Une illustration de l'internationalisation des politiques comptables des entreprises françaises : l'adoption de principes comptables reconnus sur le plan international par PSA en 1980

Philippe Touron[1]

INTRODUCTION

L'adoption volontaire de principes comptables reconnus sur le plan international a souvent été reliée à la nécessité de répondre aux pressions des investisseurs (Radebaugh et al., 1995). Pourtant, plusieurs enquêtes réalisées en Amérique du nord et en Europe auprès des managers sont peu conclusives (Choi et Levich, 1990 ; Choi et Mueller, 1993 ; Glaum et Mandler, 1996 ; Glaum et Mandler, 2000). A cet égard, Choi et Levich (1990) concluaient en expliquant que « La demande pour les normes comptables internationales ne semble pas émaner du monde des entreprises ». Théoriquement, la théorie de l'agence sert de cadre aux études qui tentent d'expliciter l'adoption des normes internationales (Dumontier et Raffournier, 1998 ; El-Gazzar et al., 1999 ; Murphy, 1999). Pourtant, les variables de l'agence (actionnariat, endettement, etc.) ne sont pas statistiquement validées tandis que les variables institutionnelles (auditeur, lieu de cotation, part des ventes à l'étranger) le sont. Autrement dit, ces dernières ont un rôle moteur comme le montrent les quelques études de cas menées sur ce thème en faisant ressortir le rôle prépondérant des évolutions des environnements légaux, réglementaires et professionnels (Radebaugh et al., 1995 ; Narayanaswamy, 1996 ; Monsen et Wallace, 1997). L'adoption des normes alternatives ne serait pas une réponse à un impératif de gestion de l'entreprise, mais plutôt un choix fait en réponse à une demande de tiers ou bien le résultat d'une soumission à une contrainte externe. De ce fait, la théorie néo-institutionnelle pourrait constituer un cadre d'analyse complémentaire (DiMaggio et Powell, 1983 ; Touron, 2005 ; Chua et Taylor, 2008 ; Guerreiro et al., 2012). L'objectif de ce chapitre est d'identifier les conditions préalables et les déterminants de l'adoption des principes comptables reconnus sur le plan international.

[1] Professeur à l'Université Panthéon-Sorbonne.

L'étude d'un cas historique, l'adoption des normes comptables internationalement reconnues par PSA en 1980, permet d'identifier dans quelle mesure les variables de la théorie de l'agence et celles issues de la théorie néo-institutionnelle peuvent se combiner pour affiner l'explication de l'adoption de principes comptables reconnus sur le plan international.

Les modalités d'adoption de principes comptables reconnus sur le plan international par PSA en 1980.

Les dirigeants de PSA font référence à des principes comptables reconnus sur le plan international pour les comptes clôturés fin 1980, donc publié début 1981. Les évolutions de la politique comptable vont cependant s'étaler sur plusieurs années : « Les états financiers des sociétés du groupe…afin d'être mis en harmonie avec les principes comptables généralement admis sur le plan international. et qui sont essentiellement ceux décrits dans les paragraphes 1 a à 1 i ci-dessous à l'exception de ceux appliqués en matière de retraites complémentaires et d'indemnités de départ (note 1g) et de frais de développement (note 1i) » (…). Les comptes de 1979 sont retraités, l'incidence est une diminution de 536 KF de la situation nette soit 4 %. » (Rapport annuel, 1980, p.11). Les comptes de 1979 sont retraités de façon rétroactive. De plus, toute référence aux règles françaises disparaît. La conversion des états financiers se fait aux taux courants et non pas aux taux historiques et les prestations de retraites ne sont pas provisionnées. En ce qui concerne la conversion, il s'agit d'une adoption par anticipation « Le groupe a décidé d'adopter pour la présentation de ses comptes consolidés, le projet de méthode le plus récent élaboré au niveau des principes généralement admis sur le plan international, pour la conversion des éléments exprimés en devises étrangères. Cette méthode, qui reste actuellement au stade de projet, et ne peut donc être considérée comme un principe comptable généralement admis, est celle du taux courant. » (Rapport annuel, Peugeot 1980, p.12, note i.). On constate un enrichissement très net de l'information sectorielle.

L'apparition d'un compte de résultat par fonction (Rapport annuel, 1980, p.8). Jusqu'en 1979, le compte de résultat était présenté par nature en faisant ressortir le chiffre d'affaires, la variation de stocks de produits, les achats, la variation de stocks de matières, les autres charges (transport, travaux, loyers…) et les frais de personnel. Des soldes intermédiaires de gestion comme la valeur ajoutée et la marge brute d'autofinancement (MBA) ressortaient également explicitement au sein du compte de résultat. À partir de 1980, le compte de résultat est présenté par fonctions et un résultat par action, en l'espèce une perte, apparaît au pied du bilan comme le montre l'annexe 1.

La référence aux normes alternatives est assez générale les deux premières années, puisque c'est l'expression générique qui est utilisée. Aucun normalisateur n'apparaît de façon explicite dans les états financiers. En 1979, les changements concernant le bilan sont moins prononcés que pour le compte de résultat et ceux-ci s'étalent dans le temps. Aussi, avons-nous repris en Annexe 2 le bilan de 1982 qui incorpore tous les changements. Dès 1980, on passe d'une présentation horizontale à une présentation verticale. Le changement le plus remarquable concerne les intérêts minoritaires qui étaient inclus dans la situation nette et qui, dorénavant constituent un poste intermédiaire entre les capitaux propres, toujours nommés « situation nette » et les dettes. Paradoxalement, les immobilisations incorporelles incluent les écarts d'acquisitions. Ces derniers figurent en « autres valeurs immobilisées » à l'actif. En 1979, les écarts d'acquisitions apparaissaient sur une ligne spécifique. Les rubriques du bilan évoluent assez peu mais une présentation verticale (en liste) se substitue à la présentation horizontale. Les changements sont nombreux : le compte de résultat auparavant présenté par nature est dorénavant présenté par fonctions, un tableau « Évolution des réserves consolidées » apparaît. Bien que certaines pratiques internationales ne soient pas appliquées, l'adoption n'est pas uniquement de façade, l'objectif étant de disposer d'un instrument homogène pour le groupe.

Ensuite, à partir de 1982 il est indiqué que les principes appliqués depuis 1979 sont les principes reconnus aux États-Unis. Les états financiers 1982, ont été établis par application de méthodes comptables qui diffèrent sur certains points, de celles qui ont été utilisées précédemment. Une partie des charges de développement et de lancement qui « ne trouve encore que très partiellement leur contrepartie dans l'abaissement des prix de revient et l'augmentation des ventes qui sont attendues » est activée. La justification comporte une référence explicite à la norme américaine : « En ce qui concerne les frais d'étude et de développement seuls ceux qui portent sur l'amélioration des produits existants ont été comptabilisés en actifs immobilisées, à la différence des frais liés aux produits nouveaux pour lesquels les normes américaines prévoient expressément qu'ils doivent être comptabilisés directement en charge. » Cette position, à l'instar du rapport des auditeurs qui est très prolixe sur ce point, est en contradiction avec celle retenue dans les notes annexes qui spécifie que les pratiques sont contraires aux normes américaines :

Frais de développement. Á partir du premier janvier 1982, les coûts des études menées pour améliorer et développer les produits existants sont capitalisés et amortis de façon linéaire sur cinq années. Les autres frais de recherche et développement sont passés en charges dans l'exercice au cours duquel ils sont encourus. Ces frais se sont élevés à 1 456 millions de francs en 1982 et à 1925 millions de francs en 1981.

Frais de lancement. Pour les lancements de nouveaux produits à partir du 1er janvier 1982, les frais de pré-exploitation liés à la formation du personnel et à la mise au point des nouvelles chaînes et les coûts anormaux de production, amortissements exclus, constatées pendant la période de montée en cadence sont capitalisés et amortis de façon linéaire sur une période de 5 ans.

Logiciels informatiques. À partir du 1er janvier 1982 les coûts des logiciels informatiques achetés aux tiers et développés par le groupe lui-même sont immobilisés et amortis sur une période de trois ans. » (Rapport annuel, 1982, p.10 c.1). Les évolutions de la politique comptable s'étalent de 1980 à 1982. Les ajustements de la politique comptable correspondent à trois années de pertes comme l'indique le tableau en annexe 3. Les dirigeants adoptent probablement une politique opportuniste de gestion des résultats à la hausse en 1982 afin de minimiser les pertes.

1. UNE EXPLICATION PAR LE BIAIS DE LA THÉORIE DE L'AGENCE

Dans un premier temps, nous évaluons le rôle des coûts d'agence du capital en insistant sur trois faits : la nécessité de maîtriser l'organisation, l'augmentation de capital au profit d'un actionnaire américain et la volonté apparente d'internationaliser le capital. Dans un second temps, nous évaluons le rôle des coûts d'agence de la dette en analysant le niveau d'endettement puis l'internationalisation de la dette.

1.1. Coûts d'agence du capital

1.1.1. La maîtrise de l'organisation

Le groupe est contrôlé par la famille Peugeot. Une part significative du capital est détenue par le public puisque plus de 40 % des actions sont en circulation. Le groupe doit donc être considéré comme une entreprise managériale au sein de laquelle les coûts d'agence sont importants (Fama et Jensen, 1980). À cet égard, la qualité des informations financières et les impératifs de gestion au niveau du groupe ressortent comme étant les raisons officielles de l'adoption des normes internationales. L'utilisation d'un système de reporting homogène est un gage de fiabilité des informations qui remontent au siège avant d'être communiqués aux actionnaires. Cette homogénéisation des principes comptables qui accompagne la séparation de la décision et du contrôle à l'intérieur du groupe est un mécanisme de réduction des coûts d'agence (Fama et Jensen, 1983). Il semble donc que l'adoption de normes comptables alternatives par Peugeot en 1980 ait été l'occasion de renforcer le rôle de la comptabilité dans la gestion du groupe. « La décision de changer de principes comptables, qui était à l'étude depuis déjà un certain temps, a été inspirée par diverses considérations, dont les principales sont les suivantes : la première est le souci d'harmoniser les états financiers de toutes les sociétés consolidées du groupe situées dans les différents pays, et dont les comptes et bilans sociaux sont naturellement adaptés aux règles et habitudes locales ; l'adoption des principes comptables généralement admis sur le plan international a été l'occasion de définir des règles communes d'établissement des états financiers, notamment pour la détermination des résultats. En second lieu, la mise en application de ces principes nécessitant des contrôles renforcés et coordonnés, apporte une garantie d'homogénéité et de meilleure qualité des informations financières et de gestion au niveau du groupe » (Rapport annuel Peugeot, 1980, p.3). La comptabilité est alors utilisée en tant qu'instrument d'homogénéisation des pratiques dans le groupe. La structure des coûts d'agence évolue avant et après 1980.

1.1.2. Augmentation de capital en faveur des actionnaires américains

En 1978, soit deux années avant l'adoption, Peugeot s'est associé indirectement au constructeur automobile américain Chrysler. Une augmentation de capital a eu lieu ; les titres ainsi créés ont été distribués au groupe américain en rémunération d'un apport partiel d'actifs. Pratiquement, l'apport effectué par Chrysler Corporation doit être rémunéré par l'attribution de 1 800 000 actions nouvelles PSA Peugeot-Citroën créées à titre d'augmentation de capital. Ainsi, l'absorption de la branche européenne du groupe automobile américain a des effets sur la structure de contrôle de Peugeot. En effet, cette opération entraîne une dilution pour les anciens actionnaires. Donc, l'alliance s'est traduite par l'arrivée en force de Chrysler qui, après la famille Peugeot, devient le deuxième actionnaire. Le tableau 1 ci-dessous décompose l'actionnariat du groupe en comparant la situation avant et après l'apport de Chrysler.

Tableau 1 : Les effets sur l'actionnariat de l'apport de Chrysler

	Avant apport de Chrysler Corporation		Après apport de Chrysler Corporation	
	Avant dilution	Après dilution	Avant dilution	Après dilution
Sociétés de la famille Peugeot	46,9 %	40,99 %	39,66 %	35,35 %
Groupe Michelin	8,12 %	10,20 %	6,87 %	8,80 %
Chrysler Corporation	Non	Non	15,43 %	13,76 %
Autres actionnaires	44,98 %	48,61 %	38,04 %	42,09 %
Total	100 %	100 %	100 %	100 %
Nombre d'actions	9 862 389	11 284 944	11 662 389	13 084 944

Source : document d'information des actionnaires, 1978, page 26

Le tableau 1 ci-dessus montre que l'actionnaire américain nouvellement arrivé devient un actionnaire de référence. Toutefois, le conflit d'agence engendré par la montée en puissance de Chrysler a été résolu non pas en s'appuyant sur les systèmes comptables mais d'abord par le biais des organes de contrôle de la société. En effet, Monsieur Riccardo, le directeur opérationnel de Chrysler, entre au Conseil de surveillance du Groupe PSA. Ainsi, la comptabilité, est, en tant que mécanisme de contrôle, reléguée à un rang secondaire. Le fait de siéger au Conseil d'administration peut être considéré comme un mécanisme de contrôle alternatif à la comptabilité, utilisé pour réduire les coûts d'agence.

1.1.3. Une volonté d'internationalisation du capital

Les dirigeants considèrent qu'en adoptant de tels principes, les utilisateurs des états financiers vont plus facilement accéder aux informations sur le groupe. Ainsi, il est rappelé dans le rapport annuel que : « ces principes ouvrent la possibilité d'accéder plus facilement, à terme, à certains marchés financiers étrangers » (Rapport annuel de Peugeot, 1980, p.3). Le but de l'adoption de normes alternatives est d'accéder à de nouvelles sources de financements. Elle peut donc être interprétée comme un signal envoyé aux futurs actionnaires étrangers. Les dirigeants ont adopté les normes comptables internationales d'abord dans un souci de structuration du groupe sur le plan interne mais également pour se signaler aux investisseurs étrangers. En revanche, le problème d'agence avec les actionnaires américains ne semble pas résolu par le biais de la comptabilité.

1.2. Coûts d'agence de la dette

1.2.1. Le niveau de l'endettement

Concernant l'évolution de l'endettement en général, les données sont les suivantes. Avant l'adoption, les dettes à moyen et long terme figurant dans le bilan ne représentent jamais plus de 60 % de la situation nette. Un emprunt obligataire rémunéré à 9,75 % d'un montant de 175 millions de francs est contracté le 1er février 1979. Après un bond à 75 % l'année de l'adoption, le ratio d'endettement se détériore considérablement. Les trois années suivantes, la proportion entre les dettes et les capitaux propres atteint respectivement 106 %, 175 % et 250 %.

1.2.2. La part relative de l'endettement en devises

En 1978, les dirigeants de la société prévoyaient d'émettre des emprunts en devises. D'abord, des demandes d'autorisation d'emprunt importantes sont faites auprès du Conseil d'Administration du Groupe : « Bien que PSA Peugeot-Citroën n'aît plus aujourd'hui de dette libellée en devises étrangères et qu'aucune émission d'obligations du type de celle qui a été effectuée l'année dernière ne soit actuellement prévue, il a paru opportun de demander à la présente Assemblée générale de porter à huit cent millions de francs les possibilités d'emprunt ouvertes au Directoire comme de renouveler par anticipation la période pendant laquelle ces possibilités seront ouvertes. » (Rapport de gestion, 1979, p. 50, c.2.). Cela est la preuve d'une volonté manifeste d'endettement. À cet effet, ils ont négocié des contrats cadres avec les banques. « Au début de 1978, nous avions signé avec un syndicat international de banques de premier rang, un accord pour l'ouverture d'une ligne de crédit confirmé multidevises de type stand-by, d'un montant de 200 millions de dollars, au profit de notre société et des principales filiales de celle-ci. L'une de ces dernières, a eu recours à cette ligne de crédit pour financer le prêt de 100 millions de dollars qu'elle a consenti à cette époque à la société américaine Chrysler Corporation, dans le cadre d'un protocole de coopération commerciale et industrielle intervenu entre cette société et notre groupe. Comme les possibilités d'utilisation de la ligne de crédit se trouvaient ainsi réduites à 100 millions de dollars, nous avons ouvert au premier semestre 1980 de nouvelles négociations en vue de porter le montant total de cette ligne à 400 millions de dollars, sur lesquels par conséquent, 300 millions de dollars restent disponibles pour d'autres tirages éventuels. Ces négociations ont abouti le 25 juillet 1980 à un accord qui se substitue à celui de février 1978 et qui nous a en outre permis d'améliorer les conditions précédemment obtenues. » (Rapport de gestion, 1980, p. 44).

Le tableau 2 ci-dessous fournit la répartition de l'endettement dans les différentes monnaies, respectivement en francs, en livres sterling, et en dollars américains. Une ligne séparée inclut les autres devises.

Tableau 2 : Répartition de l'endettement de Peugeot dans les différentes monnaies (en % des dettes)

Devises	1979	1980	1981	1982	1983
Francs français	81,82	77,76	59,07	58,39	58,90
Livres Sterling	9,82	14,21	19,97	9,53	13,93
Dollars américains	0,00	0,23	7,22	16,25	10,56
Autres devises	8,35	7,80	13,74	15,83	16,62

Source : analyse financière annexe, page 62

L'endettement en devises représente près de 40 % du total des dettes libellées en francs dès 1981. Sa part relative par rapport au total des dettes qui était légèrement supérieure à 20 % les deux années précédentes s'accroît fortement. Le dollar et la livre sterling sont les deux devises, mis à part le franc, les plus importantes. L'endettement en livres Sterling s'explique par l'émission, en août 1980, d'un emprunt obligataire pour un montant de 22,5 millions de livres sterling. Les emprunts libellés dans ces devises représentent environ un quart de l'endettement de 1981 à 1983. Un tel chiffre suffit à justifier l'adoption de normes alternatives. L'année de l'adoption, la part en francs français est encore de plus de 75 % et elle tombe à moins de 60 % l'année suivante. L'hypothèse d'une adoption justifiée par les coûts d'agence de la dette est largement corroborée dès lors que l'on se place dans une logique d'anticipation. Le ratio d'endettement se dégrade fortement à partir de 1980. Parallèlement, la part des devises étrangères (essentiellement livres sterling) augmente fortement après 1980.

En conclusion, l'adoption répond à un souci d'harmonisation des principes comptables au sein du groupe et vise donc à diminuer les coûts d'agence liés à la complexité de la structure organisationnelle. En outre, les dirigeants y voient un moyen pour se signaler aux éventuels bailleurs de fonds, tant les actionnaires que les créanciers.

2. Une explication par la théorie néo-institutionnelle

Dans un premier temps, nous évaluons respectivement l'isomorphisme coercitif, mimétique puis normatif.

2.1. Isomorphisme coercitif : émergence d'une source européenne en matière comptable

La fin de la décennie 1970 correspond à une période pendant laquelle le nombre de textes traitant de la consolidation des comptes se multiplie. La France révise le corpus existant et la Communauté européenne publie une directive comptable applicable aux comptes sociaux et un projet de directive pour l'élaboration des comptes consolidés.

2.1.1. Règlement français peu contraignant

En France, le Conseil national de la comptabilité a publié en 1978 une révision des règles édictées en 1968 afin de les ajuster aux évolutions les plus récentes aux niveaux européen et international. Toutefois, cette révision restera à l'état de projet et ne sera jamais entérinée en tant que règlement. Les actions du groupe ne sont pas cotées à l'étranger mais uniquement en France, ainsi seule la Commission des opérations de Bourse peut imposer des règles. Les organismes boursiers étrangers n'ont aucune incidence sur les choix des dirigeants. Initialement, les comptes de groupe des entreprises cotées étaient établis en référence aux recommandations publiées par le Conseil national de la comptabilité. Les entreprises doivent suivre la recommandation du Conseil national de la comptabilité (COB, 1970). Depuis 1976, la COB souhaite que les dirigeants des sociétés dans lesquelles certaines pratiques comptables seraient en discordance avec une norme de l'IASC examinent, dans un esprit positif, toutes les possibilités de mise en harmonie ou de réduction des discordances (Bulletin COB, n° 7, février 1976, p. 9). Les pratiques et les principes internationaux sont donc avalisés par les autorités boursières françaises.

2.1.2. Référentiel européen émergent

Parallèlement, nous assistons à l'émergence d'un cadre de régulation comptable au niveau européen. La Communauté européenne publie un projet de directive pour les comptes consolidés en 1978. Le tableau 3 ci-après retrace les étapes qui aboutissent au projet de 7e directive publié en 1978. Les dirigeants du groupe ont intégré certaines pratiques entérinées au niveau européen dès 1979 : « En second lieu, les sociétés du groupe dont l'activité est bancaire ou purement financière ont été consolidées en 1979 par mise en équivalence, alors que dans la mesure du moins où le contrôle exercé sur le capital était supérieur à 50 %, elles l'étaient par intégration globale. Ce changement de méthode inspiré par les travaux préparatoires de la 7ème Directive européenne, relative aux comptes de groupe était en tout état de cause indispensable dès 1979 pour les participations détenues dans le capital des filiales françaises… » (Rapport annuel 1979, p.38)

Tableau 3 : Les différents textes européens relatifs aux les comptes consolidés

1965	Aktiengesetz
1970	Mémorandum sur les comptes consolidés, établis par des experts-comptables et présidé par un professeur allemand (XVI/533/71)
1971	Publication du mémorandum avec le premier projet de quatrième directive concernant les comptes consolidés
1973	Note de la commission sur la consolidation (XI/669/73)
1974	Commentaire du groupe d'études sur la note de la commission (GEEC 6 - 6DSA 6 –17774)
1976	Premier projet de septième directive (Bulletin of the European Communities, Supplément 9/76)
1977	Commentaire du projet de septième Directive par le comité économique et social (Official Journal of the European Communities, 75, 26.3.1977)
1978	Commentaire du Parlement européen sur la septième directive
1978	Second projet de septième directive (COM (78) 703 Final, publié en janvier 1979)

Ainsi, plusieurs sources liées plus ou moins avec l'État (OCDE, Communauté européenne, CNC et COB) produisent des règles encadrant l'adoption de normes alternatives. Pourtant, ces règles ne sont pas légales, elles ne semblent pas avoir joué un rôle déterminant dans le cas précis d'adoption des normes internationales.

2.2. Isomorphisme mimétique

2.2.1. PSA est une multinationale

Le groupe PSA est international. Au niveau européen, PSA produit environ 20 % des véhicules, il est de dimension comparable à Renault et à Fiat (Annexe 4). Il a acquis une part d'une société américaine deux années auparavant. Cette acquisition portant uniquement sur les activités européennes de Chrysler, la localisation du chiffre d'affaires n'évolue alors pas. Néanmoins, le groupe est déjà fortement internationalisé en 1979 puisque plus de 60 % des ventes sont destinées à l'étranger. Or, Zarzeski

(1996) a montré que les entreprises avec des ventes localisées à l'étranger diffusaient plus d'informations. Le tableau 4 ci-après montre qu'il y a même un recentrage sur la France à partir de 1981. Le groupe reste pourtant un groupe très international puisque la moitié de ses ventes se fait à destination de l'étranger (voir CA ajusté dans le tableau ci-après).

Tableau 4 : Localisation du chiffre d'affaires (par zones géographiques) en %

	1979	1980	1981	1982
CA France ajusté (*)	38,4	36,8	48,1	51,2
CA étranger ajusté (*)	61,6	63,2	51,9	48,8
CA France	69,2	66,2	74,0	75,2
CA étranger	30,8	33,8	26,0	24,8
Grande-Bretagne	7,7	8,6	5,6	4,8
Espagne	7,2	8,3	6,3	6,2
Autres pays d'Europe	14,9	15,5	12,2	12,3
Autres pays	1,0	1,4	1,9	1,6

(*) L'ajustement a consisté à affecter les ventes facturées de France vers l'étranger sur le secteur étranger

2.2.2. Des principes privilégiés par les multinationales

Les dirigeants justifient explicitement leur choix en indiquant que les normes alternatives auxquelles ils font référence sont de plus en plus utilisées par les multinationales. Ainsi, l'adoption permet de faire comme les autres groupes mondiaux. « Ce changement de méthode a été inspiré par plusieurs considérations, [...] et de présenter des états financiers comparables à ceux des autres groupes mondiaux qui, de plus en plus nombreux, appliquent ces principes » (Rapport annuel 1980, p.9). Les dirigeants ont adopté les principes comptables qui sont ceux généralement utilisés par les autres multinationales, américaines notamment. Ils espèrent ainsi que le groupe sera comparable aux groupes de dimension mondiale. Ce résultat est conforme à la littérature qui empiriquement indique le rôle prépondérant du secteur (Neu, 1992). Les normes alternatives sont adoptées non pas en raison de leurs qualités techniques intrinsèques mais d'abord parce que ce sont celles utilisées par les entreprises multinationales, autrement dit, par mimétisme.

2.3. Isomorphisme normatif

2.3.1. Concurrence entre les référentiels du FASB et de l'IASC

À partir de 1980, les référentiels alternatifs se renforcent, l'IASC et le FASB publient plusieurs normes. En 1978, les deux référentiels sur lesquels les professionnels peuvent s'appuyer sont l'objet d'innovations normatives importantes. D'abord, l'activité normative de l'IASC est non négligeable. Le référentiel international développé sous l'égide des professionnels commence à devenir crédible. Les normes internationales se développent régulièrement entre 1973 et 1984. Les deux graphiques ci-après indiquent respectivement, en termes quantitatifs, les projets de normes, les normes publiées et les normes applicables, c'est-à-dire effectives. Ainsi, à la fin de 1979, soit cinq années après sa création, l'IASC a lancé quatorze projets de normes qui ont donné lieu à la publication de treize normes. Trois ans plus tard, à la fin de 1982, l'IASC peut mettre à son actif, vingt-quatre projets de normes dont dix-huit ont été publiées, treize normes étant d'application effective. La logique sous-jacente de ces normes construites selon une logique assez éloignée de l'approche juridique prévalant pour établir les comptes sociaux, ces normes constituent une rupture par rapport aux principes comptables français. Cependant, certains sujets, pourtant pertinents en termes d'information à destination des investisseurs, ne sont toujours encore pas couverts par les normes édictées par l'IASC. Par exemple, la norme sur l'information sectorielle n'existait pas encore dans le cadre de l'IASC.

Graphiques 1&2 : Activité normative de l'IASC et du FASB

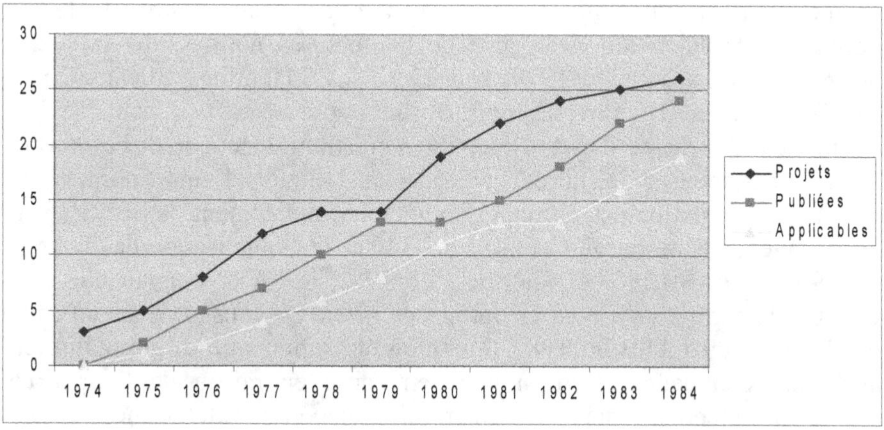

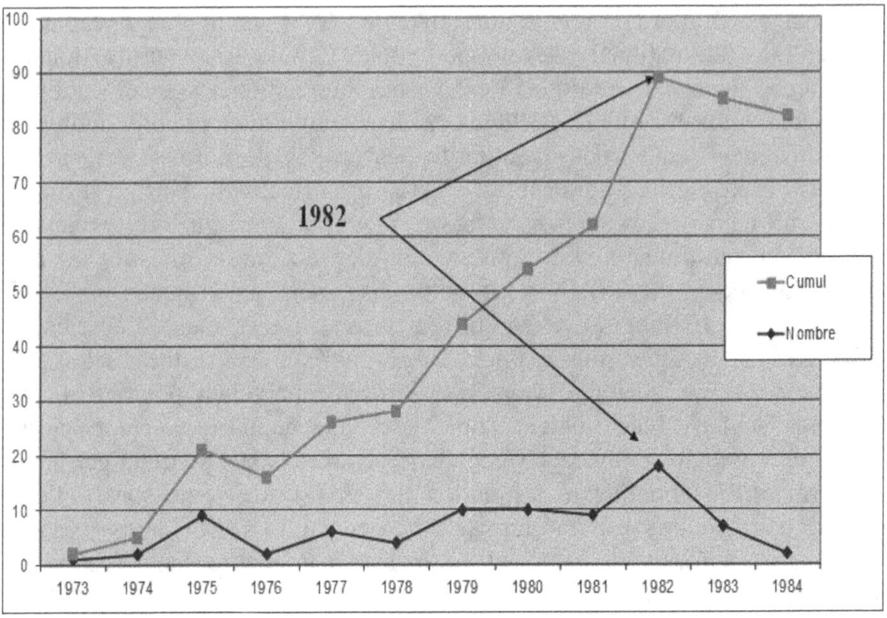

L'activité normative du normalisateur américain, le FASB reste, pour les cabinets d'audit internationaux, une source de doctrine importante. Le normalisateur américain développe de nombreuses normes, dix nouvelles normes voient le jour en 1979, soit 29 % des 34 normes édictées par le FASB. De même, 10 nouvelles normes sont publiées en 1980, soit 23 % des 44 normes édictées par le FASB depuis sa création. Beaucoup de ces normes amendent et précisent les normes précédentes, toutefois d'autres normes sont porteuses d'évolution des pratiques comptables, notamment, la SFAS 35 sur les engagements de retraite et la SFAS 34 sur la capitalisation des intérêts. En 1981, le FASB publie 9 normes. En 1982, le FASB connaît une sorte « d'apogée normative » avec 18 normes publiées. On constate donc un envol de l'activité du FASB en 1982. Toutefois, la suprématie du normalisateur américain commence à être remise en cause en raison de l'apparition d'organismes concurrents sur le champ de l'élaboration de normes admises sur le plan international. Toutefois, sa légitimité n'est pas encore menacée. Finalement, les professionnels disposent de deux cadres complémentaires susceptibles d'être considérés comme internationaux mais techniquement, les normes américaines restent les plus complètes. Sans doute est-ce pourquoi les dirigeants de PSA rappellent explicitement leur attachement aux normes américaines en 1982. « Compte tenu de sa diversité, le groupe a choisi de présenter ses états financiers consolidés selon les principes comptables généralement admis aux États-Unis d'Amérique qui lui paraissent les mieux adaptés au contexte international de ses activités, à l'exception…Ces principes…sont par ailleurs conforment aux principes comptables retenus par l'IASC et aux directives approuvées par le conseil de la CEE. » (RA 1984, p.9). Ce besoin d'expliciter plus précisément à quelles normes correspond le référentiel international peut être interprété de la façon suivante : en 1980, les principes comptables reconnus sur le plan international correspondaient implicitement aux normes américaines. En 1982, on assiste à la montée en puissance de normalisateurs qui entrent en concurrence avec le normalisateur américain : le référentiel européen avec l'élaboration de directives comptables (la 4e directive et la 7e directive) et le référentiel international conçu par l'IASC. En conséquence, le consensus sur ce qu'est un référentiel international disparaissant, il devient nécessaire de clarifier les choses pour les dirigeants. C'est pour cette raison qu'ils explicitent leur position en 1982.

2.3.2. Certification internationale

L'adoption de principes comptables reconnus sur le plan international coïncide avec l'arrivée de Coopers & Lybrand. En effet, la vérification des comptes de 1980 pour PSA est marquée par l'arrivée du cabinet Coopers & Lybrand en tant qu'auditeur. À côté des commissaires aux comptes français qui certifiaient les comptes élaborés en suivant les règles édictées par le CNC depuis 1976 apparaît donc un auditeur international. Le « rapport des commissaires aux comptes » devenant un « rapport des réviseurs ». Ainsi, l'influence du cabinet d'audit international est très claire puisque la certification internationale coïncide avec l'usage des principes reconnus sur le plan international. L'adoption permet la certification des comptes par un auditeur international dans un contexte de renforcement de la légitimité des référentiels alternatifs. L'adoption est substantielle. Certaines normes ne sont pas appliquées, mais les normes alternatives sont utilisées par PSA à des fins d'homogénéisation des pratiques comptables au sein du groupe. L'adoption résulte en premier lieu de la volonté des dirigeants de faire comme les autres entreprises mondialisées. Elle est aussi liée à l'intervention d'un cabinet d'audit international.

Conclusion

L'étude du cas d'adoption de principes comptables reconnus sur le plan international par PSA montre que l'adoption est un phénomène complexe qui nécessite une étude longitudinale sur plusieurs années. Maintenant, nous faisons la synthèse des résultats empiriques afin de comprendre la décision d'adoption en faisant ressortir les différents facteurs qui l'ont influencée. La restructuration du groupe PSA s'accompagne de la mise en place de principes comptables reconnus sur le plan international. Elle correspond aussi à l'arrivée d'un auditeur internationalement reconnu. Ces deux éléments réduisent les coûts d'agence engendrés par la restructuration. En outre, ils permettent à l'entreprise de se signaler vis-à-vis des bailleurs de fonds étrangers. La théorie de l'agence est pleinement justifiée ici. Toutefois, la théorie institutionnelle montre que l'adoption a été influencée directement par les auditeurs et surtout par la structuration d'un champ normatif en matière de normes internationales. Elle permet de comprendre que l'émergence de règles comptables européennes et le développement des normes de l'IASC, parallèlement aux normes américaines, renforcent les pressions normatives sur les dirigeants. Ceux-ci, qui au début ont adopté les normes parce qu'elles étaient utilisées par les multinationales, ont, deux années plus tard, en raison de la coexistence de sources normatives concurrentes été obligés de clarifier leur situation. Finalement, les deux théories se révèlent complémentaires. La théorie de l'agence justifie l'adoption puisque l'évolution des coûts d'agence (arrivée d'un actionnaire américain d'une part et endettements en devises d'autre part) sert de catalyseur à celle-ci. Toutefois, la référence aux normes américaines plutôt qu'aux principes comptables reconnus sur le plan international s'explique par l'inscription dans un champ institutionnel. Finalement, l'adoption des normes alternatives est bien un choix mais contraint en réponse à une contrainte externe mais en même temps reste une réponse à un impératif de gestion de l'entreprise.

RÉFÉRENCES

Choi, D.S. et Levich R.M. (1990), The Capital Market Effects of International Accounting Diversity, New York University Press, Irwin Publisher, 161 pages.

Choi, D.S. et Levich, R.M. (1991), Behavioral Effect of International Accounting Diversity, *Accounting Horizon*, Vol. 5 No. 2, pp. 1 – 13.

Choi, D.S. et Mueller, G. (1993), *Globalization of Financial Accounting and Reporting*, Financial Executive Research Foundation, 90 pages.

Chua, W.F. and Taylor. S.L, (2008), The rise and rise of IFRS: An examination of IFRS diffusion, *Journal of Accounting and Public Policy*, Vol. 27 No. 6, pp. 462-473.

Dumontier, P. et Raffournier, B. (1998), Why Firms Comply Voluntarily with IAS: an empirical Analysis with Swiss Data, *The International Journal of Accounting*, Vol. 9 No.3, pp. 216 – 245.

El-Gazzar, S.M., Finn, P.M. et Jacob, R. (1999), An Empirical Investigation of Multinational Firms' Compliance with International Accounting Standards, *The International Journal of Accounting*, Vol. 34 No. 2, pp. 239 – 248.

Fama, E.F. (1980), Agency Problems and the Theory of the Firm, *Journal of Political Economy*, Vol. 88 No. 2, pp. 288 – 307.

Fama, E.F. et Jensen M. C. (1983), Separation of Ownership and Control, *Journal of Law and Economics*, Vol. 26, june, pp. 301 – 325.

Freyssenet, M. (2009), La production mondiale des 50 premiers constructeurs automobiles existants, 1945-2011, tout véhicule. 14 tableaux et graphiques. *Document d'enquête*. Édition numérique, freyssenet.com, 2009 et mises à jour, 250 Ko. ISSN 7116 0941. http://freyssenet.com/?q=node/1181

Glaum, M. et Mandler, U. (1996), Global Accounting Harmonization from a German Perspective: Bridging the GAAP *Journal of International Financial Management and Accounting*, Vol. 7 No. 3, pp. 215 – 242.

Glaum, M. et Mandler, U. (2000), Bridging the GAAP: the Changing Attitude of German Managers towards Anglo-American Accounting and Accounting Harmonization from a German Perspective, *Journal of International Financial Management and Accounting*, Vol. 11 No. 1, pp. 23 – 46.

Guerreiro, M.S., Lúcia Lima R. et Russell, C. (2012). Voluntary adoption of International Financial Reporting Standards by large unlisted companies in Portugal–Institutional logics and strategic responses, *Accounting, Organizations and Society*, Vol. 37 No.7, pp.2012, pp. 482-499.

Monsen, N. et Wallace, W.A. (1997), Norsk Hydro's Communicaton to International Capital Markets: a Blend of Accounting Principles, *Scandinavian Journal of Management*, Vol. 13, No.1, pp. 95 – 112.

Murphy, A.B. (1999), Firm Characteristics of Swiss Companies that Utilize International Accounting Standards, *The International Journal of Accounting*, Vol. 35 No.4, pp. 45 – 62.

Neu, D. (1992), The Social Construction of Positive Choice, *Accounting, Organization and Society,* Vol. 17 No. 3/4, pp. 223 – 237.

Radebaugh, L.H., Gebahardt, G. et Gray, S.J. (1995), Foreign Stock Exchange Listing: A case study of Daimler-Benz, *Journal of International Financial Management and Accounting*, Vol. 6 No. 2, pp. 158 – 192.

Touron, P. (2005), The adoption of US GAAP by French firms before the creation of the International Accounting Standard Committee: an institutional explanation, *Critical Perspectives on Accounting*, Vol. 16 No. 6, pp. 851-873.

Zarzesky, M. T. (1996), Spontaneous Harmonization Effects of Culture and Market Forces on Accounting Disclosure Practices, *Accounting Horizons*, Vol. 10 No. 1, pp. 18 – 37.

Annexe 1. Format du compte de résultat de PSA après adoption des normes internationales

Chiffre d'affaires net, hors taxes

Produits des activités accessoires

Frais opérationnels

- Coût des produits vendus
- Frais administratifs
- Frais commerciaux

Marge opérationnelle

Autres produits et charges

- Frais de rationalisation des structures
- Frais financiers nets
- Autres revenus et charges nets

Part dans les résultats avant impôts des sociétés mises en équivalence

Impôts sur les résultats

- Impôts courants
- Impôts différés nets

Perte nette du Groupe

Perte nette de Peugeot SA

Perte par action revenant à Peugeot SA

Annexe 2. Le bilan de Peugeot SA

ACTIF
Immobilisations corporelles
Terrains, constructions et matériels
Valeurs brutes
Moins : amortissements
Outillages spécifiques nets
Autres valeurs immobilisées
Prêts et créances à plus d'un an
Titres mis en équivalence
Autres titres de participation nets
Autres
Charges à répartir nettes
Frais de développement
Frais de lancement
Logiciels informatiques
Frais d'émission d'emprunt
Valeurs d'exploitation
Valeurs réalisables à court terme ou disponibles
Clients et effets à recevoir nets
Autres débiteurs
Dépôts à court terme
Banques

Total de l'actif

PASSIF
Capital, primes et réserves
Capital social
Primes
Réserves après répartition
Situation nette
Intérêts minoritaires
Provisions et passifs à long terme
Impôts différés
Provisions et autres passifs
Emprunts à long terme
Emprunts obligataires convertibles
Autres emprunts obligataires
Autres emprunts
Dettes à court terme
Emprunts à long terme - partie à moins d'un an
Fournisseurs et effets à payer
Autres créanciers
Crédits à court terme
Banques

Total du passif

Annexe 3. Analyse financière des comptes consolidés (en millions de Francs)

Peugeot	1978	1978 (*)	1979	1980	1981	1982
Chiffre d'affaires	47810	65977	71034	71103	72389	75263
Résultat net total	1381	1287	1116	-1504	-1993	-2148
Résultat net Groupe	1351	1257	1081	-1473	-2034	-2262
Résultat net part des tiers	30	30	35	-31	41	114
MBA	3853	4206	4541	-363	425	635
FFI	823	1231	1170	2083	2674	3362
Capital						
Situation nette (après affectation)	12803	13211	14853	12785	10772	8640
Groupe	12154	12545	14142	12132	10178	8150
Intérêts minoritaires	649	666	711	653	594	490
Capitaux permanents (après affectation)	21997	24126	25882	24972	24777	24636
Dettes à moyen et long terme	6779	8500	8614	9772	11590	13806
Dettes à court terme	14670	20519	22392	26630	32850	33383
Actifs (net)	36827	44988	48035	51641	55587	58019
Immobilisations nettes	13329	14771	16788	19313	21076	22944
Réalisable et disponible	11381	13543	12609	12634	14931	12177
STRUCTURE	1978	1978	1979	1980	1981	1982
R1 (DLMT / situation nette)	0,53	0,64	0,58	0,76	1,08	1,60
R2 (DLMT / Capitaux permanents)	0,31	0,35	0,33	0,39	0,47	0,56
DLMT + DCT/ Actif	0,58	0,65	0,65	0,70	0,80	0,81
Capitaux permanents / Immobilisations nettes	1,65	1,63	1,54	1,29	1,18	1,07
Immobilisations nettes / Actifs	0,36	0,33	0,35	0,37	0,38	0,40
Réalisable et disponible sur DCT	0,78	0,66	0,56	0,47	0,45	0,36
RENTABILITE						
Résultat net / Situation nette			0,08	-0,10	-0,16	-0,20
MBA / Actif			0,10	-0,01	0,01	0,01
PROFITABILITE						
MBA / CA	0,08	0,06	0,05	-0,01	0,01	-0,01
Résultat Groupe / CA	0,25	0,19	0,2	0,17	0,14	0,11
FFI/MBA (en année)	0,21	0,29	0,31	-5,74	6,29	-5,29

(*) Pro-format

La profession comptable en Belgique sous l'occupation allemande (1940-1944)

Eddy E. Felix[1]

Introduction

En mai 1940, la *Blitzkrieg* allemande causa une terreur effroyable dans tout le pays qui se rappela alors les horreurs de 1914. Ce fut l'exode vers la France pour la population et pour le gouvernement, tandis que le roi Léopold III était resté au pays pour partager le sort de ses compatriotes. Le 28 mai, la Campagne des 18 jours se termina par la capitulation, et le pays, ainsi que le nord de la France, passèrent sous l'administration militaire allemande, du général von Falkenhausen. En l'absence de gouvernement et devant l'impossibilité de régner du roi, les Secrétaires généraux des ministères furent chargés de la gestion du pays[2]. En réalité, leurs marges de manœuvre furent limitées par l'administration militaire allemande. Le 22 juin 1940, ce fut l'armistice entre la France et l'Allemagne, signé dans la forêt de Compiègne.

1. L'Ordre nouveau

Beaucoup de comptables qui rentrèrent au pays en août-septembre 1940 furent frappés par l'obligeance et la civilité des allemands, et par le travail accompli en peu de temps quand ils apprirent que des comités de comptables et d'experts-comptables s'étaient formés en vue de constituer une *Corporation des comptables*. Beaucoup pensaient que les allemands avaient gagné la guerre, et acceptèrent l'Ordre nouveau comme une nécessité inéluctable. Pour organiser l'alimentation du pays, les allemands avaient fait prendre, dès le 27 août 1940, par les Secrétaires généraux, un arrêté créant la *Corporation de l'Agriculture et de l'Alimentation*. On attribuait à ce moment aux corporations une idée de réforme politique ou un droit de représentation

[1] Expert-comptable et conseiller fiscal à Bruxelles.

[2] Dans la cadre de l'arrêté-loi du 10 mai 1940 voté au Parlement le jour de l'invasion allemande et qui constitue le fondement du pouvoir confié aux secrétaires-généraux des ministères pour assurer la continuité de l'administration belge sous occupation allemande.

nationale équivalent à celui des corporations de Mussolini. Cette conception contraire aux traditions et particularismes belges ne plut pas à l'ensemble de la profession, mais certaines personnalités y virent l'occasion de s'affirmer et d'atteindre leurs buts. A Anvers, Marcel Stradling, expert-comptable CBC (*Chambre Belge des Comptables*) et conseiller fiscal, correspondant de la revue *La Vie au Bureau* qui, déjà 3 ans avant la guerre avait proposé la création d'ententes provinciales aurait bien voulu se voir attribuer la mission de constituer la corporation. A Namur, une association qui, antérieurement à la déclaration de guerre avait pris le nom de *Corporation*, lança une convocation à la Belgique entière par un appel dans la grande presse. A Bruxelles, Robert Tron, directeur de *l'Union Professionnelle Reconnue de la Comptabilité* (UPRC) fit passer un communiqué en vue de regrouper les partisans de ses propres vues consistant à : 1° établir des normes de la science des comptes, 2° contrôler les méthodes d'application de la comptabilité, 3° instituer un Conseil de discipline. Il constitua un Comité d'études pour la formation d'une *Corporation Nationale de la Comptabilité*. Ce comité, formé de personnalités les plus compétentes du monde comptable, avec l'approbation de celles qui n'ont pu directement participer aux travaux, avait rallié la plupart des associations professionnelles du pays. Il rédigea l'exposé des motifs destiné à présenter le projet d'arrêté pour l'institution d'une *Corporation Nationale de la Comptabilité* à Joseph Leemans, secrétaire général du ministère des Affaires économiques.

1.1. Une profession comptable frustrée

La profession comptable belge était frustrée, car depuis près de quarante ans, elle réclamait une réglementation de la profession sans être entendue. Était-ce le manque d'unité et de prestige de la profession qui ne comptait que peu d'universitaires dans ses rangs, ou bien le respect du principe libéral de ne pas réguler une profession, mais la laisser ouverte à la libre concurrence, qui crée le progrès économique ? La première association d'experts-comptables en Belgique fut fondée le 4 juin 1903 au sein de la Chambre de Commerce de Bruxelles, sous le nom de *Chambre des Experts-Comptables et des Comptables de Belgique* (CECCB). Elle fut suivie par la *Chambre Belge des Comptables* - section du Brabant (CBC) en 1905, la *Société Académique de Comptabilité de Belgique* (SACB) et l'*Union Professionnelle des Experts-Comptables de Belgique* (UPEC) en 1909. Se créèrent aussi la *Compagnie des Experts-Comptables de Belgique* et l'*Union Belge des Experts-Comptables et des Comptables*.

Lors des travaux relatifs à la loi du 25 mai 1913 portant modifications aux lois sur les sociétés commerciales une réforme du contrôle des commissaires avait été envisagée. Au cours des débats, on compara à diverses reprises, l'inexistence du contrôle exercé par les commissaires en vertu de la loi belge et la réalité du contrôle exercé par les *auditors* anglais.

Mais on ne put tirer de cette comparaison de conclusion utile parce que dans le système anglais l'appel aux *chartered accountants* était libre et qu'en Belgique nous ne possédions pas de semblable institution.

Dans un but de conciliation il fut décidé que le collège des commissaires des sociétés anonymes pouvait se faire assister par un expert.

Après la guerre 1914-1918, les associations professionnelles concurrentes résolurent de s'unir en 1925 dans la *Fédération des Experts-Comptables de Belgique 'Chartered'*, et présentèrent diverses initiatives législatives s'inspirant de la conception britannique de la profession. Toutefois à l'Assemblée générale du 26 septembre 1926, Monsieur Jean Dumon, Président de la Fédération exposa que le Conseil avait décidé de sursoir temporairement au dépôt des avant-projets pour l'obtention de la reconnaissance légale. Il déclara que le redressement de la situation financière du pays est actuellement à la base des préoccupations gouvernementales et que le moment était donc inopportun. La Fédération a peut-être fait une erreur en manquant de se faire connaître dans les milieux officiels, car le document (de 1926) présenté au IIe Congrès International des Associations d'Experts qui s'est tenu à Bruxelles en octobre 1932 me parait supérieur aux propositions de loi présentées ultérieurement, notamment la proposition du député bruxellois Louis Baillon.

En 1935, à l'issue de la crise économique et financière de l'entre-deux-guerres, le gouvernement organisa le contrôle des banques et des émissions de titres, et créa la Commission bancaire et une profession nouvelle de haut niveau, celle de *réviseur de banque*. Chaque banque avait l'obligation de choisir un ou plusieurs réviseurs parmi une liste établie par la Commission. Les réviseurs devaient contrôler le respect de la législation et la gestion globale de la banque. Aucun expert-comptable ne fut repris sur cette liste et cela fut ressenti comme un affront par le monde comptable belge. La question de savoir si l'organisation des professions de la comptabilité répond à une nécessité a été fréquemment discutée, et elle a été particulièrement étudiée en 1937, 1938 et 1939, d'une part par les auteurs de propositions de loi, et d'autre part par le Conseil de perfectionnement de l'Enseignement Technique.

1.2. Le modèle allemand

Le thème de l'organisation légale de la profession fut développé notamment au Xe Congrès International de la Comptabilité tenu à Liège du 13 au 16 août 1939, où les participants purent entendre des exposés sur le mode d'organisation de la profession d'expert-comptable en Allemagne, Bulgarie, Canada, France, Pologne, Pays-Bas et Roumanie.

Pour l'Allemagne, M. Rudolf Gravenhorst, vice-président de *l'Association Internationale de Comptabilité* (AIC) et *Leiter der Reichberufsgruppe Buch-und Steuerberater in der Deutschen Rechtsfront,* présenta deux exposés qui firent sans doute impression: *Der Buchsachverständige in Deutschland auf den verschiedenen Tätigkeitsgebieten* (L'expert-compable en Allemagne dans les divers champs d'activité) et *Die Berufslage der Buchverstandigen in Deutschland.* (La profession des experts-comptables en Allemagne).

M. Gravenhorst, de Berlin, exposa que la profession d'expert-comptable en Allemagne remontait au Moyen-Âge. A cette époque, on rencontrait déjà une vérification comptable interne dans les grandes maisons de commerce comme par exemple les Fugger, d'Augsbourg, qui avaient introduit une révision de la comptabilité de leurs factoreries. Un nouveau développement de la profession en Allemagne ne prit naissance qu'en 1900. Lorsque le national-socialisme s'empara du pouvoir en 1933, il n'existait pas moins de 42 sociétés. Il fallait que la profession fût libérée de cette situation funeste. La conception totalitaire du national-socialisme réclamait catégoriquement la disparition de toutes les associations privées, leurs membres passèrent dans le front du droit allemand. (*Deutsche Rechtsfront*). On distinguait trois catégories d'experts-comptables en Allemagne : - 1. le *Wirtschaftsprüfer,* échelon supérieur dans la hiérarchie des experts-comptables, - 2. le *Beeidigter Bücherrevisor,* l'expert-comptable assermenté, - et 3. le *Buchberater,* c'est-à-dire l'expert-comptable non assermenté.

1.3. Le modèle corporatif allemand face aux particularismes belges

Lorsque la guerre fut déclarée, deux propositions de loi relatives à la profession comptable étaient pendantes à l'ordre du jour des travaux de la Chambre et du Sénat de Belgique. A cette époque, le principe de la réglementation semblait acquis. Seuls les évènements tragiques qui se sont abattus sur le pays, ont empêché la réalisation des propositions de loi de Louis Baillon, député de Bruxelles et de MM. R.Catteau et F. Demets, sénateurs.

Le respecté Camille Lambert, directeur de *La Vie au Bureau*, revue comptable de diffusion nationale fondée en 1921, invita ses lecteurs à participer en pleine confiance au recensement des effectifs de la profession comptable. Les quarante associations ou sections locales de comptables furent invitées à communiquer la liste de leurs membres mais elles le firent avec peu d'empressement. Les sections locales prétendaient que ce rôle appartenait au siège central, et de plus certains experts étaient repris dans plusieurs associations.

L'action des associations ayant été négative, la propagande semble avoir manœuvré pour obtenir leur adhésion. Les non affiliés furent invités à faire partie de l'un ou l'autre groupement car, leur dit-on, les membres des groupements seront admis ipso facto dans la corporation, alors que les isolés auront à remplir des formalités et à se soumettre à des examens. Des centres de contacts furent ouverts dans les chefs-lieux de chaque province pour recenser les effectifs de la profession. On apprit en décembre 1940 que la *Corporatie Van Accountants* (CVA) était constituée à Anvers.

Des abonnés à la revue *La Vie au Bureau* s'insurgèrent parce que le groupe constitué à Anvers avait pris le nom de *Corporatie Van Accountants*. On lui attribuait à tort ou à raison des idées séparatistes. Les associations wallonnes se montrèrent donc réticentes et à Liège une manifestation se déroula pour marquer son opposition à rejoindre une corporation fortement notée flamande. Entretemps le pouvoir occupant tentait d'organiser l'économie sur le modèle allemand. L'arrêté du 10 février 1941 signé par tous les Secrétaires généraux, pour promouvoir l'économie nationale et en assurer l'organisation, substitue le principe de l'organisation hiérarchique de l'économie dirigée à celui du libéralisme économique. Cet arrêté prévoit de créer des organismes économiques par profession ou par région, de réformer les organismes existants et de subordonner à ces organismes économiques toutes les entreprises industrielles et commerciales. Mais c'était sans compter sur les particularismes belges. Par opposition à la *Corporatie Van Accountants*, on apprit en avril 1941 que l'*Union Nationale des Professionnels de la Comptabilité* (UNPC) créée à Bruxelles en 1909 et disposant de sections à Anvers, Charleroi, Gand, Liège, Namur et Ostende, proposait la création d'un *Institut National des Experts-Comptables Conseillers de l'Economie*.

Un peu plus tard, le 30 août 1941, fut constituée la *Fédération des Association d'Experts-comptables de Belgique*. Cette fédération regroupait déjà douze unions professionnelles reconnues. La présidence en a été confiée à Mr. Lalieu, la vice-présidence étant assumée par : MM. De Ridder (Anvers), Dumon (Bruxelles) et Galopin (Liège).

2. Le plan comptable du Reich

La question à l'ordre du jour était maintenant le plan comptable allemand et la répartition des frais. En Belgique, un plan comptable introduisant une précision véritablement scientifique dans les méthodes de calcul des prix de revient avait été développé par Hector Blairon, enseigné à la *Chambre Belge des Comptables* (CBC), et distillé au fur et à mesure de ses développements dans la *Revue Belge des Sciences Commerciales* depuis sa création en 1920. On envisageait donc généralement en Belgique le plan comptable du point de vue interne des entreprises, alors que, sous la poussée des évènements et l'instauration d'une économie dirigée, le plan doit se concevoir aussi pour des comparaisons externes. Une comptabilité industrielle bien construite est à la base de l'économie privée, et par là de l'augmentation du rendement de l'économie. Cette idée de base a été précisée par le décret du Ministre de l'Economie du Reich du 12 novembre 1936, Hjalmar Schacht, lequel a chargé le *Reichkuratorium für Wirtschaftlichkeit* (organisme de l'Economie) d'établir des directives pour uniformiser la comptabilité et de dégager des principes unitaires et généraux de la comptabilité.

Ces dispositions ont fait l'objet d'un décret du 16 janvier 1939 d'Herman Göring, qui avait succédé à Schacht, et concerne tout spécialement la comptabilité du prix de revient, appelé "*Plan Göring*".

En France, où l'on était sensiblement au même point, un décret du 22 avril (Journal officiel du 3 mai 1941) institua une commission chargée *d'élaborer un cadre comptable général qui pourra ultérieurement être rendu obligatoire pour toutes les entreprises*. A partir de ce décret français de 1941, la revue *La vie au Bureau*, va suivre ce qui se fait en France mais cette position ne représente pas ce qui se fait dans certains milieux du pays.

3. Les travaux du Comité National Belge de l'Organisation Scientifique

Pour réformer l'organisation économique sur le modèle allemand, le collège des secrétaires généraux s'était adressé au *Comité Central Industriel*. La *Commission des Prix du Comité Central Industriel* a été amenée, dans sa séance du 19 août 1941, à charger le *Comité National Belge de l'Organisation Scientifique* (CNBOS) d'étudier la question du plan comptable. Le CNBOS a ainsi institué, en janvier 1942, une *Commission chargée d'étudier la question de l'unification des méthodes de comptabilité et de calcul des prix de revient*. Cette initiative fut expressément prise pour éviter l'imposition par les forces d'occupation allemandes du Plan Göring à l'industrie belge (De Beelde, 2003).

La composition de la commission démontre l'importance accordée à cette question. Cette commission, placée sous la présidence d'Henri Delove, directeur général de la *Société Fiduciaire de Belgique*, dépendant de la *Société Générale de Belgique*, fut constituée par des spécialistes de l'organisation comptable : MM. Hector Blairon, Henri Delove, Charles Hannon de Louvet, expert-comptable, professeur qui va ainsi pouvoir démissionner de son poste dans la corporation, Paul Verleysen, expert-comptable, secrétaire du gouverneur de la *Société Générale de Belgique*, des délégués des associations comptables : MM. Jean Dumon, président de la *Société Académique de Comptabilité de Belgique*, Raymond Mayer, président de la Section de Gand de la *Société Royale Chambre Belge des Comptables*, Nestor Paquet, président de la section de Brabant de la *Société Royale Chambre Belge des Comptables*, des délégués des associations industrielles : MM. Maurice Arendt, administrateur–délégué de la *S.A. Electromécanique*, Armand Bouton, expert-comptable, attaché à la *Fédération des Industries Chimiques de Belgique*, Walter Derick, chef des prix de revient du *Comité Central Industriel de Belgique*, Fritz Parmentier, administrateur-directeur de la *Société Anonyme Usines Cotonnières de Belgique*.

4. L'Ordre des Experts-Comptables est institué

L'arrêté du 10 janvier 1942 institue l'*Ordre des Experts-Comptables*. Celui-ci étend son autorité non seulement sur les experts-comptables, profession libérale, mais aussi sur les chefs-comptables ou candidats tenus par contrat de louage. On peut dire que le nouvel organisme est l'Ordre de toutes les professions comptables ou de tous les grades des activités comptables. Le groupement est à base autoritaire absolue : un chef unique, sur avis d'un conseil d'agréation de onze membres, fait la loi. Le système électif est écarté.

Art.1 Il est institué sous la dénomination Ordre des Experts-Comptables *en exécution des arrêtés précités des 10 février et 5 mars 1941, concernant l'organisation de l'économie un groupement principal, ayant le caractère d'établissement public et la représentation exclusive de son domaine professionnel.*

Art.2 Sont affiliés de droit à ce groupement principal, tous les experts-comptables et candidats experts-comptables, les experts-comptables honoraires peuvent également être admis.

Art.3 Le chef de l'Ordre est autorisé à délivrer des brevets d'expert-comptable.

Les intéressés doivent se faire connaitre à l'Ordre, rue du Commerce, 56 à Bruxelles, au moyen d'un formulaire... à renvoyer avant le premier avril 1942. Les comptables ne pouvant justifier qu'ils remplissent les conditions prévues par l'arrêté doivent également se faire connaître. La preuve des connaissances théoriques pourra se faire par diplômes, par notoriété ou par épreuves.

Le Moniteur Belge du 30 janvier 1942 annonçait que le Chef de l'Ordre est Mr Müsing d'Anvers et les chefs suppléants : M.M Charles Hanon de Louvet de Bruxelles et Mr. Verheyhen d'Anvers. Par ces nominations, l'administration militaire allemande tente d'accroître sa mainmise sur les nouveaux groupements économiques. A l'exception de Charles Hanon de Louvet, les personnes désignées étaient de parfaits inconnus de la profession. Le Moniteur Belge du 12 juin 1942 publie l'arrêté du 5 *dito*, portant nominations des Conseils d'agréation pour la profession divisée en deux sections : la section flamande et la section francophone. On peut remarquer qu'à l'exception de M. Maurice Stradling les responsables des associations existantes ne font pas partie des Conseils d'agréation. Leur absence paraît être la preuve qu'ils ont donnée de leur incapacité à travailler en collaboration. On apprenait rapidement que la démission de M. Charles Hanon de Louvet, chef suppléant de l'Ordre, avait été acceptée. Les professionnels de la comptabilité ne se précipitèrent pas pour rentrer dans l'Ordre, et la période transitoire dut être prolongée jusqu'au 31 décembre 1942. Un comité du plan comptable fut créé le 4 septembre 1942 par le ministère des Affaires économiques, mais les travaux de cette commission ne furent pas commentés dans la revue *La Vie au Bureau*.

Le 21 janvier 1943 s'éteignait Camille Lambert, à l'âge de 60 ans. Ce spécialiste de la vie au bureau, auteur de nombreux ouvrages de comptabilité et d'organisation, ardent défenseur de la reconnaissance légale de la profession comptable, avait encouragé ses lecteurs à entrer dans la Corporation des Experts-Comptables et n'avait pu se dépêtrer de ses engagements initiaux, malgré les dérives autoritaires et bâclées dont il avait été témoin. Il ne manquait pas d'humour, la couverture de sa revue *La Vie au Bureau* était couverte par une grande lettre 'V' en rouge. Interpellé à ce sujet, il indiqua que la lettre V est la première lettre du mot '*Vie*' de '*La Vie au Bureau*', que cette couverture existe déjà depuis cinq ans et qu'il ne peut s'y trouver de message politique. La publication de la Revue *La Vie au Bureau* fut poursuivie sous la direction de Gaston Vanden Avyle, rédacteur en chef, qui tenait la plume depuis plusieurs mois avant la disparition de Camille Lambert.

Le Moniteur belge continuait à publier des arrêtés autoritaires réglementant l'organisation de l'*Ordre des Experts-Comptables* avec la liste des membres du conseil, les chefs et chefs suppléants des sections provinciales, autorisant l'Ordre (groupement principal) à délivrer des certificats de chef comptable, comptable et aide-comptable, fixant le montant des cotisations obligatoires pour l'Ordre et ses sections provinciales subordonnées. En vertu d'un arrêté du 24 décembre 1941, les cotisations aux groupements étaient recouvrées comme les contributions directes.

Le Moniteur Belge du 26 mars 1943 publiait l'arrêté du 15 mars révisant et complétant l'arrêté initial du 10 janvier 1942 qui instituait l'*Ordre des Experts-Comptables*.

D'une manière générale, la profession résignée ne se montrait pas intéressée, et les rares auteurs comptables publiaient leurs articles dans la revue *La Vie au Bureau* en les signant de leur qualité de membre de leur organisation d'origine. La revue poursuivit son activité (12 numéros en 1943, et 2 en 1944), et commença à publier des biographies d'auteurs comptables : Camille Lambert (N°6 juin 1943), Clément Thiry (N°7 juillet - N°8 août 1943), Louis Daubresse (N°9 septembre 1943), Hubert Gilis (N°10 octobre 1943), Victor Dewasch (N°12 - 1943), René Delaporte (N°1 et 2 - 1944). A l'exception des avis officiels de l'Ordre, la revue ne prenait plus part aux débats qui enflammèrent la profession au début de l'occupation, se contentant généralement de reproduire les travaux de la Commission du Plan comptable instituée en France et des articles des auteurs français Commesnil, J. Péricauld et A. Calendrau.

De 1942 à 1944, vingt-cinq à vingt-sept mille professionnels de la comptabilité sous la menace de ne plus pouvoir exercer leur métier, adhérèrent à l'Ordre qui désigna trois cent trente-trois experts-comptables.

5. La libération et la dissolution de l'Ordre

En février 1944, tandis que des menaces d'arrestations pèsent toujours sur tous les citoyens épris de liberté, un important contingent d'experts-comptables et de comptables du Hainaut, écœurés de n'être points défendus par les dirigeants de leurs anciennes unions professionnelles, se sont réunis à Mons pour inaugurer l'*Union Hennuyère des Professionnels de la Comptabilité* ASBL.

En mai 1944, la Commission du CNBOS approuva à l'unanimité les travaux conduits par Hector Blairon, rapporteur général et rédacteur des principaux chapitres de l'étude. Il faut dire que cette commission avait pris son temps. De janvier 1942 à mai 1944 elle ne se réunit pas moins de quinze fois. Après avoir un choix à faire entre les diverses méthodes de comptabilité unifiée et l'examen attentif des travaux et réalisations accomplis à l'étranger, elle a choisi, comme base de l'établissement du cadre des comptes, un plan qui, depuis longtemps déjà, est appliqué dans un grand nombre d'entreprises du pays et qui constitue l'élément fondamental d'un enseignement technique dont ont profité, depuis 1917, plusieurs milliers de comptables. Il s'agit du plan Blairon. Les travaux du CNBOS furent considérés comme un acte de résistance.

En septembre 1944, lors de la libération de Bruxelles par les alliés, Robert Tron, qui fut un des promoteurs de l'*Ordre des Experts-comptables* fut le premier à en réclamer la suppression, pour le remplacer par l'institution rationnelle et démocratique d'un *Ordre des Experts-comptables de Belgique*. Mais il venait trop tard : le gouvernement de Londres avait pris un arrêté-loi du 5 mai 1944 déclarant nuls les arrêtés pris durant l'occupation ennemie par les Secrétaires généraux. En septembre, au Parlement, à l'ouverture de la session 1944-1945, le tableau des projets et des propositions de loi figurant à l'ordre du jour des travaux reprenait toujours la proposition présentée par Louis Baillon. Cette proposition figurait encore dans le tableau du 13 novembre 1945 mais fut retirée par la suite.

Conclusion

Au lendemain de la guerre divers projets sont élaborés au sein des organisations syndicales et discutés avec le patronat pour jeter les bases de l'organisation d'un ordre économique et social nouveau dans le pays. La nouvelle organisation de l'économie prévoit que l'information économique et financière à fournir aux futurs Conseils d'entreprises réunissant employeurs et travailleurs, sera contrôlée par des experts.

Cette disposition fut reprise dans la loi du 20 septembre 1948 portant organisation de l'économie.

La profession d'expert-comptable se réorganisa et constitua la *Commission Nationale d'Etude du Statut de l'Expert-Comptable*. Sur les 26 associations professionnelles (contre 40 avant-guerre), 25 ont décidé en 1950 la création du *Collège National des Experts-Comptables de Belgique* (CNECB). La *Chambre Belge des Comptables* (CBC), gardienne du temple qu'avait créé Hector Blairon avec son plan de comptabilité industrielle, ne rejoignit pas le CNECB qui s'était tourné vers la France et son Plan Comptable Général de 1947.

En 1953 le gouvernement créa la profession de réviseur d'entreprise chargée à son origine de contrôler l'information économique et financière à communiquer aux Conseils d'Entreprise.

Il considéra que contrairement à ce qui est le cas en Angleterre, en Hollande, aux Etats-Unis, il n'y a en Belgique, sous réserve des résultats que pourrait atteindre le CNECB, aucun groupement qui a le standing, l'activité et la compétence souhaitable. Si les experts-comptables s'étaient organisés depuis longtemps comme les experts anglais et si cette organisation avait fait ses preuves, il n'aurait pas été nécessaire de créer un groupement nouveau. Cela n'a pas été le cas et il faut donc, par la loi, suppléer à l'absence d'initiative privée[3].

L'Ordre des Experts-Comptables et des Comptables Brevetés de Belgique (OECCBB) existe bien, mais c'est une association sans but lucratif (ASBL) crée en 1959 à l'initiative de Joseph Colleye qui s'entoura de douze confrères n'ayant eu aucun lien avec l'Ordre ancien, parmi les fondateurs nous trouvons Ernest Stévelinck, l'historien comptable mondialement connu.

C'est finalement par la loi du 21 février 1985 relative à la réforme du revisorat d'entreprises, que la profession d'expert-comptable obtiendra sa reconnaissance au sein de l'*Institut des Experts-Comptables* (IEC).

RÉFÉRENCES

De Beelde, I. (2003). The Development of a Belgian accounting code during the first half of the 20th Century, *Accounting Historians Journal*, *Vol.* 30 No. 2, pp. 1-28.

Eyskens, G. (2012), *Mémoires*, Bruxelles : Centre de recherches et d'information socio-politiques, CRISP.

Eyskens, M. (2010), *A la recherche du temps vécu*, Bruxelles, Editions Racine.

Gérard, G. (1944), *L'Unification des méthodes de comptabilité et de calcul du prix de revient,* Bruxelles : CNBOS.

Gravenhorst, R. (1940), La situation professionnelle des experts-comptables en Allemagne. *La vie au bureau, Vol.* 6-10, pp. 245-252.

Lambert, C. (1940), Recensement préalable à la constitution de la corporation comptable. *La vie au bureau, Vol.* 6-10, pp. 210-214.

Lambert, C. (1940), Vers la corporation des experts-comptables. *La vie au bureau, Vol.* 11, pp. 293-296.

---

[3] Wiart Marcel (1960), La reconnaissance légale de la profession d'expert-comptable in *Revue Belge de la Comptabilité N°2*-reproduisant un extrait des annales parlementaires-Séance du Sénat du 17 juillet 1953

Lambert, C. (1940), La corporation des experts-comptables. *La vie au bureau, Vol.* 12, pp. 303-305.
Lambert, C. (1941), Organisation de l'économie. *La vie au bureau, Vol.* 3. pp. 85-88.
Lambert, C. (1941), Organisation de l'économie. *La vie au bureau, Vol.* 4. pp. 117-119.
Lambert, C. (1941), Journée liégeoise de la comptabilité. *La vie au bureau* Vol. 11, p. 287.
Lambert, C. (1942), Ordre des experts-comptables conseillers. *La vie au bureau, Vol.* 6, p. 141.
Tron, R. (1944), *Le problème social des comptables*, Bruxelles, Impalibrel.

ARCHIVES

Bibliothèque Royale de Belgique, Bruxelles, Cote 1651R, Revue mensuelle de comptabilité et d'administration des affaires, *La vie au bureau* (1940), (1941), (1942), (1943), (1944).
Centre d'archives de la Fédération Wallonie-Bruxelles (Mundaneum), Mons.
PPPO 1051-Fédération internationale des associations d'experts.
Chambre des Représentants, Bruxelles.
Session 1910-1911, Doc. n°217, Rapport fait au nom de la commission par M. Harmignie.
Session 1938-1939, Doc. n° 115, Proposition de loi réglementant l'exercice de la profession d'expert-comptable déposée par M. Baillon.
Session 1947-1948, Doc. n°50, Projet de loi portant organisation de l'économie, Exposé des motifs.
Moniteur belge des arrêtés ministériels et autres arrêtés des Secrétaires- généraux (M.B.)
13 février 1941, 1 janvier 1942, 30 janvier 1942,11 janvier 1943, 8 février 1943, 26 mars 1943.

PARTIE 3

Sciences et techniques du droit et sciences et techniques du chiffre

Les relations entre comptabilité et fiscalité : le cas du portefeuille-titres : principe de connexité ou connexité de principe ?

Martial Chadefaux[1]
et Florence Deboissy[2]

INTRODUCTION

Il y a longtemps que les liens entre la comptabilité et le droit fiscal préoccupent praticiens et universitaires. S'agissant de ces derniers, on nous permettra de faire observer que tant les signataires de cette contribution que leur dédicataire en ont fait un de leurs thèmes de recherche et de publication. Les professionnels de leur côté n'ont jamais véritablement clos le débat. La profession comptable consacrait déjà les travaux du 35ème congrès l'Ordre aux liens entre la comptabilité et la fiscalité ; 36 ans plus tard, cette même profession retenait le même thème pour son 71ème congrès, preuve s'il en était que la question demeure d'actualité…

Chacun le sait, le résultat imposable des entreprises est déterminé à partir du résultat comptable. C'est le principe dit de connexité – on parle parfois de connexion - entre la comptabilité et le droit fiscal. La France ne fait partie ni des Etats qui partent du principe que le résultat comptable en tant que tel peut servir de base à l'impôt, ni des Etats qui considèrent à l'inverse que la base d'imposition de l'entreprise doit être déterminée selon des règles spécifiques, indépendantes de la comptabilité. La voie choisie, et que l'on retrouve dans de nombreux pays, est une voie intermédiaire. Elle part du principe que l'entreprise détermine déjà un résultat, le résultat comptable, et que l'assiette de l'impôt sur les bénéfices de l'entreprise peut être obtenue par voie d'ajustements de ce résultat comptable afin de tenir compte des spécificités de la réglementation fiscale et des finalités respectives de la comptabilité et du droit fiscal. Le code général des impôts ne dit pas autre chose en rappelant que « les entreprises doivent respecter les définitions édictées par le Plan comptable général, sous réserve que celles-ci ne soient pas incompatibles avec les règles de l'impôt ». Cette articulation pose donc

[1] Professeur à l'Université de Bourgogne.
[2] Professeur à l'Université de Bordeaux.

le principe de connexité qui fait du résultat imposable, un résultat comptable corrigé.

Présenté ainsi, le modèle paraît simple, presque astucieux. La réalité, chacun le sait, est toute autre et ce pour différentes raisons. Sans prétendre à l'exhaustivité, on peut sans doute évoquer le fait que le droit comptable a évolué dans le temps, notamment sous l'influence des normes comptables internationales, et que le droit fiscal n'a pas nécessairement souhaité tirer pleinement les conséquences de ces évolutions. La réglementation comptable sur les actifs en donne une bonne illustration ; alors que le droit comptable va, par exemple, préconiser de tenir compte pour la détermination de la base d'amortissement de certaines immobilisations de la valeur résiduelle, de son côté le droit fiscal s'y refuse, déconnectant ainsi la valeur comptable de certains actifs de leur valeur fiscale. L'évolution de la comptabilité en toute indépendance de l'impact fiscal des règles adoptées est même parfois clairement revendiquée. Ainsi la Cour de Justice des Communautés européennes a-t-elle rappelé que « la quatrième directive n'a pas pour objet de fixer les conditions dans lesquelles les comptes annuels peuvent ou doivent servir de base pour la détermination, par les autorités fiscales des Etats membres, de l'assiette et du montant des taxes ».

De la même manière, le droit fiscal n'a pas hésité de son côté à introduire des prescriptions de nature comptable pour mieux contrôler la mise en œuvre de dispositions purement fiscales. On s'interroge par exemple depuis longtemps sur l'opportunité de porter en comptabilité des provisions réglementées qui n'ont par parenthèse de provision que le nom. S'agissant de provisions de nature fiscale, totalement étrangères au principe comptable de prudence, le traitement de ces provisions aurait sans doute dû demeurer étranger à la comptabilité. Mais on comprend que, dans un souci de suivi et de contrôle, l'administration fiscale ait pu plaider - avec succès - pour l'enregistrement comptable de ces provisions qualifiées néanmoins par certains auteurs de pollutions fiscales ou de scories…

Le portefeuille-titres de l'entreprise constitue en soi une bonne synthèse et une bonne illustration de l'état des relations entre la comptabilité et la fiscalité. Partant d'un principe de connexité affichée, les opérations affectant le portefeuille-titres de l'entreprise donnent lieu en pratique à des retraitements nombreux et variés, retraitements dont on peut se demander au final s'ils n'ont pas pour effet de ramener ce principe fort de connexité à une simple connexité de principe.

1. La classification et l'évaluation du portefeuille-titres : le principe de connexité

Dans le cadre de la gestion du portefeuille-titres, le lien entre le droit fiscal et la comptabilité apparaît de prime abord peu évident dans la mesure où là où la comptabilité identifie quatre grandes catégories de titres (les titres de participation, les titres immobilisés de l'activité de portefeuille, les autres titres immobilisés et les titres de placement), le droit fiscal, de manière historique, se contente pour sa part d'une approche binaire, ne reconnaissant que deux catégories : les titres de participation et les titres de placement. Difficile dans ces conditions de parler de connexité forte. Néanmoins, à y regarder de plus près, réglementation comptable et réglementation fiscale parviennent à s'y retrouver. Cette convergence est présente non seulement dans la classification des titres (1.1), mais aussi en matière d'évaluation des titres (1.2).

1.1. La classification des titres

Le droit fiscal définit les titres de participation en énonçant que « constituent des titres de participation les parts ou actions de sociétés revêtant ce caractère au plan comptable » (CGI, art. 219 I a ter ; art. 39-1 5°). En comptabilité, le plan comptable actuellement en vigueur ne comporte pas de définition précise des titres de participation et la doctrine continue de se fonder sur la définition du PCG 1982 qui indique que les titres de participation sont des titres dont la possession durable est estimée utile à l'activité de l'entreprise, notamment parce qu'ils permettent d'exercer une influence notable sur la société émettrice des titres ou d'en assurer le contrôle. La notion de titres de participation, on le constate, est donc dans l'absolu, indépendante de tout niveau ou pourcentage de participation. Ce qui compte, c'est l'intention d'exercer une influence sur la société dont on détient les titres. Le droit fiscal applique strictement la définition comptable, ce qui a pu ainsi conduire le Conseil d'État à confirmer la qualification de titres de participation pour des titres qui représentaient moins de 1 % du capital d'une autre société.

L'article 219 I a- ter du CGI précise que sont également des titres de participation les titres acquis en exécution d'une offre publique d'achat ou d'échange par l'entreprise qui en est l'initiatrice. Cette extension fiscale est conforme à la position comptable qui, en application de la définition comptable des titres de participation du PCG 1982, présume également titres de participation, les titres acquis, en tout ou partie, par voie d'OPA ou d'OPE. La symétrie est donc parfaite entre les deux disciplines.

Enfin, le même texte fiscal qualifie de titres de participation les titres qui ouvrent droit au régime des sociétés mères et filiales, mais à la condition que ces titres soient inscrits en comptabilité à un compte de titres de participation ou à une subdivision spéciale d'un autre compte du bilan correspondant à leur qualification comptable.

Cette dernière composante du périmètre fiscal des titres de participation appelle plusieurs remarques. La première remarque tient au fait que, de son côté, le plan comptable 1982 présume titres de participation les titres qui représentent au moins 10 % du capital d'une entreprise. On retrouve donc un certain parallèle entre le dispositif fiscal et le dispositif comptable si l'on excepte le quantum du taux de participation qui diffère. Mais sur ce point précis, il faut observer qu'à l'origine, le taux de participation requis au plan fiscal pour bénéficier du régime mère-filles était de 10 % avant d'être abaissé à 5%. Il en résulte qu'au départ, les définitions fiscales et comptables coïncidaient là encore pleinement.

La deuxième remarque tient au fait que la qualification fiscale de titres de participation est également subordonnée pour cette dernière catégorie de titres, à une condition de forme de nature purement comptable : il faut non seulement remplir les conditions d'accès au régime des sociétés mères et filiales, mais, au plan de la forme, il est nécessaire d'inscrire les titres au bilan dans une subdivision appropriée. On observera ainsi que l'accès au régime mère filles est une condition nécessaire, mais non suffisante. Or précisément, la condition de forme posée par le texte, subordonne la qualification fiscale de titres de participation à un critère d'inscription à l'actif du bilan de l'entreprise, soit en titres de participation, soit « dans une subdivision spéciale d'un autre compte du bilan correspondant à leur qualification comptable ». En clair, le droit fiscal prescrit la création en comptabilité de sous-comptes destinés à isoler des titres éligibles au régime fiscal des titres de participation tout en respectant leur nature comptable propre, ce qui est aussi une manière de recréer dans la comptabilité de l'entreprise la classification binaire des titres qu'opère le droit fiscal. Ainsi, par exemple, la société qui aura des « Titres immobilisés de l'activité de portefeuille » devra isoler ceux qui sont éligibles au régime mère filles et pour lesquels l'entreprise souhaite bénéficier de la qualification fiscale de titres de participation et les autres titres. La solution a le mérite de concilier la classification comptable et la classification fiscale même si au passage on observe que c'est le droit fiscal qui se fait, au cas d'espèce, normalisateur comptable.

Au final, on l'aura compris, on retrouve donc au plan comptable comme au plan fiscal les mêmes caractéristiques des titres de participation : l'utilité de la détention pour l'entreprise avec une qualification sous forme de présomption pour les titres acquis par voie d'OPA ou d'OPE ainsi que pour les titres représentant 5 ou 10 % du capital d'une autre société. Cette homogénéité se prolonge le cas échéant lorsqu'il s'agit de faire évoluer cette classification des titres avec la question du reclassement et du transfert des titres.

En effet, si les titres ne correspondent plus au plan comptable à des titres de participation ou si, inversement, des titres détenus dans un premier temps à titre de simple placement deviennent des titres de participation, le droit comptable prescrit de procéder à leur reclassement. Mais ce changement de catégorie comptable peut également s'accompagner d'un changement de catégorie fiscale. Si tel est le cas, et afin d'éviter que ce reclassement ne soit l'occasion d'une déperdition de matière imposable, le droit fiscal considère par principe que le changement de camp fiscal est le fait générateur de l'imposition d'un résultat de transfert. Néanmoins, le transfert étant dépourvu d'incidences financières pour la société qui y procède, le résultat de transfert va être placé en report d'imposition ; la taxation interviendra ultérieurement, en règle générale lors de la cession des titres. Ainsi, dans les faits, le droit fiscal reconnaît la pertinence comptable du transfert de titres, en tire les conséquences fiscales, mais en repousse, par la technique du report d'imposition, les conséquences financières.

1.2. L'évaluation du portefeuille-titres à la clôture de l'exercice

L'autre élément de connexion forte dans la gestion du portefeuille titres demeure la question de la valorisation des titres à la clôture de l'exercice. En la matière, pour les titres de participation, les règles de valorisation empruntent directement aux règles en vigueur au plan comptable, faute de règles fiscales spécifiques. La connexité est donc a priori totale. L'article 221-3 du PCG précise que les titres de participation doivent être évalués en fonction de leur valeur d'utilité, c'est-à-dire ce que l'entreprise accepterait de décaisser pour obtenir cette participation si elle avait à l'acquérir. De son côté, le droit fiscal ne pose aucune règle particulière en matière d'évaluation des titres de participation. Les seules dispositions qui existent sont consignées à l'article 39-1-5° c du CGi qui prévoit que « les titres de participation ne peuvent faire l'objet d'une provision que s'il est justifié d'une dépréciation réelle par rapport au prix de revient ». Cette disposition a pour effet d'exclure, dans la valorisation des titres de participation, le recours exclusif au cours pour les titres de participation qui seraient cotés. Par parenthèse, le texte poursuit en donnant la définition fiscale des titres de participation qui figure ainsi en pratique deux fois dans le code général des impôts : une première fois à propos du régime fiscal des dépréciations puis une seconde fois dans le cadre du régime d'exonération des plus-values sur titres de participation.

S'agissant des titres de placement, le droit fiscal détermine des règles d'évaluation qui sont consignées à l'article 38 septies de l'annexe 3 du CGI. Le texte opère la distinction entre les titres cotés et les titres non cotés. Les titres cotés sont évalués en fonction du cours moyen du dernier mois de l'exercice alors que les titres non cotés le sont par référence à la valeur probable de négociation. La réglementation comptable quant à elle opère un renvoi pour la valorisation des titres de placement aux règles définies pour les titres immobilisés (PCG, art ; 222-1). Or précisément, l'article 221-6 du PCG énonce pour les « Autres titres immobilisés » des règles d'évaluation rigoureusement identiques aux règles fiscales. Là encore, la connexité est complète. On observera cependant que, comme pour la classification des titres, la connexité résulte ici de l'identité des textes et non de l'application des règles et principes comptables en l'absence de règles fiscales.

On le constate, la connexité est donc la règle non seulement pour la classification comptable des titres, mais aussi pour leur évaluation à la clôture de l'exercice. La connexité résulte soit de l'identité des règles, soit de l'absence de règles fiscales et donc du recours à la règle comptable. Mais cette proximité doit être tempérée, car s'agissant de la gestion du portefeuille titres, les règles fiscales s'éloignent plus sensiblement des règles comptables, ce qui affaiblit le principe de connexité au point parfois de n'en faire qu'une connexité de principe.

2. La gestion du portefeuille-titres : une connexité de principe

Le principe de connexité entre la comptabilité et la fiscalité va connaître ses limites dans les différentes phases liées à la gestion du portefeuille titres, qu'il s'agisse de l'acquisition des titres, de leur détention voire même de leur cession. Ce sont en règle générale des retraitements qui feront l'objet d'ajustements extra-comptables « classiques » (2.1). Mais de manière plus originale, le droit comptable et le droit fiscal vont se séparer davantage encore sur la valorisation des titres, le droit fiscal substituant à l'occasion à la valeur comptable des titres, une valeur différente, qualifiée de valeur fiscale (2.2).

2.1. Les divergences classiques entre règles comptables et règles fiscales

Les divergences entre comptabilité et fiscalité apparaissent pourrait-on dire tout au long de la période de détention du portefeuille titres depuis l'acquisition jusqu'à la cession. Les sources de divergence tiennent pour l'essentiel, mais sans doute pas exclusivement, aux finalités respectives de la comptabilité et du droit fiscal. Nous ne retiendrons ici que quelques exemples pour illustrer notre propos sans prétendre à l'évidence à une revue exhaustive des facteurs de divergence.

Le traitement des frais d'acquisition sur les titres de participation est une des sources majeures de divergence entre la comptabilité et la fiscalité. L'article 209 VII du CGI prévoit en effet que les frais d'acquisition des titres de participation doivent nécessairement être rattachés au prix de revient des titres tout en faisant l'objet d'un amortissement sur cinq ans selon le mode linéaire, pratiqué extra-comptablement ou par le biais d'amortissements dérogatoires, selon l'option retenue en comptabilité. Le traitement fiscal s'impose quand bien même la société aurait choisi au plan comptable de déduire immédiatement les frais d'acquisition comme la réglementation comptable le lui permet.

Les divergences existent également pendant la période de détention des titres. Ainsi en est-il par exemple du régime applicable aux parts d'OPCVM détenues par les sociétés soumises à l'impôt sur les sociétés. Le droit fiscal a souhaité intégrer au résultat fiscal des sociétés qui détiennent des SICAV ou des parts de FCP, les simples écarts sur valeurs liquidatives constatés entre l'ouverture et la clôture de l'exercice. Dans l'hypothèse où les titres ont pris de la valeur, c'est donc un gain latent qui va être intégré au résultat imposable de l'entreprise alors que, à l'évidence et par application du principe comptable de prudence, le droit comptable va se refuser à prendre en compte un gain simplement éventuel dans le résultat. Par parenthèse, il est intéressant de noter que cette disposition avait été adoptée au plan fiscal à une époque où le législateur souhaitait dissuader les entreprises comme les particuliers de « thésauriser » en plaçant leurs excédents de trésorerie dans des placements à court terme rémunérateurs plutôt que d'injecter les fonds dans le circuit économique. Le droit fiscal fut donc utilisé comme une arme dissuasive en introduisant un système de taxation des gains latents. Une fois l'effet recherché atteint, le législateur a supprimé la mesure qui s'appliquait aux particuliers ; celle applicable aux sociétés a survécu…

S'agissant de l'évaluation à l'inventaire, le traitement fiscal de la dépréciation constatée va souvent s'écarter du traitement comptable : ainsi la dépréciation constatée sur des titres de participation est-elle privée de déductibilité fiscale en raison de l'exonération applicable aux plus-values de cession, conformément au principe selon lequel il ne saurait y avoir de charges déductibles là où le revenu n'est pas imposable. Dans le même ordre d'idée, la dépréciation constatée sur des titres de sociétés à prépondérance immobilière n'est déductible que dans la limite de la perte résultant de la compensation entre les plus-values et les moins-values latentes constatées sur les titres de même nature.

De la même manière, et pour des raisons qui lui sont propres, le droit fiscal va soumettre les revenus du portefeuille titres à une imposition potentiellement différenciée selon la nature des titres allant de la quasi-exonération pour les revenus des titres ouvrant droit au régime des sociétés mères et filiales à une déconnexion complète entre la comptabilité et le droit fiscal pour le traitement des participations détenues dans des sociétés de personnes. Dans ce dernier cas en effet, les règles de la transparence fiscale entraînent une remontée fiscale intégrale et immédiate des résultats entre les mains des associés, quel que soit le sort juridique, comptable et le cas échéant financier de ce résultat. L'appréhension du résultat lié à la participation dans une société de personnes est donc nécessairement l'objet de retraitements extra-comptables.

Enfin, à la sortie du patrimoine, lors de la cession des titres, les divergences entre la comptabilité et la fiscalité se justifient en raison des finalités respectives du droit fiscal et de la comptabilité. Le droit fiscal, selon le cas, souhaitera exonérer le produit de certaines cessions, l'imposer de manière allégée ou à l'inverse au taux de droit commun, ou encore différer le résultat de la cession notamment par la technique du report d'imposition. En la matière, la déconnexion entre la comptabilité et la fiscalité ne s'opérera qu'au stade de l'imposition ; le résultat de cession est calculé, le cas échéant déclaré, mais l'imposition est reportée à la date à laquelle se produit l'évènement mettant fin au report, évènement qui, par parenthèse résultera ou non d'une décision de l'entreprise elle-même. Dans chaque cas, c'est la volonté classique - et pourrait-on dire historique - d'utiliser le droit fiscal comme instrument d'incitation ou de régulation des comportements économiques qui entraîne ces disparités de traitement entre le droit comptable et le droit fiscal.

2.2. La distinction entre valeur comptable et valeur fiscale

De manière plus originale et sans doute aussi plus récente, la déconnexion entre comptabilité et fiscalité va apparaître également au niveau de la valorisation. En clair, la valeur de l'élément d'actif qui apparaît en comptabilité à la seule lecture des états financiers ne correspond pas nécessairement à la valeur que souhaite retenir le droit fiscal pour ce même élément. Le portefeuille-titres en donne une bonne illustration avec les mécanismes de sursis d'imposition. Les opérations de restructurations dans les groupes constituent un terrain privilégié de recours au mécanisme de sursis d'imposition. L'idée de départ est simple : lorsqu'à l'occasion d'une opération d'apport, de fusion ou de scission par exemple, l'entreprise reçoit des titres en échange de ceux qu'elle possédait à l'origine, elle doit inscrire les titres reçus pour leur valeur à la date de l'échange. Cette règle comptable entraîne le cas échéant la constatation d'une plus-value ou d'une moins-value. Mais dans la mesure où cette opération d'échange ne se traduit par aucun flux financier pour l'associé, le droit fiscal renonce à tirer les pleines conséquences fiscales de cette opération. Plus encore, le droit fiscal suggère de réputer inexistante l'opération d'échange en lui conférant un caractère intercalaire, c'est-à-dire en présumant que les titres ont, du point de vue fiscal, une valeur correspondant à leur valeur « historique », faisant ainsi abstraction de la valeur lors de l'opération de restructuration ayant été placée en sursis d'imposition. Si on peut comprendre, si ce n'est approuver la logique du raisonnement fiscal, force est de constater qu'elle conduit à perturber la présentation des états financiers dans la mesure où la valorisation comptable des titres ne correspondra pas à leur valeur fiscale. Et cette dissociation produira des effets dans le temps dans la mesure où, s'agissant par exemple de l'évaluation ultérieure du portefeuille titres, la dépréciation comptable sera appréciée en toute logique en comparant la valeur d'inventaire à la valeur comptable du titre alors que du point de vue fiscal, la dépréciation déductible devra être mesurée en comparant valeur d'inventaire et valeur fiscale. L'apparence comptable masquera une autre réalité fiscale, chargée par exemple d'un impôt latent dont le lecteur des états financiers devra tenir compte s'il souhaite avoir une juste vision de la situation financière de l'entreprise.

CONCLUSION

Le traitement comptable et fiscal du portefeuille-titres est assez symptomatique de l'état des relations contrastées entre la comptabilité et la fiscalité. Et force est de constater que le débat traverse le temps : l'évolution du droit comptable, sous l'influence notamment de la normalisation comptable internationale, conduit à l'alimenter même si, les dernières réformes comptables tendent peut-être à montrer que le droit fiscal cherche désormais plutôt à s'adapter aux règles comptables qu'à s'en détacher. L'exemple du règlement comptable sur les actifs en donne une bonne illustration, l'administration ayant précisé dans ses commentaires qu'« en vue de maintenir la connexion existant entre les règles fiscales et comptables », diverses mesures législatives et réglementaires avaient été adoptées. La connexion reste donc la règle. Mais au bout du compte, faut-il à tout prix rechercher une « approche systématique » de la question des relations entre comptabilité et fiscalité ou ne doit-on pas se résoudre à une approche au cas par cas ?

Quand l'heure des règlements des comptes a sonné : pensées les yeux ouverts et rêveries en droit pénal des affaires

Maxime Delhomme[1]

Condorcet se demandait, pendant la Révolution française, pourquoi il y avait si peu de législation contre la malhonnêteté commerciale (autre que celle sur le commerce des grains). Et de fait, "outre la difficulté de distinguer l'innocent du coupable, il y voyait la peur de punir l'activité industrieuse en voulant punir la mauvaise foi. Si l'heure était à la libération de la société des multiples entraves, il avait conscience que le marché bénéficiait d'un régime favorable aux délinquants économiques"[2].

1. Une délinquance rationnelle

D'hier à aujourd'hui, la problématique subsiste bien, et il semble toujours aussi difficile de cerner et discerner le portrait-robot du délinquant en col blanc. L'hypothèse trop souvent faite, au risque d'en délaisser la question, est probablement celle d'une délinquance pratiquée par des gens ordinaires. L'hypothèse d'une pathologie psychiatrique du délinquant a perdu du terrain. Ainsi, les individus incriminés dans les affaires ne font même plus l'objet d'expertise. De leur conscience au moment de l'acte, et de l'évaluation de leur dangerosité, ou de leur risque de récidive, il n'est même plus question. Le paradigme de la rationalité parfaite de l'individu l'aurait-il emporté ? Finalement, le délit est-il seulement lié à une erreur d'estimation arithmétique ? Le calcul aurait ainsi effacé la morale, et l'homme d'affaires, avant qu'elles ne deviennent judiciaires, aurait finalement et seulement mal apprécié son risque, par méconnaissance de la législation et de son application à son cas particulier. L'ancien adage selon lequel, "ce qui est permis n'est pas toujours honnête", n'est plus de mise. Les mensonges par glissements successifs deviennent conviction et vérité, troublant les lignes

---

[1] Avocat à la Cour d'appel de Paris, avocat du Conseil supérieur de l'Ordre des experts-comptables.

[2] Fontaine L. (2014), Le Marché, Gallimard, NRF Essais, pp. 242-243.

claires de partage entre noir et blanc : "Moitié victime, moitié complice, comme toujours" (Jean-Paul Sartre).

Si l'on souhaite se doter d'une grille explicative du comportement rationnel de l'homme d'affaires, et de son basculement du mauvais côté de la barrière, peut-être faut-il revenir à Beccaria qui rappelle que le principal facteur explicatif ne doit pas être recherché dans la lourdeur des sanctions, mais dans la probabilité d'être pris, ayant aussi pour corollaire la probabilité d'échapper tout simplement aux mailles du filet. En d'autres termes, c'est bien la question de l'éventuelle impunité qui est centrale avec, comme spécificité française, le nombre extrêmement réduit des magistrats chargés des poursuites. S'ouvre alors une fenêtre d'opportunité pour une délinquance d'affaires, particulièrement bien organisée pour étouffer les cas litigieux la concernant.

1.1. Le charme de la discrétion

Dans la typologie de ceux qui visent l'impunité, on ne peut évidemment classer les Madoff et autres amateurs de montages en pyramide de Ponzi. Dans de tels cas, l'affaire est entendue. Elle finira tôt ou tard par éclater au grand jour. Ces derniers peuvent repousser l'échéance de leur déchéance, mais celle-ci les rattrapera toujours. La cavalerie au grand galop n'est jamais assez rapide ; la vague des victimes finit toujours par les rattraper.

Il en est de même en matière de blanchiment. Difficile d'échapper à la détection de systèmes tels que Tracfin, qui tracent toute activité suspecte mettant en jeu des flux financiers d'un montant significatif. L'organisme en charge de ce suivi assume sa mission avec une certaine efficacité[3].

Inutile également d'essayer d'y retrouver les dirigeants dont les affaires fléchissent, et qui tentent à tout prix de garder leur rang, leurs concours bancaires, en truquant d'une manière éhontée leurs comptes. Quand bien même les initiés resteraient silencieux, la probabilité d'en réchapper et de passer le creux de la vague apparaît bien faible. Manier avec maestria la comptabilité est un art subtil dont la magie fait rarement illusion.

L'impunité s'offre plus à d'autres, et notamment à ceux qui tentent l'aventure du détournement de fonds, en prenant les atours de l'abus de bien social. La spoliation est ici par nature plus facilement dissimulable, avec des victimes maintenues dans l'ignorance. Au premier rang de celles-ci, les actionnaires minoritaires, dont on connaît la capacité plus limitée de contrôle, du fait de leur isolement, mais aussi par simple manque de temps et de moyens. Jouant de l'asymétrie d'information et de la rationalité limitée des actionnaires minoritaires, les dirigeants indélicats peuvent jouer habilement sur du velours, en toute discrétion. Ces pratiques restent toutefois

[3] Tracfin (2013), Rapport annuel d'analyse et d'activité, p. 52.

ponctuelles, et ne forment pas l'essentiel de ce poison social qu'est la délinquance en col blanc.

1.2. De la corruption, et de son moteur silencieux et constant

Bien plus puissant et enrichissant est le procédé de la corruption. Associée à une entente entre concurrents, gage d'absence de dénonciations intempestives, elle devient un instrument discret et efficace, particulièrement générateur de bénéfices. En application directe du dilemme du prisonnier et de la théorie des jeux, le dispositif mis en place en 2001, dit de clémence, assure l'impunité à celui qui dénoncera le premier aux autorités les faits d'entente délictueuse. Comme dans la théorie des dominos, le premier qui entraîne dans sa chute les autres a pour avantage de tirer son épingle du jeu et de gagner son immunité. S'inspirant en cela des procédures américaines, l'Autorité de la Concurrence a bénéficié d'une exclusivité ne bénéficiant pas aux autres juges. La seule marge de manœuvre consiste à laisser entendre au futur prévenu qu'il ferait mieux d'avouer, car le juge en tiendra compte. Pour quelle raison dès lors priver dans les faits l'Etat d'un moyen procédural aussi puissant et efficace que la clémence offerte au premier qui avoue les faits délictueux ? N'y a-t-il pas meilleur moyen pour rompre ou briser la chaîne de la corruption ? Cancer des marchés publics, lèpre avérée du domaine des marchés publics, la délinquance prenant la forme de la corruption surpasse toutes les autres en gravité. Elle affecte naturellement l'argent du contribuable, dont on ne cesse paradoxalement de dénoncer le manque. Manque pour qui, manque pour quelles poches, manque pour quel destinataire final ? Certains sont ainsi passés maîtres dans l'art de l'assèchement des finances publiques en procédant par surfacturation, et ce naturellement pour la plus grande gloire de certains bâtisseurs politiques. Et si certains voulaient encore prétendre à l'affabulation, il serait possible de leur conseiller le témoignage de cet ancien informaticien d'un groupe dominant du secteur BTP. Le mécontentement de son traitement l'a rendu particulièrement prolixe auprès d'un commissariat, ce dernier décrivant le logiciel qu'il avait programmé pour son groupe afin de répondre de manière optimale et crédible aux appels d'offres. L'émoi fut grand, mais la seule sanction prononcée à l'encontre du groupe en question fut d'avoir à supporter une perquisition et légère exposition médiatique, ce qui fut somme toute dommageable, mais s'acheva étrangement par une nullité dans la procédure pénale. Il est en effet plutôt rare qu'un juge d'instruction et un procureur laissent prescrire une procédure. Ironie de l'Histoire ? On notera que l'avocat du groupe ayant été appelé à occuper la plus haute fonction politique en France a proposé la suppression pure et simple du juge d'instruction, alors même que les erreurs de ce dernier étaient à l'origine de la survie de son client. Certes l'Autorité de la Concurrence a transigé pour un montant de 48 millions d'euros de sanctions pécuniaires, considérant que

« Les entreprises se répartissaient tous les grands marchés publics de la région île de France par le biais de « tours de table »... [et que ces] pratiques extrêmement graves.... mérit(ai)ent des sanctions exemplaires »[4]. Il semble sur ce dernier point plus difficile d'apprécier à partir de quel montant l'exemplarité peut être atteinte, surtout lorsque ces pratiques nuisent plus généralement à l'essor de la croissance économique d'un pays.

2. D'une modification possible de la procédure pénale ?

La responsabilité pénale des personnes morales[5], pouvant entraîner l'interdiction de participation à tout marché public, aurait pu laisser espérer une vigilance accrue des actionnaires sur les moyens peu scrupuleux employés par certains dirigeants pour générer du chiffre d'affaires. La défaillance de celle-ci est aussi celle d'un système judiciaire, relevée dans un rapport de l'OCDE par « l'absence d'affaires de corruption internationale, traitées par le tribunal de Nanterre, l'une des plus importantes juridictions de France, qui a sous sa compétence le quartier d'affaires de la Défense, siège de nombreuses multinationales », laissant perplexe « sur le degré d'investissement de certains tribunaux en cette matière »[6]. Et de retrouver, au Parquet de ce département, certaines personnalités proches du politique ...

Revenant au rapport de l'OCDE, deux inconnues des sciences criminologiques restent non renseignées : "combien n'ont pas été vus ?", question correspondant au chiffre noir de la criminalité, et seconde question, mais non des moindres, "pourquoi le font-ils ?", question du passage à l'acte. Or, on voit bien qu'avec un risque réduit d'être pris, la sanction quand bien même serait-elle très importante, n'a plus prise sur l'individu. L'idée même du "plaider coupable" est toujours inconnue en France, et n'arrange donc pas la situation[7]. À l'autre bout de la chaîne, la transparence accrue sur le patrimoine des politiques a progressé, promue toutefois par un ministre ayant avoué disposer, bien à contrecoeur, d'un compte en Suisse.

---

[4] Autorité de la concurrence, Communiqué 22 mars 2006 : « Dans le prolongement d'une procédure pénale, dirigée contre plusieurs personnes physiques, ouverte en 1994, et qui s'est terminée par un non-lieu en novembre 2002 en raison de la prescription de l'action publique, ... ». C'est dire que pendant trois ans ni le procureur ni le juge d'instruction n'ont effectué le moindre acte interruptif, pour des faits « extrêmement graves ».

[5] Article 121-2 « Les personnes morales, à l'exclusion de l'État sont responsables pénalement, selon les distinctions des articles 121-4 à 121-7, des infractions commises, pour leur compte, par leurs organes ou représentants. (...) La responsabilité pénale des personnes morales n'exclut pas celle des personnes physiques auteur ou complices des mêmes faits, sous réserve des dispositions du quatrième alinéa de l'article 121-3 »

[6] Rapport OCDE, 23 octobre 2012, p. 45.

[7] Niang B., Le plaider coupable en France et aux Etats-Unis au regard des principes directeurs du procès pénal, L'Harmattan.

3. Du passage à l'acte, en matière de fraude comptable

Tentons d'analyser à présent, plus en détail, l'acte même de la fraude. Fraude d'un employé, isolé, d'un dirigeant, fraude également conduite en bande organisée, collective. Exercée en équipe, plus que l'avidité personnelle, les circonstances pourraient alors jouer un rôle décisif dans la volonté de coopération entre les acteurs pour tromper leur monde.

3.1. Une histoire éternelle

C'est en Italie, terre de chefs-d'oeuvre en tous genres, que l'on retrouve aussi en la matière des pièces de choix, comme l'affaire Parmalat. Mais ce scénario de fausse trésorerie déclarée dans les comptes, bien que déjà détournée à d'autres fins, n'est pas que l'apanage des collecteurs de lait italien. Certains ont aussi su tirer profit de tels procédés en France, à Clermont-Ferrand précisément, et fort récemment (2014)[8].

On connaît les ressorts des affaires Parmalat, Enron, Thyssen Krupp. Le modèle économique se grippe, l'humilité fait défaut ("hubris"), et l'aveuglement mène à la catastrophe. Ces cas montrent bien les limites de la rhétorique. Côté presse économique, la situation est résumée comme suit : « Pour dissimuler la déroute, on maquille les résultats, on étouffe les rapports alarmants, on offre de somptueux voyages aux représentants du personnel et aux journalistes. Jusqu'à ce que la vérité éclate. C'est tout un système qui s'effondre ». La dissimulation requiert par conséquent la fraude, individuelle, parfois collective, sur laquelle certains professionnels, comme les commissaires aux comptes, peuvent fermer les yeux.

Et lorsqu'un propriétaire joue sa fortune, logée dans son entreprise et son instrument de travail, mieux vaut probablement jouer et tricher, que de tout perdre à coup sûr. La balance entre les avantages et les inconvénients de la tricherie semble plus incertaine pour les salariés, chefs comptables ou responsables de l'informatique. Ils demeurent en effet solidaires en termes de dommages subis par les créanciers, ces derniers pouvant les poursuivre afin d'être dûment indemnisés. Or, si l'on revient à la notion de pure rationalité économique, tant le salarié que l'expert-comptable n'ont pas grand-chose à gagner, avec d'un côté la poursuite d'un emploi ou le maintien d'un client, mais de l'autre des risques financiers considérables. Les investigations conduites dans certaines affaires peuvent aussi clairement démontrer l'état des complicités mais si dans certains cas la subordination peut être un facteur d'atténuation de la responsabilité, tout le monde ne bénéficie pas de la même mansuétude et certainement pas les professionnels libéraux qui par définition ne sont

[8] TGI de Clermont-Ferrand, Jugement correctionnel, 12 février 2014, Toury, n° 07000010972.

pas subordonnés et dont l'indépendance doit permettre la démission à temps, sinon la Cour de Cassation ne pourra que confirmer ce que le juge du fond a justement relevé dans une autre affaire : « l'importance de la différence entre le bilan présenté et la situation réelle de l'entreprise était trop importante pour être mise sur le compte d'une erreur comptable ; qu'il a, au surplus, été découvert lors de la perquisition du domicile de SB la liste manuscrite des « factures à établir » rédigée par lui et signée PS, ce qui démontre que la majoration des comptes actifs a été réalisée de concert entre le chef d'entreprise et son expert-comptable. »[9] On rappellera qu'en vertu de la nature volontaire de la faute pénale, la fraude comptable est logiquement inassurable. Bien organisée, la sanction est quant à elle évitable. Durkheim n'estimait-il pas que « le châtiment est destiné à agir sur les honnêtes gens, non sur les criminels »[10] ?

3.2. Dans les mystères de la comptabilité

S'il faut croire à la sagesse populaire, du "qui vole un oeuf vole un boeuf", faut-il avoir la clémence du "faute avouée à moitié pardonnée" ? Ces raisonnements apparaissent bien éloignés de la saisie du juge pénal consécutive à la présentation d'un bilan inexact, alors même que les dirigeants restent souvent bien discrets sur le retraitement des comptes lorsqu'ils reprennent une affaire. Mais si l'intentionnalité peut être caractérisée, on tombe dans la catégorie du délit. Et parfois, les faits parlent d'eux-mêmes. « L'importance de la différence entre le bilan présenté et la situation réelle de l'entreprise qui ne saurait accréditer une erreur comptable »[11].

Se référant à la Cour d'appel de Papeete, Chambre correctionnelle, 30 août 2001 n°307-156, on peut lire : « La cour observe que la notion « d'incidence significative » sur la présentation des comptes n'a aucun fondement légal et, en toute hypothèse ne s'apprécie, non par rapport au chiffre d'affaires, mais par rapport à l'actif net qui reflète la situation financière et patrimoniale de l'entreprise ... »

La notion « d'incidence significative » invoquée par le prévenu ne se retrouve ni dans les dispositions du code de commerce relatives à la tenue des comptes et à l'établissement des états financiers annuels, ni dans la loi

---

[9] Cour de cassation, Chambre criminelle, 30 juin 1999, n°98-86.703.

[10] Définitions du crime et fonction du châtiment, article publié dans *Déviance et criminalité.* Textes réunis par Denis Szabo avec la collaboration d'André Normandeau, pages 88-99, Paris, Librairie Armand Colin, 1970, 378 pages, collection U2, cité dans Trait sociologique de criminalité financière, Frédéric Compin, L'Harmattan, 2014, page 19.

[11] Cour de cassation, Chambre criminelle, 30 juin 1999, n°98-86.703.

du 24 juillet 1966 incriminant la présentation et la publication des comptes annuels inexacts.

La notion est reprise d'une circulaire de la chancellerie, adressée en 1986 aux différents parquets, prescrivant au ministère public de n'exiger des commissaires aux comptes, sous les sanctions de la non-dénonciation de faits délictueux, que la révélation des faits ayant une incidence significative sur l'actif net.

L'existence du délit de présentation et de publication de comptes infidèles (anciennement présentation de bilan inexact) ne saurait donc être conditionnée par l'existence ou non d'un rapport ou d'une grandeur significative par rapport à l'actif net et a fortiori du chiffre d'affaires de la société. Il importe seulement, légalement, que les dirigeants aient, en connaissance de cause, présenté aux actionnaires et aux tiers, et qu'ils aient publié et déposé au greffe, des comptes annuels (bilans, comptes d'exploitation, tableaux annexes) ne donnant pas une image fidèle de l'activité de la situation de la société.

Mais cette leçon ne vient dans l'arrêt qu'après l'exposé des faits, et c'est bien là que nous retrouvons la notion d'écart significatif qui est pourtant censée ne pas exister : « Alors que le premier expert a relevé une infinité de falsifications des postes comptables, les contre-experts se sont limités, pour leur part, aux points qui, selon eux, ne souffraient aucune discussion et qu'ils estimaient "être significatifs" ». Nous revenons ainsi à l'ancien adage : "Donne-moi le fait, je te donnerai le droit"[12]. Reste à être en capacité d'expertiser non seulement les faits, mais experts (comptables) eux-mêmes. Les éléments significatifs guident alors le jugement, avec la recherche d'une tromperie volontaire.

3.3. Quand l'image n'est pas l'objet, mais une représentation de l'objet

Comme en art, les écoles comptables se sont succédé. Aujourd'hui, les IFRS, à l'image des cubistes, nous donnent à mieux appréhender les volumes. Bien que la régularité et la sincérité soient essentielles, reste le principe d'unicité du bilan, ne répondant pas pleinement à la question de la multiplicité des lecteurs, sachant que l'interprétation des opérations et leur traduction en langage comptable peuvent conduire à des informations trop déformées.

Comme au tout début de la comptabilité, la sincérité des comptes repose sur la connaissance du commerçant de la réalité des opérations qu'il a enregistrées ou fait enregistrer. L'assistance de l'expert-comptable repose sur la confiance et la parole du commerçant. Mais lorsqu'il s'agit d'imputation en comptabilité, la classification de l'opération nécessite un

---

[12] *Da mihi factum, dabo tibi jus*, n° 74 Adages du droit français.

acte professionnel qui est du ressort de la responsabilité du comptable. Le contrôleur des comptes, quant à lui, ne pouvant tout revérifier, s'appuiera sur la notion clé de "seuil de signification"[13]. À la sincérité, la régularité et le contrôle, s'ajoute la complétude, puisque l'on doit pouvoir disposer des informations complémentaires et d'importance significative dans les annexes. Toutefois, en tout il est matière d'appréciation et de jugement, et "l'artisan devra répondre de son art"[14]. Mais souvenons-nous de la leçon de Lucien Fevre : « Non, les documents ne sont pas donnés tout faits. Ce serait trop simple. Le document, c'est tout ce qui peut servir à reconstituer le passé. Et la liste de ce qui peut servir à reconstituer le passé s'accroît chaque jour, s'augmente chaque jour. Grâce à l'ingéniosité. Grâce à la curiosité d'esprit. Grâce à l'imagination de l'historien. D'une série de faits muets, faire des faits parlants. D'une série de faits sans rapport apparent avec l'histoire des hommes faire autant d'indices, voilà le grand travail de l'historien ». Las, la citation suivante préfigure encore de nombreuses querelles juridiques : « Ce qu'on nomme bénéfice d'un exercice social est un chiffre arbitraire à l'intérieur d'un domaine limité inférieurement par la crainte de l'assemblée générale, et supérieurement par la crainte de la correctionnelle »[15].

[13] *« 18: Lorsque, lors de son évaluation du risque d'anomalies significatives, le commissaire aux comptes a identifié un risque inhérent élevé qui requiert une démarche d'audit particulière, il met en œuvre des contrôles de substances qui répondent spécifiquement à ce risque.*
19: Plus le commissaire aux comptes estime que le risque d'anomalies significatives est élevé, plus les contrôles de substance qu'il réalise sont étendus. Par ailleurs étant donné que le risque d'anomalies significatives intègre le risque lié au contrôle, des résultats des tests de procédure non satisfaisants augmente l'étendue des contrôles de substances nécessaires » CNCC, NEP 330, paragraphe 6, Procédures d'audit mises en œuvre par le commissaire aux comptes à l'issue de son évaluation des risques.

[14] *Spondet (artifex) peritiam artis*, L'artisan est garant de son art, n° 420, Adages du droit français.

[15] Detoeuf A. (1962), Propos de O.L. Barenton, confiseur, Éd. du Tambourinaire, 1962.

Pour une vraie gouvernance mondiale des normes comptables internationales

Christian Hoarau[1]
et Robert Teller[2]

INTRODUCTION

Mondialisation financière et globalisation comptable se sont développées rapidement à l'occasion des crises qui ont secoué les économies de la planète. La globalisation des économies n'est pas concevable sans une certaine globalisation comptable qui permet d'éviter les distorsions résultant de l'utilisation de normes internationales dont l'impact diffère de celui des normes locales (Hoarau, 2006). De nombreux travaux ont mis en lumière la contradiction fondamentale entre une globalisation rapide des marchés de capitaux et la fragmentation des systèmes de comptabilité et d'information financière. Or, plus le système financier est sophistiqué et plus les problématiques d'information comptable qui servent de support sont complexes. Un système financier mondialisé ne peut pas se passer de standards comptables « universels ». La globalisation financière implique, donc, une certaine globalisation comptable, c'est-à-dire un ensemble de normes chargées de représenter les transactions, les contrats et les relations entre agents économiques fonctionnant au sein du « village global » (Véron, 2008).

Ce phénomène n'a pas échappé au Professeur Jean Guy Degos qui a, notamment, analysé l'impact de cette globalisation comptable sur la profession comptable. Pour répondre à ce besoin d'un socle comptable global, un processus de convergence a été enclenché entre le référentiel IFRS (International Financial Reporting Standards) et les normes américaines (US GAAP, Generally Accepted Accounting Principles). Cette évolution s'est faite en accentuant fortement la financiarisation du modèle comptable, mais elle suscite des questionnements qui vont bien au-delà des aspects comptables, car derrière ce mouvement d'harmonisation comptable internationale, se joue le mode de gouvernance des grandes entreprises, des

[1] Professeur titulaire de la chaire de comptabilité financière et audit du Conservatoire national des arts et métiers.
[2] Professeur émérite à l'IAE de l'Université de Nice.

marchés et du capitalisme financier international. Quelles conséquences peut-on attendre d'une globalisation comptable induite par la financiarisation des économies et quels sont les enjeux d'une telle évolution pour le modèle comptable ?

Le but est, ici, de tenter une synthèse de cette marche progressive vers la globalisation comptable, de s'interroger sur la nature de cette nouvelle régulation comptable internationale, de réfléchir à ses limites et d'envisager les évolutions possibles en termes de gouvernance mondiale.

1. Bref regard historique sur la constitution du socle comptable global

Le socle comptable global est le fruit d'un processus de convergence entre des normes élaborées par un organisme privé (les normes IFRS, élaborées par l'IASB) et les normes comptables américaines (les US GAAP, élaborées par le FASB). Ce socle pose aujourd'hui des problèmes de gouvernance qui peuvent en partie s'expliquer par l'historique de ce processus de normalisation comptable internationale. Créé en 1973, l'International Accounting Standards Committee (IASC), devenu depuis 2000, l'International Accounting Standards Board (IASB), a connu une évolution et une réussite exceptionnelle. Dès 1987, l'IASC adopte un projet visant à réduire les options dans les normes existantes et commence à mettre au point, à partir de 1995, un ensemble complet de normes pour pouvoir l'imposer à l'ensemble des sociétés cotées. En 2002, l'Europe rend obligatoires les normes IFRS pour les sociétés cotées. Elle sera suivie par de nombreux pays, dont les pays émergents et les nouvelles puissances économiques, que sont la Chine et l'Inde, qui ont rejoint le groupe des pays ayant adopté partiellement le référentiel IFRS. Les Etats-Unis, quant à eux, entreprennent un travail de convergence des normes américaines (US GAAP) avec les normes IFRS. Le succès de l'IASB est en fait largement dû à l'initiative d'un groupe de régulateurs de marchés (Arthur Levitt pour la SEC, Michel Prada pour la COB, Andrew Sheng pour Hong Kong). Europe et États-Unis conviennent, en 2007, de promouvoir les conditions pour que les normes US GAAP et les IFRS soient reconnues dans les deux juridictions sans obligation de rapprochement. Le but affiché était d'arriver le plus tôt possible à un rapprochement suffisant des normes comptables internationales pour constituer un socle comptable global, afin de faciliter et de sécuriser la globalisation économique et financière en plein essor. La SEC publie, le 20 juin 2007, le règlement définitif supprimant, sous certaines conditions, l'obligation de réconciliation entre les IFRS et les US GAAP. La SEC autorise les émetteurs privés étrangers à présenter leurs états financiers préparés conformément aux IFRS telles qu'elles ont été publiées par l'IASB, sans obligation de réconciliation avec les US GAAP.

En avril 2015, le Financial Accounting Standards Board (FASB), et le Governmental Accounting Standards Board (GASB) ont mis au point un plan stratégique chargé d'assurer une vision à long terme du processus normatif. La priorité du Financial Accounting Standards Board (FASB) reste celle d'améliorer l'information financière au profit des investisseurs et des autres utilisateurs de l'information financière sur les marchés financiers américains. Le FASB poursuivra sa stratégie d'amélioration de l'information financière par un développement continu des normes américaines et en participant activement à l'élaboration des Normes internationales d'information financière (IFRS). Toutefois, le FASB pourra, dans certains cas, conclure que l'intérêt supérieur de ses propres marchés financiers l'emporte sur l'objectif de convergence des normes comptables internationales.

De son côté, après les nombreux inconvénients révélés par la crise de 2008, l'Europe a souhaité pouvoir préserver ses intérêts et donc avoir la capacité de refuser, de remplacer ou de modifier une norme IFRS. Elle a confié, en 2013, une mission à Philippe Maystad consistant à analyser les moyens de mettre en œuvre un renforcement de la contribution de l'Europe dans l'élaboration des normes IFRS. Ce rapport intitulé « Should IFRS be more European ? » analyse la question de la place de l'Europe dans les normes comptables internationales. Il souligne, notamment, l'attitude paradoxale des Américains qui ont reporté *sine die* l'adoption des IFRS sur leur territoire alors qu'ils sont toujours des membres influents de toutes les instances de l'IASB au détriment, sans doute, de l'Union européenne qui n'y est pas représentée à parité. En tant que « premier client » de l'IASB, l'Union européenne devrait, sans doute, bénéficier d'un poids plus important pour pouvoir peser davantage sur le processus normatif.

L'IFRS Foundation a publié, en juin 2015, une version mise à jour du « Financial Reporting Standards pour l'économie mondiale », qui détaille les progrès réalisés dans l'utilisation mondiale des IFRS. Le tableau 1 ci-après montre qu'entre 2008 et 2015, le nombre de pays qui adoptent les normes IFRS passe de 157 en 2008 à 174 en 2015.

Tableau 1 : Adoption des IFRS dans 174 pays du monde en 2015
(157 pays du monde en 2008)

Cas des Sociétés cotées 2015 **(en gras)** et 2008 (entre parenthèses)	Cas des Sociétés Non Cotées 2015 (**en gras**) et 2008 (entre parenthèses)
• IFRS non autorisées **30** (32) • IFRS autorisées **47** (24) • IFRS obligatoires pour certaines sociétés **37** (4) • IFRS obligatoires pour toutes les sociétés cotées **(96)** 82 • Parmi les **131** (110) pays qui autorisent ou exigent l'application des IFRS, **87** (75) pays requièrent l'indication de la conformité avec les IFRS dans le rapport d'audit.	• IFRS non autorisées **23** (34) • IFRS autorisées **96** (36) • IFRS obligatoires pour certaines sociétés **10** (19) • IFRS obligatoires pour toutes les sociétés **28** (28)

(Source : Deloitte, Iasplus.com)

Ce tableau montre clairement la forte progression des normes édictées par l'IASB dans l'ensemble du monde y compris dans le monde anglo-saxon. Malgré ces avancées importantes, on ne peut sans doute pas affirmer aujourd'hui que les IFRS sont le référentiel mondial en raison de la forte influence des US GAAP, notamment sur les marchés financiers mondiaux. Par contre, il est certain que le processus de convergence engagé entre les normes de l'IASB et les normes américaines constitue bien le socle de cette globalisation comptable. Cette évolution paraît inéluctable et marque sans doute une rupture avec les modèles comptables antérieurs. On peut alors s'interroger sur les conséquences d'un tel phénomène notamment au niveau de la gouvernance internationale de ce processus normatif.

2. La gouvernance financière des normes comptables internationales : un faux problème

La constitution d'un socle comptable global constitué par la pénétration des normes IFRS dans plus de 170 pays, et par l'accélération du processus de convergence avec les normes américaines, répond aux attentes des marchés financiers internationaux, mais ne va pas sans poser de nombreuses questions de gouvernance. En effet, ce processus est constitué par des normes américaines qui conservent une influence prédominante, et des normes IFRS élaborées par un organisme privé qui dispose, certes, d'un pouvoir économique très important, mais qui n'a aucune légitimité politique, et qui de plus est largement contrôlé par les instances américaines. La robustesse de ce socle comptable global dépend, pour l'essentiel, de la bonne volonté des autorités américaines en ce qui concerne les modalités de convergence. Il apparaît clairement que la diffusion planétaire des normes IFRS est d'autant plus efficace qu'elle bénéficie, en parallèle, du processus de convergence avec les normes américaines, et de l'appui de la SEC. Ce socle comptable global pose, aussi, un problème de cohérence interne au système normatif lui-même. Il est, en effet, constitué d'un « mix » de normes comptables qui sont, pour la partie américaine, fondées sur des règles et, pour la partie IFRS, assises sur des principes généraux. Dans un tel système, les différences de pratiques sont inévitables or, ce socle global suppose une application uniforme des normes comptables ce qui est loin d'être le cas actuellement. La question de l'homogénéité de l'application des normes comptables internationales reste donc largement posée et demandera du temps et un suivi attentif afin d'éviter les dérives vers une « adaptation locale » des normes internationales.

Orienté en fonction des besoins des investisseurs, ce socle est marqué par une financiarisation accrue du modèle comptable sous-jacent, et par une nouvelle conception de la performance. L'investisseur reste le destinataire privilégié du reporting financier aussi bien dans le cadre conceptuel de l'IASB, que dans celui des US GAAP. Il s'agit de fournir une information, qui rende compte au mieux de la création de valeur attendue des investissements. Cet objectif a orienté la production des normes comptables vers une vision purement financière du modèle comptable, par exemple en mettant en exergue le principe d'évaluation à la juste valeur et en prônant une nouvelle conception de la performance basée sur le résultat élargi (comprehensive income). La crise des « subprimes » a clairement montré que cette « mutation » du système comptable suscitait des interrogations. Elle a favorisé le processus de financiarisation des économies, mais elle a, aussi, joué un rôle non négligeable dans la propagation planétaire des crises financières aux autres secteurs de l'économie, en mettant en péril les équilibres sociaux et sociétaux.

La phase actuelle de ce processus de globalisation comptable n'est, sans doute, qu'une étape qui demande à être consolidée, mais le problème crucial reste celui de la gouvernance politique d'un tel processus, compte tenu de l'importance que revêtent les normes comptables pour les entreprises et les États. À l'occasion des crises financières qui se sont succédé ces vingt dernières années, de nombreuses voix se sont fait entendre pour réclamer une réforme des normes IFRS, et plus généralement une amélioration de la convergence entre ces normes et les US GAAP. Il semble bien que le processus de convergence se soit très largement ralenti, et que les normalisateurs américains ne soient plus aussi enthousiastes sur ce projet d'unification ou même de reconnaissance mutuelle entre les IFRS et les US GAAP. Les projets d'amélioration en cours marquent un net recul par rapport à l'agenda initial notamment en ce qui concerne le cadre conceptuel des normes comptables et les normes relatives aux instruments financiers. En fait, ces problèmes sont à la fois très techniques et touchent aux fondements même du modèle comptable, ce qui peut expliquer la relative immobilité que l'on peut constater actuellement. Cependant, il paraît clair que les débats houleux et difficiles sur les normes relatives aux instruments financiers, aux mécanismes de couverture ou aux opérations d'assurance restent en grande partie de faux problèmes tant qu'ils restent posés dans le cadre d'une gouvernance des normes comptables internationales basée sur l'arbitrage entre les normes IFRS et les normes américaines. En effet, les deux systèmes connaissent des divergences sensibles, mais procèdent tous les deux du même corpus théorique issu de la microéconomie financière néoclassique.

Les deux corpus ont un soubassement identique fondé sur des concepts tels que l'efficience des marchés, la value relevance de l'information financière, la rationalité des acteurs, etc. Or, c'est bien là que se situe le vrai défi de la normalisation comptable internationale : remettre en cause, ou au moins en perspective, les fondements du modèle comptable établis sur la seule prédominance de la rationalité financière afin de pouvoir rendre compte des impacts de la globalisation financière sur l'ensemble des parties prenantes, qu'il s'agisse de la planète dans son ensemble, des États, des entreprises, des actionnaires des salariés, des citoyens, … Il est donc évident que toute modification du système actuel ne pourra produire que des effets bénéfiques, mais forcément limités tant que les fondements du modèle comptable ne seront pas « revisités ». Mettre l'accent sur les divergences techniques et la complexité des normes comptables internationales n'est donc qu'une façon de masquer le vrai défi posé au modèle comptable et à la régulation comptable internationale.

3. La gouvernance de la normalisation comptable internationale : un faux problème, mais un vrai défi

La financiarisation du modèle comptable IFRS-FASB a permis un développement sans précédent du management par la valeur financière. Ce modèle que nous avons qualifié de socle comptable global est donc un instrument majeur de la globalisation financière. Il a connu un succès planétaire qu'il n'est pas question de nier, mais il a conduit aussi à des dérives parmi lesquelles le transfert massif de ressources au profit des acteurs financiers, la globalisation des crises financières et son extension à l'économie réelle, les stratégies d'optimisation fiscales des multinationales, qui ont réduit les ressources budgétaires des États, la mise en péril des équilibres écologiques par un développement inconsidéré de la consommation de ressources non renouvelables. Il semble évident qu'un tel système ne peut perdurer sans conduire à un déséquilibre planétaire majeur. À partir du moment où toute crise environnementale, ou plus largement sociétale, porte en elle-même les germes d'une crise systémique susceptible de compromettre les équilibres financiers et réciproquement, il devient évident qu'un cadre comptable adossé uniquement aux besoins des marchés financiers ne peut plus remplir sa mission de production d'une information financière pertinente pour l'ensemble de la planète. Le vrai défi est donc celui d'une intégration de l'ensemble des partenaires dans le cadre comptable conceptuel. En effet, la globalisation financière a mis en étroite relation les activités économico-financières avec l'ensemble des phénomènes écologiques, environnementaux, climatiques, énergétiques, politiques sans, toutefois, permettre une gouvernance planétaire et le socle normatif global actuel est très insuffisant pour prendre en compte cette nouvelle problématique. Adossé essentiellement à un modèle de la valeur financière, le socle normatif comptable issu des IFRS et des US GAAP ne peut rendre que marginalement compte des impacts non financiers de l'activité des entreprises. Il est donc incapable, par nature, d'informer correctement l'ensemble des partenaires sur les risques systémiques qu'ils soient financiers, environnementaux ou sociétaux. Pourtant, une telle mission relève bien du modèle comptable, qui reste le seul instrument capable de faire le lien entre l'information financière à destination des investisseurs, la représentation de la performance interne des entreprises et la mesure de ses impacts sociaux, environnementaux et sociétaux. La montée en puissance des risques environnementaux majeurs, couplée aux risques financiers systémiques, ne fait que rendre plus évidente la nécessaire évolution du modèle comptable international vers une meilleure intégration des parties prenantes dans son cadre conceptuel. C'est bien là que se situe le vrai défi pour la normalisation comptable internationale, et ce n'est pas en cherchant des améliorations techniques de plus en plus complexes - tout en restant marginales - que le socle global IFRS-US GAAP pourra remplir sa mission. Un tel défi est considérable, car il implique une évolution forte, voire une révolution du modèle comptable lui-même (Richard, 2012).

CONCLUSION

Le vrai défi de la normalisation comptable internationale : faciliter le passage d'une gouvernance financière à une gouvernance sociétale au niveau mondial. De nombreux auteurs ont montré qu'une prise en compte de l'ensemble des parties prenantes ne peut relever du cadre conceptuel actuel des normes IFRS ou américaines, car le nouveau modèle comptable devra pouvoir adosser l'information relative à la valeur financière aux éléments tangibles ou intangibles de la valeur substantielle des organisations. Cela suppose une « extension des règles de la comptabilité traditionnelle aux éléments relatifs au capital naturel et au capital humain, et une prise en compte systématique de leur dégradation » (Richard, 2012, p. 90). Il conviendrait donc de repenser le cadre comptable conceptuel actuel pour le rendre compatible avec une gouvernance sociétale au niveau mondial. Il ne s'agit plus d'adosser le processus normatif aux mécanismes de la gouvernance financière, mais au contraire de rechercher les critères pertinents permettant de réguler, au niveau planétaire, les processus de création de valeur sociétale, globale et durable. Traduit en termes comptables, cela signifie que les normes comptables actuelles fortement orientées vers le management par la valeur financière ne peuvent plus ignorer les autres composantes de la valeur et notamment la valeur substantielle … (Hoarau et Teller, 2015). Intégrer le concept de valeur substantielle dans un cadre comptable conceptuel élargi permettrait de mieux représenter la relation de l'entreprise à son environnement en enrichissant la mesure de la création de valeur. La valeur substantielle permet, en effet, d'expliciter les sources réelles de la création de valeur au-delà de ses seuls aspects financiers. Ce concept permet de combiner les activités de façon à créer un avantage concurrentiel durable et acceptable par l'ensemble des acteurs.

Cette approche reconnaît l'importance de la création de valeur financière, mais l'analyse comme le résultat d'une intégration de tous les inducteurs de valeur internes (compétences fondamentales, savoir-faire, avantage compétitif, innovations, etc.…) et externes (impact environnemental, social et sociétal). Elle permet une vision élargie de la performance qui va au-delà de la simple valeur financière pour prendre en compte les impacts sur l'environnement (externalités) et sur l'ensemble des acteurs sociaux. Elle intègre directement l'idée que l'entreprise est présente sur les marchés, mais aussi « enchâssée » au sein d'une société. Elle doit pouvoir assumer l'ensemble des conséquences et des risques liés à son activité en s'efforçant de les anticiper et non plus seulement d'en réparer les dommages. Elle doit, aussi, intégrer ces préoccupations dans son cœur de métier et internaliser les coûts supportés jusque-là par la collectivité.

Le statut actuel de la normalisation comptable internationale caractérisée par la suprématie du socle comptable global IFRS-FASB paraît difficilement compatible avec une gouvernance mondiale plus soucieuse du développement durable et des aspects sociétaux. Les débats techniques sur l'amélioration du socle comptable global et sur la convergence des normes IFRS – US GAAP sont d'une grande complexité technique, mais sont en fait un faux problème compte tenu de l'ampleur du risque environnemental et sociétal actuel. Le vrai défi est bien celui de la gouvernance planétaire d'une normalisation comptable internationale intégrant une refonte de son cadre conceptuel pour faire une place plus large à l'ensemble des partenaires au-delà des seuls investisseurs financiers. Ce modèle devrait rechercher une plus grande intégration entre la valeur financière et la valeur substantielle pour permettre une réelle « internalisation » des principales externalités et une meilleure estimation des passifs éventuels et des risques produits par les entreprises. Une telle évolution ne pourra pas se faire sur la base d'une autorégulation arbitrée par les marchés financiers. Elle suppose une impulsion légale forte émanant d'une structure supranationale dans le cadre de l'ONU et adossée, par exemple, au FMI et à la banque mondiale (Hoarau, 2006a,b). Compte tenu de l'évolution rapide de la contrainte environnementale planétaire qui fait planer la menace d'un double risque systémique financier et sociétal, ce défi posé à la normalisation comptable internationale demande une intervention politique rapide au plus haut niveau.

Références

Deloitte, (2015), IFRS in your pocket, http://www.iasplus.com/en/publications/global/ifrs-in-your-pocket/.

Hoarau, C. (2006a), Convergence IFRS US GAAP : vers une hybridation des modes de normalisation, *Revue Sciences de Gestion ISMEA ISEOR*, No. 54, pp. 39-51.

Hoarau, C. (2006b), « La gestion des résultats comptables, IFRS vs US GAAP », *Revue Française de Comptabilité*, No. 406, janvier, pp. 20-22.

Hoarau, C. et Teller, R. (2015), Information financière et responsabilité sociale des entreprises », in *La responsabilité sociale de l'entreprise. Mélanges en l'honneur de Roland Pérez*, Caen, Édition EMS.

Richard, J. (2012), *Comptabilité et développement durable*, Paris, Economica.

The institute of chartered accountants in England and Wales ICAEW (2007), "EU implementation of IFRS and the fair value directive, A report for the European Commission", www.icaew.com/ecifrsstudy.

Coûts de faillite et nouvelles procédures collectives

Eric Séverin[1] et Jean-Claude Juhel[2]

INTRODUCTION

Banca rotta, (littéralement « banc rompu »), c'est par ses mots que l'on désignait l'échec d'une entreprise. Lorsqu'un banquier était devenu insolvable, les autorités venaient briser son comptoir à la hache. Une mesure radicale, mais claire ! Ce rappel est là pour nous remémorer que la faillite n'est pas un phénomène nouveau. Il constitue un problème majeur de la vie des affaires. En effet, les conséquences de l'échec d'une entreprise sont multiples : pertes d'emplois, régions qui se désindustrialisent, délitement du tissu social, ... Les faillites pèsent aussi sans aucun doute sur les choix électoraux. La faillite est un concept aux multiples dimensions. La première dimension est stratégique. Des auteurs tels que d'Argenti (1976) ou d'Aveni (1989) ont cherché à circonscrire les variables organisationnelles et comportementales pour expliquer le processus de faillite. Au sein de ce courant, les auteurs considèrent que les succès ou les échecs de l'entreprise sont dus tant à des facteurs internes (financiers, organisationnels, productifs), qu'externes (environnement, nouvelles technologies, croissance et cycle de vie). La deuxième dimension est organisationnelle et managériale. Dans ce cadre, il s'agit de comprendre la capacité d'adaptation des structures et des acteurs. Il s'en suit que la faillite est souvent le fruit de l'insuffisance et de la personnalité du dirigeant (Kaplan, 1948). La troisième dimension est juridique. C'est, au sens large, le courant « Law and Economics ». Au sein de ces travaux, les auteurs cherchent à déterminer le cadre législatif optimal (Blazy *et al.*, 2014).

La dernière dimension qui nous intéresse est la dimension financière. Elle se scinde en deux grandes familles. La première est celle des modèles de prédiction de faillite (Beaver, 1966 ; Altman, 1968). L'idée qui guide toutes ces études est simple, et repose sur des techniques plus ou moins sophistiquées capables de déterminer si une entreprise sera, dans un avenir

---

[1] Professeur à l'Université de Lille 1.

[2] Professeur émérite à l'Université de Nice Sophia Antipolis.

plus ou moins proche, capable de faire face à ses échéances. La seconde famille trouve sa source dans la lignée des travaux de Modigliani et Miller (1958, 1963). Ces auteurs mettent en évidence que la structure du capital n'a pas d'influence sur la valeur de la firme dans le cadre d'un marché parfait, mais lorsqu'on lève l'hypothèse d'imposition, le choix de l'endettement résulte d'un compromis entre les bienfaits de l'endettement (économies d'impôts) et ses désavantages (coûts de faillite). L'objet de notre propos ne peut être exhaustif, c'est pourquoi nous nous focaliserons sur les coûts de faillite. Dans un premier temps, nous nous focaliserons sur les contours des coûts de faillite et leurs mesures. Dans un second temps, nous aborderons les avancées récentes des procédures collectives en montrant en quoi elles sont susceptibles de réduire ces coûts de faillite.

1. Les coûts de faillite : l'approche de Modigliani et Miller

L'objet de cette partie est de comprendre les coûts de faillite (1) afin d'une part, de mieux les circonscrire (2) et, d'autre part, de mieux les mesurer (3).

1.1. L'existence des coûts de faillite

Modigliani et Miller (1958), dans un article resté célèbre, ont montré que sur un marché parfait, la valeur d'une firme était indépendante de son taux d'endettement. Comme le soulignent les auteurs, ce qui détermine la valeur de la firme, ce sont ses cash-flows futurs. Ces derniers sont le fruit d'investissements. Ils dépendent donc des seuls actifs de l'entreprise et non de la façon dont les financements sont répartis entre actionnaires et obligataires. Si l'entreprise est non endettée, l'ensemble des cash-flows ira aux actionnaires, dans le cas contraire, seule une partie sera versée aux actionnaires après le remboursement des créanciers. C'est donc l'importance des cash flows qui détermine la valeur de la firme.

Dans un article complémentaire, Modigliani et Miller (1963) lèvent l'hypothèse d'imposition, et arrivent à la conclusion que l'avantage fiscal provenant du caractère déductible des intérêts d'emprunt doit conduire les entreprises à s'endetter. En d'autres termes, l'endettement permet des économies d'impôts via la déductibilité des charges financières. En outre, l'endettement est un moyen de financement moins coûteux, car moins risqué que les fonds propres. En conséquence, il devrait être utilisé très largement par les firmes pour baisser le coût du capital. Ce raisonnement bute sur la faillite. En effet, l'augmentation de l'endettement accroît le risque financier, et induit des coûts de faillite destructeurs de valeur. Au final, la structure financière de l'entreprise est un compromis entre les avantages de l'endettement (économies d'impôts) et désavantages (coûts de faillite). C'est pourquoi, il est légitime de s'interroger sur ces coûts. C'est l'objet du point suivant.

1.2. La définition des coûts de faillite

Traditionnellement, on distingue deux catégories des coûts de faillite. Les premiers sont directs (1.2.1.), et les seconds indirects (1.2.2.).

1.2.1. Les coûts directs

Les coûts directs de faillite sont principalement constitués par les frais des mandataires de justice et les frais d'inventaire de greffe. En France, les premiers sont régis par l'ordonnance du 18 décembre 2008 (articles L622-17 et L641-13 du Code du Commerce). Les seconds sont régis par les articles R. 743-140 et suivant et par l'annexe 7-5 de l'article R. 743-140 du Code du Commerce. Les émoluments sont composés, sans être exhaustifs, de la convocation devant le juge-commissaire, de la convocation devant le président du Tribunal, ou encore de l'ordonnance du juge-commissaire. De nombreuses études ont cherché à les mesurer (Ang *et al.* 1982 ; Altman, 1984 ; Lo Pucki et Doherty, 2004 ; Bris *et al.* 2006). Il en ressort plusieurs résultats. Premièrement, ces coûts se situent entre 1 et 10% de la valeur de la firme. Deuxièmement, ils ne sont pas toujours bien circonscrits, car la situation de difficulté varie selon les études (redressement judiciaire, prepack - ou faillite préemballée -, liquidation...). Troisièmement, ils sont proportionnellement plus lourds pour les PME. Quatrièmement, il n'y a pas de consensus sur leurs mesures en particulier, par l'adjonction ou non, des coûts de négociation souvent antérieurs à la faillite. Cinquièmement, ils ne sont pas identiques pour tous les acteurs. Si, en France, les salariés ont un super-privilège, il n'en est pas de même pour les autres créanciers (banquiers, fournisseurs) et actionnaires. L'ordre de priorité différent selon le caractère pro-débiteur ou pro-créancier conduit à des taux de recouvrement fort différents (Haravon, 2009). De toutes ces études il ressort un point commun, à savoir que les coûts directs augmentent avec le temps que l'entreprise passe sous la protection judiciaire.

1.2.2. Les coûts indirects

Si les coûts directs font l'objet de nombreuses études, c'est en raison de la relative facilité d'accès en termes d'information. Il n'en est pas de même pour les coûts indirects. En effet, ceux-ci sont divers, et bien plus difficiles à définir. Les coûts indirects peuvent être classés en cinq grandes familles.

La première est celle liée à la perte de clients. Si ce dernier s'aperçoit que son fournisseur est en difficulté, il risque de s'en détourner pour en trouver un autre, apte à lui garantir un service après-vente. Cela conduit à amplifier la difficulté du fournisseur.

La deuxième est liée à la confiance des fournisseurs. Ces derniers pour s'ouvrir des marchés accordent des délais de paiement. S'ils ont des doutes sur leurs clients, ils seront appelés à réduire leurs délais, voire à exiger un paiement comptant, car ils savent qu'en cas de faillite, ils n'auront que très peu de chances de recouvrer leurs créances (ordre de priorité).

La troisième est celui de la perte de compétences. Lorsque des salariés travaillent dans une entreprise en difficulté, ils peuvent avoir des doutes quant à la pérennité de leurs emplois. Ils vont donc chercher à trouver un travail dans une firme plus pérenne. Ce faisant, la firme en difficulté perd ses meilleurs éléments dont elle aurait justement le plus besoin en période difficile. Il s'agit de ce fait d'un coût lié à une perte de réputation.

La quatrième est celui du « fire sales », ou de la vente d'actifs à vil prix. En effet, pour faire face à ses échéances, les entreprises en difficulté vont être tentées de faire rentrer des liquidités en bradant leurs actifs !

La cinquième, et dernière, tient dans l'attitude potentiellement opportuniste du dirigeant, en particulier aux Etats-Unis. En effet, dans le chapitre 11, le dirigeant reste à la tête de l'entreprise encore pendant 120 jours. Il peut alors proposer un plan de réorganisation. Parfois, lorsque la situation est irrémédiablement compromise, le dirigeant peut être tenté de retarder la liquidation, en engageant des projets non créateurs de valeur, qui contribuent encore plus à la destruction de valeur de l'entreprise. A titre d'exemple, Weiss et Wruck (1998) montrent que plus de 50% de la valeur d'Eastern Airline a été détruite pendant le redressement judiciaire, en raison d'un comportement opportuniste du dirigeant.

1.2.3. La mesure des coûts indirects de faillite

Une des principales difficultés est de mesurer les coûts indirects de faillite. Plusieurs études s'y sont attelées. La première mesure est l'étude d'Altman (1984). Il mesure d'une part, la baisse du CA de chacune des entreprises en faillite comparativement à la moyenne des ventes du secteur, et, d'autre part, l'écart entre le montant réel des ventes et les prévisions qui en avaient été réalisées 3 ans avant la défaillance. Les résultats font ressortir des coûts importants de l'ordre de 11 à 17 % de la valeur de la firme. D'autres auteurs, comme Kalay *et al.* (2007) utilisent une mesure semblable en comparant la rentabilité économique de la firme comparativement à la performance économique du secteur. La faiblesse de cette approche est soulignée par Opler et Titman (1994), qui avancent qu'il est impossible de distinguer si le déclin des résultats est le fruit de la difficulté financière (et par conséquent un coût indirect), ou si la baisse des profits est le fruit de la dégradation économique de la firme, dégradation qui joue en retour sur la difficulté financière. C'est pourquoi ils mesurent les coûts de réputation au travers de la variation du CA en fonction du degré de difficulté financière de la firme. L'intérêt de leur approche est de montrer que les coûts indirects ne naissent pas avec l'existence d'une procédure de redressement judiciaire, mais préexistent avant même ledit redressement judiciaire.

Une deuxième tentative est l'œuvre d'Andrade et Kaplan (1988). Les auteurs prennent un échantillon d'entreprises ayant réalisé un LBO et les comparent avec des firmes économiquement rentables, mais fortement endettées. Par ce biais, ils cherchent à mettre en évidence le seul effet « difficulté financière ». Leurs résultats convergent avec les études précédentes d'Altman (1984) et d'Opler et Titman (1994) à savoir que les coûts indirects préexistent à la situation de faillite et que leur ordre de grandeur est entre 10 et 20% de la valeur de marché des actifs.

Une troisième mesure est l'œuvre de d'Hertzel *et al.* (2008). Les auteurs ont utilisé la méthode des rendements anormaux dans la lignée de celle de Lang et Stulz (1992). Leur analyse porte sur des sociétés cotées. Ces derniers s'intéressent aux coûts indirects liés aux clients et aux fournisseurs. Ils mettent en évidence qu'à l'annonce d'une faillite, les clients et les fournisseurs de la firme en faillite connaissent un rendement anormal négatif. La faillite joue donc sur la valeur actionnariale de ses partenaires. C'est l'effet de contagion de Lang et Stulz (1992). Cet effet de contagion peut se comprendre ainsi. La faillite d'une firme va conduire à accroître la méfiance des investisseurs pour les autres entreprises du même secteur.

Force est de constater l'importance des coûts de faillite. Si on se réfère aux analyses de Laitinen (1991) ou de du Jardin (2015), la faillite est le fruit d'un processus ou d'une dégradation de la situation de l'entreprise. Bien souvent la faillite marque le stade ultime de la difficulté. La recherche d'une solution est trop tardive, et les coûts liés à la restructuration sont alors trop importants. C'est pourquoi, le législateur s'est engagé dans une modification du traitement des difficultés. L'idée sous-jacente est simple. Si les problèmes d'une entreprise sont pris en amont, alors les coûts de difficulté financière et de faillite seront réduits. La question est donc de comprendre l'évolution du cadre législatif.

2. COMMENT RÉDUIRE LES COÛTS DE FAILLITE : L'APPROCHE PAR L'AMONT

Nous aborderons ici le principe de la sauvegarde (2.1.), avant de nous focaliser sur la réduction des coûts de faillite (2.2.).

2.1. La sauvegarde : principe et déroulement

À la différence des procédures classiques (redressement judiciaire et liquidation judiciaire), l'ouverture d'une procédure de sauvegarde ne prend pas en compte la situation d'insolvabilité, mais seulement une situation telle que le débiteur est en mesure de justifier de « difficultés qu'il n'est pas en mesure de surmonter » (ordonnance du 18 décembre 2008). Pour Voinot (2007), cette « définition est large ». C'est pourquoi, plusieurs jurisprudences ont été mobilisées comme, par exemple, la baisse de 20% du chiffre d'affaires sur deux mois, ou un rationnement total de financement par les banques. Ce qui importe, c'est le « caractère réel et sérieux » de la difficulté. Le danger serait que cette procédure puisse ouvrir la voie à des comportements opportunistes. Une entreprise pourrait se mettre sous une procédure de sauvegarde, afin de se soustraire temporairement aux obligations exigées par ses créanciers. C'est pourquoi la décision de sauvegarde fait l'objet d'une enquête préalable du tribunal. La sauvegarde est articulée en deux phases.

La première est la « période d'observation », pendant laquelle on procède à un certain nombre de travaux d'inventaire. Cette période peut aller de 6 à 18 mois. Un des éléments essentiels est que le dirigeant reste aux commandes de l'entreprise, contrairement à la situation de Redressement Judiciaire. On voit clairement la source et l'inspiration de ce dispositif, qui est celle du chapitre 11 américain et plus spécialement du « prepack » (faillite préemballée). Au sein de cette négociation privée, le dirigeant va chercher un accord avec ses créanciers. Une fois cette phase terminée, un plan est proposé au Tribunal. Ce dernier, statue sur la validité de l'accord, et sur le respect des intérêts de chacune des parties prenantes. À défaut d'accord, le Tribunal peut requalifier les procédures de redressement judiciaire. À l'inverse, lorsque le plan est validé, la phase de restructuration peut alors commencer. Un des avantages de la sauvegarde, comme du « prepack » dont il s'inspire, est que l'on peut « forcer » un traitement collectif, puisqu'une majorité simple (2/3 de la créance détenue par chaque classe, 1/2 en têtes) est requise. À ce stade, deux éléments saillants ressortent. D'une part, la sauvegarde peut être engagée par une société *« in bonis »* même si elle connaît des difficultés, d'autre part, le dirigeant reste maître de son destin. On considère implicitement qu'il a la connaissance la plus pertinente de l'entreprise, et conséquemment qu'il pourra alors trouver le meilleur plan de redressement. À cela s'ajoute que cette procédure protège le débiteur, en suspendant les poursuites à son encontre, et en gelant les dettes antérieures au jugement d'ouverture. Au-delà, il faut nous interroger sur l'influence de cette nouvelle procédure sur les coûts directs et indirects. La prise en amont des difficultés au travers de la sauvegarde permet-elle de réduire les coûts de faillite ?

2.2. Les coûts liés à cette procédure

Il n'y a pas à ce jour d'étude sur les coûts liés à la sauvegarde, car peu d'entreprises utilisent ce vecteur, même si certains cas ont été largement médiatisés comme celui de Technicolor. Rappelons que les coûts indirects sont très hétérogènes. A priori, il est légitime de penser que la prise bien en amont des difficultés permet de trouver des solutions plus efficientes et moins coûteuses. En effet, un argument majeur peut être avancé. Si on réduit le délai s'écoulant entre la reconnaissance des difficultés et la mise en place du plan de continuation, la déperdition de valeur associée à ces coûts s'en trouve limitée. Pour savoir si cette procédure de sauvegarde est effectivement source de réduction de coût, nous nous tournerons vers le « prepack » dont s'inspire la sauvegarde. Les études ont cherché à mesurer les coûts au travers de mesures indirectes : le taux de recouvrement et la déviation de l'ordre de priorité absolu.

Taux de recouvrement

Le taux de recouvrement des créanciers correspond à leur espérance de remboursement à l'issue de la période de difficulté. Tashjian *et al.* (2000) mettent en évidence une différence du taux de recouvrement, selon que l'on se place en procédure collective (50,9%) ou en solution privée (ou informelle) (80,1%). Le taux de désintéressement se situe à 68,2 % dans le cadre de *prepacks* post-votés, et à 75,1 % pour les *prepacks* pré-votés. La différence met en évidence l'importance de la perte de valeur (et donc des coûts associés) liée à la procédure formelle.

Déviation de l'ordre de priorité absolue

1: Le plan de réorganisation vise à préserver la continuité d'exploitation, et donne lieu à la rédaction de deux documents : le bilan économique, social et environnemental, qui a pour but de définir précisément l'origine, l'importance et la nature des difficultés passées et à venir, et le projet de plan de sauvegarde, qui reprend les perspectives de redressement, les modalités de règlement du passif et les perspectives de poursuite de l'activité.

2: Dans un « prepack pré-voté » le vote du plan a lieu avant le jugement d'ouverture de la procédure, alors que dans le « prepack post-voté » le vote du plan se fait après le jugement d'ouverture de la procédure. En d'autres termes, le vote du plan se fait soit dans la procédure de négociation privée, soit dans la procédure formelle.

L'ordre de priorité absolu est l'ordre de remboursement des créanciers selon leurs privilèges. Cet ordre varie d'une législation à l'autre. Alors que les salariés sont privilégiés en France, ce sont les créanciers qui le sont dans les procédures britanniques. S l'on se place dans le cadre français, les actionnaires n'ont que peu de chances de recouvrer les sommes engagées, c'est pourquoi, ils vont faire pression sur les créanciers pendant la phase de renégociation. Cette déviation dans l'ordre de priorité est la résultante du rapport de force entre créanciers et actionnaires. Dans la renégociation privée, les actionnaires cherchent à forcer l'ordre de priorité qui régira la phase de procédure formelle. L'ouverture permet aux créanciers d'espérer un respect de l'ordre de priorité. Dans le cadre des « prepacks », Tashjian *et al.* (2000) mettent en évidence que l'ordre de priorité est scrupuleusement respecté dans 22% des cas, partiellement respecté (respect des créanciers sécurisés) dans 47 % des cas, et non respecté dans 31% des cas. Dans une étude complémentaire, Capkun et Weiss (2008) montrent que la violation de l'ordre de priorité en *prepack* porte essentiellement sur les créanciers non sécurisés, qui tendent à abandonner plus facilement leurs revendications, dans l'espoir d'un recouvrement plus rapide. Toutes ces études montrent en définitive que les prepacks dont la procédure de sauvegarde s'inspire, permettent non pas une éradication des coûts, mais une possible réduction des coûts, et plus spécifiquement des coûts indirects. Cela est de nature à favoriser l'extension de la sauvegarde à l'avenir dans l'intérêt de l'ensemble des acteurs.

CONCLUSION

À la lecture de ces éléments, on constate que les coûts de faillite restent encore largement inexplorés. Ce manque peut s'expliquer en particulier par l'accès aux données, et par la difficulté de trouver des mesures capables de les évaluer. En outre, des pistes de recherche s'ouvrent en particulier au travers d'une relecture de ces coûts par le droit. A titre d'exemple, on peut penser à l'efficacité du modèle législatif (pro-créancier ou pro-débiteur) sur la performance globale de l'économie, au travers de l'importance des coûts de faillite et de leurs partages au sein de la société.

RÉFÉRENCES

Altman, E.I. (1968), Financial ratios, discriminant analysis and the prediction of corporate bankruptcy, *Journal of Finance*, Vol. 23 No. 4, pp. 589-609.

Altman, E.I. (1984), A Further empirical investigation of the bankruptcy cost question, *Journal of Finance*, Vol. 39 No. 4, pp. 1067-1089.

Andrade, G. et Kaplan, S.N. (1998), How costly is (not economic) financial distress? Evidence from the highly leveraged transactions that became distressed, *Journal of Finance*, Vol. 53 No. 5, pp. 1443-1493.

Ang. J.S., Chua, J.H. et McConnell, J.J. (1982), The Administrative Costs of Corporate bankruptcy: À note, *Journal of Finance*, Vol. 37 No. 1, pp. 219-226.

Argenti, J. (1976), *Corporate collapse: The causes and symptoms*, Halsted Press, New York.

Aveni (d') R. (1989), The Aftermath of Organizational Decline: A Longitudinal Study of the Strategic and Managerial Characteristics of Declining Firms, *The Academy of Management Journal*, Vol. 32 No. 3, pp. 577-605

Beaver, W. (1966), Financial ratios as predictors of failure, *Journal of Accounting Research*, supplément to Vol. 5, pp. 361-381.

Bris, A., Welch, I. et Zhu, N. (2006), The costs of Bankruptcy: Chapter 7 case liquidation vs. Chapter 11 Reorganization, *Journal of Finance*, Vol. 61 No. 3, pp. 1253-1303.

Capkun, V. et Weiss, L.A. (2008), Bankruptcy resolution and the restoration of priority of claims, American Law & Economics Association 17th Annual Meeting, 41 p.

Du Jardin, P. (2015), Bankruptcy prediction using terminal failure processes, *European Journal of Operational Research*, Vol. 242, pp. 286-303

Havaron M. (2009), Doing Business 2009 : mesurer l'efficacité des faillites? *Recueil Dalloz*, pp. 244-252.

Hertzel, M.G., Li, Z., Officer, M.S. et Rodgers, K.J. (2008), Inter-firm linkages and the wealth effects of financial distress along the supply chain, *Journal of Financial Economics*, Vol. 87, pp. 374-387.

Kaplan, A.D. (1948), *Small Business: Its Place and Problems*, New York, mac Graw Hill Co.

Kalay, A., Singhal, R. et Tashjian, E. (2007), Is chapter 11 costly?, *Journal of Financial Economics*, Vol. 84, pp. 772-796.

Lang, L. et Stulz, R. (1992), Contagion and competitive intra-industry effects of bankruptcy announcements. An empirical analysis, *Journal of Financial Economics*, Vol. 32, pp. 45-60.

Laitinen, E. (1991), Survival Analysis as a tool for company failure prediction, *Omega International Journal of Management Science*, Vol. 19, pp. 673-678.

Lo Pucki, L., Doherty J.W. (2004), The determinants of Professional fees in large bankruptcy reorganization cases, *Journal of Empirical Legal Studies*, Vol 1, pp. 111-141.

Modigliani, F. et Miller M. (1958), The cost of capital, corporation finance and the theory of investment, *American Economic Review*, Vol. 49, pp. 261-297.

Modigliani, F. et Miller, M. (1963), Corporate income taxes and the cost of capital: a correction, *American Economic Review*, Vol 53, pp. 433-443.

Opler, T. et Titman, S. (1994), Financial distress and corporate performance, *Journal of Finance*, Vol 49, pp. 1015-1040.

Tashjian, E., Lease, R.C. et McConnell, J.J. (2000), Outcomes in Prepackaged Bankruptcies, *Journal of Corporate Renewal Practice,* No. 3, pp. 4-25.

Voinot, D. (2007), *Droit économique des entreprises en difficulté*, collection « Droit et Economie », Paris, L.G.D.J, 361p.

Weiss, L.A. et Wruck K.H. (1998), Information Problems, Conflict of Interest, and Asset Stripping: Chapter 11's Failure in the Case of Eastern Airlines, *Journal of Financial Economics*, Vol. 48, pp. 55-97.

Représentations matricielles des 15 groupes d'ordre 24

Jean-Yves Degos [1]

Introduction

Dans cet article, je me propose de faire un clin d'œil mathématique à l'ouvrage de mon père publié dans la collection *Domino* (Degos J.-G., 1998). Chaque volume de cette collection abordait un champ de connaissance en deux parties : un essai pour comprendre, un essai pour réfléchir. Dans l'esprit de la collection, le livre de mon père comportait les deux suivantes : *La complexité de la mesure*; *La mesure de la complexité*. D'un point de vue littéraire, on a affaire à ce qu'on appelle un chiasme. D'un point de vue mathématique, on parlera de symétrie, ou d'involution. Une involution est un élément d'un groupe dont le carré est l'élément neutre. Lorsque j'étais étudiant en 1991, j'avais été marqué par une belle propriété du nombre 24 : dans l'anneau des classes de restes d'entiers modulo n, tous les éléments inversibles sont des involutions, si et seulement si est n un diviseur de 24 (Le Lionnais F., 1999, p. 24, 8e propriété du nombre 24). La quatrième de couverture de (Degos J.-G., 1998) comporte un schéma de calcul digital organisé en $3 \times 5 = 15$ mains. Ces deux nombres, 15 et 24, sont reliés par le théorème suivant : il existe 15 classes d'isomorphismes de groupes d'ordre 24. Cet article affirme et commente le résultat original suivant : chacun des 15 groupes non isomorphes d'ordre 24, peut être réalisé comme sous-groupe du groupe des matrices inversibles à 6 lignes et 6 colonnes, à coefficients dans le corps à 5 éléments (groupe noté $GL(6, 5)$). Dans la première section, on précisera le vocabulaire et les notations indispensables à connaître pour pouvoir comprendre la classification des groupes d'ordre 24, telle qu'elle est donnée dans (Joyner D., 2008, p. 212-213) ou encore

1. Agrégé de mathématiques, Docteur en mathématiques de l'Université Bordeaux I, Contrôleur de l'Insee au Centre statistique de Metz.

dans (Debreil A., 2016, p. 545-559). Dans la deuxième section, on reprendra la classification de Joyner, et on donnera une classification par les nombres d'éléments d'ordre donné ; puis on donnera la solution au problème posé, essentiellement sans preuves : celles-ci feront l'objet d'un travail ultérieur.

1. Notions utiles pour comprendre la classification des groupes d'ordre 24 et le résultat principal

1.1. Notions de base : groupe fini, sous-groupe, groupe engendré par une partie, ordre d'un élément

On appelle groupe $(G, *)$ un ensemble G muni d'une loi $*$ de composition, qui satisfait les axiomes suivants :
(i) la loi $*$ est interne, c'est-à-dire que pour tout $x \in G$ et pour tout $y \in G$, on a $x * y \in G$;
(ii) la loi $*$ est associative, c'est-à-dire que pour tout $x \in G$, pour tout $y \in G$, et pour tout $z \in G$, on a $x * (y * z) = (x * y) * z$;
(iii) il existe un unique élément neutre noté e qui vérifie que pour tout $x \in G : x * e = e * x = x$;
(iv) pour tout $x \in G$, il existe un élément unique $y \in G$ qui vérifie : $x * y = y * x = e$.

L'élément y s'appelle le symétrique de x et se note x^{-1}. Si la loi $*$ est notée multiplicativement (resp. additivement), le symétrique de x s'appelle l'inverse de x (resp. l'opposé de x) et se note x^{-1} (resp. $-x$). Une loi n'est notée additivement que si le groupe G est abélien, c'est-à-dire si la loi $*$ est commutative.

Si l'ensemble sous-jacent à $(G, *)$ est a un nombre fini d'éléments, on dit que G est un groupe fini.

On appelle sous-groupe d'un groupe $(G, *)$, tout sous-ensemble H de G tel que $(H, *)$ est encore un groupe, de même élément neutre que $(G, *)$.

Étant donné $(G, *)$ un groupe, le groupe engendré par un sous-ensemble A de G est le plus petit sous-groupe de G (pour l'inclusion) qui contient A.

Si $x \in G$, le groupe engendré par x se note souvent $H = \langle x \rangle$; le nombre d'éléments de H s'appelle l'ordre de x.

Concluons cette partie en rappelant le très important Théorème de Lagrange : Si G est un groupe fini d'ordre n, et si H est un sous-groupe de G, alors H est fini et son ordre, c'est-à-dire son nombre d'éléments, est un diviseur de n.

1.2. Notions avancées : produit direct de groupes, sous-groupes normaux, groupes quotients, produit semi-direct de groupes

Dorénavant, pour simplifier, tous les groupes seront notés multiplicativement. On peut consulter utilement pour cette partie (Debreil A., 2016, p.11, p. 13, et p. 23).

Lorsqu'on dispose de deux groupes finis G_1 et G_2, on peut en faire le produit direct, c'est-à-dire le produit cartésien $G_1 \times G_2$, ensemble des couples (x, y) avec $x \in G_1$ et $y \in G_2$, muni de la loi produit définie par $(x_1, y_1)(x_2, y_2) = (x_1x_2, y_1y_2)$.

Étant donné G un groupe, et H un sous-groupe de G, on dit que H est un sous-groupe normal (ou distingué) dans G pour tout $h \in H$ et pour tout $g \in G$, la propriété suivante est vérifiée : $ghg^{-1} \in H$. On note alors $H \lhd G$.

Lorsque $H \lhd G$, la relation xRy si et seulement si $xy^{-1} \in H$ définit une relation d'équivalence sur G, et l'ensemble quotient G/R, des classes d'équivalence de G modulo la relation R est alors canoniquement muni d'une structure de groupe. On le note G/H et on l'appelle quotient de G par H.

Étant donnés un groupe G et deux sous-groupes N et H, on dit que G est produit semi-direct de N par H (Calais J., 1984, p. 213) si les trois conditions suivantes sont satisfaites :

– le groupe N est distingué dans G : $N \lhd G$;

– tout élément de G s'écrit comme le produit d'un élément de N par un élément de H : $G = NH$;

– l'intersection de N et de H est réduite à l'élément neutre : $N \cap H = \{e\}$.

On écrit alors : $G = N \rtimes H$.

1.3. Les groupes élémentaires

1.3.1. Le groupe cyclique $\mathcal{C}_n$

Le groupe cyclique d'ordre n est le groupe engendré par un élément d'ordre $n \geq 2$ entier naturel. Un exemple de réalisation de cette structure est donné, dans le groupe des matrices inversibles à coefficients réels à 2 lignes et 2 colonnes, par le groupe engendré par la rotation de centre l'origine, et d'angle $\frac{2\pi}{n}$, soit précisément l'ensemble de matrices :

$$\begin{bmatrix} \cos(\frac{2k\pi}{n}) & -\sin(\frac{2k\pi}{n}) \\ \sin(\frac{2k\pi}{n}) & \cos(\frac{2k\pi}{n}) \end{bmatrix},$$

pour tous les entiers k vérifiant $0 \leq k \leq n-1$.

1.3.2. Le groupe diédral $\mathcal{D}_{2m}$

Le groupe diédral d'ordre $2m$, noté $\mathcal{D}_{2m}$, est l'unique groupe engendré par un élément r d'ordre $m \geq 2$ et un élément t d'ordre 2 satisfaisant la relation supplémentaire : $trt^{-1} = r^{-1}$.

Le groupe $\mathcal{D}_{2m}$ peut être modélisé par le groupe d'isométries qui laissent globalement invariants les sommets d'un polygone régulier à $2m$ côtés, pour $m \geq 2$.

1.3.3. Le groupe symétrique $\mathcal{S}_n$

Le groupe symétrique $\mathcal{S}_n$ est le groupe des bijections d'un ensemble à n éléments. On peut le modéliser de plusieurs manières. La plus usuelle consiste à considérer l'ensemble E des n premiers entiers naturels, à partir de 1, et les permutations de E. Une autre modélisation pratique est la modélisation matricielle : pour chaque permutation $\sigma \in \mathcal{S}_n$, on définit la matrice $A(\sigma) = (a_{i,j})_{1\leq i,j\leq n}$ par : $a_{i,j} = 1$ si $\sigma(i) = j$ et 0 sinon.

1.3.4. Le groupe alterné $\mathcal{A}_n$

Pour une permutation $\sigma \in \mathcal{S}_n$, on appelle signature de σ le nombre :

$$\epsilon(\sigma) = \prod_{1\leq i<j\leq n} \frac{\sigma(i) - \sigma(j)}{i-j}.$$

Le groupe alterné $\mathcal{A}_n$ est le sous-groupe de $\mathcal{S}_n$ formé des permutations σ dites paires, c'est-à-dire celles pour lesquelles $\epsilon(\sigma) = 1$. Le groupe alterné $\mathcal{A}_n$ est toujours distingué dans le groupe $\mathcal{S}_n$, et le groupe quotient qui en résulte est d'ordre 2.

1.3.5. Les groupes de quaternions (généralisés)

Le groupe des quaternions, noté $\mathcal{Q}$, est l'ensemble $\mathcal{Q} = \{1, -1, i, -i, j, -j, k, -k\}$, avec les règles de calcul suivantes : $i^2 = j^2 = k^2 = ijk = -1$, $ij = k$, $jk = i$, $ki = j$, et, en général : $xy = -yx$ pour $x \in \{i, j, k\}$ et $y \in \{i, j, k\}$, pourvu que x et y soient distincts (Joyner D, 2008, p. 84 et suivante). Ce groupe est d'ordre 8.

Le groupe des quaternions généralisés, noté $\mathcal{Q}_{2m}$, pour $m \geq 2$, est l'unique groupe engendré par deux éléments a d'ordre $2m$ et b d'ordre 4, avec les relations supplémentaires : $aba = a$ et $b^2 = a^m$ (Joyner D, 2008, p. 209). Ce groupe est d'ordre $4m$.

En particulier, pour $m = 2$, on peut se poser la question de trouver la correspondance entre $\mathcal{Q}$ et $\mathcal{Q}_{2m}$, qui est aussi d'ordre 8. Il suffit de prendre $a = i$ et $b = -j$ pour avoir cette correspondance.

1.4. Le corps à 5 éléments, et le groupe $GL(6, 5)$

Le corps à 5 éléments est un corps commutatif, comme le sont les corps usuels des nombres réels et des nombres complexes : c'est un ensemble qu'on notera $\mathbb{F}_5$, et qu'on peut modéliser par l'ensemble $\mathbb{F}_5 = \{0, 1, 2, 3, 4\}$, muni de l'addition et de la multiplication modulo 5. Ainsi les tables de d'addition et de multiplication dans le corps $\mathbb{F}_5$ sont-elles les suivantes :

+	0	1	2	3	4
0	0	1	2	3	4
1	1	2	3	4	0
2	2	3	4	0	1
3	3	4	0	1	2
4	4	0	1	2	3

et

×	0	1	2	3	4
0	0	0	0	0	0
1	0	1	2	3	4
2	0	2	4	1	3
3	0	3	1	4	2
4	0	4	3	2	1

.

On notera en particulier que dans $\mathbb{F}_5$, 1 (resp. 2) et 4 (resp. 3) sont opposés pour l'addition, $5 = 0$, 2 et 3 sont inverses pour la multiplication, cependant que 1 et 4 sont chacun leur propre inverse.

Le corps $\mathbb{F}_5$ étant défini, la notion de matrice à coefficients dans $\mathbb{F}_5$ a parfaitement un sens, et on peut ajouter ou multiplier des matrices à coefficients dans $\mathbb{F}_5$ avec les mêmes règles formelles qu'on ajoute ou multiplie des matrices à coefficients réels. Simplement, il ne faut pas oublier, dans les calculs, de réduire tous les coefficients modulo 5. Le groupe $GL(6, 5)$ est alors tout simplement le groupe des matrices inversibles à coefficients dans $\mathbb{F}_5$, qui ont 6 lignes et 6 colonnes.

2. Classifications des groupes d'ordre 24

2.1. Classification par la structure du groupe

Nom	Structure	Gén.	Relations	$\simeq$
G_1	$\mathcal{C}_{24}$	a	$a^{24}=1$	
G_2	$\mathcal{C}_2 \times \mathcal{C}_{12}$	a, b	$a^2=1, b^{12}=1,$ $ab=ba$	
G_3	$\mathcal{C}_2{}^2 \times \mathcal{C}_6$	a, b, c	$a^2=1, b^2=1, c^6=1,$ $ab=ba, ac=ca, bc=cb$	
G_4	$\mathcal{D}_6 \times \mathcal{C}_2$	a, b, c	$a^6=1, b^2=1, c^2=1,$ $aba=b, ac=ca, bc=cb$	
G_5	$\mathcal{A}_4 \times \mathcal{C}_2$	a, b, c	$a^2=1, b^3=1, c^2=1,$ $(ba)^3=1, ab=ba, ac=ca$	
G_6	$\mathcal{Q}_6 \times \mathcal{C}_2$	a, b, c	$a^6=1, b^2=a^3, c^2=1,$ $aba=b, ac=ca, cb=bc$	
G_7	$\mathcal{D}_4 \times \mathcal{C}_3$	a, b, c	$a^4=1, b^2=1, c^3=1,$ $aba=b, ac=ca, cb=bc$	
G_8	$\mathcal{Q} \times \mathcal{C}_3$	a, b, c	$a^4=1, b^2=a^2, c^3=1,$ $bab=a, ac=ca, cb=bc$	
G_9	$\mathcal{S}_3 \times \mathcal{C}_4$	a, b, c	$a^4=1, b^2=1, c^4=1,$ $aba=b, ac=ca, cb=bc$	
G_{10}	$\mathcal{D}_{12}$	a, b	$a^{12}=1, b^2=1,$ $aba=b$	
G_{11}	$\mathcal{Q}_{12}$	a, b	$a^{12}=1, b^2=a^6,$ $aba=b$	
G_{12}	$\mathcal{S}_4$	a, b	$a^4=1, b^2=1,$ $(ab)^3=1$	Pul
G_{13}	$SL(2,3)$	a, b, c	$a^4=1, b^2=a^2, c^3=1,$ $aba=b, ac=cb, bc=cab$	$\mathcal{Q} \rtimes \mathcal{C}_3$
G_{14}		a, b	$a^3=1, b^8=1,$ $aba=b$	$\mathcal{C}_3 \rtimes \mathcal{C}_8$
G_{15}		a, b, c	$a^3=1, b^4=1, c^2=1$ $bcb=c, aba=b, ac=ca$	$\mathcal{C}_3 \rtimes \mathcal{D}_4$

Le groupe *Pul* est défini dans (Degos J.-Y., 2013b) et on montre qu'il est borroméen au sens donné dans (Degos J.-Y., 2013a). Ces deux articles sont téléchargeables sur le site de la revue, donc nous ne reproduisons pas ici les définitions.

2.2. Classification par le nombre d'éléments d'ordre donné

Nom	O_1	O_2	O_3	O_4	O_6	O_8	O_{12}	O_{24}
G_1	1	1	2	2	2	4	4	8
G_2	1	3	2	4	6	0	8	0
G_3	1	7	2	0	14	0	0	0
G_4	1	15	2	0	6	0	0	0
G_5	1	7	9	0	8	0	0	0
G_6	1	3	2	12	6	0	0	0
G_7	1	5	2	2	10	0	4	0
G_8	1	1	2	6	2	0	12	0
G_9	1	7	2	8	2	0	4	0
G_{10}	1	13	2	2	2	0	4	0
G_{11}	1	1	2	14	2	0	4	0
G_{12}	1	9	8	6	0	0	0	0
G_{13}	1	1	8	6	8	0	0	0
G_{14}	1	1	2	2	2	12	4	0
G_{15}	1	9	2	6	6	0	0	0

Ce tableau se lit ainsi : dans le groupe G_1, il y a 1 élément d'ordre 1 (l'élément neutre), 1 élément d'ordre 2, 2 éléments d'ordre 3, 2 éléments d'ordre 4, 2 éléments d'ordre 6, 4 éléments d'ordre 8, 4 éléments d'ordre 12 et 8 éléments d'ordre 24.

3. Réalisation des groupes d'ordre 24 comme des sous-groupes de $GL(6,5)$: le résultat principal

Dans chacune des sous-sections suivantes, nous énumérons, pour les 15 classes d'isomorphismes, un ensemble minimal de générateurs. On a alors, en général, $G_i = \langle A_i, B_i, C_i \rangle$ pour $1 \leq i \leq 15$, avec parfois moins de 3 générateurs.

3.1. Réalisation du groupe G_1

$$A_1 = \begin{bmatrix} 2 & 3 & 1 & 0 & 2 & 2 \\ 3 & 2 & 3 & 1 & 0 & 2 \\ 4 & 3 & 2 & 3 & 1 & 0 \\ 2 & 4 & 3 & 2 & 3 & 1 \\ 3 & 2 & 4 & 3 & 2 & 3 \\ 1 & 2 & 0 & 4 & 4 & 3 \end{bmatrix}.$$

3.2. Réalisation du groupe G_2

$$A_2=\begin{bmatrix}0&1&0&0&0&0\\1&0&0&0&0&0\\0&0&0&1&0&0\\0&0&1&0&0&0\\0&0&0&0&0&1\\0&0&0&0&1&0\end{bmatrix}, B_2=\begin{bmatrix}0&0&0&0&2&0\\0&0&0&0&0&2\\2&0&0&0&0&0\\0&2&0&0&0&0\\0&0&2&0&0&0\\0&0&0&2&0&0\end{bmatrix}.$$

3.3. Réalisation du groupe G_3

$$A_3=\begin{bmatrix}4&0&0&0&0&0\\0&1&0&0&0&0\\0&0&1&0&0&0\\0&0&0&1&0&0\\0&0&0&0&1&0\\0&0&0&0&0&1\end{bmatrix}, B_3=\begin{bmatrix}1&0&0&0&0&0\\0&4&0&0&0&0\\0&0&1&0&0&0\\0&0&0&1&0&0\\0&0&0&0&1&0\\0&0&0&0&0&1\end{bmatrix}, C_3=\begin{bmatrix}1&0&0&0&0&0\\0&1&0&0&0&0\\0&0&3&0&4&4\\0&0&0&3&4&1\\0&0&1&1&3&0\\0&0&1&4&0&3\end{bmatrix}.$$

3.4. Réalisation du groupe G_4

$$A_4=\begin{bmatrix}0&0&0&0&0&1\\0&0&0&1&0&0\\0&0&0&0&1&0\\0&0&1&0&0&0\\1&0&0&0&0&0\\0&1&0&0&0&0\end{bmatrix}, B_4=\begin{bmatrix}0&0&0&0&0&1\\0&0&0&0&1&0\\0&0&0&1&0&0\\0&0&1&0&0&0\\0&1&0&0&0&0\\1&0&0&0&0&0\end{bmatrix}, C_4=\begin{bmatrix}4&0&0&0&0&0\\0&4&0&0&0&0\\0&0&4&0&0&0\\0&0&0&4&0&0\\0&0&0&0&4&0\\0&0&0&0&0&4\end{bmatrix}.$$

3.5. Réalisation du groupe G_5

$$A_5=\begin{bmatrix}0&0&1&0&0&0\\1&0&0&0&0&0\\0&1&0&0&0&0\\0&0&0&1&0&0\\0&0&0&0&1&0\\0&0&0&0&0&1\end{bmatrix}, B_5=\begin{bmatrix}0&1&0&0&0&0\\1&0&0&0&0&0\\0&0&0&1&0&0\\0&0&1&0&0&0\\0&0&0&0&1&0\\0&0&0&0&0&1\end{bmatrix}, C_5=\begin{bmatrix}1&0&0&0&0&0\\0&1&0&0&0&0\\0&0&1&0&0&0\\0&0&0&1&0&0\\0&0&0&0&4&0\\0&0&0&0&0&4\end{bmatrix}.$$

3.6. Réalisation du groupe G_6

$$A_6=\begin{bmatrix}3&0&4&4&0&0\\0&3&4&1&0&0\\1&1&3&0&0&0\\1&4&0&3&0&0\\0&0&0&0&1&0\\0&0&0&0&0&1\end{bmatrix}, B_6=\begin{bmatrix}0&0&2&0&0&0\\0&0&0&2&0&0\\2&0&0&0&0&0\\0&2&0&0&0&0\\0&0&0&0&1&0\\0&0&0&0&0&1\end{bmatrix}, C_6=\begin{bmatrix}1&0&0&0&0&0\\0&1&0&0&0&0\\0&0&1&0&0&0\\0&0&0&1&0&0\\0&0&0&0&4&0\\0&0&0&0&0&4\end{bmatrix}.$$

3.7. Réalisation du groupe G_7

$$A_7=\begin{bmatrix}0&4&0&0&0&0\\1&0&0&0&0&0\\0&0&1&0&0&0\\0&0&0&1&0&0\\0&0&0&0&1&0\\0&0&0&0&0&1\end{bmatrix}, B_7=\begin{bmatrix}1&0&0&0&0&0\\0&4&0&0&0&0\\0&0&1&0&0&0\\0&0&0&1&0&0\\0&0&0&0&1&0\\0&0&0&0&0&1\end{bmatrix}, C_7=\begin{bmatrix}1&0&0&0&0&0\\0&1&0&0&0&0\\0&0&1&0&0&0\\0&0&0&0&0&1\\0&0&0&1&0&0\\0&0&0&0&1&0\end{bmatrix}.$$

3.8. Réalisation du groupe G_8

$$A_8=\begin{bmatrix}2&0&0&0&0&0\\0&3&0&0&0&0\\0&0&1&0&0&0\\0&0&0&1&0&0\\0&0&0&0&1&0\\0&0&0&0&0&1\end{bmatrix}, B_8=\begin{bmatrix}0&4&0&0&0&0\\1&0&0&0&0&0\\0&0&1&0&0&0\\0&0&0&1&0&0\\0&0&0&0&1&0\\0&0&0&0&0&1\end{bmatrix}, C_8=\begin{bmatrix}1&0&0&0&0&0\\0&1&0&0&0&0\\0&0&1&0&0&0\\0&0&0&0&0&1\\0&0&0&1&0&0\\0&0&0&0&1&0\end{bmatrix}.$$

3.9. Réalisation du groupe G_9

$$A_9=\begin{bmatrix}0&0&0&0&1&0\\0&0&0&0&0&1\\1&0&0&0&0&0\\0&1&0&0&0&0\\0&0&1&0&0&0\\0&0&0&1&0&0\end{bmatrix}, B_9=\begin{bmatrix}0&0&1&0&0&0\\0&0&0&1&0&0\\1&0&0&0&0&0\\0&1&0&0&0&0\\0&0&0&0&1&0\\0&0&0&0&0&1\end{bmatrix}, C_9=\begin{bmatrix}2&0&0&0&0&0\\0&2&0&0&0&0\\0&0&2&0&0&0\\0&0&0&2&0&0\\0&0&0&0&2&0\\0&0&0&0&0&2\end{bmatrix}.$$

3.10. Réalisation du groupe G_{10}

$$A_{10}=\begin{bmatrix}1&1&2&0&0&0\\1&4&0&2&0&0\\3&0&1&1&0&0\\0&3&1&4&0&0\\0&0&0&0&1&0\\0&0&0&0&0&1\end{bmatrix}, B_{10}=\begin{bmatrix}1&0&0&0&0&0\\0&1&0&0&0&0\\0&0&4&0&0&0\\0&0&0&4&0&0\\0&0&0&0&1&0\\0&0&0&0&0&1\end{bmatrix}.$$

3.11. Réalisation du groupe G_{11}

$$A_{11}=\begin{bmatrix}1&1&2&0&0&0\\1&4&0&2&0&0\\3&0&1&1&0&0\\0&3&1&4&0&0\\0&0&0&0&1&0\\0&0&0&0&0&1\end{bmatrix}, B_{11}=\begin{bmatrix}0&0&2&0&0&0\\0&0&0&2&0&0\\2&0&0&0&0&0\\0&2&0&0&0&0\\0&0&0&0&1&0\\0&0&0&0&0&1\end{bmatrix}.$$

3.12. Réalisation du groupe G_{12}

$$A_{12}=\begin{bmatrix}0&1&0&0&0&0\\1&0&0&0&0&0\\0&0&0&0&1&0\\0&0&0&0&0&1\\0&0&0&1&0&0\\0&0&1&0&0&0\end{bmatrix}, B_{12}=\begin{bmatrix}0&0&1&0&0&0\\0&0&0&1&0&0\\1&0&0&0&0&0\\0&1&0&0&0&0\\0&0&0&0&1&0\\0&0&0&0&0&1\end{bmatrix}.$$

3.13. Réalisation du groupe G_{13}

$$A_{13}=\begin{bmatrix}3&0&0&3&0&0\\0&3&0&0&3&0\\0&0&3&0&0&3\\0&0&0&2&0&0\\0&0&0&0&2&0\\0&0&0&0&0&2\end{bmatrix}, B_{13}=\begin{bmatrix}1&0&0&1&0&0\\0&1&0&0&1&0\\0&0&1&0&0&1\\3&0&0&4&0&0\\0&3&0&0&4&0\\0&0&3&0&0&4\end{bmatrix}, C_{13}=\begin{bmatrix}0&0&0&2&0&0\\0&0&0&0&2&0\\0&0&0&0&0&2\\2&0&0&4&0&0\\0&2&0&0&4&0\\0&0&2&0&0&4\end{bmatrix}.$$

3.14. Réalisation du groupe G_{14}

$$A_{14}=\begin{bmatrix}0&0&0&4&0&0\\0&0&0&0&4&0\\0&0&0&0&0&4\\1&0&0&4&0&0\\0&1&0&0&4&0\\0&0&1&0&0&4\end{bmatrix}, B_{14}=\begin{bmatrix}3&0&0&3&0&0\\0&3&0&0&3&0\\0&0&3&0&0&3\\1&0&0&2&0&0\\0&1&0&0&2&0\\0&0&1&0&0&2\end{bmatrix}.$$

3.15. Réalisation du groupe G_{15}

$$A_{15}=\begin{bmatrix}0&2&0&0&0&0\\2&4&0&0&0&0\\0&0&1&0&0&0\\0&0&0&1&0&0\\0&0&0&0&1&0\\0&0&0&0&0&1\end{bmatrix}, B_{15}=\begin{bmatrix}1&2&0&0&0&0\\0&4&0&0&0&0\\0&0&0&0&0&1\\0&0&1&0&0&0\\0&0&0&1&0&0\\0&0&0&0&1&0\end{bmatrix}, C_{15}=\begin{bmatrix}1&0&0&0&0&0\\0&1&0&0&0&0\\0&0&0&0&1&0\\0&0&0&1&0&0\\0&0&1&0&0&0\\0&0&0&0&0&1\end{bmatrix}.$$

Conclusion

Il n'est pas certain que $GL(6,5)$ soit le plus petit groupe de matrices à coefficients dans un corps fini dans lequel on peut trouver des modèles des 15 groupes non isomorphes d'ordre 24, mais c'est sûrement l'un des plus beaux, ce que je vais illustrer dans cette conclusion. Mon père et moi avons été des lecteurs enthousiasmés du livre *Gödel, Escher, Bach, les brins d'une guirlande éternelle* (Hofstadter D., 2000).

Le résultat décrit dans le présent article réunit en un seul énoncé des nombres qui ont une importance dans l'œuvre de Jean-Sébastien Bach :

– 15 est le nombre d'*Inventions à 2 voix* et d'*Inventions à 3 voix* pour clavier ;

– 24 est le nombre de préludes et fugues du *Clavier bien tempéré* ;

– 6 est le nombre de *Suites françaises, Suites anglaises* et *Partitas* et c'est le nombre maximal de voix pour une fugue apparaissant dans l'*Offrance musicale* ;

– 5 est le nombre de doigts d'une main, et c'est le nombre maximal de voix pour une fugue apparaissant dans le *Clavier bien tempéré.*

Le nombre $24 = 17 + 7$ est un exemple de ce que Hofstadter appelle, en écho aux *Variations Goldberg* du même Jean-Sébastien Bach, une Variation Goldbach (Hofstadter D., 200, p. 443 et suivantes), c'est-à-dire une somme de deux nombres premiers impairs, et celle-ci est assez remarquable puisque :

– 7 est le nombre de groupes de frises du plan, et 17 est le nombre de groupes cristallographiques du plan, qui ont été merveilleusement illustrés par Maurits Cornelius Escher ;

– 7 est le nombre de notes distinctes (Do, Ré, Mi, Fa, Sol, La, Si) et 17 est le nombre de syllabes de ce mot célèbre de Verlaine : "De la musique avant toute chose, et pour cela préfère l'impair" ;

– 7 est l'exposant du 5e nombre de Mersenne premier et 17 est l'exposant du 6e nombre de Mersenne premier, un nombre de Mersenne étant un entier de la forme $2^k - 1$ où k est un entier naturel.

Enfin, il convient d'observer que $15 \times 24 = 360$, et que 360° évoque l'idée de cercle. Or, avec les définitions de (Degos, J.-Y., 2013a), le groupe $GL(6, 5)$ se trouve être engendré circulairement, autrement dit borroméennement par les 3 matrices suivantes :

$$A=\begin{bmatrix}0&0&0&0&0&3\\1&0&0&0&0&0\\0&1&0&0&0&0\\0&0&1&0&0&0\\0&0&0&1&0&0\\0&0&0&0&1&4\end{bmatrix},B=\begin{bmatrix}0&0&1&0&0&0\\0&0&0&3&0&0\\0&1&0&0&0&0\\0&0&0&4&0&1\\1&0&0&0&0&0\\0&0&0&0&1&0\end{bmatrix},C=\begin{bmatrix}0&0&1&0&0&0\\1&0&0&0&0&0\\0&0&0&0&3&0\\0&0&0&0&0&1\\0&0&0&1&4&0\\0&1&0&0&0&0\end{bmatrix},$$

ce qui signifie que chaque matrice se déduit de la précédente par conjugaison par une matrice d'ordre 3, à savoir la matrice :

$$\Gamma = \begin{bmatrix} 0 & 0 & 1 & 0 & 0 & 0 \\ 1 & 0 & 0 & 0 & 0 & 0 \\ 0 & 1 & 0 & 0 & 0 & 0 \\ 0 & 0 & 0 & 0 & 0 & 1 \\ 0 & 0 & 0 & 1 & 0 & 0 \\ 0 & 0 & 0 & 0 & 1 & 0 \end{bmatrix},$$

c'est-'a-dire que l'on a : $B = \Gamma A \Gamma^{-1}$, $C = \Gamma B \Gamma^{-1}$ et $A = \Gamma C \Gamma^{-1}$.

Références

Calais J. (1984), *Éléments de théorie des groupes*, Paris, PUF, réédité en 2014, 430 p.

Debreil A. (2016), *Groupes finis et treillis de leurs sous-groupes*, Paris, Calvage et Mounet, 680 p.

Degos J.-G. (1991), *Contribution à l'étude du diagnostic financier des petites et moyennes entreprises*, Doctorat d'État ès sciences de gestion, Bordeaux, (mention Très Honorable, félicitations du jury, prix de thèse Académie de Bordeaux et CIC), Université Bordeaux I, 518 p.

Degos J.-G. (1998), *La comptabilité*, Paris, Flammarion, collection Domino, $n°$157, 128 p.

Degos J.-Y. (2013a), Linear groups and polynomial over Fp, *Cahiers de Topologie et Géométrie Différentielle Catégoriques*, Volume LIV, Fascicule 1, 56-74, Amiens, p. 56-74.

Degos J.-Y. (2013b), Borroméanité du groupe pulsatif, *Cahiers de Topologie et Géométrie Différentielle Catégoriques*, Volume LIV, Fascicule 3, Amiens, p. 211-220.

Hofstadter D. (2000), *Gödel Escher Bach, les brins d'une guirlande éternelle, fugue métaphorique sur les esprits et les machines inspirée de Lewis Carroll*, version française de Henry J. et French R. Paris, Dunod, 884 p.

Joyner D. (2008), *Adventures in Group Theory*, Second edition, Baltimore, The John Hopkins University Press, 310 p.

Le Lionnais F. (1999), *Les nombres remarquables*, nouveau tirage de l'édition de 1983, Hermann, Paris, 158 p.

La comptabilité analytique, terre de malentendus...

Didier Leclère[1]

Introduction

La comptabilité analytique, ou de gestion, est considérée généralement dans les milieux académiques comme étant un domaine sans surprises et sans enjeux, regroupant un ensemble de techniques, de « méthodes », dont la connaissance, nécessaire, mais pas suffisante, constitue un préalable à un exercice beaucoup plus noble et valorisant, la mise en œuvre d'un système de contrôle de gestion. Tout au plus, il y a quelques décennies, avons-nous connu quelques polémiques avec l'arrivée sur la scène de la fameuse méthode ABC (Activity-Based Costing), destinée à donner un coup de jeune à la discipline, en ringardisant la bonne vieille méthode des sections homogènes. La comptabilité analytique est néanmoins source d'ambiguïtés et de nombreux malentendus, entre académiques et praticiens, entre chercheurs et pédagogues, entres comptables et représentants d'autres disciplines de gestion. L'objectif de ce papier est d'évoquer quelques problèmes souvent négligés et sources, dans une certaine mesure, de confusion.

1. La « comptabilité » analytique

Tout l'intérêt de ce sous-titre est, évidemment, dans les guillemets qui sont proposés. En effet, d'un certain point de vue, la comptabilité analytique n'est pas une vraie comptabilité. Comme on le sait, la comptabilité, en tant que discipline concernée par la mise en œuvre des systèmes d'information comptable, traite d'une approche formalisée des opérations économiques réalisées par une organisation. Il existe un « modèle » comptable qui est essentiellement caractérisé par sa formalisation, cette formalisation étant la condition permettant le contrôle, l'audit du système mis en place et des informations qui peuvent en sortir. La version historiquement la plus

---

[1] Professeur des universités, Conservatoire national des arts et métiers.

caractéristique de ce modèle formalisé est évidemment représentée par la célèbre et incontournable comptabilité en partie double qui s'est progressivement généralisée en quelques siècles. Une « vraie » comptabilité, reconnue comme telle par les comptables, c'est celle qui enregistre les opérations en partie double, au débit et au crédit des comptes pertinents, de façon systématique, et en utilisant des procédures permettant de sauvegarder une piste d'audit (enregistrement chronologique au journal, reports au Grand-livre, etc.).

Certes, il existait et il existe encore des comptabilités en partie simple, mais qui sont en fait plutôt uniquement des inventaires ne permettant pas de fournir toute l'information financière nécessaire à une bonne gestion. Il existe également des systèmes en partie multiple, multidimensionnels, nous y reviendrons plus loin.

Ce problème renvoie à la distinction fondamentale nécessaire entre un traitement « comptable » et un traitement « extra-comptable » ou « non comptable ». Un traitement comptable utilise le formalisme du modèle comptable, permettant d'obtenir, grâce à un enregistrement systématique, les informations utiles sont la forme de SOLDES de comptes. Un traitement extra-comptable n'utilise pas le formalisme comptable, et donne ses résultats après une suite d'additions et de soustractions, dans des listes ou des tableaux. Ainsi, généralement, le résultat de l'exercice s'obtient de façon comptable (solde du compte de résultat), mais le passage au résultat fiscal se fait de façon extra-comptable, après une suite d'additions (réintégrations) et de soustractions (déductions fiscales), dans le formulaire de déclaration à l'administration.

On comprend que dans cette optique, la comptabilité analytique consiste généralement essentiellement à calculer des coûts de façon extra-comptable, en retraitant les informations (essentiellement les charges) dans des tableaux, par exemple des tableaux de répartition par services ou des tableaux d'imputation par produits. L'ingénieur qui dirige une usine peut calculer et contrôler ses coûts de production sans rien connaître du modèle comptable et en confondant allègrement débit et crédit.

Le terme de comptabilité analytique peut être considéré comme un abus de langage. Il vaudrait mieux parler de calcul et d'analyse des coûts. Certes, des tentatives ont été menées pour mettre en place un traitement comptable des données analytiques. C'est ce qui était prévu dans le plan comptable général 1957, avec la possibilité d'articuler comptabilité générale et comptabilité analytique à l'aide des fameux « comptes réfléchis », de passer des écritures pour obtenir les différents coûts sous la forme de soldes de comptes de coûts d'achat, de production, de revient, etc. Ce système, considéré souvent comme plutôt artificiel, a été abandonné et la comptabilité analytique a été purement et simplement évacuée des plans comptables révisés ultérieurs, ce qui montre bien l'ambiguïté du statut comptable de la « comptabilité » analytique.

2. COMPTABILITÉ ANALYTIQUE OU COMPTABILITÉ DE GESTION ?

Nous avons volontairement utilisé jusqu'ici le terme de comptabilité analytique, mais il ne nous a pas échappé que depuis quelques décennies on utilise plus volontiers l'expression « comptabilité de gestion ». Dans les cursus de formation à la gestion, on a longtemps utilisé le terme de « comptabilité générale » pour l'opposer à d'autres domaines, comme la comptabilité analytique, mais aussi par exemple aux « comptabilités spéciales ». Puis, progressivement, la « comptabilité générale » a été remplacée par la « comptabilité financière », et la « comptabilité analytique » par la « comptabilité de gestion ». Peut-être est-il nécessaire de faire un petit retour aux sources.

Quel était le contenu d'un cours de comptabilité « générale » ? Tout simplement le noyau dur de la comptabilité, l'ensemble des éléments incontournables d'un système comptable que l'on retrouve nécessairement dans toutes les entreprises, indépendamment de la taille ou du secteur d'activité par exemple. La comptabilité générale, c'est le modèle de base, le kit minimum qu'un débutant en comptabilité doit savoir pour aborder la discipline. C'est la « boîte numéro 1 » du jeu de meccano que l'on offrait en premier à un enfant à Noël pour l'introduire dans un nouveau monde passionnant de créativité.

Il se trouve que ce modèle de base est bien sûr très insuffisant pour les besoins d'un groupe diversifié et internationalisé, mais qu'il répond à 99% aux besoins par exemple d'un petit commerçant, qui achète et revend des marchandises. Avec la comptabilité générale, on aborde donc toutes les opérations de base, l'enregistrement des achats et des ventes, plus généralement des charges et des produits, on traite des dettes, des créances, des mouvements de trésorerie, des amortissements, etc. Et on débouche sur le compte de résultat et le bilan. Quand on a compris tout ça, on peut tenir les comptes du petit épicier ou de l'artisan du coin, mais on peut bien sûr transposer et utiliser ces connaissances dans une entreprise plus importante. Une facture sera toujours enregistrée en débitant un compte de charge et en créditant un fournisseur, dans l'industrie pétrolière ou dans une multinationale.

Le modèle de base fourni par la comptabilité générale avait donc un rôle essentiellement PÉDAGOGIQUE, il permettait de comprendre comment on passe des opérations de base à la production des états financiers de synthèse. D'où le glissement vers l'expression « comptabilité financière » qui s'est imposé.

Mais quel lien avec notre sujet ? Rappelez-vous les exercices ou les examens de comptabilité financière (ou de comptabilité générale pour les plus anciens, donc...) sur lesquels nous avons souffert en première année. Il y avait toujours des factures d'un commerçant à enregistrer, puis des opérations de fin d'exercice (amortissements, provisions), et enfin un compte de résultat et un bilan à produire. Avec un détail très important : les valeurs du stock initial et du stock final, nécessaires pour pouvoir prendre en compte la variation de stocks, étaient toujours une DONNÉE de l'énoncé. On supposait implicitement que la valorisation du stock n'était pas un problème, il suffisait au commerçant de faire un inventaire (extra-comptable, d'ailleurs).

Quid de la situation dans laquelle l'activité est plus complexe, si par exemple l'entreprise n'est plus simplement un petit commerce, mais une entreprise industrielle susceptible de fabriquer différents produits ? Il faut alors ÉLARGIR le modèle de base, INVENTER de nouveaux concepts, la notion de coûts de production notamment, et CALCULER ces coûts de production pour les réinjecter dans le traitement comptable. Il faut se faire offrir la boîte numéro 2 du Meccano ou du Lego, baptisée « comptabilité analytique », car il s'agit d'apprendre, non plus seulement comment enregistrer les charges par nature, mais comment ANALYSER ces charges, comment les RÉPARTIR par services, par produits, par marchés, etc.

Dans cette optique, l'expression « comptabilité de gestion » est un pléonasme : toute comptabilité est évidemment un système destiné à être utilisé à des fins de gestion. La comptabilité financière, elle aussi, sert évidemment la gestion. On sait bien que derrière la distinction entre comptabilité financière et comptabilité de gestion, on pointe la différence entre une utilisation plutôt « externe » des états de synthèse de la comptabilité financière (par les actionnaires, les investisseurs, les marchés financiers, le fisc), et une utilisation plutôt « interne » de la comptabilité de gestion, par les responsables d'unités opérationnelles et les contrôleurs de gestion. Mais il importe de comprendre que la différence n'est que pédagogique. Quand, en comptabilité analytique, on applique des procédures visant à évaluer des coûts, on permet de justifier la valorisation de certains éléments du bilan, à savoir les stocks, en parallèle avec d'autres procédures visant à valoriser d'autres éléments et qui relèvent, elles, « traditionnellement » de la comptabilité financière, comme les amortissements, les provisions, les engagements pour retraite, les biens immatériels, etc. Le problème des stocks a été « sorti » pédagogiquement du modèle de base, pour en faire une discipline artificiellement distincte. Par ailleurs, la connaissance des résultats analytiques par produits vient compléter l'analyse de la formation du résultat par les soldes intermédiaires développée en comptabilité financière. Mais on est dans tous les cas de figure dans le domaine de la gestion.

3. Faut-il opposer les différentes méthodes de calcul des coûts ?

Très souvent, les cours et les manuels de comptabilité analytique opposent différentes méthodes, étudiées dans des chapitres distincts et successifs, ce qui laisse à penser que chacune de ces méthodes possède ses avantages et ses inconvénients, qu'il faut peser, afin de choisir la meilleure de ces méthodes. On oppose ainsi coûts complets et coûts partiels, méthode des centres de responsabilité et méthode ABC, etc.

Il vaudrait mieux parler de procédures analytiques, qui ne s'opposent pas, mais se complètent pour atteindre différents objectifs. Ainsi, dans une entreprise industrielle, il faut à la fois calculer les coûts de production selon les principes de la méthode des coûts complets pour pouvoir valoriser les stocks et faire le bilan, et calculer les coûts variables et les marges sur coûts variables selon les principes de la méthode des coûts partiels pour pouvoir faire certaines études de gestion, et tester certaines opportunités, comme de savoir si on aurait intérêt à sous-traiter par exemple. Les deux approches sont pédagogiquement étudiées dans des chapitres différents, afin d'exposer certains principes de façon cohérente. Mais il ne s'agit pas de choisir entre les deux méthodes. Il faut mettre en place un système de traitement, un ensemble de procédures permettant *in fine* de servir les deux objectifs. Concrètement, dans un premier temps on affecte seulement les charges opérationnelles variables pour pouvoir calculer les marges, puis on impute les charges de structure pour obtenir des coûts complets.

De même, il est vain de vouloir opposer la méthode dite « traditionnelle » de répartition par centres de responsabilité, et la méthode ABC d'imputation par processus. Dans les deux cas, nous sommes dans le domaine des coûts complets, et il importe de répartir et d'imputer les charges de façon pertinente en s'appuyant sur un modèle descriptif de la réalité des processus en œuvre. Avec un vocabulaire différent, c'est en fait la même méthode qui est utilisée. Si le découpage organisationnel par services ou ateliers recoupe la réalité des processus, et si l'activité est homogène dans chaque atelier, les notions d'unité d'œuvre et d'inducteur se confondent et les deux méthodes donneront exactement le même résultat. Si l'activité est plus complexe, et si l'activité n'est pas homogène, la pluralité des inducteurs doit être prise en compte, ce que fait l'ABC, mais ce que fait également la méthode traditionnelle en isolant certaines charges dans des sections *ad hoc*. Le cas classique est celui de la fabrication en séries ou par lots, qui oblige évidemment dans la méthode traditionnelle à créer une « section ordonnancement » par exemple, si on ne veut pas voir les grandes séries « subventionner » les petites, comme le pointe l'ABC. Mais là encore, si l'analyse est pertinente les deux méthodes donneront le même résultat. La méthode traditionnelle est une version simplifiée du modèle de base, qui prend comme exemple, dans une optique pédagogique, le cas le plus simple, celui d'une Petite ou Moyenne Industrie, où le découpage par activités correspond aux différents ateliers. Cet exposé permet notamment de bien faire comprendre la notion d'homogénéité sur laquelle repose tout découpage analytique. Puis, dans un second temps, on peut présenter des cas plus difficiles, avec une pluralité d'inducteurs, ce que fait très bien l'ABC. On comprend très bien que certaines charges dépendent du nombre d'heures de main-d'œuvre directe, et d'autres du nombre de lots fabriqués.

4. Le cas de l'imputation rationnelle

Une autre illustration classique est fournie par l'imputation rationnelle des charges fixes (en fonction d'un ratio dépendant du niveau d'activité). Il n'y a pas de « méthode de l'imputation rationnelle » qui serait différente de la méthode sans imputation rationnelle. Si l'activité réelle est différente de l'activité normale, si par exemple on traverse une période conjoncturelle de sous-activité, alors nécessairement il faut pratiquer l'imputation rationnelle, sinon les coûts calculés n'auront aucune pertinence, et ne seront d'aucune utilité pour le contrôle de gestion. Les coûts calculés à différentes périodes, leur évolution, n'ont plus de sens. Ce que l'on appelle la méthode classique sans imputation rationnelle est en fait le modèle de base, présenté par simplification dans le cas simple dans lequel l'activité est normale, ce modèle devant ensuite être complété par l'exposition du type de traitement à appliquer spécialement aux charges fixes, si l'activité subit une variation temporaire. Notons que cette imputation rationnelle est une application du principe de distinction entre charges incorporables et charges non incorporables. Une charge n'est incorporée aux coûts de la période que si elle correspond à des conditions normales d'exploitation. Ainsi, une dotation à des amortissements dérogatoires, ou à une provision à caractère fiscal ne doit pas être incorporée. Il en va de même pour le coût de la sous-activité. Remarquons, non sans malice, qu'une version sophistiquée de la méthode ABC (Time-driven ABC ou TD-ABC) ne fait que redécouvrir cette évidence, en préconisant finalement comme base d'imputation tout simplement un coût horaire déterminé en période d'activité normale.

Conclusion

Notons en conclusion que ces différents aspects peuvent s'intégrer dans la nouvelle conception des systèmes d'information comptables de type ERP, qui se développe grâce aux bases de données informatisées, et à l'approche multidimensionnelle qu'elles permettent. Quand un évènement se produit, et qu'il faut par exemple enregistrer une charge, la saisie peut être multidimensionnelle, en « partie multiple », et l'on peut à la fois codifier la nature de la charge, pour les besoins de la comptabilité financière, mais aussi certains attributs analytiques, comme le produit concerné, si la charge est directe, le service, si la charge est indirecte, le caractère fixe ou variable, etc. À partir de la base ainsi constituée, on peut puiser ce qui est nécessaire pour construire différentes images comptables pour un ensemble de besoins diversifiés. On peut ainsi passer à une conception élargie de la comptabilité reposant sur un dépassement du formalisme lié à la partie double. Cette évolution mène à un renouvellement surprenant du vocabulaire, comme la référence à la notion « d'hypercube comptable » qui remplace le Grand-livre, et qui permet d'intégrer les aspects analytiques, ou la définition et l'utilisation des « comptes comptables » (SIC) pour dénommer les comptes destinés à l'établissement des états financiers, par opposition aux autres dimensions de la clé de saisie comptable. Concrètement, ceci suppose plus d'investissements pédagogiques dans la compréhension des relations entre la comptabilité et l'informatique. Ce qui représente un enjeu considérable pour les comptables, s'ils ne veulent pas être dépossédés de leur rôle central dans la conception des systèmes d'information financière.

RÉFÉRENCES

Degos, J.G. et Leclère, D. (1990), *Méthodes matricielles de gestion comptable approfondie*, Paris, Eyrolles.

Gignon, I. et Leclère, D. (1991), *Exercices de comptabilité analytique*, Paris, Eyrolles.

Leclère, D. (1991), *Comptabilité analytique : analyse, prévision et contrôle des coûts*, Paris, Eyrolles Université.

Leclère, D. (1993), *Gestion budgétaire*, Paris, Eyrolles.

Leclère, D. (1997), *L'essentiel de la comptabilité analytique*, Paris, Les éditions d'Organisation.

Leclère, D. (2012), *L'essentiel de la gestion budgétaire*, 2e éd., Paris, Eyrolles.

Développement des compétences techniques lors d'une simulation de gestion

Michel Coulmont[1]
et Yves Levant[2]

INTRODUCTION

Les nouvelles pédagogies, s'appuyant sur des méthodes d'apprentissage actif et coopératif sont de plus en plus mobilisées dans les formations universitaires et en grande école. La simulation de gestion (SG) est une de ces nouvelles méthodes d'apprentissage actif. Compte tenu de leur popularité grandissante, plusieurs études ont été réalisées pour déterminer l'impact de ces méthodes d'apprentissage sur le développement des compétences transversales « soft skills » telles que les aptitudes entrepreneuriales et de communication, dont les étudiants auront besoin dans leur future pratique professionnelle (Barth et Géniaux, 2010). En effet, il semble que ces méthodes permettent de développer des compétences transversales que les pédagogies traditionnelles, axées sur la transmission des savoirs, peuvent difficilement développer. Toutefois, ces simulations permettent aussi d'appliquer et de développer des compétences techniques en poussant l'étudiant à résoudre des problèmes complexes et multidisciplinaires (Poisson-de Haro et Turgut, 2012).

L'objectif principal de la présente étude est d'évaluer si une SG, comme outil pédagogique, améliore les compétences techniques des étudiants. Le second objectif est d'analyser si cette amélioration est en lien avec certaines caractéristiques propres aux étudiants tels le genre, l'expérience de travail, la formation académique antérieure et l'origine ethnoculturelle. Les SG sont de plus en plus utilisées dans les filières comptables, ainsi il est important d'analyser leur impact sur le développement des compétences. Les données utilisées dans cette étude ont été collectées à partir d'un questionnaire visant à mesurer le niveau de maîtrise de sept compétences techniques considérées comme pertinentes dans le domaine de la gestion.

---

[1] Professeur à l'Université de Sherbrooke, Faculté d'administration.
[2] Professeur à l'Université de Lille 2 et Professeur associé à SKEMA Business School.

L'enquête est réalisée en deux temps, au début et à la fin de la simulation, et la mesure de la progression, au regard de chacune de ces compétences, est obtenue par différence entre le niveau collecté à la fin et au début de la SG. L'échantillon comprend 532 étudiants de plusieurs écoles (à la fois universités et écoles de commerce), en France et au Maroc, qui ont participé à une SG de trois jours, obligatoires dans leur cursus. L'évaluation en deux temps de mesure sur les 532 étudiants a démontré une progression significative, et ce, sur chacune des sept compétences techniques. Les résultats indiquent également quelques différences dans la progression de certaines des compétences, en fonction des caractéristiques des étudiants, dont la formation académique préalable dans un domaine de gestion et l'expérience professionnelle antérieure de plus d'un an sont les plus importantes.

Les contributions potentielles de cette étude concernent l'amélioration de l'application des méthodes d'apprentissage actif et coopératif dans les filières comptables. L'insertion professionnelle des étudiants de ces filières, hautement professionnalisantes, s'appuie sur l'acquisition de compétences transversales et techniques, à travers des formes de pédagogies adaptées. Dans cette étude, l'utilisation de la SG vise à prouver le développement des compétences techniques, ainsi qu'à identifier les différences dans l'acquisition de ces compétences, sur la base de certaines caractéristiques individuelles des étudiants. Les résultats de notre étude permettront ainsi aux instructeurs d'adapter leurs enseignements en fonction du profil des étudiants, ce qui représente un enjeu majeur de l'internationalisation du marché de l'éducation.

L'article est subdivisé en trois grandes parties. Tout d'abord, le développement du cadre théorique, élaboré à l'aide d'études théoriques et empiriques permet de réaliser un état de l'art, sur la question du développement des compétences techniques à l'aide de méthodes d'apprentissage actif, ainsi que de construire les hypothèses de cette étude. La méthodologie et une discussion des résultats sont ensuite développées. Finalement, une conclusion présente en fin de chapitre les apports et les limites de la recherche, de même que les différentes avenues de recherche possibles découlant de cette étude.

1. Cadre théorique et hypothèses

L'objectif de cette étude est d'évaluer les bénéfices de l'utilisation d'une SG en tant qu'outil pédagogique pour développer des compétences techniques, et ce, en considérant le genre, l'expérience de travail, la formation antérieure, ainsi que l'origine ethnoculturelle de l'étudiant. Par conséquent, avant d'aborder les travaux antérieurs à la problématique étudiée, il est pertinent de définir les deux concepts qui se trouvent à la base de cette étude, à savoir l'apprentissage actif et la SG.

1.1. Apprentissage actif

De nouvelles méthodes d'apprentissage s'appuient sur les principes de la *pédagogie active* et la confiance dans les ressources propres à chacun, en prônant l'apprentissage à partir du réel et du libre choix des activités. Aujourd'hui, on a tendance à classer sous l'expression *méthodes actives* toutes les méthodes qui impliquent réellement l'élève par des exercices ou des mises en situation. Elle se réfère historiquement à Adolphe Ferrière qui, au début du XXe siècle, a été parmi les premiers à utiliser l'appellation école active dans ses publications. Les différents pédagogues de ce mouvement expriment de diverses manières cette nécessité de favoriser l'expérience personnelle. Parmi ceux-ci on peut citer les membres fondateurs en 1921 de la Ligue internationale pour l'Éducation Nouvelle : pour John Dewey, on apprend en faisant, *Learning by doing*, Célestin Freinet lui fait écho en parlant de *tâtonnement expérimental,* Ovide Decroly estime qu'il faut partir des centres d'intérêts et selon Maria Montessori, chacun n'apprend bien que ce qu'il apprend par lui-même ; il absorbe. Le pédagogue est alors un créateur d'ambiance, milieu favorable à l'absorption.

L'évolution des méthodes d'enseignement vers la pédagogie active a naturellement entraîné une évolution du travail du pédagogue vers un rôle de guide et de conseiller, plutôt que de maître de contenu comme dans son rôle classique. Son rôle va donc progressivement se déplacer du contenu de l'enseignement vers la personne, et une participation accrue des apprenants. L'enseignant devient ainsi un « facilitateur », une personne ressource vers qui se tourner en cas de besoin et son rôle sera assez proche d'un tuteur, qu'il soit physiquement présent ou non. Il s'agit de mettre l'élève en situation vraie d'action, une situation où il peut exercer ses capacités, où il construit, avec le groupe des réponses adaptées aux questions soulevées par la mise en œuvre de projets individuels ou collectifs. Dans cette optique on comprend bien que la posture de l'enseignant reste celle du médiateur entre l'élève et le savoir, mais aussi entre les apprenants eux-mêmes. Il devra donc mettre en œuvre les situations d'apprentissages propices aux échanges entre les individus. Cela suppose d'accepter l'erreur dans le processus d'acquisition des connaissances tout en contrôlant les activités des élèves. Il n'a donc plus une position de transmetteur unique du savoir, mais il organise, coordonne, régule, canalise les propositions et la parole des individus.

La tâche du formateur consiste à impliquer les participants à l'aide de méthodes interactives issues de situations tirées de la réalité ou calquées sur elle le plus possible, nécessitant une participation active des participants afin qu'ils puissent appliquer leurs compétences et les faire évoluer au cours de la formation. Les moyens utilisés sont nombreux et doivent toujours être adaptés au processus de formation : exercices multiples, études de cas, jeux de simulation, les jeux de rôles, supports informatiques et audio-visuels. Ces moyens doivent être adaptés en fonction des types de publics et des objectifs à atteindre.

Nous sommes dans le cadre de pédagogies collaboratives (la pédagogie du projet ou par le projet, l'apprentissage par problèmes ou par résolution de problèmes, la méthode des cas, la méthode de découverte) qui placent l'élève en tant qu'acteur des apprentissages, capable de participer à l'élaboration de ses compétences en coopération, avec l'enseignant et ses pairs. Parmi des modes pédagogiques, la simulation a une place importante. Elle se fait par le recours à diverses formes de modalités pédagogiques, s'appuyant sur les connaissances existantes (les pré-requis), mêlant exercices progressifs et discussions libres, le travail sur des contenus à une réflexion sur l'implication et la participation de chacun. Elle doit être basée sur des situations pédagogiques proches de la réalité pour concrétiser les concepts abordés et permettre une transposition facile à la réalité de la vie de l'entreprise. Cette situation doit avoir du sens pour les participants pour qu'ils puissent s'approprier l'enseignement et mieux mémoriser son contenu. Dans cette pédagogie, la notion de compétence, définie dans le périmètre d'une profession et confortée par des standards ou critères de performance, est fondamentale. Elle repose sur une performance mesurable, pouvant être évaluée de façon objective et fiable.

L'apprentissage actif est donc une méthode pédagogique différente de celle traditionnelle ; soit celle d'un enseignement magistral où les étudiants sont limités à écouter et prendre des notes sur le discours du professeur. Des études ont été menées afin de démontrer les effets de cette méthode d'apprentissage sur les acquis des étudiants. Selon Fortin et Legault (2006) l'utilisation d'une simulation permet d'obtenir de meilleures performances académiques qu'une méthode d'enseignement traditionnel. Dans le même ordre, Stainbank (2010) démontre que le principal bénéfice d'un projet comptable (pédagogie active) est d'appliquer la théorie à la pratique.

Dans un cours magistral traditionnel, les étudiants demeurent passifs quant à la technique d'apprentissage. Cette passivité favorise une diminution de l'attention des étudiants ainsi que l'apprentissage machinal de la théorie pour les examens. Tandis qu'un cours basé sur une participation active permet d'influencer favorablement la mémorisation des acquis chez les étudiants (Dellaportas et Hassal, 2013). Cette constatation est consolidée par la remarque de Sullivan (1996) selon laquelle les étudiants apprennent davantage et retiennent plus d'informations sur une plus longue période, lorsqu'ils sont engagés activement dans leur apprentissage.

Une façon d'incorporer l'apprentissage actif en classe est l'apprentissage coopératif ; c'est-à-dire apprendre en équipe. Sullivan (1996) décrit en quoi consiste un apprentissage coopératif. En général, il s'agit d'une équipe de 3 à 5 personnes qui travaille communément à régler des problèmes, à prendre des décisions et à interpréter des situations. Ces exercices permettent d'accroître leurs engagements et leurs engouements envers les concepts étudiés. De plus, l'entraide entre chacun peut permettre le développement plus rapide et plus approfondi les connaissances des étudiants. D'un autre point de vue, Lancaster et Strand (2001) n'ont pas démontré de différence significative entre la performance moyenne d'un examen final réalisé par des étudiants formés dans un environnement en équipe et celle des étudiants formés dans un cours de format traditionnel. Donc, les bénéfices de différents types d'apprentissages actifs ne se manifestent pas toujours ou à tout le moins ne sont pas clairement définis.

1.2. Adoption des méthodes de pédagogie active

En plus de jouer un rôle important dans les méthodes pédagogiques actives, le formateur est essentiel à l'adoption de ces nouvelles méthodes. Moya, Calador et Araceli (2016) relèvent plusieurs barrières à l'entrée des SG dans les cours universitaires. Du point de vue des formateurs, les principales barrières concernent : 1- le manque d'argent pour acheter des jeux pour chaque cours ; 2- le manque d'information sur les jeux qui sont appropriés pour chaque cours ; 3- le manque général de connaissances des jeux de par les formateurs ; et 4- le temps nécessaire pour préparer le jeu et les activités auxiliaires représentant beaucoup de travail supplémentaire pour les éducateurs (Moya, Calador et Araceli, 2016). Il est possible de comprendre que l'adoption de ces SG est tributaire principalement des institutions d'enseignement pour ce qui est des coûts, et des formateurs pour ce qui est du temps que ce type de pédagogie peut mobiliser.

1.3. Simulation de jeux d'entreprise

La simulation de gestion (SG) consiste à « confier la gestion d'une entreprise à des équipes d'étudiants » (Barth et Géniaux, 2010). Plus précisément, une simulation est une « représentation simplifiée de la réalité dans laquelle le phénomène auquel on s'intéresse est cerné par un ensemble de variables d'entrée et de sortie, et de liens entre ces variables » (Gilbert et Troitzsch, 1999). Ce type de simulation nécessite de travailler en équipe, de comprendre la complexité et l'interaction des différents départements d'une même entreprise et d'apprendre « la prise de décision en groupe, en temps limité et en situation d'information imparfaite et de concurrence » (Barth et Géniaux, 2010, p. 320).

Les simulations sont, maintenant, régulièrement utilisées dans les formations supérieures en tant qu'outils d'apprentissage de la gestion, la stratégie, la finance et autres disciplines. Aussi, il existe différents niveaux de SG : des jeux d'introduction à la gestion (généralistes et simples, ils mettent en œuvre un petit nombre de variables et permettent d'aborder les principales problématiques de la gestion d'une entreprise), des jeux d'approfondissement (ils développent une dimension spécifique, par exemple marketing, ou comptable... de la gestion d'une entreprise), des jeux d'immersion (ils multiplient les variables de manière à plonger les participants dans un univers complexe qui est censé représenter la « vraie vie » de l'entreprise). Dans la présente étude, la simulation utilisée permet de distinguer la diversité des domaines visés ; soit la comptabilité financière, la comptabilité de gestion, la finance, la stratégie et la gouvernance, la production, le marketing, les ressources humaines et l'éthique. Cela permet aussi d'appliquer des concepts théoriques à de vrais problèmes de gestion (Ben-Zvi et Carton, 2007).

Les SG utilisent des logiciels, qui modélisent l'environnement concurrentiel et les interactions entre les décisions des entreprises. Ces logiciels permettent de confronter les décisions des différentes équipes, en y intégrant des paramètres d'environnement, et génèrent des résultats quantifiés après simulation : quantification du/des marché(s) (ventes, parts de marché) ; résultats de chaque équipe (économiques, financiers, marketing, production, humains, ...) ; informations sur l'évolution des marchés, les attentes des clients ou consommateurs, comportements et décisions des concurrents...

Peu importe le degré de difficulté de la simulation, elle permet toujours de renforcer les compétences techniques de l'étudiant. Par exemple, une simulation peut permettre de pratiquer les notions de base de la comptabilité, d'effectuer une révision ou une mise à niveau des concepts étudiés ou de confirmer et de mettre en pratique les acquis théoriques (Barth et Géniaux, 2010).

1.4. Développement des compétences techniques et transversales

Dans cette étude, les compétences analysées concernent celles reliées aux outils de gestion (dites compétences techniques), et aux pratiques intégrant des connaissances de différentes disciplines (dites compétences transversales).

Outils de gestion : Un outil est un instrument permettant de travailler un domaine. Ainsi, dans le domaine des affaires, il existe plusieurs outils qui sont utilisés afin de pouvoir répondre aux demandes. Tel que l'illustre la grille des compétences de l'ordre des comptables professionnels agréés (CPA, 2012) ou des experts-comptables (le socle des connaissances et des compétences de l'expert-comptable en France est défini par décret), il est possible d'y trouver divers outils qui permettent de développer des compétences dans différentes disciplines. Parmi les outils, il y a l'analyse par ratios en finance, afin d'évaluer la situation financière d'une entité, ou bien l'analyse des écarts budgétaires, en comptabilité de gestion, pour comparer la performance réelle de l'entreprise avec celle qui avait été planifiée.

Compétences transversales : Les compétences transversales se réfèrent à la capacité des étudiants à lier la théorie à la pratique, en intégrant des connaissances de différentes disciplines. En effet, parmi les compétences qu'un expert-comptable doit avoir, il y a la capacité à résoudre des problèmes et à prendre des décisions. Ces capacités doivent être appliquées en intégrant et en analysant l'information, tout en faisant preuve de créativité et d'innovation dans la résolution de problèmes. Dans le contexte d'une SG, les compétences transversales sont aussi liées aux systèmes complexes d'une entreprise, à l'interaction entre chacun des départements ainsi qu'à l'interaction entre les différentes prises de décisions. Bref, comme Lafortune (2009, p. 18) les a définies :

« Le développement de compétences transversales permet aux élèves de mieux intégrer leurs apprentissages, de réutiliser leurs acquis ; d'apprendre à transposer et à adapter ces apprentissages dans diverses situations ; de saisir l'utilité d'une connaissance, d'une tâche et d'une stratégie ; de faire des liens et d'être moins compartimentés ».

Facteurs influençant la performance : La progression des compétences peut être influencée par des facteurs autres que ceux reliés aux méthodes pédagogiques. Le genre, l'expérience de travail antérieur, la formation académique antérieure et l'origine géographique forment les quatre facteurs analysés dans cette étude par le biais d'hypothèses.

Influence du genre : Plusieurs études ont tenté d'évaluer l'influence du genre sur le développement des compétences techniques dans le cadre des programmes de comptabilité. Les résultats de ces études sont de loin très contradictoires. Selon Tho (1994), les femmes ont de meilleurs résultats académiques que les hommes. À l'opposé, Koh et Koh (1999) et Seow, Pan et Tay (2014) constatent que ce sont plutôt les hommes qui performent davantage. D'autres études, Gist, Goedde et Ward (1996) et Guney (2009), n'y ont vu aucune différence significative. Devant ce constat contradictoire, l'hypothèse suivante est testée :

H_1 : Le genre n'a pas d'impact significatif sur le développement des compétences techniques.

Influence de l'expérience professionnelle antérieure : L'expérience professionnelle antérieure à une formation académique semble également influencer les résultats scolaires. Les conclusions des études antérieures sont également contradictoires. Guney (2009) et Koh et Koh (1999) constatent que l'expérience professionnelle antérieure a un impact significatif et positif sur la performance des étudiants. Par contre, Ballantine et McCourt (2004) n'y trouvent pas significativement de bénéfices. Alors que Ballantine et McCourt (2004) ont utilisé la perception des étudiants dans leur évaluation de la performance scolaire, Guney (2009) et Koh et Koh (1999) ont comparé les résultats académiques. La perception peut facilement varier selon l'humeur des étudiants. Les données de Ballantine et McCourt (2004) sont donc plus subjectives. Afin d'être cohérent avec les études de Guney (2009) et Koh et Koh (1999), l'hypothèse suivante est retenue :

H_2 : L'expérience professionnelle antérieure a un impact significatif sur le développement des compétences techniques.

Influence de la formation académique antérieure : Plusieurs recherches ont également évalué la performance des étudiants en fonction de leur domaine de formation académique antérieure ; notamment dans le domaine de la gestion. Il n'y a toujours pas de consensus général sur ce facteur. Dans le cadre d'une formation en comptabilité, Guney (2009) indique que la formation académique antérieure n'a pas d'impact significatif sur la performance des étudiants. En opposition, Koh et Koh (1999) confirment un effet significatif. Celui-ci démontre que les étudiants ayant une formation académique préalable en gestion sont moins performants que ceux dans un autre domaine. Toutefois, Halabi et al. (2010) ont démontré que les étudiants sans connaissances antérieures en comptabilité, et qui ont suivi un type d'apprentissage actif, ont des résultats scolaires supérieurs aux étudiants ayant appliqué un apprentissage traditionnel, et ne possédant pas non plus des connaissances préalables en comptabilité. En contrepartie, les étudiants avec des connaissances antérieures en comptabilité, et qui ont suivi un type d'apprentissage actif, ne démontrent pas de différence significative au niveau de leurs résultats scolaires par rapport aux étudiants suivant un apprentissage traditionnel, et possédant le même bagage de connaissances en comptabilité. Il est donc possible que le fait d'avoir des connaissances antérieures en comptabilité ou non ait un impact lors de l'utilisation d'un apprentissage actif. C'est pourquoi l'hypothèse suivante sera retenue :

H_3 : Les formations académiques antérieures ont un impact significatif sur le développement des compétences techniques.

Influence de l'origine géographique : Certaines études ont discuté de la différence de performance entre des étudiants étrangers et autochtones. Selon Phang, Johl, et Cooper (2014), il n'y a pas de différence significative entre la performance académique des étudiants autochtones et ceux étrangers. Alors que He et Banham (2009) démontrent qu'il y a effectivement un écart de performance. En effet, ils démontrent qu'un étudiant autochtone, originaire du pays où la formation est dispensée, performe mieux qu'un étudiant de nationalité étrangère. Par contre, ils soutiennent qu'avec le temps, l'écart entre les différentes performances des étudiants d'origine étrangère s'amenuise. Cooper (2004) compare les capacités et les méthodes d'apprentissage des étudiants australiens avec des étudiants originaires de la Chine et y trouvent des différences. Il est bien souvent reconnu que les méthodes d'apprentissage diffèrent selon les cultures. Il est donc raisonnable de croire qu'entre deux étudiants de régions différentes, il peut y avoir une différence au niveau du développement des compétences lors de l'utilisation de l'apprentissage actif, plus précisément une SG. L'hypothèse suivante est retenue :

H_4 : L'origine géographique a un impact significatif sur le développement des compétences techniques.

2. MÉTHODOLOGIE

2.1. Contexte et description de la simulation

Les participants à l'étude sont des étudiants inscrits dans un cours de SG à l'Université ou dans une école de commerce dans des campus français (Paris, Lille, Nice) et à l'étranger (Maroc). Pendant trois jours consécutifs (fractionnés en six séances d'une demi-journée), chaque groupe a participé à la SG abordant tous les aspects des organisations professionnelles. Le but de la simulation est de pratiquer la prise de décision et de comprendre la complexité et la relation des départements d'une entreprise. L'entreprise en question est la société Ordinatix. Cette société fabrique deux types de produits : des calculatrices non programmables et des boîtiers de villa à commande électronique. Elle est une des divisions de C.G.X., un groupe industriel de l'électronique de pointe. Les participants doivent prendre la responsabilité de la direction d'Ordinatix suite à la politique de décentralisation de C.G.X. afin de mieux se diversifier. Ils s'assurent de la santé des actifs en plus de garder une rentabilité pour s'autofinancer tout en augmentant les parts de marché. De plus, les participants doivent permettre à C.G.X. d'avoir un rendement grâce à sa participation dans sa division qu'elle désire garder à plus de 50% du capital. Les étudiants devaient travailler sur tous les aspects de l'entreprise. En effet, en plus de devoir s'occuper de l'aspect financier et de la gouvernance d'Ordinatix, les étudiants prennent également des décisions sur la gestion de la production, le marketing et les ressources humaines.

Les instructeurs ont un pouvoir important dans la définition des entrées au cours des étapes préliminaires et tout au long de l'activité, en particulier pour déterminer les niveaux de difficulté, les conditions du marché, l'environnement économique, les installations de production, la motivation des employés et d'autres conditions. Pour la simulation, les élèves ont été divisés au hasard en équipes de cinq. Cependant, les équipes étaient libres de faire leur choix d'adhésion finale et une fois formées, elles deviennent concurrentes pour le reste du jeu. Chaque équipe a été assignée à deux instructeurs qualifiés possédant une vaste expérience avec les jeux d'entreprise et les professions financières. Les instructeurs donnent le rythme du jeu, en établissant des calendriers de décision pour les équipes. Ils ont également établi des échéanciers et ont choisi le contenu pour une série de mini ateliers techniques en lien avec la simulation (coût complet, tableaux de bord, les budgets de trésorerie). La première demi-journée est consacrée à expliquer le jeu d'entreprise, et à permettre aux équipes de s'y familiariser. Au cours des quatre demi-journées à venir, les équipes sont tenues de prendre un certain nombre de décisions, tandis que les instructeurs fournissent une rétroaction constante sur les simulations et l'analyse. Au cours de la dernière demi-journée, toutes les équipes présentent leurs rapports de gestion, et reçoivent les commentaires des instructeurs.

2.2. Questionnaire

La simulation et le questionnaire sont fournis en français, dans la plupart des campus, et en anglais, dans d'autres, en fonction de la langue parlée par les étudiants. Le questionnaire permet de mesurer la perception du développement des connaissances techniques, ainsi que des compétences transversales en gestion. L'annexe 1 présente la version française de l'instrument. Un traducteur professionnel a traduit le questionnaire du français en anglais, et un traducteur professionnel différent a été consulté pour valider la traduction. Un instructeur bilingue impliqué dans l'enseignement de la SG a finalement été invité à une double vérification de la traduction. Les réponses ont été évaluées en utilisant une échelle de Likert en neuf points, permettant ainsi une grande variabilité dans les réponses des élèves, ainsi que d'assurer une plus grande précision dans la mesure des concepts.

L'évaluation des compétences techniques est basée sur les six grandes dimensions reflétant les disciplines de gestion d'entreprise soit la comptabilité de gestion (6 items), la finance (6 items), la stratégie et gouvernance (2 items), la gestion de la production (2 items), le marketing (4items) et les ressources humaines (3 items). Quant à l'évaluation des compétences transversales, celles-ci sont basées sur 4 items soit : 1- la mise en relation des connaissances et des acquis de diverses disciplines ; 2- la compréhension du fonctionnement de l'entreprise comme un système complexe et interconnecté ; 3- la compréhension de l'interaction entre les différentes décisions prises ; et 4- la compréhension de l'interaction entre les différents services de l'entreprise (dimensions développées à partir de l'étude de Barth et Géniaux, 2010).

2.3. Échantillon et méthode de collecte de données

Dix-sept simulations sur une période de deux ans ont permis d'obtenir un échantillon de 532 étudiants tous inscrits dans un cours de SG d'une université, une école de commerce ou école d'ingénieurs de France et de Maroc. Les statistiques suivantes tiennent compte des données manquantes. La plupart des étudiants ont participé à des études supérieures, et sur un seul endroit, ils étaient au premier cycle. La plupart des étudiants étaient des hommes (57,9%, ou 292/504) et leur âge moyen était un peu plus de 24 ans (écart type 4,283). Parmi les répondants, 45,3% ont eu une expérience professionnelle supérieure à un an. La majorité, soit 54,7%, a une formation académique antérieure dans le domaine de la gestion. Finalement, la plupart des répondants sont d'origine européenne 62,6%, 30,8% africaine et 6,7% asiatique.

Il a été demandé aux élèves d'évaluer toutes les compétences mentionnées ci-dessus, premièrement au début du cours (T1), puis à nouveau à la fin (T2). Les étudiants n'ont pas eu accès à leurs réponses au T1, lorsqu'il leur a été demandé de remplir le questionnaire au T2. La différence entre T2 et T1 permet ainsi d'évaluer le niveau de progression pour chaque compétence. Chaque questionnaire au T1 avait déjà un numéro de code écrit, et ils ont été distribués au hasard dans la classe. Un étudiant (généralement le délégué des étudiants) a été en charge de garder la liste des étudiants, ainsi que les codes correspondants du T1. Le délégué des étudiants a fourni les mêmes codes à ses collègues à l'instant T2, et cela a permis de faire correspondre les questionnaires, tout en assurant l'anonymat. La liste a ensuite été détruite. Cette procédure a assuré l'anonymat total, et la complète liberté à remplir les questionnaires.

La moyenne des questions (items) relatives à chacune des sept compétences est effectuée afin d'obtenir le score total relatif à chacune des compétences. Selon les règles de décision (Jarvis, MacKenzie et Podsakoff, 2003) relatives au type de construit élaboré pour chacune des compétences, le modèle de construit est du type réflexif. Dans ce type de construit latent, les indicateurs sont supposés représenter l'influence du construit latent sous-jacent ; la relation de causalité est donc supposée opérer du construit vers ses indicateurs. Le construit représente la cause commune partagée par tous les indicateurs : en conséquence, ces indicateurs doivent être significativement et positivement corrélés, et toute variation dans le construit doit se manifester par la variation de tous les items de l'échelle de mesure (Bollen et Lennox, 1991). Rossiter (2002) donne, quant à lui, des précisions sur la construction des échelles de mesures et recommande d'utiliser la moyenne des indicateurs, dans le cas d'un construit réflexif, plutôt que de procéder à leur addition.

Comme expliqué dans la revue de la littérature, le questionnaire a également recueilli des données sur le genre, l'expérience professionnelle de plus d'un an, la formation académique antérieure dans le domaine de la gestion et l'origine ethnoculturelle. L'expérience professionnelle est intégrée comme une variable dichotomique, pour laquelle les étudiants se devaient de mentionner s'ils avaient une expérience professionnelle de plus d'un an. Les réponses sur l'origine géographique ont été regroupées par continent.

3. Résultats obtenus et analyses

Le tableau 1 présente les moyennes obtenues au premier et deuxième temps de mesures, la progression, ainsi que le niveau de signification pour les comparaisons de moyenne (T test pour échantillon apparié), cela pour chacune des sept compétences évaluées.

Tableau 1 - Statistique descriptive de la progression moyenne des compétences des étudiants

Description	Moyenne au début (T1)	Moyenne à la fin (T2)	Moyenne de progression	Augmentation %	Comparaison moyenne (sig) (p < 0.05)
Outils comptabilité de gestion	4,5903	5,5623	0,9720	21,17%	0,000
Outils finance	4,7146	5,6806	0,9660	20,49%	0,000
Outils stratégie et gouvernance	4,7656	5,7043	0,9387	19,70%	0,000
Outils gestion de la production	3,8260	4,8490	1,0230	26,74%	0,000
Outils Marketing	4,6278	5,8595	1,2317	26,15%	0,000
Outils Ressources humaines	4,6572	5,7063	1,0491	22,53%	0,000
Compétences transversales	5,6874	6,4349	0,7475	13,14%	0,000

Bien que la simulation proposée dans le cadre du cours soit de courte durée (3 jours), les sept compétences mesurées ont toutes progressé. Les comparaisons de moyenne effectuées entre la fin (T2) et le début (T1) de la simulation pour chacune des compétences démontrent une progression significative (p-value <0.001). Il est possible de constater que deux outils se distinguent du lot par une progression marquée de leur développement. Ces deux principaux outils sont ceux de gestion de la production et de marketing, avec respectivement 26,74% et 26,15% d'augmentation. Les ressources humaines suivent de près avec une augmentation de 22,53%. Une hypothèse serait que les étudiants inscrits à la SG ont eu plus de pratique lors des cours ou de leur travail pour développer les compétences 1 à 3, que pour développer les compétences 4 à 6, puisque les trois premières sont davantage des compétences apprises dans le domaine de la gestion. Selon cette hypothèse, l'étude démontre que les outils moins utilisés ou appris antérieurement sont ceux ayant le plus progressé suite à la SG. Pour chaque outil et chaque compétence, il y a une augmentation significative entre le temps T1 et T2. La simulation a donc permis aux étudiants d'augmenter en moyenne leurs connaissances pratiques au niveau des outils nécessaires au fonctionnement d'une entreprise ainsi qu'au niveau du développement de leurs compétences transversales.

Alors que plusieurs études mentionnent que l'un des bienfaits des SG est de permettre aux étudiants d'appliquer les concepts théoriques à une situation pratique, et de pousser les participants à la prise de décision (Ben-Zvi et Carton, 2007), les résultats ne sont pas convaincants sur ce sujet. En effet, les compétences transversales regroupent les éléments qui, selon Ben-Zvi et Carton (2007), sont développés par le biais d'une SG. Par contre, il est démontré dans cette étude que les compétences transversales, l'élément 7, sont celles ayant la progression moyenne la moins élevée ; soit 0,7475 et 13,14% d'augmentation. Cette analyse démontre que la SG est bénéfique pour les compétences transversales, tout comme pour le développement des outils spécifiques aux différentes disciplines de gestion. Par contre, il est important de noter que le développement le plus notable ne concerne pas les compétences transversales, contrairement à l'importance que Ben-Zvi et Carton (2007) semblaient leur accorder. En effet, le tableau démontre un écart d'un peu plus de 6% entre l'augmentation du développement de compétences transversales (éléments 7) et celle de l'outil technique ayant le moins augmenté (élément 3). L'étude actuelle démontre donc que le développement se fait principalement au niveau des outils techniques des diverses disciplines de gestion mises en pratique lors de la SG. Une remarque pertinente concerne le niveau de maîtrise des compétences transversales avant et après la SG. En effet, avant d'effectuer la simulation, le niveau de maîtrise des compétences transversales se situait à 5,6874, le niveau le plus élevé ; soit 1,15 point au-dessus de la moyenne de maîtrise des autres compétences techniques. En fin de simulation, le niveau de maîtrise des compétences transversales se situait à 6,4349, le niveau le plus élevé ; soit 0,87 point au-dessus de la moyenne de maîtrise des autres compétences techniques. Cette remarque permet de porter l'hypothèse selon laquelle il est possible que le niveau d'augmentation des compétences transversales ne soit pas aussi prononcé que pour les autres compétences techniques, car cette compétence était déjà bien maîtrisée par la moyenne des répondants de la simulation.

Des comparaisons de moyennes ont également été produites pour tester chacune des hypothèses, soit les différences d'apprentissage en fonction du genre, de l'expérience de travail, de la formation académique antérieure et de l'origine géographique. Ces résultats sont présentés dans le tableau 2 suivant.

Tableau 2 - Progression moyenne par compétence par facteurs et comparaison des moyennes

		N	1. Gestion	2. Finance	3. Stratégie	4. Produc.	5. MKT	6. RH	7. Trans.
Genre									
Homme		292	1,0186	0,8737	0,9606	1,0947	1,3106	1,0554	0,7158
Femme		212	0,9010	1,0372	0,9522	0,9359	1,1346	1,0645	0,7882
Test T[a]			--	--	--	--	--	--	--
Expérience de travail antérieur									
Sans		263	0,7990	0,7963	0,7728	1,0925	1,0945	0,9845	0,6602
Avec		241	1,1572	1,1085	1,1633	0,9567	1,3920	1,1426	0,8412
Test T[a]			**	**	***	--	*	--	--
Formation académique antérieure dans le domaine des affaires									
Non		144	1,6430	1,7034	1,7986	1,2862	1,7471	1,9111	0,9919
Oui		291	0,6820	0,7007	0,6015	0,9472	0,9686	0,4770	0,6245
Test T[a]			***	***	***	*	***	***	**
Origine géographique									
Europe		309	0,9735	0,9087	0,9189	1,1157	1,1628	1,0731	0,7366
Afrique		152	0,9731	1,0367	1,0543	0,8064	1,4417	1,1446	0,7616
Asie		33	1,0253	0,9778	0,9697	1,0469	1,2500	1,0260	0,9053
K.W. Test[a,b]			--	--	--	--	--	--	--
Test par pairs[a, c, d]	Eu-Af		--	--	--	--	--	--	--
	Eu-As		--	--	--	--	--	--	--
	Af-As		--	--	--	--	--	--	--

a. -- = non significatif ; * P<0.1 ; ** P<0.05 ; *** P<0.01
b. Test de Kruskal-Walis d'échantillon indépendant
c. Test de Tukey
d. Eu = Europe ; Af = Afrique ; As = Asie

Le tableau 2 illustre la progression moyenne des compétences techniques en fonction des différents facteurs considérés dans l'étude. La comparaison des moyennes entre les hommes et les femmes démontre qu'il n'y a pas de différence significative entre les deux genres ($p > 0,05$). Ainsi, comme Gist, Goedde et Ward (1996) et Guney (2009) l'ont démontré, l'hypothèse H_1 (le genre n'a pas d'impact significatif sur le développement des compétences techniques) est acceptée. Au regard de l'expérience professionnelle, les compétences 1, 2 et 3 démontrent qu'il y a un écart significatif ($p < 0,05$) entre les étudiants qui ont de l'expérience professionnelle antérieure de plus de 1 an, et ceux qui n'en possèdent pas. En effet, en observant la moyenne de chacune des compétences, il semblerait que les étudiants avec de l'expérience professionnelle de plus d'un an ont significativement plus progressé que ceux dénués d'expérience. Par contre, le tableau 2 illustre que les compétences 4 à 7 ne montrent pas de différence significative ($p > 0,05$) entre les deux types d'étudiants. Nonobstant ce fait, il est important de noter que la compétence 5 Marketing est marginalement significative (0,057). Bref, pour les compétences en lien avec la gestion, la finance et la stratégie et gouvernance, il semble que l'hypothèse H_2 (l'expérience de travail antérieur a un impact significatif sur le développement des compétences techniques) soit acceptée tel que Guney (2009) et Koh et Koh (1999) l'ont confirmé en analysant la performance dans un cours de comptabilité. Par contre, pour les compétences 4 à 7, l'hypothèse est rejetée. Par conséquent, il n'est pas possible de poser de conclusion sur l'ensemble des compétences techniques. Il est tout de même bon de noter que le développement des compétences de gestion, de finance et de stratégie et gouvernance dans le cadre d'une SG semble être sensible à l'expérience professionnelle préalable de l'étudiant.

En lien avec la formation antérieure, les comparaisons des moyennes entre les étudiants du domaine de gestion et ceux provenant d'un autre domaine indiquent qu'il y a une différence significative ($p < 0,01$) entre ces deux catégories d'étudiants dans le développement des compétences techniques, en ce qui concerne les outils de gestion, de finance, de stratégie, de marketing et de ressources humaines. Elle est également significative ($p < 0,05$) pour les compétences transversales. Pour ce qui est des outils de gestion de la production, celle-ci est marginalement significative (0,065). En général, l'hypothèse H_3 (les formations académiques ont un impact significatif sur le développement des compétences techniques) est acceptée. Les moyennes de progression sont plus élevées pour les étudiants ayant étudié dans un autre domaine que la gestion, cela confirme les allégations de Koh et Koh (1999), c'est-à-dire que les étudiants ayant une formation préalable dans le domaine de la gestion retirent moins de bénéfice que ceux provenant d'un autre domaine.

En relation avec l'origine géographique, les différentes analyses statistiques de comparaison des moyennes ne démontrent pas d'impact significatif sur le développement des compétences techniques. La comparaison multiple entre les continents (test de Tukey) démontre très bien que le développement des compétences techniques dans une SG est indépendant des origines géographiques des étudiants qui y participent. C'est pourquoi l'hypothèse H_4 (l'origine géographique a un impact significatif sur le développement des compétences techniques) est rejetée, contrairement à ce que He et Banham (2009) et Cooper (2004) avançaient dans leurs études.

CONCLUSION

Les premières versions des SG ont vu le jour depuis le début des années 1930 en Europe et la fin des années 1950 aux États-Unis. Ces simulations ont évolué avec le temps, notamment avec l'utilisation des nouvelles technologies. C'est pourquoi plusieurs études à travers le monde ont investigué sur les bénéfices que peuvent apporter ces simulations. Plus précisément, de nombreux articles discutent des avantages au niveau de l'amélioration des compétences transversales chez les étudiants, qui participent aux jeux d'entreprise et aux simulations de gestion. Il est à noter que ces compétences peuvent difficilement s'apprendre par une méthode d'enseignement traditionnelle, axée sur la transmission des savoirs. En plus, les bénéfices des nouveaux modèles d'apprentissage actif et coopératif ne se limitent pas seulement à l'amélioration des compétences transversales. En effet, quelques études discutent de l'amélioration des compétences techniques au cours des SG. Les recherches antérieures étant peu nombreuses, cette présente étude, mise en place en France et au Maroc, apporte des éléments de réponse pertinents au regard des compétences techniques et des facteurs pouvant influencer leur développement.

Dans un contexte d'apprentissage par SG, les étudiants perçoivent une progression dans leurs compétences techniques, plus précisément les outils et les compétences transversales. En effet, chacune des compétences évaluées a progressé de façon significative entre le temps T1 et le temps T2. De plus, il est démontré que certains facteurs influencent la progression des compétences techniques. L'analyse de chacun des facteurs a permis d'accepter ou de rejeter certaines hypothèses développées en accord avec les recherches antérieures. Compte tenu de la taille de l'échantillon, plus de 500 observations, les présents résultats devraient être assez robustes. Par conséquent, il convient de mentionner que le genre et l'origine géographique n'ont pas d'impact sur le développement des compétences techniques telles qu'évaluées dans la présente étude. Par contre, le domaine de formation académique antérieure, ainsi qu'une expérience professionnelle antérieure de plus d'un an, influencent la progression du développement des outils et des compétences transversales.

Les résultats de cette étude concernant les facteurs influençant la progression des compétences sont très pertinents pour les instructeurs. En effet, dans le cadre d'une pédagogie active, l'apprenant est un acteur d'apprentissage capable de participer à l'élaboration de ses compétences en coopération avec ses pairs. L'entraide entre chacun des apprenants peut permettre le développement plus rapide et plus approfondi de leurs connaissances. En considérant la diversité des apprenants, la constitution des équipes lors d'une SG s'avère très importante pour maximiser l'apprentissage collectif. Par conséquent, l'instructeur, qui peut décider de donner libre choix dans la constitution des équipes ou de les imposées, se doit de considérer la diversité des équipes comme gage d'une meilleure formation. Tel que démontré dans la présente étude, cette diversité concerne le domaine de formation académique antérieure, ainsi qu'une expérience professionnelle antérieure de plus d'un an des apprenants.

L'une des limites de l'étude concerne la subjectivité des observations. En effet, le développement des compétences techniques est évalué à partir de la perception que les étudiants ont de leurs propres compétences, autant dans le premier que dans le second questionnaire. Certains étudiants peuvent surévaluer leurs compétences et leur maîtrise des outils, alors que d'autres peuvent sous-évaluer ces mêmes compétences. L'étude aurait été plus objective, mais plus complexe à réaliser, en utilisant des résultats tangibles tels que leurs résultats scolaires, ou bien en distribuant des tests visant à évaluer leur maîtrise des outils des différentes disciplines avant et après la SG. De plus, il est possible qu'un étudiant avant la simulation s'évalue comme étant bon, mais à la suite de la simulation, remarque que ses compétences n'étaient pas au niveau initialement estimé. Donc, au second questionnaire, il s'est possiblement évalué comme étant moins bon qu'avant la simulation malgré la progression réelle que lui a permis de réaliser la SG. Un autre problème lié à l'évaluation par la perception concerne le moment auquel le second questionnaire est rempli. En effet, les questionnaires ont été remplis à la fin de la simulation, alors que les émotions liées à la SG sont encore à leur apogée. Par conséquent, il est possible que leur perception réelle fût amplifiée lors de leur seconde évaluation.

Puisque les étudiants ont été avisés qu'ils participaient à une étude, il est possible que certains aient surévalué leurs connaissances réelles, de sorte à biaiser leur évaluation, afin de mieux se valoriser. Cette réaction des étudiants correspond à une deuxième limite de l'étude. Afin de réduire les effets de ce biais, les questionnaires ont été remplis anonymement, et les étudiants n'ont pas eu accès à leurs premières réponses lors du deuxième questionnaire.

Dans cette étude, les perceptions des étudiants ont été évaluées. Cette perception comporte sans aucun doute certains biais. Il serait donc intéressant d'aller au-delà de cette perception en évaluant les résultats académiques dans le cadre d'une pédagogie traditionnelle versus active, à partir d'une étude de cohorte prospective. Cependant, il ne faut pas perdre de vue que les objectifs d'apprentissage sont bien souvent différents selon la pédagogie utilisée. Une adaptation des pédagogies (à la fois traditionnelles, actives ou coopératives) aux objectifs d'apprentissage est ainsi fortement conseillée, ainsi que la prise en compte de la diversité des apprenants. Aussi, le rôle de l'instructeur comme médiateur et catalyseur des pratiques pédagogiques innovantes est à explorer dans le cadre de recherches futures.

RÉFÉRENCES

Ballantine, J.A. et McCourt, L.P. (2004), A critical analysis of students' perceptions of the usefulness of the case study method in an advanced management accounting module: The impact of relevant work experience. *Accounting Education,* Vol. 13 No. 2, pp. 171-189.

Barth, Iet Géniaux, I. (2010), Former les futurs managers à des compétences qui n'existent pas: Les jeux de simulation de gestion comme vecteur d'apprentissage (Training future managers for invisible competencies: Business simulations as learning drivers). *Management & Avenir,* Vol. 6 No. 36, pp. 316-339.

Ben-Zvi, T et Carton, T.C. (2007), From rhetoric to reality: jeu d'entreprises as educational tools. *INFORMS Transactions on Education,* Vol. 8 No. 1, pp. 10-18.

Bollen, K. et Lennox, R. (1991), Conventional wisdom on measurement: A structural equation perspective. *Psychological Bulletin,* Vol. 110 No. 2, pp. 305-314.

Cooper, B.J. (2004), The enigma of the Chinese learner. *Accounting Education,* Vol. 13 No. 3, pp. 289-310.

CPA Canada. (2012), Grille de compétences des comptables professionnels agréés : Comprendre les compétences nécessaires à l'obtention du titre de CPA. Tiré de https://www.cpacanada.ca/fr/devenir-cpa/Voies-dacces-au-titre-de-CPA/ressources-nationales-en-formation/La-Grille-de-competences-des-CPA. [Accès le 13 décembre 2015].

Dellaportas, S. et Hassall, T. (2013), Experiential learning in accounting education: A prison visit. *The British Accounting Review,* Vol. 45 No. 1, pp. 24-36.

Fortin, A. et Legault, M. (2006), L'apprentissage au moyen d'une simulation en vérification : impact sur la performance et les perceptions des étudiants (Learning using an audit simulation: impact on students' performance and perceptions). *Comptabilité- Contrôle- Audit,* Special Issue, pp. 39-65.

Gilbert, N. et Troitzsch, K.G. (1999), *Simulation for the social scientist.* Buckingham, PA: Open University Press.

Gist, W.E., Goedde, H. et Ward, B.H. (1996), The influence of mathematical skills and other factors on minority student performance in principles of accounting. *Accounting Education,* Vol. 11 No. 1, pp. 49-60.

Guney, Y. (2009), Exogenous and endogenous factors influencing students' performance in undergraduate accounting modules. *Accounting Education: An International Journal,* Vol. 18 No. 1, pp. 51-73.

Halabi, A.K., Essop, A., Joosub, T., Padia, N., Vawda, M. et Yasseen, Y. (2010), A South African study comparing the effectiveness of computer-based learning materials and face-to-face teaching. *Meditari Accountancy Research,* Vol. 18 No. 2, pp. 23-37.

He, Y. et Banham, H. (2009), International student academic performance: Some statistical evidence and its implications. *American Journal of Business Education,* Vol. 2 No. 5, pp. 89-100.

Jarvis, C., MacKenzie, S.B. et Podsakoff, P.M. (2003), A critical review of construct indicators and measurement model misspecification in marketing and consumer research. *Journal of Consumer Research,* Vol. 30 No. 2, pp. 199-218.

Koh, M.Y. et Koh, H.C. (1999). The determinants of performance in an accountancy degree course. *Accounting Education: An International Journal,* Vol. 8 No. 1, pp. 13-29.

Lafortune, L. (2009), La pédagogie du projet et le développement de compétences transversales : un changement de posture pédagogique, *Éducation Canada.* Vol. 49 No. 5. www.cea-ace.ca. [Accès le 13 décembre 2015].

Lancaster, K.A.S. et Strand, C.A. (2001), Using the team-learning model in a managerial accounting class: An experiment in cooperative learning. *Accounting Education,* Vol. 16 No. 4, pp. 549-567.

Moya, M., Calabor, M. et Araceli, M. (2016), The future of 'serious games' in higher education: Delphi study on the educator's vision. Paper presented at the

39th Annual Congress European Accounting Association, May 11-13, Maastricht, Pays-Bas.

Phang, M., Johl, S.K. et Cooper, B.J. (2014), Goal-efficacy framework: An examination of domestic and international accounting students' academic performance. *Accounting and Finance,* Vol. 54 No. 4, pp. 1295-1318.

Poisson-de Haro, S. et Turgut, G. (2012), Expanded strategy simulations: developing better managers. *Journal of Management Development*, Vol. 31 No. 3, pp. 209-220.

Rossiter, J.R. (2002), The C-OAR-SE procedure for scale development in marketing. *International Journal of Research in Marketing*, Vol. 19 No. 4, pp. 305-335.

Seow, P.S., Pan, S.C. et Tay, S.W. (2014), Revisiting the determinants of students' performance in an undergraduate accountancy degree programme in Singapore, *Global Perspectives on Accounting Education,* Vol. 11, pp. 1-23.

Stainbank, L.J. (2010), Students' perceptions of the usefulness of an accounting project in acquiring accounting knowledge and professional skills. *SA Journal of Accounting Research,* Vol. 24 No. 1, pp. 79-100.

Sullivan, J.E, (1996), Teaching financial statement analysis: A cooperative learning approach. *Journal of accounting education,* Vol. 14 No. 1, pp. 107-111.

Tho, L.M. (1994), Some evidence on the determinants of student performance in the University of Malaya introductory accounting course. *Accounting Education,* Vol. 3 No. 4, pp. 331-340.

ANNEXE 1. QUESTIONNAIRE

Pour les questions 1 et 2 vous avez 9 choix de réponses allant de : De 1 signifiant : Je n'ai aucune connaissance sur le sujet, à 9 signifiant : J'ai une excellente connaissance sur le sujet.

1 - Comment évaluez-vous vos connaissances pratiques dans les différents outils :	1	2	3	4	5	6	7	8	9
Comptabilité de gestion									
- Le système budgétaire									
- L'analyse des écarts budgétaires									
- Le système de coût standard									
- Le système de coût de revient par activités (ABC costing)									
- Le système de coût de revient du cycle de vie complet des produits									
- L'analyse du seuil de rentabilité									
Finance									
- L'analyse financière (des états financiers) par ratios									
- Le plan de financement									
- La gestion du BFR									
- La gestion de la trésorerie									
- Le choix d'investissement									
- Le choix de financement									
Stratégie et gouvernance									
- Le tableau de bord équilibré									
- Diagnostic stratégique (analyse SWOT…)									
Gestion de la production									
- La méthode de réduction des coûts Kaizen									
- La gestion des stocks									
Marketing									
- L'analyse comparative (benchmarking) des priorités stratégiques									
- Le mix marketing produit – prix – place – promotion									
- L'analyse de la rentabilité de la clientèle par segments de marché									
- L'analyse comparative des caractéristiques des produits fabriqués avec ceux d'autres entreprises									
Ressources humaines									
- Les politiques de paie et de rémunérations									
- Les politiques de recrutement et de formation									
- La gestion des conflits de travail									

2 - Capacité à appréhender la transversalité disciplinaire en gestion :	1	2	3	4	5	6	7	8	9
- Mettre en relation les connaissances et les acquis de diverses disciplines									
- Saisir le fonctionnement de l'entreprise comme un système complexe et interconnecté									
- Comprendre l'interaction entre les différentes décisions prises (investissement, financement, production…)									
- Comprendre l'interaction entre les différents services de l'entreprise (financier, ressources humaines, production…)									

Caractéristiques du répondant ou de la répondante :

3 - Quel est votre âge ? _______

4 - Vous êtes : □ un homme □ une femme

5 - Avez-vous déjà été sur le marché du travail, dans un contrat salarié de plus d'un an ? (Cochez la case)

	1	0		
	Oui	Non		

6 - Mes études bac +4 et/ou +5 étaient : (Cochez la case)

	1	0	
	Oui	Non	
- Scientifique (universitaire)			
- École d'ingénieurs (universitaire)			
- Économique (universitaire)			
- Finance / comptabilité (universitaire)			
- École de commerce			
- Autres, s.v.p. précisez _______________			
- Autres, s.v.p. précisez _______________			

7 - Quelle est votre citoyenneté d'origine?

- Française		
- Marocaine		
- Algérienne		
- Tunisienne		
- Chinoise		
- Vietnamienne		
- Ivoirienne		
- Camerounaise		
- Sénégalaise		
- Autres, s.v.p. précisez		

PARTIE 4

Problématiques économiques et perspectives comptables

Les perspectives d'évolution de la concurrence sur le marché de la notation

Oussama Ben Hmiden[1]
et Jamel E. Henchiri[2]

INTRODUCTION

Afin de redonner à la notation son rôle d'indicateur clé du risque de défaillance des émetteurs à la suite du scandale de la faillite de *Penn Central Railroad* en 1970 aux États-Unis, l'autorité américaine du contrôle des marchés boursiers (SEC) a mis en place, en 1975, une certification du métier de la notation par l'attribution de statut *NRSRO* (Nationally Recognized Statistical Rating Organization) aux agences reconnues par le régulateur fédéral américain. Par la mise en place de cette norme, les autorités de régulation des marchés financiers avaient comme objectif de standardiser et de formaliser la pratique des notations. Cette décision a été vivement critiquée dans la mesure où elle confortait le caractère oligopolistique d'un secteur largement dominé par un nombre réduit d'acteurs. L'oligopole constitué est accusé de présenter un risque de manque d'indépendance des notations, ce qui conduirait à une baisse de qualité des méthodes de notations des agences. Pour répondre à la pratique du statut, et au nombre restreint d'agences l'ayant obtenu, la SEC stipulait que l'historique, l'accumulation d'expériences et la standardisation des analyses apportent une envergure à la qualité des notes, et que seules quelques agences auraient accumulé un tel capital fondé sur leur réputation. Ce statut a accentué le pouvoir des agences de rating, puisque les notations attribuées sont devenues aujourd'hui des références et des éléments importants dans les contrats financiers.

L'influence des agences sur les marchés financiers a conduit la plupart des autorités de régulation à s'interroger sur les mesures à prendre, afin de renforcer la concurrence sur un marché qualifié d'oligopolistique. Le pouvoir des géants de notation financière : Standard & Poor's, Moody's et Fitch est un sujet qui est revenu régulièrement ces dernières années. Comprendre la persistance de l'oligopole, renforcer la régulation, accroître la

[1] Professeur à ESSCA Ecole de Management, Aix-en-Provence.
[2] Professeur à l'Institut supérieur de Gestion de Gabès, Tunisie.

concurrence sur le marché de notation financière, encourager des nouveaux entrants sont autant de thèmes discutés, lorsqu'on évoque la réalité de l'industrie de la notation financière aujourd'hui. Le présent article rappelle les fruits de la collaboration avec le Professeur Jean-Guy Degos et discute des perspectives d'un marché tendu.

1. La structure du marché oligopolistique des agences de notation

L'analyse économique s'est intéressée à la structure oligopolistique, depuis les travaux de Cournot sur le duopole en 1838. Un siècle après, la théorie des jeux a apporté une vision stratégique à cette forme de concurrence, en abordant les relations d'interdépendance entre les concurrents sur différents registres relationnels, allant de l'affrontement jusqu'au conflit. Dans la configuration de marché oligopolistique, les rapports sont marqués par une dominance d'un petit nombre d'entreprises. Le processus d'augmentation de la taille des entreprises, et la diminution de leur nombre, a été entrepris souvent à travers une stratégie de croissance externe.

Standard & Poor's, Moody's et Fitch accaparent des parts de marché respectives en Europe de 40,42 %, 34,67 % et 16,8 %. L'agence canadienne DBRS et l'agence italienne CERVED arrivent très loin derrière avec 1,47 % et 1,2 %. Ces écarts ont été réalisés grâce à une stratégie – gagnante – d'alliance, d'absorption et de fusions, comme le montre le tableau ci-dessous, qui est motivée par la volonté de bénéficier du professionnalisme et de l'expérience des analystes (Degos et al., 2012). Si de nouveaux acteurs de la notation ont pu espérer se faire une place dans les années 1970 et 1980, les trois agences ont racheté la plupart de ces petites agences (plus d'une trentaine) dans les années 1990 et 2000. En plus de ces fusions et acquisitions, les trois agences ont multiplié les partenariats avec des agences de rating œuvrant au niveau local.

Selon la théorie économique et stratégique, lorsque seulement quelques entreprises sont présentes sur un marché, les barrières à l'entrée, de différentes natures, empêchent l'arrivée d'autres entreprises dans la branche. Les barrières à l'entrée peuvent être soit naturelles, liées à la réglementation juridique ou à des avantages économiques, soit stratégiques, qui résultent d'actions menées pour empêcher l'entrée de tout nouveau concurrent, appelées stratégies de dissuasion. Les trois grandes agences de notation forment aujourd'hui un oligopole fermé avec d'importantes barrières à l'entrée rendant improbable l'arrivée de nouveaux concurrents sur le marché, et peuvent ainsi réaliser confortablement d'importantes marges. L'un des principaux freins est la réputation traduite par une confiance des investisseurs dans la qualité des notes, qui ne peut en effet être acquise qu'au fil du temps, car elles sont considérées comme des indicateurs très fiables du risque de crédit. Le succès des trois grandes agences repose en grande partie sur ce facteur : les investisseurs leur font confiance parce qu'il s'agit d'institutions anciennes, qui ont acquis leur crédibilité au fil du temps. Une agence de notation doit présenter des garanties de compétence en matière d'analyse financière, mais aussi démontrer sa capacité à gérer ses conflits d'intérêts et à préserver son indépendance vis-à-vis des émetteurs. Il est intéressant de noter que Standard and Poor's France reverse plus de 20 % de son chiffre d'affaires à sa maison mère, sous forme de « license fees » pour avoir le droit d'utiliser sa marque. Un nouvel entrant qui ne disposerait pas de ce capital de réputation se heurterait donc à un réel obstacle. Un nouvel acteur devra apporter la preuve de sa crédibilité, dans la durée, avant d'espérer obtenir une modification de ces règles. S'appuyant sur leur réputation à l'échelle internationale et leur capacité à noter des dizaines de milliers de titres à travers le monde, les grandes agences ont produit de véritables « standards » universellement reconnus. La production d'un standard accepté par le marché passe par la reconnaissance d'une performance régulière dans sa qualité, assez longue pour être pertinente.

Tableau 1 - Mouvement de concentration des agences de notation

Premières agences de notation	**Opérations sur le capital**
Moody's	Filiale à 100% de la société Dun and Bradstreet de 1962 à 2000.
Standard and Poor's	Après une série de fusions entre Standard Statistics Bureau créé par Luther Lee Blake (1874-1953), Babson Stock and Bond Card System d'Edward Shattuck et Roy W. Porter et enfin Poor's Publishing co, un nouvel ensemble est formé en 1941 : Standard and Poor's. La vague de contrôles et de prises de participations se poursuivit avec l'acquisition de la société australienne Australian Ratings.
Fitch Ratings	Détenue principalement par la société française holding Fimalac S.A., son statut actuel résulte de la fusion en 1997 de Fitch Publishing Company créée en 1913 à New York par John Knowles Fitch, avec IBCA Limited, agence de notation basée à Londres et du rachat en 2000 de Duff & Phelps la 4e agence de notation américaine ainsi que Thomson Bankwatch agence également spécialisée dans la notation des banques. Elle a aussi pris le contrôle d'Algorithmics en janvier 2005, pour compléter ses méthodes et produits d'analyse des risques.

Source : Degos, Ben Hmiden et Henchiri (2012)

Du fait de la nécessité d'atteindre une taille critique et de disposer de temps pour construire sa réputation, un nouvel acteur devrait réunir, d'emblée, des capitaux importants. Si les agences occupent tant de place aujourd'hui, c'est grâce à l'image de qualité et de fiabilité qu'elles ont développée depuis plus d'un siècle. Le marché a confiance dans ce système autorégulateur en raison du fait que si une agence était complaisante, alors elle perdrait son plus précieux actif : sa réputation.

Depuis 2008, la réglementation de l'activité des agences de notation n'a cessé de se durcir. De nouvelles règles ont été mises en œuvre pour améliorer la transparence et limiter les conflits d'intérêts ; les agences ont payé plusieurs milliards de dollars d'amendes pour violation des règles internes et conflits d'intérêts. Des obligations réglementaires renforcées ont été imposées aux agences : obligation d'enregistrement, obligations de transparence sur la méthodologie, obligation de rotation des analystes... Ces contraintes réglementaires, justifiées naturellement au regard de l'objectif de qualité de la notation, sont plus faciles à respecter par les grandes entreprises installées sur le marché, que par de nouveaux entrants disposant de moins de moyens.

Obtenir une accréditation par la SEC n'est pas une simple formalité, comme l'agence chinoise Dagong en a fait l'expérience : en septembre 2010, la SEC a refusé de lui accorder le statut de NRSRO, au motif qu'« il ne semble pas possible à ce stade pour Dagong de se conformer aux exigences des lois fédérales en termes de tenue des dossiers, de production et de contrôle ». Dagong a protesté contre cette décision, estimant qu'elle était discriminatoire. Il n'en reste pas moins que ce refus entrave considérablement son développement à l'international : une agence qui n'a pas le statut de NRSRO n'est pas prise au sérieux par les investisseurs internationaux. Même sur le marché chinois, les investisseurs attachent d'ailleurs plus d'importance aux notes émises par CCXI ou China Lianhe Credit Rating, les deux agences liées à Moody's et à Standard and Poor's, qu'à celles émises par Dagong.

Le respect de certaines obligations réglementaires peut parfois poser des difficultés aux acteurs plus petits que Standard and Poor's et Moody's déjà installés sur le marché. Aux États-Unis, le Sénat a rencontré des responsables de Fitch. Ils ont souligné le problème que leur pose l'obligation de rotation des analystes : si une équipe compte par exemple un seul analyste spécialiste de la notation des établissements financiers, et que cet analyste souhaite conserver cette spécialité, la rotation obligatoire peut l'inciter à rejoindre une équipe plus étoffée, chez Standard and Poor's ou Moody's, plutôt que de passer à la notation de nouveaux émetteurs. Malgré ce renforcement de la régulation, la demande de notation auprès des grandes agences par les investisseurs connaît une croissance exponentielle. En effet, portées par les taux bas, les entreprises recourent plus aux marchés financiers pour s'endetter, et leur besoin de notation auprès d'une grande agence s'amplifie.

Par ailleurs, l'expertise des agences constitue une barrière à franchir. Les principales agences de notation ont capitalisé plus d'un siècle d'expertise en matière de faillites, de défauts de paiement et de lacunes financières en tous genres, privés et publics, sur les cinq continents (Degos et al., 2010, 2011, 2012 et 2015). Les agences ont réussi à innover essentiellement dans deux domaines : d'abord en construisant une expertise d'ajustement des informations comptables publiées par les entreprises pour améliorer le lien entre la comptabilité et la réalité et ensuite en utilisant de manière exclusive, mais pertinente, en collaboration avec leurs clients, des informations confidentielles. Ces différentes barrières à l'entrée montrent la difficulté de bouleverser la réalité du marché de notation financière aujourd'hui. Mais la littérature stratégique nous enseigne que le pouvoir du marché est en effet susceptible d'être remis en cause lorsque d'autres entreprises existantes parviennent à mettre en œuvre des stratégies spécifiques telles que l'innovation et la différenciation.

2. La naissance d'une nouvelle concurrence

Le financement des entreprises, particulièrement en Europe, connaît un changement majeur, les entreprises recourent davantage à l'endettement sur le marché financier. On assiste à une désintermédiation croissante du financement des entreprises. Celles-ci ont besoin d'une notation crédible pour convaincre les investisseurs. Un marché juteux en perspective qui attire de nouveaux arrivants à pénétrer sur un marché compliqué. Dans ce contexte, les superviseurs ont un rôle à jouer pour stimuler la concurrence.

Afin d'accroître la concurrence, l'idée des régulateurs est de faire émerger de nouvelles agences capables de concurrencer l'oligopole. L'autorité européenne des marchés financiers, a demandé à tout émetteur souhaitant avoir plusieurs notations d'envisager la possibilité de solliciter une agence dont la part de marché n'excède pas 10 %. Ces tentatives d'inciter la concurrence favorisent l'arrivée de quelques nouveaux concurrents appuyés par une volonté exprimée par des grandes puissances économiques.

2.1. La Chine et la Russie fondent leur propre agence de notation

Lancée en 2010, l'agence chinoise Dagong dispose de deux grands atouts : premièrement, sa différentiation en termes d'approche du marché et de qualité de notation ; à la différence des pratiques de notations non sollicitées, l'agence n'émet des notes que si elles sont sollicitées par les clients. Ses notations présentent de solides arguments sur l'évolution potentielle de la dette. Deuxièmement, l'attractivité d'une agence originaire de l'un des principaux pays créanciers de la planète : la Chine. Après avoir obtenu l'agrément en 2013 par l'ESMA (European Securities and Markets Authority) d'exercer en Europe, l'agence affiche une ambition de renforcer son positionnement, et veut se développer en Europe à travers l'acquisition de structures financières s'inspirant ainsi de la stratégie de croissance externe de l'oligopole.

Par ailleurs, comme conséquences des annonces consécutives de Standard & Poor's et Moody's en 2015 de dégradation de la Russie en catégorie spéculative assortie d'une perspective négative, les autorités de ce pays ont décidé de créer leur propre agence de notation dénommée ACRA (Analytical Credit Rating Agency) en mars 2016. Parallèlement, le groupe des puissances émergentes réunies le 16 octobre 2016, appelé BRICS (Brésil, Russie, Inde, Chine et Afrique du Sud) ont déclaré vouloir monter un projet de mise en place d'une agence de notation dans le but de trouver des solutions alternatives aux grosses agences.

L'émergence de ces nouvelles agences peut renforcer la concurrence sur le marché à condition que ces évènements soient des signaux rassurants pour les investisseurs, et surtout ne se traduisent pas par des manipulations politiques néfastes à la fluidité des capitaux internationaux.

2.2. Le marché prometteur des agences extra-financières et des PME-ETI

L'attractivité du marché de notation a conduit plusieurs nouveaux acteurs à se positionner. L'agence allemande Scope Rating, créée en 2002, est spécialisée à l'origine dans la notation des PME avec des méthodologies sectorielles et des analyses adaptées à la taille, l'environnement et le marché de ces entreprises. Après son obtention en 2011 de l'agrément par l'ESMA d'agence de notation européenne, elle vise à devenir l'acteur de référence en Europe en ouvrant un bureau à Londres, Paris, Madrid et Frankfurt. Elle est active sur quatre lignes d'activités : les notations des banques et collectivités locales, entreprises, produits structurés et fonds d'investissement alternatifs. Elle déclare « répondre à la demande des émetteurs pour une agence alternative aux trois grandes agences nord-américaines ».

Enfin, les agences de notation extra-financière se sont multipliées et occupent des niches négligées par les agences financières. Le métier de notation extra-financière s'est surtout développé depuis la fin des années 1990. « Il consiste à évaluer les politiques environnementales, sociales et de gouvernance (ESG) des entreprises, des États ou d'autres types d'émetteurs de titres (collectivités, organismes supranationaux, organisations parapubliques) et à établir, à partir de cette analyse, une notation permettant de comparer les pratiques ESG des différents émetteurs de titres cotés ou non cotés ». Contrairement aux agences de notation financière, les agences de notation extra-financière sont rémunérées par les investisseurs. De plus en plus d'investisseurs jugent indispensable d'aller au-delà des seules données financières pour réaliser leurs choix de portefeuille, mais peu d'agences sont encore rentables sur ce jeune marché qui compte beaucoup de concurrents avec peu de moyens ; d'où la course à la taille critique pour s'imposer sur ce marché ultra-concurrentiel.

Cette expansion des préoccupations éthiques a conduit les grandes agences de notation financière à réagir : Standard & Poor's propose un service « corporate governance scoring » qui consiste à évaluer de manière approfondie les pratiques d'une entreprise en matière de gouvernement d'entreprise. Fimalac a créé en 2002 une agence de notation sociale venant compléter les services de l'agence Fitch, en se spécialisant sur l'évaluation des risques attachés à la performance sociale et environnementale. Enfin, Moody's tient compte dans ses analyses des éléments liés à la qualité et le niveau de transparence des informations financières ainsi que les pratiques de gouvernement d'entreprise.

CONCLUSION

La dominance des grandes agences de notation demeure inchangée, le marché reste très concentré avec des chiffres semblables à ceux avant la crise de 2008. Initialement, les agences de notation financière ont réagi selon une logique économique de développement. Mais compte tenu de la sensibilité du secteur dans lequel elles opèrent, il semble que les autorités de tutelle n'ont pas réagi au bon moment, malgré une régulation renforcée ces dernières années. Les autorités nationales et internationales n'ont pas assez considéré le poids, l'influence et les effets de la notation financière sur l'activité économique. L'arrivée de nouvelles agences de tailles différentes attirées par un marché juteux ne semble pas bouleverser le marché et la plupart ont fait marche arrière et se sont contentées de niches négligeables.

Face à l'incapacité de limiter leur rôle, une solution radicale serait de les dissoudre en supprimant au préalable le fameux label NRSRO, à l'origine de très nombreuses réglementations internationales. Mais les investisseurs ont exprimé devant diverses instances de réglementation un profond attachement aux notes de crédit pour plusieurs raisons, et veulent non seulement continuer à disposer des notes financières, mais également que ces notes proviennent de l'oligopole.

RÉFÉRENCES

Ben Hmiden, O. (2008), *Contribution à la connaissance du rôle des agences de notation dans l'information comptable et financière*, Thèse de sciences de gestion, Université Montesquieu-Bordeaux IV.

Degos J.G. et Ben Hmiden, O. (2015), Le rôle et le pouvoir des agences de notation ont-ils changé, au fil des accords de Bâle I, Bâle II, Bâle III ? *Revue d'économie financière*, No.120, pp 239-253.

Degos, J.G. et Ben Hmiden, O. (2016), Le développement durable, un champ d'action prometteur pour les agences de notations extrafinancières, *Revue Recherches en Economie et en Management Africain*, Vol. 4, No. 4, pp. 86-121.

Degos, J.G. et Ben Hmiden, O. (2015), Histoire, perspective et limite des innovations des agences de notation financière pour conserver leur pouvoir et leur marché, *Revue d'Histoire et de Prospective du Management*, Vol. 1, No. 2, pp. 145-164.

Degos, J.G., Ben Hmiden, O. et Aboiron, J. (2015), Credit rating agencies analysing IFRS data: a sample of rated companies and their reported information, *International Journal of Economics and Accounting*, Vol. 6 No. 1, pp.1–14.

Degos, J.G, Ben Hmiden, O. et Henchiri, J.E. (2012), Les agences de notation financières : naissance et évolution d'un oligopole controversé, *Revue française de gestion*, No. 227, pp 45-65.

Degos, J.G, Ben Hmiden, O. et Henchiri, J.E. (2010), Some effects of accounting adjustments on rating agencies activity, *International Journal of Economics and Accounting*, Vol. 1 No. 1/2, pp. 88-106.

Deux regards écologiques sur l'encyclique *Laudato si*

Bernard Christophe[1]
et Jacques Richard[2]

Évoquer une encyclique dans le cadre de mélanges en l'honneur d'un collègue professeur de sciences de gestion, le propos peut surprendre. On imagine plus aisément que la chose puisse se produire dans des mélanges en l'honneur d'un collègue titulaire d'une chaire de théologie, voire de philosophie. Mais lorsque l'on sait que dans la dernière encyclique du pape, il est question d'écologie et que la recherche en sciences de gestion intègre la question écologique, la surprise est moins grande. En tant qu'enseignant chercheur, il est permis d'avoir des regards différents à propos de ce texte. Nous avons donc décidé de rédiger nos deux textes en « double aveugle », confrontant nos points de vue seulement après coup, pour éviter deux (improbables) clones.

Partie 1. L'encyclique passée au crible de la durabilité (B. Christophe)

Même si l'on souhaite que la religion ressorte du domaine privé et non public, on doit d'une part, comme Jean-Pierre Dubois (2012), reconnaître que la frontière public-privé est parfois difficile à délimiter, et d'autre part constater que les encycliques ont quelquefois eu des retombées directes sur la vie publique, notamment française. Que l'on songe à *Rerum Novarum qui* encouragea le syndicalisme social-chrétien, ou à *Inter sollicitudines* qui signa l'ordre de ralliement des catholiques français à la République. Il n'est donc pas interdit de penser qu'une encyclique puisse raisonner auprès d'un public chrétien qui serait d'ailleurs peu français, la « fille ainée de l'Église » ne représentant plus qu'une part très faible des catholiques dans le Monde. La lecture qui est faite de cette encyclique l'est d'un point de vue développement durable. Il ne sera donc pas question de discuter les thèses

[1] Professeur à l'Université de Picardie Jules Verne.
[2] Professeur émérite à l'Université Paris-Dauphine.

religieuses ou philosophiques avancées (à moins qu'elles n'aient une retombée directe sur l'approche écologique des problèmes), et il sera moins question d'avoir un regard de chercheur que d'enseignant puisque « L'Église n'a pas la prétention de juger des questions scientifiques ni de se substituer à la politique ». Les questions soulevées seront donc : Comment se positionne l'Église catholique à travers cette encyclique ? Prône-t-elle une durabilité faible ou forte ? Y a-t-il des manques ou des interprétations discutables des évolutions du Monde en matière de développement durable ?

1. Le développement durable à travers l'encyclique

Les responsables de la préparation de l'encyclique ont fait preuve de pédagogie (1.1.), et ont choisi une position de durabilité forte (1.2.).

1.1. Un bel exercice de pédagogie

Le premier chapitre de l'encyclique intitulé « Ce qui se passe dans notre maison » pourrait sans problème servir de trame à un enseignant chercheur désireux de faire un cours sur les enjeux planétaires du développement durable. On y retrouve, développés, les grands thèmes écologiques de notre époque avec d'abord un volet environnemental qui s'articule autour du changement climatique, de la question de l'eau et de la biodiversité, suivi d'un discours sur la nécessité de lier l'environnemental au social. On notera la description très didactique du réchauffement climatique propre à ébranler les catholiques écolo-sceptiques. L'encyclique rappelle d'ailleurs à ces mêmes écolos-sceptiques que la position de l'Église a évolué concernant ses rapports avec la Nature. Même si la Bible et des extraits de précédentes encycliques sont cités comme preuve d'un souci constant de l'écologie, *Laudato si* reconnaît que « s'il est vrai que parfois, nous les chrétiens, avons mal interprété les Écritures, nous devons rejeter aujourd'hui avec force que, du fait d'avoir été créés à l'image de Dieu et la mission de dominer la terre, découle pour nous une domination absolue sur les autres créatures ».

1.2. Pour une durabilité forte

Dans le deuxième chapitre (chapitre qui nous concerne moins, car plus tourné vers le religieux), il est question de « la priorité de l'être sur le fait d'être utile ». Cette phrase nous renvoie à la thèse d'Alexandre Rambaud (2015). Mais surtout, le « la » est donné. C'est une durabilité forte que l'encyclique recommande d'adopter. Cette durabilité va se caractériser par un rejet du court terme, une confiance très limitée dans les systèmes financiers, et les multinationales, un appel à une certaine décroissance.

1.2.1. Du court terme et de l'immédiateté

Ce rejet du court terme commence par un éloge à la lenteur : « Bien que le changement fasse partie de la dynamique des systèmes complexes, la rapidité que des actions humaines lui imposent aujourd'hui contraste avec la lenteur naturelle de l'évolution biologique » ; ce qui n'est pas sans rappeler le cri d'alarme de décroissants comme Vincent Chenay (2003). Il est également fait allusion au « drame de l'immédiateté politique », et au fait qu'« il est moins digne (...) de continuer à créer des formes de pillages de la nature seulement pour offrir de nouvelles possibilités de consommation et de gain immédiat ». Cette critique nous conduit tout droit à la critique du système ultra-libéral.

1.2.2. De la critique de l'ultralibéralisme

Les jugements portés sur le système financier sont sans appel. « La protection de l'environnement ne peut pas être assurée uniquement en fonction du calcul financier, des coûts et des bénéfices. L'environnement fait partie de ces biens que les mécanismes du marché ne sont pas en mesure de défendre ou de promouvoir de façon adéquate. Une fois de plus, il faut éviter une conception magique du marché qui fait penser que les problèmes se résoudront tout seuls par l'accroissement des bénéfices des entreprises ou des individus, que leur régénération est possible dans l'immédiat, et que les effets négatifs des manipulations de l'ordre naturel peuvent être facilement absorbés ».

Cette critique du système économique vaut aussi pour les multinationales (indépendamment des questions que posent les OGM pour la santé) responsables de dégâts sociaux : « des difficultés importantes (...) ne doivent pas être relativisées. En de nombreux endroits, suite à l'introduction de ces cultures, on constate une concentration des terres productives entre les mains d'un petit nombre, due à la disparition progressive des petits producteurs, qui, en conséquence de la perte de terres exploitables, se sont vus obligés de se retirer de la production directe. Les plus fragiles deviennent des travailleurs précaires, et beaucoup d'employés ruraux finissent par migrer dans de misérables implantations urbaines. L'extension de la surface de ces cultures détruit le réseau complexe des écosystèmes, diminue la diversité productive, et compromet le présent ainsi que l'avenir des économies régionales. Dans plusieurs pays, on perçoit une tendance au développement des oligopoles dans la production de grains et d'autres produits nécessaires à leur culture, et la dépendance s'aggrave encore avec la production de grains stériles qui finirait par obliger les paysans à en acheter aux entreprises productrices ». Pour mettre fin à une telle situation, on en appelle au primat du politique (« aujourd'hui, certains secteurs économiques exercent davantage de pouvoir que les États eux-mêmes. Mais on ne peut pas justifier une économie sans politique ») et au changement de paradigme.

1.2.3. Et si la décroissance...

Ce changement de paradigme ce pourrait être l'introduction d'une certaine décroissance dans nos économies. Cette décroissance s'impose d'un point de vue rationnel : « L'idée d'une croissance infinie ou illimitée, (qui) a enthousiasmé beaucoup d'économistes, de financiers et de technologues. Cela suppose le mensonge de la disponibilité infinie des biens de la planète ». Elle impliquerait d'abord un changement comportemental. L'encyclique parle de « sobriété heureuse ». Ensuite, il faudrait une attitude (une volonté) politique. « L'heure est venue d'accepter une certaine décroissance dans quelques parties du monde mettant à disposition des ressources pour d'autres activités ». On notera au passage que si la décroissance reste révolutionnaire pour beaucoup, elle s'installe dans la pratique en s'accompagnant de solidarité, de subsidiarité. Les exemples les plus connus étant le protocole de Montréal, sur la protection de la couche d'ozone, et les accords de Kyoto, sur la réduction des émissions de Gaz à effet de serre (GES). Dans ces cas, on parle bien d'une décroissance des émissions, et dans les deux cas on demande plus d'efforts aux pays riches (en matière de GES, pour arriver à une réduction de moitié des émissions en 2050, on demande aux pays riches de diviser par quatre leurs émissions, le fameux facteur 4 évoqué dans les conférences internationales). À ces constats faits de manière récurrente, on pourrait en ajouter d'autres, qui vont dans le même sens, comme la dette écologique des pays riches ou la remise en cause du mythe du progrès. Si l'on s'attache donc à ce que contient l'encyclique, il paraît évident que c'est la durabilité forte qui est recommandée. Pour autant, doit-on tout accepter de ce texte sans critique.

2. De deux réserves que l'on peut faire

Les deux réserves tiennent à une interprétation (2.1.) et à une absence (2.2.).

2.1. Le mythe des quotas d'émission et leur perversité

« La stratégie d'achat et de vente de "crédits de carbone" peut donner lieu à une nouvelle forme de spéculation, et cela ne servirait pas à réduire l'émission globale des gaz polluants. Ce système semble être une solution rapide et facile, sous l'apparence d'un certain engagement pour l'environnement, mais qui n'implique, en aucune manière, de changement radical à la hauteur des circonstances. Au contraire, il peut devenir un expédient qui permet de soutenir la surconsommation de certains pays et secteurs ». Que le système des quotas d'émission ne puisse pas à lui seul résoudre le problème du réchauffement climatique est évident, et l'existence de phénomènes spéculatifs est avérée. Faut-il pour autant jeter le bébé avec l'eau du bain ? Le principe sur lequel repose le mécanisme des quotas d'émission : à savoir, essayer de dépolluer à un moindre coût, est un principe sain. Là où le bât blesse, c'est quand il n'y a pas de volonté politique derrière. Ce marché totalement artificiel a besoin d'être soutenu par les États, or ceux-ci ont plus ou moins démissionné. On en connaît la conséquence, une chute vertigineuse du prix de la tonne de carbone incitant les entreprises à ne plus investir dans la « décarbonisation » biaisant un peu plus le raisonnement économique environnemental, déjà malmené par les taux d'intérêt (Gollier, 2011). On peut critiquer la situation du marché carbone sans pour autant remettre en cause son existence.

2.2. Une absence remarquée

L'encyclique qui ne dédaigne pas d'évoquer et de recommander la décroissance est totalement muette sur une de ses formes : la régulation des naissances ; alors que la bombe P (Ehrlich, 1973) est à nos portes. On connaît les positions très réservées de l'Église à propos du contrôle des naissances, sans entrer dans une discussion philosophique, puisque ce n'est pas le lieu, constatons simplement que l'attitude face à la procréation ne peut plus être la même quand le taux de mortalité infantile devient très faible, alors qu'il atteignait les 50 % dans le passé.

CONCLUSION DE LA PARTIE 1

Nous terminerons par une remarque. En introduction, il avait été indiqué que cette encyclique n'avait pas de prétention scientifique, elle n'allait rien inventer. On peut toutefois se poser une question en lisant au début du chapitre 5 consacré aux orientations et à l'action « on a eu de plus en plus tendance à concevoir la planète comme une patrie, et l'humanité comme un peuple qui habite une maison commune. » Cette phrase est peut-être plus paradigmatique qu'on ne le pense, si l'on songe à Bergson pour qui passer de l'amour de la patrie à celui du monde entier n'était pas seulement un changement de taille de cet amour, mais surtout un changement dans l'essence du sentiment. Et si l'idée de la maison commune permettait de relancer le débat ? Mais c'est peut-être faire preuve de trop d'optimisme, quand on sait ce qu'est devenue la maison qui brûle de Jacques Chirac.

PARTIE 2. L'ENCYCLIQUE DANS UNE APPROCHE SOCIO-ENVIRONNEMENTALE (J. RICHARD)

Dans sa lettre encyclique *Laudato Si* le Pape François propose à « toutes les personnes de bonne volonté » (49), qu'elles aient des convictions religieuses ou non, une véritable conversion écologique intégrale et culturelle (89-90-165) pour sauver l'humanité et construire ce qu'il appelle « notre maison commune ». Il débute sa lettre en nous montrant la gravité de la situation actuelle et insiste à plusieurs reprises sur le fait qu'elle est aussi grave dans le domaine strictement écologique, que dans le domaine social, et que ces deux aspects sont étroitement liés.

1. Pour une approche socio-environnementale

1.1. Le constat de la mondialisation destructrice

Concernant la situation écologique le pape dénonce une « culture du déchet » qui transforme notre maison commune « en un immense dépotoir » (18-19) et appuie les scientifiques du GIEC contre les climato-sceptiques : « il existe un consensus très solide que nous sommes en présence d'un réchauffement très préoccupant du système climatique » (20-21) avec des conséquences dramatiques notamment pour les plus pauvres (23). Quant à la biodiversité, il rappelle que « toutes les créatures sont liées », et que « tous en tant qu'êtres nous avons besoin les uns les autres » (33). Mais le pape ne limite pas son analyse à la dégradation de la Nature. Il parle aussi de la situation déplorable des pauvres de la planète et de la dégradation des cultures des peuples. Sur la question de la pauvreté, il part du constat de l'inadmissible inégalité de la répartition des richesses. Il cite à ce propos une déclaration des évêques de la région de Patagonie-Comahue d'Argentine (Mensaje de Navidad, décembre 2009) concernant les multinationales qui « généralement en cessant leurs activités laissent de grands passifs humains et environnementaux tels que le chômage, des populations sans vie, l'épuisement de certaines réserves naturelles, la déforestation, l'appauvrissement de l'agriculture et de l'élevage local, des cratères, des coteaux triturés, des fleuves contaminés et quelques œuvres sociales qu'on ne peut plus maintenir » (40-41).

Visiblement, le pape n'est pas favorable à cette mondialisation destructrice, car elle met à mal non seulement les pauvres, mais aussi les cultures des peuples, un point sur lequel il revient à de nombreux endroits de son texte. Il stigmatise en outre une *« rapidation » des rythmes de vie* « par contraste avec la lenteur naturelle de l'évolution biologique » qui détériore le monde (17-18), et il demande « de ralentir la marche pour regarder la réalité d'une autre manière » (90).

1.2. Les causes du problème

S'agissant des causes de ces problèmes, le pape critique le système capitaliste et dans ce cadre, l'action des puissants, et tout particulièrement des financiers. Il dénonce également l'inaction des politiques. La critique du système capitaliste par le pape est nette. Elle s'inscrit dans le cadre d'un double rejet de l'économie de marché capitaliste et du socialisme (communisme) réels, qui n'ont jamais eu de considération véritable des êtres humains et de la Nature, mais en ont fait des instruments : « la rationalité instrumentale… est présente aussi bien quand c'est le marché qui assigne les ressources, que lorsqu'un État planificateur le fait » (p. 150). Il s'en prend à de nombreux endroits de son texte à la finance qui domine la politique, notamment lors des sommets mondiaux sur l'environnement. (p. 43). Il s'inscrit en faux contre les croyances d'une économie ou d'une gestion sans limites. Il en vient à critiquer les bases mêmes de l'économie capitaliste actuelle fondée sur une croyance naïve, héritée des écrits d'Adam Smith, aux vertus de l'économie de marché : « le marché ne garantit pas en soi le développement humain intégral, ni l'inclusion sociale » (p. 86). Il condamne, pour ce qui concerne le rachat des terres des plus pauvres, « un système de relations commerciales et de propriété structurellement pervers » (p. 41). Mais le pape ne se contente pas de critiquer les grands groupes privés multinationaux, et leurs défenseurs comme les économistes « mainstream », et les financiers. Il met en cause aussi les politiques. Ceci apparaît notamment dans son jugement sévère de l'inaction de ces politiques après la dernière crise économique dite des subprimes : « sauver les banques à tout prix, en en faisant payer le prix à la population, sans la ferme décision de revoir et de réformer le système dans son ensemble, réaffirme une emprise absolue des finances qui n'a pas d'avenir, et qui pourra seulement générer de nouvelles crises le monde » (p. 144). Le jugement sans appel du pape sur les méfaits d'un financialisme qui constitue l'apogée d'un capitalisme sans éthique et avide de profits à court terme est donc patent. Le pape va ensuite proposer des solutions pour se démarquer de cette emprise de la finance, qui brise la respiration des êtres humains et de toute la planète.

2. Quelles solutions proposer ?

Le pape va distinguer des fausses solutions (2.1.) et des vraies solutions (2.2.).

2.1. Les fausses solutions à la double crise environnementale et sociale

Le pape n'est pas dupe des apparences. Il va dénoncer tous ceux qui vont masquer la poursuite de leurs appétits de profit financier sous des apparences écologiques et /ou sociales et critiquer ceux qui mènent des stratégies gagnant-gagnant, et même ceux qui, dans le cadre de ce qu'on appelle la responsabilité sociale des entreprises, se contentent de réduire leurs impacts environnementaux et sociaux. Il insiste : « il faut éviter une conception magique du marché qui fait penser que les problèmes se résoudront tout seul par l'accroissement des bénéfices des entreprises ou des individus. Est-il réaliste d'espérer que celui qui a l'obsession du bénéfice maximum s'attarde à penser aux effets environnementaux qu'il laissera aux prochaines générations ? Dans le schéma du gain, il n'y a pas de place pour penser aux rythmes de la Nature, à ses périodes de dégradation et de régénération, ni à la complexité des écosystèmes. Cette dénonciation des mécanismes de marché appliqués en matière environnementale l'amène à critiquer aussi la gestion du problème des émissions de gaz à effet de serre par le recours à la fixation d'un prix mondial du carbone (pp. 131-132). Le pape porte aussi un regard sévère sur des théories et/ou des pratiques récentes qui veulent sauver le capitalisme en le réinsérant apparemment dans une perspective environnementale et sociale : il en va ainsi de la théorie des parties prenantes, et la fameuse responsabilité sociale des entreprises. Pour lui « la responsabilité sociale et environnementale des entreprises se réduit d'ordinaire à une série d'actions de marketing et d'image » (p. 149). De plus, estime-t-il, même à supposer que ces conceptions et ces pratiques puissent déboucher sur quelques progrès que ce soit, cela est notoirement insuffisant : « beaucoup de ceux qui détiennent plus de ressources et de pouvoir économique semblent surtout s'évertuer à masquer les problèmes, ou à occulter les symptômes, en essayant seulement de *réduire* [souligné par nous] certains impacts du changement climatique (p. 23).

2.2. Les vraies solutions à la double crise environnementale et sociale

Pour changer ce « système mondial insoutenable » (p. 48) le pape appelle à une véritable « conversion » de tous (LS, 13) basée sur une solidarité universelle (LS, 13) qui tend à instaurer de nouveaux critères de gestion basés sur une éthique environnementale et sociale. Nous distinguerons les critères de gestion d'ordre écologique et social.

2.2.1. Les critères de gestion d'ordre écologique

Le pape veut une nouvelle « écologie économique » (et non une économie écologique), « capable d'obliger à considérer la réalité de manière ample » avec « un regard plus intégral et plus intégrant » (p. 110). Le point de départ de la nouvelle gestion écologique procède d'une étude des textes bibliques. Le pape rappelle que « nous ne sommes pas Dieu » et que « la terre nous précède et nous a été donnée ». Il estime « qu'il est important de lire les textes bibliques dans leur contexte, avec une herméneutique adéquate » (p. 53). Il souligne à ce propos que des passages de la Genèse invitent à « cultiver et garder » le jardin du monde (cf. Gn 2,15). Le pape en infère que tandis que le verbe cultiver renvoie à « labourer défricher ou travailler », le verbe garder signifie « protéger, sauvegarder, préserver, soigner, surveiller », ce qui implique que « chaque communauté peut prélever de la bonté de la terre ce qui lui est nécessaire pour survivre, mais elle a aussi le devoir de la sauvegarder et de garantir la continuité de sa fertilité pour les générations futures » (pp. 53-54). Cette vision dualiste, symbolisée par la culture respectueuse d'un jardin, de la gestion de la terre fait penser à une vision comptable traditionnelle, celle de la partie double, une technique indispensable à la mise en œuvre des principes défendus par le pape : utiliser tout en conservant systématiquement. Cette conservation systématique implique, comme le pape le précise, le respect de *limites* imposées par le renouvellement de la terre. En effet le pape utilise souvent les vocables de points de rupture (47) et de limites à respecter. En outre le pape affirme qu'il « ne suffit plus de dire que nous devons nous préoccuper des générations futures : « ne pensons pas seulement aux pauvres de l'avenir, souvenons-nous déjà des pauvres d'aujourd'hui » et n'oublions pas « l'urgente nécessité morale d'une solidarité intra-générationnelle » (p. 125). Ceci nous mène au point suivant.

2.2.2. Les critères de gestion d'ordre social

S'agissant des êtres humains, le même principe de conservation systématique est proposé par le pape (p. 96). Ces êtres humains ne sont pas de simples moyens à utiliser, comme c'est le cas généralement en finance et en économie, mais ils ont, comme le souligne le pape, « une valeur propre devant Dieu » (p. 55). C'est ainsi qu'il affirme, avec la Conférence Épiscopale Allemande, « la priorité de l'être sur le fait d'être utile » (p. 55 et la note 42). Ne pas reconnaître cette *valeur existentielle* conduit à « une schizophrénie permanente, qui va de l'exaltation technocratique, qui ne reconnaît pas aux autres êtres une valeur propre, à la réaction, qui nie toute valeur particulière à l'être humain » (p. 92). Il souligne à cet égard, en substance, que le profit doit être sous contrainte du plein emploi : « cesser d'investir dans les personnes pour obtenir plus de profit immédiat est une très mauvaise affaire pour la société » (p. 100). En somme, de même que la gestion écologique doit être sous contrainte du renouvellement des écosystèmes, de même la gestion des humains doit être sous contrainte du droit au travail assorti d'une rémunération décente.

2.2.3. Les moyens

Il est clair que le changement drastique de système économique et de critères de gestion qu'appelle de ses vœux le pape ne se produira pas facilement du fait de l'opposition des puissants et des financiers. Il regrette donc que « la politique et l'entreprise réagissent avec lenteur, loin d'être à la hauteur des défis mondiaux » (p. 129). Rappelons que le pape ne croit pas aux discours de ceux qui disent « laissons les forces invisibles du marché réguler l'économie » (p. 95). Pour pouvoir changer la donne, il va compter sur quatre forces principales : le contrôle citoyen, les petites communautés, l'éducation et l'amour du prochain. Plutôt que de faire confiance aux marchés, le pape pense que « la société, à travers des organismes non gouvernementaux et des associations intermédiaires, doit obliger les gouvernements à développer des normes, des procédures et des contrôles plus rigoureux. Si les citoyens ne contrôlent pas le pouvoir politique - national, régional et municipal - un contrôle des dommages sur l'environnement n'est pas possible non plus » (p. 138). Le pape attribue aussi un rôle important aux petites communautés de producteurs (p. 88). Dans la même ligne de pensée, il souligne aussi le rôle bénéfique de certaines communautés de consommateurs. Il conclut sur ce point : « on répond aux problèmes sociaux par des réseaux communautaires, non par la simple somme de biens individuels » (p. 166).

CONCLUSION

Nous croyons que ces déclarations du pape constituent une véritable invitation à développer de nouveaux systèmes de comptabilité, et de nouveaux critères de gestion écologique et sociale, à la hauteur des défis que pose la situation actuelle de l'humanité et de la planète.

RÉFÉRENCES

Cheynet, V. et al. (2003), *Objectif décroissance, vers une société harmonieuse,* Paris, Éditions Parangon, (145 p).

Christophe, B. et Pérez, R. (2012), *Agro-ressources et écosystèmes : Enjeux sociétaux et pratiques managériales*, Lille, Editions du septentrion.

Christophe, B. (2007), *L'entreprise et la décroissance soutenable : Réussir les reconversions écologiques,* Paris, L'Harmattan.

Dubois, J.P. (2012), "Pluralisme, laïcité, sphères publiques et sphère privée", revue Hommes & Libertés n° 158, juin, pp 49-51.

Ehrlich, P. R. (1973), *La bombe P, 7 milliards d'hommes en l'an 2000.*, Paris, Les amis de la Terre/j'ai lu Documents.

Gollier, C. (2011), Taux d'actualisation et développement durable, INRA Sciences Sociales, No. 2-3.

Richard, J. et Plot, E. (2014), *La gestion environnementale,* collection Ecologie, Paris, La Découverte.

Richard, J. (2012), *Comptabilité et développement durable*, Paris, Economica.

Rimbaud, A. (2015) *La valeur de l'existence en comptabilité. Pourquoi et comment l'entreprise peut (p)rendre en compte les entités pour « elles-mêmes »,* Doctorat en sciences de gestion, Université de Paris Dauphine.

Vers une comptabilité intégrée ?

Stéphane Trébucq[1]

INTRODUCTION

Depuis la formalisation de sa version d'origine en partie double, popularisée par Luca Pacioli, la liste des comptabilités n'a cessé de s'allonger : comptabilité matricielle, comptabilité évènementielle, comptabilité en partie triple, comptabilité sociétale, comptabilité mentale, comptabilité responsable, comptabilité élargie, comptabilité universelle... Et pourtant, nos étudiants de la filière CCA (comptabilité, contrôle, audit) continuent de cantonner irrémédiablement la comptabilité à sa version et à sa finalité purement financière. Les critiques semblent glisser sur les ailes de la profession comptable, tant celle-ci reste finalement assez peu innovante, figée dans ses routines de contrôle des comptes financiers et mue par les obligations fiscales de court terme. Cependant, nul ne peut désormais ignorer les failles du système comptable actuel, bien documentées et régulièrement décriées. La comptabilité financière, telle que promue par l'IASB, continue d'ignorer les externalités négatives, de tourner le dos à une évaluation des capitaux immatériels. En s'appuyant sur des pièces justificatives attestant de transactions économiques, elle en oublie les opérations de ventes manquées ou les coûts qui auraient pu être évités (Savall et Zardet, 2003). Elle n'intègre pas non plus un formalisme mathématique qui pourrait beaucoup plus s'appuyer sur un raisonnement stochastique ou de logique floue que la production d'un seul chiffre, le résultat net, dont la fidélité ne peut être assurément que la résultante d'une série de conventions hautement discutables et contestables. La convention d'un comptage monétaire est probablement l'une des plus importantes (Trébucq, 2017b). En somme, ce qui est gratuit n'entre pas dans le périmètre analytique. Et que faire alors de la qualité de l'air, puisque le respirer ne coûte rien ? À moins d'imaginer, qu'un air pollué induise des maladies, et ait un coût sociétal ; mais cela est-il encore de la responsabilité juridique de l'entreprise ? La ligne de démarcation entre le dedans et le dehors de la comptabilité est donc fondamentale, si l'on souhaite éviter de perdre de vue l'une de ses finalités :

[1] Professeur à l'Université de Bordeaux.

une aide à l'allocation optimale des ressources rares, avec probablement un horizon de long terme, et une possibilité d'évaluer les conséquences de nos actes. En mobilisant une éthique conséquentialiste, la comptabilité aux mains des comptables peut donc être réinterrogée. Dans son récent ouvrage, Baruch Lev (2016) a d'ailleurs retenu le titre provocateur, et peut-être prémonitoire, de fin de la comptabilité. Chiffres à l'appui, il démontre l'érosion régulière et constante de la pertinence des données comptables en relation avec les valeurs boursières. Les données comptables auraient donc perdu en pertinence, y compris pour les financiers, tournés vers le futur proche des flux de trésorerie libre. Et du reste, depuis le début des années 2000, l'émergence des agences de notation extra-financière a montré que les performances financières entraient potentiellement en interaction avec des niveaux de performance sociale et environnementale variables. Les travaux de Kaplan et Norton ont eux aussi contribué à expliquer l'intérêt d'apporter une attention croissante aux immatériels, aux processus, et y compris, aux dimensions marketing de la relation avec les clients. Les transformations sociétales récentes ont ajouté à la thématique ancienne de l'économie post-industrielle et de la connaissance, celle de l'économie digitalisée, avec son flot d'intelligence artificielle, et celle de l'économie circulaire, avec ses nouveaux enjeux de recyclage et de maintien de la qualité de nos écosystèmes. Dernier avatar en date, des tentatives de réforme du système comptable, le reporting intégré. Les travaux de l'IASB (International Accounting Standards Board) et de la GRI (Global Reporting Initiative) ont été laissés provisoirement sur le bord de la route, avec l'émergence d'un nouvel organisme international, agissant en autonomie : l'IIRC (International Integrated Reporting Council). Dans son récent référentiel datant du début de l'année 2014, servant à la fois de norme et de cadre conceptuel, on y trouve toute une série d'innovations. Dans cet article, nous présenterons tout d'abord ces nouvelles propositions, puis nous envisagerons dans quelle mesure celles-ci pourraient être à la fois pertinentes et suffisantes pour opérer une réelle transformation des systèmes comptables. En ce sens, nous nous interrogeons sur la mise en œuvre nécessaire, et en amont, d'une comptabilité intégrée pour prétendre disposer, en aval, d'un reporting intégré.

1. Le nouveau référentiel international du reporting intégré : entre innovations, controverses et échecs en demi-teinte

L'article wikipedia consacré au reporting intégré fait remonter les origines de ce nouveau format de reporting aux années 1999, avec une proposition de l'un des Big 5 de l'époque, le cabinet d'audit international PwC (PricewaterhouseCoopers). Ce cadre intitulé ValueReporting

Framework était supposé guider les clients du cabinet, à partir du moment où ces derniers souhaitaient améliorer leur reporting financier et y ajouter des éléments intéressants pour leurs lecteurs. Toutefois, cette histoire officielle met sous silence à notre sens plusieurs éléments majeurs, nous permettant de mieux comprendre la genèse de ce nouveau format. Nous développerons dans un premier point ses principes et ses spécificités (1.1.), puis nous verrons l'accueil qui lui a été réservé tant par les entreprises que par les académiques (1.2.).

1.1. Quelles propositions innovantes de l'IIRC ?

Avant de décrire et de commenter le référentiel proposé par l'IIRC, il est intéressant de mieux appréhender les facteurs et les évènements ayant pu présider à sa conception. Il est notamment intéressant de relever au lendemain du scandale Enron, la publication par DiPiazza et Eccles (2002) d'un ouvrage commun, reprenant notamment les propositions déjà disponibles et « dans les cartons » de PwC. Séisme pour le monde de l'audit, avec la disparition du cabinet leader Arthur Andersen, les deux auteurs s'appuient dès lors sur des exemples de reporting parmi les plus avancés dans le monde, des cas de clients de PwC reposant sur des informations volontaires, dépassant par là même les obligations légales. Comment rêver meilleur observatoire de la qualité des reportings qu'au travers de l'exercice du métier de commissaire aux comptes, pour peu que les cas plus avancés fassent l'objet d'un référencement minutieux et d'une analyse ? Incidemment, on notera le rattachement d'Eccles à la Harvard Business School, et sa qualité de professeur, et le soutien de sa hiérarchie pour promouvoir un nouveau format de reporting censé suppléer les défaillances observées dans le cadre du scandale Enron. Les dirigeants de la star déchue, Enron, championne des produits dérivés sur hydrocarbures et électricité, avaient en effet non seulement réussi le tour de force de manipuler leurs comptes financiers, mais aussi de masquer un bilan social et environnemental calamiteux, associé à un système de gouvernance fermant les yeux sur leurs diverses exactions. Eccles en vient donc à l'idée de disposer d'un rapport unique, permettant de synthétiser l'ensemble des composantes de la performance, et leurs interactions. Cette idée est également le fruit des travaux du professeur Robert S. Kaplan, qui quelques années plus tôt, avait été mandaté par KPMG pour réfléchir à la notion de performance, et avait proposé la mise en place d'un tableau de bord équilibré ou prospectif, intitulé en anglais « balanced scorecard ». Ces recherches débutées en 1992 vont se poursuivre jusqu'aux années 2010, avec notamment l'élaboration de plusieurs préconisations : (1) la nécessité de formuler clairement les objectifs stratégiques d'une entreprise, (2) l'importance de comprendre leurs interconnexions ou interactions, afin de mieux envisager le processus de création de valeur. L'outil « balanced scorecard », initialement orienté en faveur de la création de valeur actionnariale, est progressivement adapté, à la fois pour le secteur social ou à but non lucratif, et pour la prise en compte d'autres problématiques, comme notamment celle du développement durable. On en vient alors progressivement au « sustainability balanced scorecard » (SBSC), tableau de bord stratégique d'un nouveau genre, supposé mieux intégrer les questions de responsabilité sociétale de l'entreprise, et par extension de toutes les organisations privées, publiques ou mixtes. DiPiazza et Eccles citent dans leur ouvrage de 2002 le cas BC Hydro, une entreprise canadienne, propriétaire de barrages électriques, publiant dans son rapport annuel l'équivalent d'un balanced scorecard avec ses axes caractéristiques : immatériels, processus internes, clients, finances. Infosys est un autre cas donné en exemple, société indienne de services informatiques, évaluant financièrement son capital humain à l'aide d'une formule d'actualisation des futurs salaires versés à ses employés (modèle de Schwartz). Toutefois, en 2002, l'ouvrage d'Eccles et DiPiazza passe relativement inaperçu, et il faudra attendre un travail de plus de dix années, de mise en réseau des différents acteurs pour aboutir à une proposition normée, officielle et plus consensuelle : le reporting intégré. Celle-ci est finalement le pendant des travaux de Kaplan et Norton, sur son versant externe, avec une information non plus destinée au pilotage interne des dirigeants, mais rendue publique et communiquée aux différentes parties prenantes. Les cadres théoriques de référence ne sont plus la théorie de l'agence et de l'efficience des marchés financiers, comme ceux retenus par l'IASB, mais la théorie des parties prenantes (Freeman, 1984) et celle des ressources (Wernerfelt, 1984). De facto, l'optique est désormais moins financière et beaucoup plus stratégique. La stratégie est en effet ici considérée implicitement comme l'un des principaux leviers ou facteurs de performance globale. Invisible dans les états financiers, elle nécessite par conséquent d'être explicitée, puis évaluée dans sa mise en œuvre. Le changement de paradigme apparaît d'autant plus manifeste que l'information comptable n'est plus dans ce schéma décrétée par un organisme centralisateur, comme l'IASB. Le cadre de référence appelle, comme d'ailleurs celui de la GRI, à un dialogue avec les parties prenantes, afin de mieux en comprendre leurs attentes et d'y répondre de manière circonstanciée. L'épistémologie sous-jacente n'est plus hypothético-déductive, mais inductive et constructiviste. De l'interaction imprévisible avec les parties prenantes, est attendue la formalisation des informations à publier.

Sans étonnement, la consultation du référentiel établi par l'IIRC (2013) opère une fusion et une synthèse de cette logique d'ensemble. Ce dernier recommande aux entreprises de présenter avec concision dans un nouveau rapport, complémentaire d'un rapport annuel ou d'un rapport de développement durable, plusieurs éléments clés dits « *constitutifs* » : l'écosystème de l'entreprise, sa gouvernance, son modèle économique, ses risques et ses opportunités, sa stratégie et sa logique d'allocation des ressources, sa performance et ses perspectives d'avenir. Sur un plan opérationnel, le dialogue opéré avec les parties prenantes doit aussi déboucher sur une matrice dite de matérialité, selon deux axes : les problématiques économiques, sociales et environnementales rangées selon leur importance perçue tant par l'entreprise que par ses parties prenantes. À cela, le référentiel ajoute d'une manière totalement inédite une série de définitions sur six capitaux immatériels fondamentaux : le capital financier, le capital physique ou industriel, le capital humain, le capital intellectuel et organisationnel, le capital social et sociétal, le capital environnemental ou naturel.

Finalement, clé de voûte du dispositif, un nouveau principe est avancé : la connectivité. On lit ainsi, en pages 18 et 19 du référentiel : « *Le rapport intégré représente de manière holistique les associations, corrélations et dépendances entre les facteurs qui impactent la capacité de l'organisation à créer de la valeur au fil du temps. Plus la gestion intégrée est ancrée dans les activités de l'organisation, plus la connectivité de l'information imprègne le reporting, l'analyse et la prise de décisions, et par conséquent, le rapport intégré. Les principales formes de connectivité lient : les éléments constitutifs (...), le passé, le présent et l'avenir (...), les capitaux (...), les informations financières et extrafinancières (...), les informations quantitatives et qualitatives (...), les informations du management, celles à destination des organes de gouvernance et celles communiquées à l'extérieur (...), les informations contenues dans le rapport intégré, celles contenues dans d'autres communications de l'organisation et celles provenant de sources externes (...)* ». On peut voir là une reprise manifeste des travaux de Kaplan et Norton, avec notamment la notion de relation de cause à effet, chère à ces auteurs. En effet, pour Kaplan et Norton, il importe de comprendre les relations de cause à effet entre les différents objectifs stratégiques, afin de saisir le phénomène de création de valeur. L'approche de l'IIRC étend toutefois cette notion en précisant qu'on ne saurait envisager une telle approche prospective en se fondant uniquement sur une information quantitative. Les liens opérés entre les éléments constitutifs (objectifs stratégiques, risques, opportunités, gouvernance, modèle économique, performances, perspectives) doivent intégrer une approche qualitative. Finalement, l'ensemble de ces préconisations est synthétisé d'une manière nouvelle, en s'appuyant sur un schéma qui mérite que l'on s'y attarde (voir figure 1, ci-après).

Figure 1 - Schématisation du processus de création de valeur présentée par l'IIRC (2013)

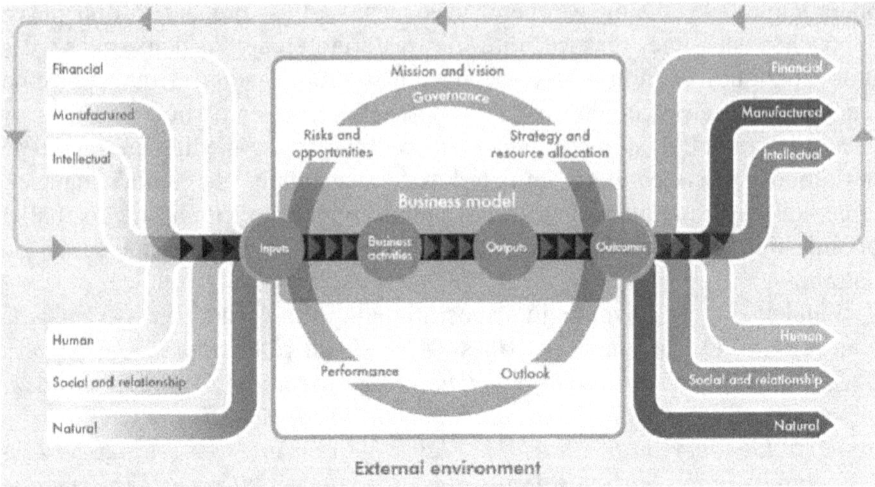

Comme on peut le voir dans le schéma ci-dessus, les capitaux immatériels n'apparaissent pas logés et mobilisés au sein de l'organisation. Bien au contraire, cette dernière va les puiser dans son environnement externe, ce qui ne va pas sans soulever des problématiques de dépendance et d'accessibilité ou d'attractivité, et postérieurement à ses activités, son modèle économique n'est pas sans conséquences (« outcomes ») sur ces mêmes capitaux situés à l'extérieur de l'entreprise. Ainsi présenté, le modèle invite implicitement les entreprises, ou plus généralement les organisations, à réfléchir à leurs impacts externes, autrement dit leurs externalités. On voit dès lors les enjeux soulevés pour la constitution d'un nouveau système d'information comptable, permettant d'opérer une traçabilité de l'ensemble des connectivités possibles, des impacts ou externalités.

1.2. À peine né, le référentiel de l'IIRC déjà en posture délicate ?

Le référentiel de l'IIRC, comme nous venons de le voir, est porteur d'innovations importantes. Il appelle toutefois à soulever deux questions centrales :

(**q1**) est-il possible de développer un reporting intégré, au regard de l'état actuel de développement des systèmes comptables, et des attentes formulées par le référentiel ?

(**q2**) le référentiel de l'IIRC, tel qu'il est formulé en l'état actuel, est-il suffisamment exigent, clair et adapté aux enjeux du développement durable ?

S'agissant de la première question, un premier bilan empirique peut être réalisé, en notant fin 2016 le taux de pénétration du concept de reporting intégré parmi les sociétés cotées françaises. Quinze entreprises ont tenté de mettre en pratique les préconisations du référentiel, pour leur exercice comptable 2015, ce qui représente 2,2 % des sociétés cotées françaises.

L'engagement en faveur d'un tel reporting, obligatoire dans certains pays comme l'Afrique du Sud, n'est donc pas massif dans un pays comme la France. Après lecture des rapports publiés par ces quinze entreprises françaises, on se rend compte qu'en pratique peu d'entre elles ont été en capacité de réellement innover en matière de publication d'informations comptables. Rares sont les entreprises réellement capables d'expliquer de manière claire leur modèle économique. Ne serait-ce qu'en s'en tenant au modèle phare de l'explicitation des composantes d'un modèle économique, tel que le CANVAS (Osterwalder et Pigneur, 2010), retenant la notion centrale de « proposition de valeur », on constate qu'une seule entreprise sur quinze, en l'occurrence Schneider Electric, en fait la mention. Toutefois, si ce concept est mobilisé par Schneider Electric dans son rapport intégré 2015-2016, il n'est en réalité que cité une fois, sans qu'à aucun moment le groupe explicite le contenu et la logique de sa proposition de valeur.

Ce constat empirique appelle deux remarques : d'une part, l'éloignement manifeste entre les modèles académiques tels que le CANVAS, et les pratiques d'entreprises ; d'autre part, les défaillances d'une normalisation comptable, y compris celle de l'IIRC, ne reposant pas encore sur un langage évolué d'encodage de l'information disponible. Comme une page web, encodée en HTML, les reportings devraient eux aussi être encodés. Le langage et la technologie sont prêts à l'emploi, mais toujours non utilisés. Il s'agit du XBRL (extensive business research language). Ce dernier consiste à placer dans tout document comptable des balises, masquées en mode impression, mais bien présentes dans le code source. Cette présence peut alors servir à une future extraction d'information, sur demande. L'utilisateur de l'information comptable n'est plus dans ce cas contraint à une lecture cursive du document. Il lui suffit de préciser les rubriques qui l'intéressent pour les extraire automatiquement du document et en prendre connaissance. Mieux, le lecteur peut rapidement automatiser un scoring du document en fonction des rubriques présentes ou absentes, de la qualité et originalité de leur contenu, et de leur variance par rapport aux publications antérieures. Comme on le voit, le degré d'archaïsme des systèmes de reporting rend pour l'heure leur consultation fastidieuse, et ne facilite pas la prise de conscience de l'indigence des informations communiquées.

Les travaux de l'IIRC, s'ils apparaissent en pratique assez mal suivis par les entreprises, ont aussi été fortement critiqués par certains académiques. Sans viser à l'exhaustivité, on peut notamment citer Flower (2015) qui a bien montré les dérives successives du projet de l'IIRC, qui de proche en proche est passé d'une nouvelle comptabilité à un simple format de reporting, puis d'une vision élargie de la création de valeur à une conception restreinte aux seuls intérêts des investisseurs. En somme, on formule à l'encontre de l'IIRC les mêmes critiques que celles de Colasse (2011) vis-à-vis de l'IASB : un tropisme actionnarial exacerbé, et oublieux des problématiques extra-actionnariales. Brown et Dillard (2014) perçoivent aussi le reporting intégré comme une représentation, par définition et conception, biaisée de la réalité.

Comment en effet faire confiance à un seul son de cloche, quand ce rapport n'est au fond que l'émanation d'un seul acteur, l'entreprise ou l'organisation concernée ? Certes, on pourrait espérer que les informations fassent l'objet d'une validation, assurance ou certification, mais celle-ci permet-elle de garantir la pertinence des informations publiées ? Il semble que non. De même, Dumay et al. (2016) relèvent le grand amateurisme des milieux professionnels qui ont élaboré le référentiel, et appellent de leurs vœux des recherches académiques aidées par l'IIRC garantissant un niveau de sérieux et de professionnalisme beaucoup plus avancé. En pratique, il semble en effet qu'on ignore encore et toujours comment préparer un rapport intégré. Cette nouvelle demande ouvre évidemment un marché du conseil considérable, que la société SAP n'a pas manqué de percevoir.

Cette dernière, détentrice d'une part de marché dominante des ERP dans les grandes entreprises cotées, a procédé à deux expérimentations majeures au cours de ces dernières années. La première a été développée en partenariat avec l'entreprise multinationale du secteur agroalimentaire Danone. Elle tente d'opérationnaliser les mesures d'impacts externes sur notamment le capital naturel, avec notamment des calculs d'empreinte carbone et eau par produit. La seconde a été conduite en interne, la société SAP conduisant pour son propre compte un projet de reporting intégré, devenant une véritable vitrine technologique pour ses clients et prospects. SAP acte par là même sa maîtrise du logiciel comptable, dont les clés semblent avoir échappé aux comptables eux-mêmes. Comme on peut le voir dans le graphique ci-après, SAP propose un « balanced scorecard » intégré, fondé non plus sur quatre axes comme chez Kaplan et Norton, mais sur les trois piliers du développement durable : dimensions économiques, sociales et environnementales. Ce faisant, le graphique devient interactif, puisqu'en cliquant sur n'importe quel domaine d'objectif stratégique, on peut alors visualiser la nature des interactions avec les autres boîtes ou cercles. Toutefois, cette forme de connectivité est très loin d'épuiser toutes les formes de connectivité décrites dans le référentiel IIRC, de telle sorte que l'on peut s'interroger à la fois sur sa faisabilité technique, et d'une manière complémentaire, sur la volonté des entreprises d'apparaître plus transparentes en la matière. Or, sur ce dernier chapitre, l'IIRC a formalisé une échappatoire redoutable. On lit ainsi en page 25 du référentiel : « *Lorsque l'information fournie peut altérer l'avantage compétitif de l'entreprise, l'organisation exposera l'élément sans toutefois révéler certaines spécificités susceptibles d'entraîner une perte significative d'avantage compétitif. Ainsi, l'organisation met en balance d'une part les avantages qu'un concurrent pourrait tirer des informations contenues dans le rapport intégré, et d'autre part la nécessité de répondre au but premier du rapport intégré [à savoir expliquer aux apporteurs de capital financier comment l'organisation crée de la valeur au fil du temps]* ». Sur cette dernière notion de création de valeur, l'IIRC reste fort peu explicite, ce qui reconduit à poser la question du périmètre analytique de cette valeur créée ou détruite, financière ou non-financière, en interne ou en externe.

Figure 2 - Modèle 2016 de performance intégrée du groupe SAP

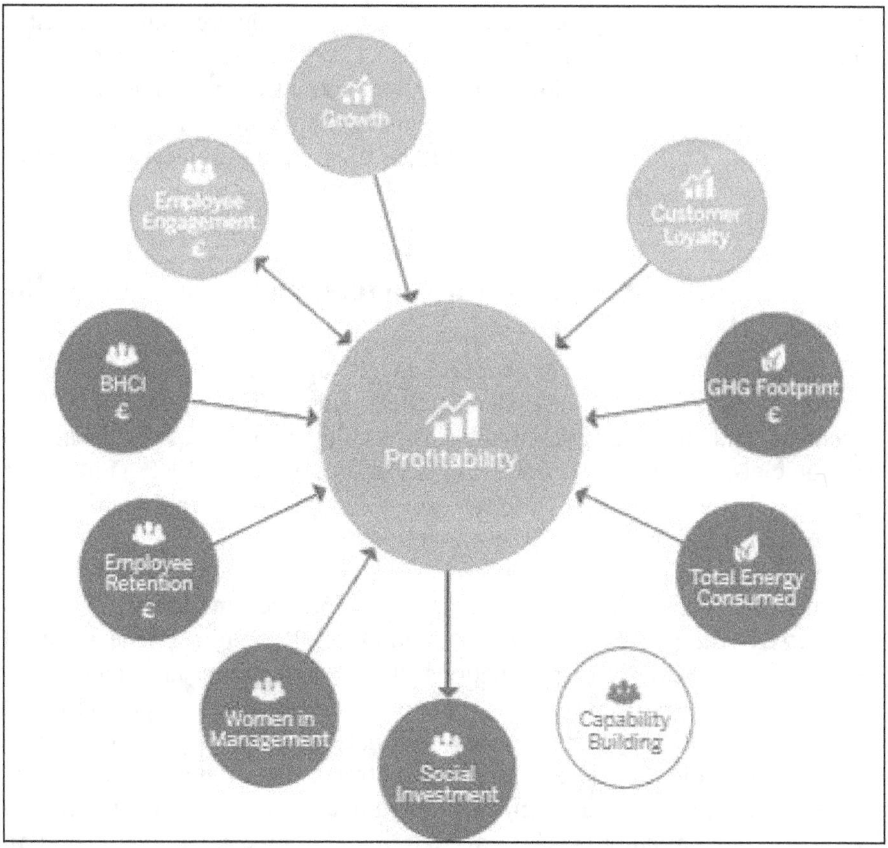

Connectivité des indicateurs financiers et non financiers pour avoir une vision holistique de notre performance
(Source : https://www.sap.com/integrated-reports/2016/en/strategy/connectivity.html)

Les rapports intégrés sont fondés sur l'idée que l'environnement social et la transparence économique sont interdépendants, chacun créant des influences tangibles l'un sur l'autre. Pour parvenir à une stratégie véritablement intégrée, ces connexions doivent être explicitées. La figure 2 ci-dessus montre un exemple, de la façon dont les différents éléments se connectent dans le cas particulier du groupe SAP, et de l'analyse en particulier de sa rentabilité.

2. Perspectives futures de développement d'une nouvelle comptabilité intégrée : entre idéalisme et pragmatisme

L'analyse du reporting intégré en son état actuel de développement peut déboucher, à notre sens, sur une série de propositions et de constatations. En termes propositionnels, le reporting intégré suggère une véritable transformation et mutation des pratiques et des technologies comptables (2.1.). Sur un plan plus sociologique, en se centrant moins sur la technique elle-même, mais sur le réseau des acteurs de l'information comptable, on peut être plus dubitatif sur les possibilités d'avancées rapides et concrètes (2.2.).

2.1. De nouvelles perspectives techniques, pour une comptabilité intégrée ?

L'informatisation de la comptabilité a-t-elle apporté tout son potentiel de création de valeur et de plus-value intellectuelle ? On peut en douter. Fait majeur cependant, il est intéressant de noter désormais la quasi-disparition des logiciels comptables isolés. On parle désormais d'ERP (Enterprise Resource Planning), dans lesquels on retrouve une transposition des informations utiles à l'ensemble des fonctions et acteurs de l'entreprise ou de l'organisation. Cette mise en connexion potentielle de l'information de comptabilité financière avec les autres systèmes et modules ouvre des perspectives futures d'évolutions considérables. Rien n'empêche en effet désormais d'ajouter aux informations de base, comme une facture de transport, le descriptif du type de véhicule utilisé, la distance parcourue, et même son taux de retour à vide. Ces informations ajoutées permettent alors d'estimer les émissions de gaz à effet de serre, et dans l'hypothèse où toute la chaîne de transport serait digitalisée et géolocalisée, les calculs pourraient être non seulement automatisés, mais extrêmement précis. De même, on voit bien qu'une traçabilité par code barre, ou flash code, de tout produit ou service permet d'opérer potentiellement un test sur l'origine douteuse ou contestable de certains intrants. De facto, la connectivité des informations financières, avec leurs corollaires environnementaux ou sociaux, semble d'une grande simplicité.

Les développements récents de la méthodologie ACV (analyse de cycle de vie) permettent du reste de disposer désormais de base de données, comme Ecoinvent ou Social Hotspot, avec une description très précise de l'ensemble des impacts environnementaux et sociaux induits par les activités d'une entreprise. Dans ce cas, les indicateurs calculés et estimés fonctionnent selon deux logiques : une approche mid-points (impacts intermédiaires), retenant différentes problématiques intermédiaires, comme par exemple le réchauffement climatique, et une approche end-points (impacts finaux), avec l'estimation consolidée des conséquences ultimes en termes d'équilibre des écosystèmes, de santé humaine et d'épuisement des ressources. Sur ce dernier paramètre, on retrouve donc la possibilité effective de construire un indice du degré de circularité du modèle économique de l'entreprise.

S'agissant des enjeux plus liés à des immatériels comme le capital humain, il semble toutefois que la technique de l'ACV soit encore insuffisante. On pourrait en effet imaginer l'exemple d'un salarié formé au sein de son entreprise. Ce faisant, si celui-ci mobilise cette compétence au sein de sa famille ou dans un cadre associatif, l'entreprise contribue indirectement à élever le niveau de capital humain externe. Ce seul exemple montre les difficultés soulevées, en termes de traçabilité de ce type d'effet indirect. Certaines sociétés de conseil ont cependant commencé à proposer certains modèles d'évaluation de ces effets indirects, reposant sur des estimations et coefficients de diffusion. Ces modèles reposent sur une logique de Tableau Entrée/Sortie de Leontieff, ou une approche assez similaire à celle du multiplicateur keynésien.

La mobilisation des ERP offre également de nouvelles perspectives de classification, d'indexation et de documentation des évènements intervenant au sein d'une entreprise. On pourrait donc imaginer un système de tag, ou d'annotation de l'ensemble des écritures comptables, permettant de mieux comprendre les évènements sous-jacents et présidant à ces enregistrements. Dès lors, des frais de formation liés au départ imprévu d'un collaborateur pourraient être tracés. De même, pour les coûts de désorganisation liés à la maladie d'un autre collaborateur. Ainsi, de proche en proche, on pourrait imaginer une indexation complète d'une typologie d'évènements, et une relecture comptable de la performance d'une entreprise selon une indexation différente de celle retenue classiquement.

Les écritures comptables devraient aussi potentiellement être rattachées à d'autres objets : certes les évènements, mais aussi les risques, les opportunités, les objectifs stratégiques. L'information comptable devrait dans ce cas pouvoir servir de base de simulation à l'exposition à certains risques, et produire une meilleure estimation du résultat potentiel, avec l'amplitude des pertes probables, mais non encore matérialisées. Dans l'hypothèse où certaines informations comptables non stratégiques pourraient être partagées, on pourrait même imaginer la généralisation de modèles bayésiens, estimant sur la base de données, sectorielles, l'exposition aux risques. La généralisation de l'intelligence artificielle pourrait intervenir, avec ce que l'on appelle des « agents intelligents ». Ces programmes autonomes pourraient avoir la capacité de circuler dans le système d'information de l'entreprise, d'en repérer d'éventuelles anomalies, et de permettre à l'entreprise de disposer d'alertes et de règles d'apprentissage mieux formalisées. Déjà rapidement évoqué dans l'un des ouvrages de Kaplan et Norton, au sujet d'une entreprise brésilienne disposant d'un modèle systémique prédictif de sa performance, ce type de technologie pourrait encore plus gagner en puissance avec un partage de données entre entreprises. Cette perspective permettrait également de sortir de l'impasse comptable dans laquelle tombent nombre de consultants. Ces derniers envisagent par exemple d'évaluer le capital humain à partir des seules données générées par l'entreprise. C'est probablement une erreur. Un scientifique à l'inverse aurait plutôt tendance à raisonner sur la base d'un échantillon, à tester des différences de scores d'une entreprise à une autre, puis à étudier des corrélations. Via cette approche base de données, il serait alors possible de mieux comparer une entreprise, et d'estimer les effets économiques induits par ses forces et ses faiblesses.

2.2. De tristes constats en défaveur d'une possible comptabilité intégrée ?

Ces nouvelles perspectives comptables pourraient être rapidement déployées. En pratique, cependant, on constate une inertie considérable des acteurs. Les étudiants n'apparaissent pas forcément motivés par une évolution des techniques comptables, la sortie des problématiques monétaires les amenant dans une zone d'inconfort intellectuel avec de problématiques sociales, environnementales inattendues pour eux… Les experts-comptables au niveau national ou régional apparaissent somme toute très peu à contribuer à une évolution des pratiques. On notera du reste que les épreuves d'expertise comptable, DCG, DSCG, ne traitent pas vraiment de théorie comptable ou d'innovation comptable. De fait, arrivés en master 2 CCA, la plupart des étudiants de ces filières ignorent tout de la comptabilité évènementielle ou de la comptabilité sociétale. Comme nous avons pu le montrer par ailleurs (Trébucq et Noël, 2006), les liens entre éthique et comptabilité, ou bien responsabilité et comptabilité ne sont pas envisagés. Il ne faudra plus alors s'étonner de l'inertie des techniques comptables constatées, puisque ces nouvelles générations formées sortent du système éducatif avec des connaissances tronquées et limitées de leur propre discipline.

S'agissant des évolutions possibles envisagées précédemment, diverses expérimentations sociales conduites au cours de ces dernières années en montrent les obstacles cognitifs, psychologiques, sociologiques, institutionnels, culturels. Une première recherche a été effectuée en collaboration avec l'EFQM (European Foundation for Quality Management) (Trébucq et Magnaghi, 2017). Elle a permis de comprendre que le référentiel d'audit organisationnel reposait principalement sur les pratiques développées au sein des entreprises, avec de fortes résistances sur certaines évolutions. De fait, l'EFQM est plus un plus modèle d'évaluation du management de performance économique, que de la performance globale incorporant pleinement une sous-dimension environnementale. De plus, en pratique, on observe que les cadres comptables restent finalement très éloignés des problématiques de qualité, de management des processus, de même que les contrôleurs de gestion, confinés à des suivis budgétaires, des calculs de coûts sans identification des inducteurs sous-jacents, ou d'indicateurs très restrictifs et limités. La connectivité entre les objectifs stratégiques et l'analyse des risques n'est d'ailleurs vérifiée que dans très peu de cas (Trébucq, 2015).

Dans le cadre du partenariat établi depuis de nombreuses années avec l'entreprise Adam, nous avons pu aussi constater certaines réticences des dirigeants à accentuer leur degré de transparence dans le cadre d'un reporting intégré (Trébucq, 2017a). Comme indiqué dans le référentiel de l'IIRC, le gestionnaire est confronté à un arbitrage : délivrer une information stratégique, avec les éventuelles conséquences néfastes de cette divulgation, et en même temps, bénéficier d'un retour sur investissement positif de cette communication, via l'effet de confiance et de satisfaction généré auprès des parties prenantes. L'idée même que le reporting externe pourrait rétro-agir sur le degré de pensée intégrée du dirigeant ne semble par ailleurs absolument pas triviale et spontanée. Ce bénéfice attendu est cependant fondamental, mais comment pourrait-il se matérialiser alors même que le dirigeant n'est pas en capacité de l'anticiper ?

Sur le chapitre de l'émergence d'une nouvelle comptabilité environnementale, des essais de propositions ont été effectués au sein du secteur viti-vinicole. Les réactions ont été extrêmement instructives et porteuses d'enseignements sociologiques. Notons tout d'abord que l'innovation requiert une mise de départ, non envisagée par les petits cabinets d'expertise comptable, et encore moins dans ce domaine, par les petites entreprises. C'est donc à un niveau collectif que ce type d'investissement pourrait être envisagé : Ordre des Experts-Comptables, associations professionnelles et sectorielles d'entreprises. Dans le cas de l'OEC, l'exemple des réflexions conduites sur une comptabilité universelle (Schoun et al. 2012) ont montré que rapidement des problématiques de droits d'auteur pouvaient être soulevées. Comment en effet rétribuer correctement les concepteurs d'innovations dans le domaine comptable ? S'agissant des organisations agissant pour le compte d'entreprises, nous avons pu aussi constater certaines déviances organisationnelles de celles-ci. Ces dernières jouent en effet leur survie à long terme, et n'ont pas forcément envie de doter leurs adhérents de technologies comptables qui pourraient les rendre autonomes dans le futur. Ces organisations inter-professionnelles privilégient des approches « filière », avec par exemple un bilan carbone de secteur, sans proposer aux entreprises viti-vinicoles de nouvelles pratiques comptables leur permettant d'effectuer des calculs précis à l'échelle de leur propriété. L'innovation comptable rencontre par conséquent des obstacles multiples, économiques, juridiques, sociologiques.

La réunion de ces différentes expérimentations illustre avec assez de justesse l'état de désorganisation à la fois de la profession comptable et de la société en général, pouvoirs publics y compris, face aux défis futurs qu'elles doivent relever.

CONCLUSION

Les enseignements du professeur Jean-Guy Degos au sein de l'université de Bordeaux n'auront pas été vains. Pour pasticher Elie Wiesel, « un comptable sans passé serait un comptable sans avenir ». Il importe par conséquent de mieux connaître l'évolution de notre comptabilité, et de se remettre à l'ouvrage, en en comprenant mieux les limites, les défauts, les défaillances, les écueils, les perversions. L'outil comptable est entre nos mains, et nous ne devons pas cesser de penser. L'outil comptable est non seulement dans les mains des comptables, mais plus largement il doit tomber dans les mains du citoyen, car la comptabilité est affaire de société, en produisant des informations qui contribuent à organiser la vie en société. Cette comptabilité relevant du champ des sciences politiques est malheureusement trop méconnue et incomprise. Par cet article, nous espérons avoir contribué à éclairer cette comptabilité du futur que Jean-Guy Degos (2007) évoquait dans l'un de ses articles, et que ses travaux ont contribué à nous placer sur cette voie féconde de réflexion.

RÉFÉRENCES

Colasse, B. (2011), La crise de la normalisation comptable internationale, une crise intellectuelle, *Comptabilité Contrôle Audit*, Vol. 17 No. 1, pp. 157-164.

de Villiers, C., Rinaldi, L. et Unerman, J. (2014), Integrated reporting: Insights, gaps and an agenda for future research. *Accounting, Auditing & Accountability Journal,* Vol. 27 No. 7, pp. 1042-1060.

Degos, J.G. (2007) Le futur de la comptabilité est-il la compatible avec la comptabilité du futur ?, *La Revue des Sciences de Gestion*, Vol. 224-225 No. 2, pp. 185-197.

Dumay, J., Bernardi, C., Guthrie, J. et Demartini, P. (2016). Integrated reporting: A structured literature review. *Accounting Forum,* Vol. 40 No. 3, pp. 166-185.

DiPiazza, S.A. et Eccles, R.G. (2002), B*uilding public trust : The future of corporate reporting*, Pricewtarehouse-Coopers, John Wiley & Sons.

Eccles, R.G. et Saltzman, D. (2011). Achieving sustainability through integrated reporting. *Stanford Social Innovation Review,* Vol. 9 No.3, pp. 56-61.

Flower, J. (2015). The international integrated reporting council: A story of failure. *Critical Perspectives on Accounting,* Vol. 27 No. 0, pp. 1-17.

Freeman E. R. (1984), *Strategic Management : À Stakeholder Approach*, London, Prentice Hall.

Kaplan, R.S. et Norton, D. P. (1992). The balanced scorecard--measures that drive performance. *Harvard Business Review,* Vol. 70 No. 1, pp. 71-79.

Kaplan, R.S. et Norton, D. P. (2004). Measuring the strategic readiness of intangible assets. *Harvard Business Review,* No. 82 No. 2, pp. 52-63.

Lev, B. et Gu, F. (2016), *The End of Accounting*, London, Wiley.

Osterwalder A. et Pigneur Y. (2010) *Business model generation : A Hanbook for Visionaries Game Changers, and Challengers*. London, Wiley.

Schoun G., de Saint-Front J., de Saint-Front P. et Veillard M. (2012), *Manifeste pour une comptabilité universelle*, Paris, L'harmattan.

Savall, H. et Zardet, V. (2003), *Maîtriser les Coûts et les Performances Cachés*, Economica.

Trébucq, S. (2017a), Le passage d'un rapport RSE à un reporting intégré : étude de cas de l'entreprise Adam, une PME spécialisée dans le packaging des vins et spiritueux, Revue RCSG-*Recherche et Cas en Sciences de Gestion-*, (à paraître).

Trébucq, S. (2017b), Mise en place d'une comptabilité carbone à l'échelle des produits : le cas d'une PME de la filière bois, *Revue recherches en sciences de gestion*, ISEOR, (à paraître.

Trébucq, S. et Magnaghi E. (2017), Using the EFQM excellence model for integrated reporting : A qualitative exploration and evaluation, *Research in International Business and Finance*, Vol. 42, pp. 522-531.

Trébucq, S. et Noël, C. (2006), Les cartes conceptuelles : un outil pédagogique pour un enseignement de la comptabilité, *Comptabilité Contrôle Audit*, numéro spécial, pp. 5-37.

Trébucq, S. (2015), De l'<IR> à l'« integrated risk scorecard »? Une analyse exploratoire à partir de deux études de cas. *Management & Avenir* Vol. 7, pp. 165-183.

Wernerflet, B. (1984), A Resource-based view of the firm, *Strategic Management Journal*, Vol. 5 No. 2, pp. 171-180.

Démarches de pilotage de la performance organisationnelle dans les sociétés de services

Pascal Barneto[1],
Stéphane Ouvrard[2]
et Serge Valant Gandja[3]

INTRODUCTION

Notre étude porte sur les démarches de pilotage de la performance organisationnelle dans les sociétés de services. Nous comparons les choix organisationnels décidés par des associés de cabinets d'expertise-comptable (EC par la suite) avec ceux de cadres de direction d'entreprises de services filiales de groupes cotés. L'objectif de notre étude est de savoir s'il existe des spécificités de pilotage de la performance organisationnelle dans une profession réglementée telle que l'expertise comptable. Conseils privilégiés des petites et moyennes entreprises, les EC ont pris conscience que leurs cabinets sont avant tout des entreprises. Le renforcement du management et le développement d'une vision stratégique définie et acceptée par l'ensemble des collaborateurs sont deux éléments clés dans la stratégie des cabinets. Orientés clients et processus internes, les cadres de direction des filiales des groupes cotés que nous avons interviewés adaptent l'organisation interne, d'une part en fonction des objectifs définis par la maison mère, d'autre part en développant un management participatif au niveau des cadres opérationnels. À partir d'une approche qualitative, notre travail a permis de mettre à jour des ressemblances et des différences. Nous avons pu identifier comme ressemblances la gestion transverse en mode projet et l'implication des clients dans les choix de pilotage de la performance organisationnelle. Les principales différences portent sur l'effort d'amélioration continue de la compétence des collaborateurs dans les cabinets d'EC et sur la recherche de gains de productivité par l'utilisation des NTIC.

Globalement, l'étude est organisée en trois parties. Nous présentons dans un premier temps le cadre théorique de notre étude, en définissant le contexte général d'une entreprise prestataire de services tout en soulignant

[1] Professeur à l'Université de Bordeaux.
[2] Professeur à Kedge Business School, Bordeaux.
[3] Professeur à Kedge Business School, Bordeaux.

les spécificités de la profession comptable libérale. La seconde partie de l'étude présente la méthodologie utilisée. Enfin, la troisième partie est consacrée aux résultats et leurs implications managériales.

1. Cadre théorique de l'étude

1.1. Le contexte général des entreprises prestataires de services

Les entreprises prestataires de services ont toutes une préoccupation commune : la gestion du temps. En effet, leur chiffre d'affaires correspond à la facturation des temps passés sur des dossiers clients. Dans le cas d'une SSII, il s'agira de jours/hommes, dans celui d'un cabinet d'avocats par exemple, d'heures de travail sur un dossier. Les contrats sont soit établis au forfait, soit en régie. Dans le premier cas (forfait), le prix est prédéfini et non révisable. La facturation des prestations de services est réalisée au fur et à mesure de la validation par le client et de l'avancement du travail. Dans le second cas (régie), la facturation se fait en fonction du temps passé. Dans tous les cas, le facteur clé de succès d'une entreprise de services correspond à sa capacité à gérer de façon optimale le temps productif de ses consultants. Pratiquement, ceux-ci saisissent leurs temps passés par client de manière régulière (au jour, ou à la semaine) à partir de codes tâches prédéfinis dans le système d'information de leur entreprise. L'objectif est d'affecter analytiquement l'ensemble des temps productifs par client et de les valoriser dans le cadre de la facturation. En cas de contrat au forfait, tout dérapage des temps est préjudiciable à la rentabilité du prestataire de services, dans la mesure où celui-ci ne peut pas toujours établir une facture complémentaire.

Les services aux entreprises, ou « services B to B » (pour *business to business*), occupent une place importante dans l'économie française. En 2012, selon l'Insee, ce secteur comptait 581 000 entreprises, réalisant un chiffre d'affaires de 431 milliards d'euros. Plus de 2,3 millions de salariés (équivalents temps plein) travaillent pour les services aux entreprises, soit près de la moitié des effectifs des services marchands. Selon l'INSEE, les métiers des services aux entreprises se divisent en deux catégories traduites par deux sections de la nomenclature NAF : les activités spécialisées, scientifiques et techniques (activités juridiques et comptables, conseil en management, logiciels, ingénierie et conseil en technologie, R&D, publicité et études de marché, etc.), les services administratifs et de soutien aux entreprises (location de véhicules et d'équipements, intérim, sécurité, propreté, accueil et courrier, logistique, centres d'appels, etc.). Chaque activité évolue dans un marché aux caractéristiques particulières. Par exemple, selon une étude XERFI de 2014, six grandes catégories d'opérateurs se partagent le marché du conseil en management : les cabinets de stratégie, les cabinets pluridisciplinaires, les filiales d'entreprises de service numérique, les acteurs mêlant conseil et IT, les pôles conseil des cabinets d'audit, les cabinets spécialisés. Sur ce marché la concurrence est amenée à se renforcer étant donné les faibles barrières à l'entrée et la diversité des débouchés du secteur.

1.2. Evolution de la profession comptable libérale

Comme toute entreprise de services, la performance d'un cabinet d'EC repose sur le suivi des temps. D'autre part, le métier d'EC s'exerce dans le cadre d'une profession réglementée. Dans le sens de la directive européenne, une profession « réglementée » est définie comme une *« activité ou (un) ensemble d'activités professionnelles dont l'accès, l'exercice ou une des modalités d'exercice est subordonné directement ou indirectement, en vertu de dispositions législatives, réglementaires ou administratives, à la possession de qualifications professionnelles déterminées ».* En France, les professions libérales sont définies à l'article 29 de la loi n°2012-387 du 22 mars 2012 relative à la simplification du droit et à l'allègement des démarches administratives : *« les professions libérales groupent les personnes exerçant à titre habituel, de manière indépendante et sous leur responsabilité, une activité de nature généralement civile ayant pour objet d'assurer, dans l'intérêt du client ou du public, des prestations principalement intellectuelles, techniques ou de soins mises en œuvre au moyen de qualifications professionnelles appropriées et dans le respect de principes éthiques ou d'une déontologie professionnelle, sans préjudice des dispositions législatives applicables aux autres formes de travail indépendant ».*

Dans le cadre réglementé de sa profession, l'EC est chargé de faire respecter les lois et les textes en vigueur. Il prête serment le jour où il s'inscrit à l'ordre des experts-comptables : *« je jure d'exercer ma profession avec conscience et probité, de respecter, de faire respecter les lois dans les travaux ».* Il doit, par ailleurs, respecter certaines obligations telles que l'indépendance, l'obligation de moyens, et le devoir de conseil.

Une caractéristique des professions réglementées est qu'elles détiennent un monopole d'exercice. Un rapport de l'OCDE publié en 2015 pointe le fait qu'une majorité de professions réglementées demeure isolée de la concurrence. La Commission européenne encourage également *« la modernisation indispensable des services professionnels »* (CE, 2005) dans les pays membres de l'Union européenne, afin de procurer *« des services professionnels meilleurs et plus diversifiés »*, de permettre aux professionnels de *« réduire les prix, d'améliorer la qualité et d'innover »* (ibid., p. 4). Dans ce cadre, Moysan-Louazel (2011) fait remarquer que la Commission européenne présente la déréglementation comme une composante essentielle visant à favoriser la compétitivité du secteur des services professionnels et à avoir, à terme, un effet positif sur *« la création d'emplois »* (CE, 2005) et sur *« la création de richesse »* (CE, 2004).

Dans un cadre réglementé, l'EC accompagne quotidiennement ses clients dans leurs décisions que ce soit pour des décisions d'investissement, de rapprochement avec d'autres entreprises, ou des décisions parfois plus drastiques (cessation d'activité, etc.). Il doit aujourd'hui faire face à des attentes de plus en plus diversifiées de la part de ses clients, qui rendent nécessaire une « montée » en compétence des collaborateurs des cabinets. Au-delà de la nécessaire maîtrise technique comptable des dossiers, des compétences variées en management sont aujourd'hui nécessaires. Même si la mission classique d'établissement des comptes annuels, répondant à une obligation légale, et pour laquelle l'EC conserve un monopole reste prépondérante, les clients des cabinets semblent de plus en plus demandeurs de « *prestations globales* » (OMECA, 2006). Cette évolution se traduit par une « *attente de pluridisciplinarité et d'un interlocuteur unique pour tous les sujets* ». Selon l'étude OMECA susmentionnée, les cabinets d'EC doivent proposer une offre de services variés et orientés vers le conseil. Dans ce cadre, l'EC doit veiller à maintenir et actualiser les compétences techniques de ses collaborateurs et valoriser leurs compétences managériales (relation client, écoute, travail en équipe, sens de l'organisation ...).

Face à une génération de clients plus volatiles, dont la demande ne se limite plus à une prestation comptable standardisée, les cabinets doivent proposer des missions à forte valeur ajoutée. En plus de la production des comptes annuels et de l'élaboration des déclarations fiscales et sociales, les compétences des collaborateurs doivent s'élargir à d'autres domaines de la gestion (conseil en organisation, en informatique, développement durable...). Dans un environnement de plus en plus mondialisé, certains d'entre eux, qui ont comme clients des groupes cotés, doivent être par ailleurs sensibilisés aux normes comptables internationales.

Aujourd'hui, les cabinets se spécialisent de plus en plus par secteurs et/ou par métiers. Cette stratégie a été adoptée depuis de nombreuses années par les grands cabinets d'audit (les *big four)*, et plus récemment par les cabinets faisant partie de réseaux. Bénéficiant de ressources financières et humaines suffisantes et d'un large portefeuille de clients, ce type de cabinets a spécialisé des collaborateurs par métiers et par secteurs (banque, industrie, secteur associatif, etc.). Dans l'étude OMECA évoquée précédemment, les auteurs expliquent que les grands cabinets ont créé des structures spécifiques pour chaque métier : pôle paie, juridique, conseil, audit, etc. Les activités de premier niveau (saisie, gestion courante, etc.) sont déléguées à des services de *back office*. Cette division du travail repose sur la présence de différents niveaux de collaborateurs: les opérateurs de saisie (comptables de *back-office*) en charge de la production comptable, les consultants (comptables de *front office)* tournés vers la relation client. « L'industrialisation » de la tenue de comptabilité permet de minimiser les coûts et de se recentrer sur des tâches à plus forte valeur ajoutée.

1.3. Revue de littérature sur la performance organisationnelle

« *La performance est l'un des concepts les plus complexes à décrire en management, car on peut difficilement le séparer du contexte dans lequel il sera utilisé. La performance rejoint l'habileté d'une organisation à dégager de la valeur dans le futur* » (Botton et *al.*, 2012). Dans les faits et en particulier dans les entreprises de services, il est nécessaire de décliner les priorités de l'organisation, afin de saisir le sens des résultats des différentes mesures, ou des indicateurs de la performance (Lebas, 1995).

La performance organisationnelle est à la fois multidimensionnelle et paradoxale (Ben Zaied et *al.*, 2015). Elle est multidimensionnelle, car pour évaluer sa pertinence, elle nécessite l'emploi de « différentes variables d'action » (Jacquet, 2011), d'où une difficulté de mesure. Elle est paradoxale, car la difficulté d'appréhender les différentes voies et/ou interprétations entraîne des points de vue qui peuvent être radicalement opposés entre les individus : ce qui est satisfaisant pour l'un ne l'est pas forcément pour l'autre (Cameron, 1986). Ainsi, la performance organisationnelle des entreprises de services ne serait pas calée sur une invention liée à la mise en service d'une nouvelle technologie, mais serait plutôt dépendante simultanément des innovations technologiques et non technologiques. Selon Damanpour et *al.* (2009), les modèles fondés sur la coadoption de différentes innovations expliqueraient mieux la performance organisationnelle, que ceux établis sur une coévolution entre produits et processus d'innovation. L'innovation organisationnelle devient alors le maître mot pour expliquer la performance. Comme le souligne Dubé (2012), « *l'innovation organisationnelle implique la mise en place de nouvelles méthodes d'organisation des routines et des procédures d'exécution des travaux* ». Dans la théorie des organisations, l'innovation reste reliée à l'apprentissage organisationnel. Ceci est particulièrement vrai pour les entreprises de services de taille modeste qui d'une part, sont exposées aux attentes de leurs parties prenantes externes (clients, fournisseurs, concurrents, etc.) et internes (salariés) et d'autre part, ont un souci constant d'innover pour se développer et survivre. L'apprentissage organisationnel va être alors une réponse indispensable à la stratégie et à la conception de nouveaux services (Leroux, 2012).

Selon Meyssonnier (2012), la standardisation des processus productifs, la gestion du temps et des délais, la mesure de la qualité de service sont autant d'outils indispensables qui s'intègrent aux systèmes globaux de pilotage de la performance dans les entreprises de services. En effet, ce qui caractérise les entreprises de services est autant les éléments immatériels, que l'absence de standardisation de services, l'impossibilité de stockage et l'immédiateté entre production/consommation, soit autant de critères difficiles à piloter en termes de contrôle de gestion. En voulant se différencier, les modèles économiques des entreprises de services se juxtaposent, se globalisent, et sont de plus en plus dépendants de la technologie (digitalisation des services). La mise en place d'un tableau de bord stratégique (le *balanced scorecard* (Kaplan, 2009)), paraît alors bien adaptée aux entreprises de services, car il permet à partir de la déclinaison d'indicateurs opérationnels (indicateurs financiers ; satisfaction du client ; processus internes ; connaissance et savoir-faire), d'identifier les facteurs clés de succès qui permettent d'améliorer la performance globale. Mais au final, la génération de la valeur dans le service reste avant tout fondée sur la formation et la capacité d'adaptation du personnel de contact. Cela est particulièrement vrai dans les entreprises de conseil comme les cabinets d'EC.

2. Démarche méthodologique

On s'attardera sur le choix méthodologique et la posture épistémologique (2.1.), le recueil des données (2.2.), la technique d'analyse (2.3.) et de traitement des données (2.4.).

2.1. Choix méthodologique et posture épistémologique

Notre travail de collecte et d'analyse des données vise à généraliser des connaissances fortement contextualisées, prenant en compte le point de vue d'EC associés et de cadres de direction d'entreprises de services, filiales de groupes cotés. L'adoption d'une posture épistémologique de nature interprétativiste a permis de comprendre et d'analyser la réalité telle qu'elle est perçue par les acteurs dans une démarche exploratoire. Afin d'analyser la perception de ces dirigeants sur leurs démarches de pilotage de la performance, une étude qualitative a été engagée. Différents entretiens ont été réalisés auprès de quatre dirigeants d'entreprises, deux associés de cabinets d'EC et deux cadres de direction de sociétés de services. Comme le suggère Yin (1994), l'enquête qualitative constitue la stratégie privilégiée pour tenter de comprendre « *comment* » *et* « *pourquoi* », « *lorsque le chercheur n'a que peu d'influence sur les évènements, et lorsque l'attention est dirigée sur un phénomène contemporain dans un contexte réel* ».

Selon Huberman et Miles (2003), deux ou trois cas peuvent suffire pour mener à bien une étude de cas. Le spectre s'agrandit à quatre cas minimum et dix au maximum pour Eisenhardt (1989), lorsqu'il s'agit d'une comparaison intersites. C'est le cas de cette étude fondée sur quatre cas réels. Elle s'appuie sur deux cabinets d'EC: l'un multi-sites compte plus de 100 salariés (EC1), l'autre a moins de 100 salariés (EC2). Ces deux cabinets proposent à la fois des missions d'expertise-comptable et de commissariat aux comptes. Les deux entreprises de services étudiées répondent également au critère de taille précédemment évoqué : effectif supérieur à 100 salariés pour l'une (F2); effectif de moins de 100 salariés pour l'autre (F1).

2.2. Mode de collecte de données : l'entretien approfondi et suivi des cas

Des entretiens semi-directifs *in situ*, d'une durée moyenne d'une heure à une heure et demie ont été menés en face à face. Des visites de sites ont également été organisées pour s'imprégner des réalités du terrain. Un guide d'entretien a été conçu dans l'optique de permettre aux associés/cadres de direction de s'exprimer de manière explicite sur leurs démarches de pilotage de la performance organisationnelle. Compte tenu de la spécificité des entreprises de services, relevant d'une profession réglementée (cabinets d'EC), un second guide plus adapté à la profession, a été conçu. Aussi, en raison de la nature du sujet, il est clair que la procédure doit présenter des considérations éthiques précises. Ces dernières rejoignent celles décrites par Patton (2002) : expliquer aux interviewés l'objet de la recherche, décrire certains risques (s'ils existent), respecter la confidentialité des informations, obtenir un consentement informé y compris pour l'enregistrement, et ne pas forcer les personnes à parler de certains sujets. Nous avons donc laissé libre cours aux suggestions de sujets, ce qui a facilité le déroulement des entretiens. Ceux-ci ont été réalisés suivant la disponibilité des répondants. Ils se déroulaient le plus souvent aux heures de pause, le choix du lieu étant généralement laissé aux répondants. Il nous est apparu nécessaire de choisir des entreprises situées dans le même périmètre géographique, afin de neutraliser les spécificités géographiques (la région d'Aquitaine). Le tableau 1 ci-après présente les caractéristiques des entreprises étudiées, codées par souci de confidentialité.

Tableau 1 - Caractéristiques des cas étudiés

Entreprise	Effectif	Nature de l'activité	Filiale/maison mère
EC1	> 100	Expertise comptable	
EC2	< 100	Expertise comptable	
F1	] 50-100[	Edition de solutions informatiques	Filiale d'un groupe coté
F2	> 100	Traitement des déchets	Filiale d'un groupe coté

2.3. Mode d'analyse et traitement des données

Pour le traitement des informations recueillies au cours des différents entretiens, comme Bardin (2007), nous avons opté pour la méthode de l'analyse de contenu, afin de mettre à jour des indicateurs permettant d'inférer sur une réalité autre que celle du message. La technique de l'analyse de contenu adoptée facilite ainsi la lecture des rapports d'entretiens, et permet d'en tirer les éléments significatifs pour la présente étude, de même que pour celles à venir. En outre, un traitement manuel nous a permis de ressortir certaines dynamiques non explorées dans l'entretien.

2.4. Résultats et implications

Dans les sociétés de services, filiales de groupes cotés étudiées, des actions de pilotage opérationnel des activités ont été déployées sous la forme de démarches qualité, d'amélioration continue des processus ou de réduction des coûts. La plupart du temps, ces démarches sont une réponse à une démarche externe de la part des clients, des actionnaires et/ou de la société mère.

2.4.1. Démarche de pilotage instituée par la maison mère

Dans l'entreprise F1, les objectifs généraux sont fixés par la maison mère. Ils sont ensuite déclinés au niveau local de chaque filiale qui les transforme en objectifs opérationnels. Au niveau individuel, chaque collaborateur se voit fixer cinq ou six objectifs, analysés lors de l'entretien annuel. L'objectif global fixé par le groupe correspond ainsi à la somme des objectifs individuels. Ce mode de pilotage garantit un alignement stratégique. Comme nous l'explique la personne interviewée de cette société, *« la démarche de pilotage fait partie de la philosophie de notre société ».* Les salariés disposent d'indicateurs individuels définis à partir du *balanced scorecard* du groupe.

2.4.2. Gestion transverse en mode projet

Dans l'entreprise F2, la personne interviewée nous explique qu'un « réseau d'experts » a été mis en place afin de renforcer la communication interne. *« Un « expert », nommé sur chaque site d'exploitation, établit des plans d'action, fixe des objectifs de productivité et effectue des retours d'expériences ».* L'objectif de cette démarche vise à décloisonner l'organisation en favorisant les relations transversales. L'innovation managériale, impulsée par la maison mère se caractérise par un pilotage transverse, qui décloisonne la structure hiérarchique traditionnelle. Cette pratique est souvent couplée à la mise en place d'un système d'information performant.

2.4.3. Implication des clients dans le pilotage de la performance

Dans certains cas, les plans d'actions mis en place par les acteurs internes de l'entreprise impliquent des acteurs externes : les clients. En exerçant une pression, ceux-ci peuvent conduire à la mise en place d'une démarche qualité fédératrice et motivante pour les équipes. Dans ce cadre, les clients de l'entreprise F1 participent au pilotage de la performance : *« nous avons développé un ERP maison qui permet de partager l'information en interne. Il est également ouvert auprès des clients grâce à un Extranet. Un système de foire aux questions permet de les impliquer dans notre démarche de pilotage de la performance en mesurant constamment leur satisfaction et en intégrant leurs commentaires dans notre gestion ».*

2.4.4. Amélioration continue des processus et réduction des coûts

La filiale F2 est à la recherche permanente de l'optimisation de ses coûts et de sa productivité : *« Nous mesurons quotidiennement la performance de tous nos outils de production industrielle. Nous avons également une démarche de pilotage par le cash et une démarche qualité (ISO 9001 et ISO 14001) ».* Les efforts de formation sont à l'origine de la réussite de cette démarche de pilotage. Au total, les dispositifs managériaux identifiés se caractérisent par le décloisonnement de l'organisation. La gestion en mode projets, ou en mode processus, oblige différents collaborateurs de différents services à travailler ensemble autour d'un objectif unique : la mise en œuvre de la stratégie de l'organisation.

En résumé, dans les groupes où la société mère est cotée, des objectifs globaux définis par le comité de direction sont déclinés au niveau des sociétés filiales. Dans ces dernières, des comités de pilotage interne déterminent à leur tour des objectifs collectifs (par service, par *business units*) transformés en objectifs individuels par les responsables opérationnels de ces centres. Dans l'ensemble des entreprises étudiées, nous avons noté une forte responsabilisation individuelle, en partie liée au mode de management participatif déployé dans ces entités. L'autonomie laissée aux responsables opérationnels se traduit par une forme de délégation de pouvoirs contrebalancée par des outils de *reporting* permettant d'assurer le contrôle de leurs activités. Dans les cabinets d'EC, les démarches de pilotage de la performance déployées peuvent être regroupées sous trois thématiques : stratégie, organisation interne, compétences des collaborateurs.

2.4.5. La stratégie des dirigeants

La stratégie des dirigeants des cabinets d'EC interrogés (EC1 et EC2) consiste à optimiser la production de l'information comptable et financière. Cette « industrialisation » de la production comptable vise à réaliser des gains de productivité en interne, tout en améliorant la qualité du service clients en externe (accélération de la diffusion des données comptables et financière). Le traitement de l'information et sa restitution aux clients constitue un axe stratégique majeur des cabinets d'EC, l'automatisation des tâches, la gestion optimale des temps productifs des collaborateurs, conduit *in fine* à une amélioration de l'efficacité et de la rentabilité du cabinet. Cette amélioration repose également sur une co-construction des missions avec les clients. Grâce à un travail collaboratif réalisable grâce à des solutions informatiques sécurisées, les clients sont de plus en plus impliqués dans la production des données économiques et financières. Par ailleurs, ce travail collaboratif profite aux deux parties. D'une part, au cabinet qui voit sa productivité et la rentabilité de ses missions améliorées ; d'autre part, au client qui accroît le niveau de ses connaissances grâce à un dialogue de gestion régulier avec son cabinet d'EC.

L'associé du second cabinet interrogé (EC2), nous explique qu'il a décidé de développer une stratégie de diversification par secteurs d'activité et/ou par métiers, afin de limiter le risque et de professionnaliser les services rendus aux clients. Selon cet associé très impliqué dans le management du cabinet et dans la formation des collaborateurs, il faut *« s'ouvrir davantage sur l'extérieur »,* car cela permet de se développer. Un autre levier de pilotage de la performance qui se dégage consiste à mettre l'accent sur la qualité. En effet, si on n'est pas proche du client, on ne peut prétendre répondre correctement à ses besoins. Cette proximité doit reposer sur la qualité des collaborateurs (leurs compétences techniques, leur culture générale), l'ouverture vers l'extérieur, l'organisation interne du cabinet ; au final, il est important d'être bien organisé (EC2).

2.4.6. L'organisation interne

Pour l'associé du premier cabinet (EC1), l'axe organisation interne repose sur une forte hiérarchisation des niveaux des collaborateurs qui se voient confier des tâches très précises (scannéristes, assistants comptables, réviseurs de dossiers, cadres, chefs de missions, référents techniques, experts comptables stagiaires). Ce choix organisationnel s'accompagne d'une spécialisation sectorielle (associations, secteur viticole ...) et/ou technique (consolidation, intégration fiscale,...). L'associé du cabinet (EC1) considère que la concurrence actuelle rend nécessaire une forte spécialisation pour se différencier. La connaissance d'un secteur ou d'un métier représente selon lui un facteur clé de succès indéniable. L'expert-comptable du second cabinet (EC2) considère, pour sa part, qu'il faut décloisonner l'organisation pour mieux répondre à la demande des clients. Résolument attaché à une démarche transverse, représentative de la gestion de projet, cet associé opte pour un management participatif et responsabilisant. Il est à noter que dans son cabinet, le niveau de formation des collaborateurs est élevé, ce qui permet de satisfaire les attentes des clients en matière de conseil. Au-delà de la satisfaction des besoins des clients, il nous explique qu'un management participatif constitue un moyen de motiver les collaborateurs en renforçant l'intérêt de leur travail.

2.4.7. Compétences des collaborateurs

En ce qui concerne l'axe compétence des collaborateurs, le premier expert-comptable (EC1) a choisi de spécialiser certains de ses collaborateurs sur des missions exceptionnelles (évaluation, prévisions, ...). En outre, une réelle importance est accordée à l'optimisation des outils modernes de traitement de l'information. En effet, la *« robotisation des données conduit à une information pertinente à fournir au client à un instant t ».* Le second expert-comptable (EC2), quant à lui, se distingue par un choix de diversification des profils de recrutement. Cet associé a résolument choisi d'élargir le recrutement de ses collaborateurs. Au-delà des connaissances techniques en comptabilité, cet associé recherche des collaborateurs possédant des formations plus générales (économie, management, etc.). Par ailleurs, le « savoir-être » des collaborateurs représente pour lui un facteur indispensable pour développer la clientèle du cabinet. Ainsi, cet associé (EC2) privilégie la mise en place d'un plan de formation sur le développement personnel, les relations commerciales et la gestion du temps.

CONCLUSION

L'objectif de cet article était d'analyser les différences et ressemblances entre le pilotage de la performance organisationnelle dans une profession réglementée (l'expertise-comptable) et des sociétés de services classiques. Chez les EC, le « monopole de la comptabilité » qui limite la concurrence est de plus en plus remis en cause, notamment par la Commission européenne qui présente les professions réglementées comme autant d'obstacles inutiles à lever pour dynamiser la croissance (Moysan-Louazel, 2011).

Au niveau des autres sociétés de services étudiées filiales de groupes cotés, les résultats obtenus indiquent un déploiement des actions de pilotage opérationnel des activités sous la forme de démarches qualité, d'amélioration continue des processus ou de réduction des coûts. Ces démarches sont la plupart du temps une réponse à une démarche externe de la part des clients, des actionnaires et/ou de la société mère. On note globalement une forte responsabilisation individuelle, en partie liée au mode de management participatif déployé dans ces entités. Dans les cabinets d'EC, les démarches de pilotage de la performance déployées se regroupent sous trois thématiques : stratégie, organisation interne, compétences des collaborateurs.

Globalement, cette étude permet de comprendre le processus de pilotage de la performance organisationnelle dans les entreprises de services. Si les résultats dégagés sont sans aucun doute intéressants, il faut toutefois noter quelques limites inhérentes aux études qualitatives (biais relationnels entre l'enquêteur et les enquêtés) et aux choix méthodologiques (caractère régional). Une des perspectives de recherche intéressante serait d'envisager une étude dans un contexte plus élargi, afin d'avoir une meilleure compréhension du pilotage de la performance organisationnelle.

RÉFÉRENCES

Attali, J. (2008). *Rapport de la Commission pour la libéralisation de la croissance française, dit rapport Attali.* La Documentation française.

Bardin, L. (2007), *L'analyse de contenu*, Paris, PUF.

Ben Zaied, R.M., Affes, H. et Hikkerova, A. (2015), Sources externes de connaissances, Innovation organisationnelle et Performance organisationnelle, *Gestion 2000,* Vol.32, p. 81-98.

Botton, C., Jobin, M.H. et Haithem, N. (2012), Système de gestion de la performance : les conditions du succès, *Gestion 2000,* Vol. 29, p. 37-52.

Cameron, K., (1986), Effectiveness as paradox: consensus and conflict in conceptions of organizational effectiveness, *Management Science*, Vol. 32, No. 5, pp.539–53.

Damanpour, F., Walte, R. et Avellaneda, C., (2009), Combinative effects of innovation types and organizational performance: a longitudinal study of service organizations, *Journal of Management Studies*, Vol. 46 No. 4, pp. 650–675.

Dubé, C. (2012), *L'innovation: définition et concepts*, Québec, Presses de l'Université du Québec.

Eisenhardt, K.M. (1989), Building theories from case study research, *Academy of Management Review*, Vol. 4 No. 14, pp. 532-550.

Huberman, A. M. et Miles, M. B. (2003), *Analyse des données qualitatives.* Bruxelles, De Boeck Université, 626 pages.

Jacquet, S. (2011), Management de la performance : des concepts aux outils, GREG, http:// www.creg.ac-versailles.fr/des-concepts-aux-outils

Kaplan, R. (2009), Conceptual Foundations of the Balanced Scorecard, in *Handbook of Management Accounting Research*, Chapman, Hopwood et Shields (Eds), London, Elsevier, pp.1253-1269.

Lebas, M.J. (1995), Performance measurement and performance management, *International Journal of Production Economics*, Vol. 41 No. 1-3, pp.23-35.

Leroux, E. (2012), Les effets de la diversité sur l'innovation dans les cas des PME : la perception des salariés, *Gestion 2000,* Vol. 29, pp. 45-53.

Meyssonnier, F. (2012), Le contrôle de gestion des services : réflexion sur les fondements et l'instrumentation, *Comptabilité Contrôle Audit,* Vol. 18 No. 2, pp. 73-97.

Moysan-Louazel, A. (2011), Les professions libérales réglementées, le marché et la concurrence – le cas des experts-comptables et des avocats, *Comptabilité Contrôle Audit*, Vol. 17 No. 2, pp. 89-111.

OCDE, (2015), Chapitre 2. Améliorer la compétitivité, le pouvoir d'achat et l'emploi en renforçant la concurrence, Ed. de l'OCDE, *Etudes économiques de l'OCDE*, 2015/8, No. 8, pp. 107-158.

OMECA. (2006), Etude prospective de la branche professionnelle des experts comptables et commissaires aux comptes et élaboration d'un répertoire de métiers, accessible sur www.metierscomptabilite.fr .

Patton, M.Q. (2002), *Qualitative research and evaluation methods,* Thousand Oaks: Sage, 688 pages.

Xerfi, (2014), *Le conseil en management*, Avril 2014.

Yin, R.K. (1994), *Case Study Research. Design and Methods*, Thousand Oaks, Sage Publications, 171 pages.

La construction d'un marché de la certification des déclarations statistiques et fiscales non réglementé et la relation conflictuelle sous-jacente

Louis Ndjetcheu[1]
et Guy Djongoué[2]

INTRODUCTION

Le but de notre travail consiste à examiner la stratégie de la suspension de la certification des déclarations statistiques et fiscales (DSF) produites par les entreprises, actuellement en vigueur au Cameroun suite à une coopération conflictuelle entre deux professions pourtant réglementées, pour réfléchir sur ses motivations profondes et sur ses effets en termes d'implications socio-économiques. Ce constat pose au-devant de la scène la problématique de la légalisation de la formation des professions réglementées en général et du respect des prescriptions du référentiel comptable en vigueur dans l'espace OHADA en particulier.

Les recherches effectuées dans le domaine de la comptabilité ont montré que les chiffres comptables ont une double utilité : une utilité prédictive, qui permet aux investisseurs de faire des anticipations sur les marchés financiers, et une utilité contractuelle, qui arbitre les contrats implicites ou explicites passés entre l'entreprise et ses parties prenantes (Dumontier et Raffournier, 1989). Ces deux approches révèlent ainsi que le chiffre comptable publié a un contenu informatif (Djongoué, 2015). Dès lors, la réglementation du marché du chiffre comptable à travers la certification, suite à une révision contractuelle des comptes obligatoires par un professionnel de la comptabilité, s'inscrit dans un contexte d'exigences croissantes en termes de qualité de l'information financière. Cette qualité de l'information financière suppose que les chiffres comptables produits doivent être capables de reproduire la réalité qui ne doit pas être biaisée, ni par la forme qui rend intelligible cette réalité, ni par la perception et les jugements de l'émetteur

[1] Professeur des sciences de gestion, Faculté des Sciences Economiques et de Gestion Appliquée (FSEGA) – Université de Douala.
[2] Chargé de Cours, Enseignant – chercheur en sciences comptables, Faculté des Sciences Economiques et de Gestion Appliquée (FSEGA) – Université de Douala.

(Michaïlesco, 2009). Cette intelligibilité balise ainsi le terrain de la production des chiffres comptables, par des normes comptables, édictées par un référentiel comptable contingent au contexte (Ndjetcheu, 2010, 2013). À cet effet, les chiffres comptables doivent être produits dans le respect des principes comptables de régularité, de sincérité et de l'image fidèle. La régularité traduit le respect des règles et des procédures imposées par le référentiel comptable en vigueur. La sincérité se réfère, non seulement, aux producteurs du chiffre comptable, que sont les comptables de l'entreprise et dont le comportement doit permettre de traduire loyalement et fidèlement la réalité, mais aussi, aux documents comptables produits, qui doivent être aussi exacts que possible (Colasse, 2007). La production des chiffres comptables de qualité relève ainsi du domaine de la comptabilité, et son utilité reste fondamentale dans l'exécution des multiples relations contractuelles, que l'entreprise entretient avec les tiers internes et externes. C'est pourquoi, le droit sur les sociétés commerciales indique que les professionnels comptables doivent assurer la certification de la régularité, de sincérité et de fidélité des comptes. La certification des comptes des entreprises n'est pas un phénomène isolé pour un pays donné comme le Cameroun, mais elle s'inscrit dans un mouvement international encadré par la régulation comptable, qui s'assimile à un instrument qui garantit la confiance des utilisateurs du chiffre comptable.

Le Cameroun se trouve aujourd'hui dans une situation où le législateur a suspendu cette obligation de certification contractuelle obligatoire des chiffres comptables produits du fait de la rivalité observée sur le terrain entre deux corps de métiers (expert-comptable et expert fiscal) qui, même si on remarque une nette connexion entre la comptabilité et la fiscalité dans le droit comptable OHADA, présentent de réelles différentiations quant à leur compétence et à leur profil en matière d'encadrement des chiffres comptables. Aussi, si la révision contractuelle des comptes assure une certaine production des chiffres comptables de qualité, alors le questionnement des motivations de tels choix stratégiques par les pouvoirs publics trouve tout son fondement. Cette motivation est un « construit » contingent des valeurs sociales, des rôles, mais aussi, du pouvoir de chaque acteur en présence sur le marché de la certification. La réglementation de la profession de certification conditionne les pratiques des acteurs si l'on se réfère à la grille théorique qui sous-tend la réglementation des professions libérales. Cette grille de lecture théorique est celle des courants néo-institutionnels empruntés aux sciences de gestion, et des courants sociologiques structurés autour des approches fonctionnaliste, interactionniste et néo-wébérienne. En mettant en perspective ces grilles théoriques et le choix stratégique opéré par l'Etat de suspendre la certification des DSF, nous nous interrogeons non seulement sur la réglementation des professions au Cameroun, mais aussi sur les motivations profondes des pouvoirs publics. Aussi, la question légitime qui se pose est celle-ci : Qu'est-ce qui peut justifier l'option de l'État de suspendre la certification obligatoire des Déclarations Statistiques et Fiscales (DSF) au Cameroun ? En d'autres termes, quelles sont les motivations des pouvoirs publics à déréguler le marché de la production du chiffre comptable au Cameroun ? C'est la question au cœur de cet article qui cherche à comprendre les motivations profondes des choix des pouvoirs publics de lever le verrou de la certification obligatoire des DSF des entreprises au Cameroun, et à apprécier leurs conséquences socio-économiques.

Pour apporter un éclairage à ce questionnement, notre recherche, qui est basée sur une analyse documentaire, et sur une approche historique, se structure autour de deux sections principales. La première présente la grille de lecture théorique que nous mobilisons pour comprendre les arguments qui ont été développés par les chercheurs qui défendent l'autonomie et les statuts particuliers de certaines professions réglementées. La seconde section étudie la genèse et le développement des professions réglementées en matière de contrôle de la production des DSF par les entreprises que sont les experts-comptables et les experts-fiscaux. La variable temporelle plante le décor de cette deuxième section sur un socle à trois dimensions. Le premier socle retrace la première période basée sur le monopole de la profession comptable sur le marché de la certification des chiffres comptables au Cameroun. Le second qui ouvre ce marché à la concurrence de nouveaux arrivants que sont les experts-fiscaux à partir de 2005 et remet ainsi en question non seulement toute la littérature théorique sur la création des professions réglementées, mais également toutes les batteries de textes juridiques qui encadrent la production des chiffres comptables par les entreprises de l'espace OHADA. Le troisième socle retrace les mesures de suspension de la certification à travers les deux textes de lois de 2011 et essaye d'apporter un éclairage socio-économique et culturel pour justifier les motivations de ce choix atypique de déréguler la certification des DSF au Cameroun ainsi que ses conséquences.

1. Les fondements théoriques explicatifs de la formation des professions réglementées sur le marché du chiffre comptable

Le chiffre comptable publié doit être validé par un professionnel de la comptabilité dont la profession se caractérise par un niveau de réglementation qui s'appuie sur un mélange de législations nationales, communautaires et d'autoréglementation. Cette réalité économique fait l'objet d'une attention particulière de la part de la communauté scientifique. Raison pour laquelle le présent article s'inscrit précisément à l'intersection de plusieurs grilles de lecture théorique qui justifient la formation des professions réglementées. Dans la suite nous présentons cette grille de lecture dans un premier temps (1.1.), ensuite nous rappelons les facteurs explicatifs de la formation des professions réglementées (1.2.).

1.1. Les grilles de lecture théorique de la réglementation des professions

Depuis plusieurs années, nombreux sont les travaux en sciences de gestion ou en sociologie qui contribuent à justifier théoriquement l'émergence des professions réglementées en général (Abbott, 1988). Ces recherches s'inscrivent dans le cadre de la théorie néo-institutionnelle, et plus généralement des théories sociologiques.

Selon Menard (2003), une institution est « un ensemble de règles durables, stables, abstraites et impersonnelles, cristallisées dans des lois, des traditions ou des coutumes, et encastrées dans des dispositifs qui implantent et mettent en œuvre, par le consentement et/ou la contrainte, des modes d'organisation des transactions ». Le fondement de la théorie néo-institutionnelle, qui s'est développée dans le cadre des théories des organisations au cours des années 80 (DiMaggio et Powell, 1983 ; Mézias, 1990), repose sur le fait que les organisations choisissent des structures en réponse aux attentes externes à l'organisation. L'organisation des professions s'apparente ainsi à une recherche de rationalité qui exprime leur légitimité vis-à-vis de la société saisie dans sa globalité. En quête de légitimité, les organisations s'ajustent à la société selon une rationalité collective. Cette dernière se traduit par la professionnalisation que DiMaggio et Powell (1983) définissent comme « le combat des membres d'une occupation pour définir les conditions et les méthodes de leur travail pour contrôler la production des producteurs, pour établir une base cognitive et la légitimation de l'autonomie de leur activité ». Il en découle que cette théorie semble particulièrement adaptée au domaine de la comptabilité pour justifier la création des organismes de normalisation comptable ou de corps de professionnels comptables. Qu'en est-il alors des théories sociologiques ?

Les théories sociologiques des professions trouvent leur origine aux Etats-Unis, au début du XXe siècle. Elles présentent plusieurs réflexions différentes pour justifier la création des professions réglementées à travers l'approche fonctionnaliste qui trouve très vite des limites dans le cadre des approches interactionnistes et néo-wébérienne. Les figures emblématiques de la théorie fonctionnaliste restent des auteurs comme Parsons (1968) ou Wilenski (1964). Les recherches fonctionnalistes sur les professions cherchent à construire une théorie du fonctionnement des groupes professionnels, à dégager les principes de cohérence de l'ensemble des caractéristiques des professions les différenciant des "occupations", et cela en analysant les "fonctions sociales objectivement remplies" par les professions étudiées (Chapoulie, 1973).

Dans l'approche fonctionnaliste, les "professions" se distinguent ainsi essentiellement des "occupations" non professionnelles par un *monopole* dans l'accomplissement des tâches professionnelles reposant, d'une part sur une *compétence techniquement et scientifiquement fondée*, une base de savoirs scientifiques et ésotériques, et, d'autre part sur l'acceptation et la mise en pratique d'un *code éthique* réglant l'exercice de l'activité professionnelle. Le droit d'exercer suppose une *formation professionnelle longue*, délivrée dans des établissements spécialisés. Le *contrôle des activités professionnelles est effectué par l'ensemble des collègues*, considérés comme seuls compétents pour effectuer un contrôle technique et éthique (contrôle de la pratique par les pairs et autonomie dans l'exercice de la profession vis-à-vis de l'État ou de la clientèle). Les professions règlent donc à la fois la formation professionnelle, l'entrée dans le métier et l'exercice de celui-ci. Le *contrôle est généralement reconnu légalement* et organisé sous des formes qui font l'objet d'un accord entre la profession et les autorités légales. Les professions constituent des *communautés réelles* dans la mesure où, exerçant leur activité à plein temps, n'abandonnant leur métier qu'exceptionnellement au cours de leur existence active, *leurs membres partagent des « identités » et des intérêts spécifiques.* La profession est régie par une forte organisation et une grande cohésion interne (Perrenoud, 1993). L'approche fonctionnaliste présente toutefois des limites. Celle-ci ne prend pas en compte les relations de pouvoir au sein de chaque contexte professionnel : tout se déroule en dehors des conflits et enjeux internes (Vrancken, 1998).

Cependant, la critique la plus virulente vient des sociologues interactionnistes, qui rejettent d'abord la possibilité d'une théorie générale des professions (Chapoulie, 1973), et s'engagent à étudier les groupes professionnels comme « *objets de la pratique quotidienne* » (Chapoulie, 1988), en ne cherchant pas à fonder théoriquement ce qui distingue les « professions » des « occupations », mais en s'efforçant plutôt à comprendre pourquoi une « occupation » cherche à devenir une « profession ». Ces auteurs définissent le processus de « professionnalisation » par le biais de deux caractéristiques essentielles, à savoir la « licence » (ou le diplôme), qui est l'autorisation légale accordée aux individus exerçant un métier d'effectuer certaines tâches que ne peuvent exercer des individus non reconnus et le « mandat », qui indique l'obligation légale d'assurer une fonction spécifique. Dès lors, ces « licenciés » se comportent comme si on leur avait confié une « mission », dont ils seraient les seuls à pouvoir l'accomplir, et forts de cette conviction, ils entament alors une action de « confiscation monopoliste » (Dubar, 1996 ; Tripier, 1998). C'est donc quand un métier est apte à afficher son mandat vis-à-vis de la société, c'est-à-dire à se voir reconnaître une compétence orientée vers l'ensemble de la société, qu'une profession apparaît et est alors reconnue comme telle.

Pour leur part, les interactionnistes vont montrer que les professions ne sont pas un lieu d'émergence de valeurs unanimes, ne forment pas une "communauté" homogène comme le prétendaient les fonctionnalistes, mais qu'au contraire les professions apparaissent plutôt comme un enchevêtrement de « segments professionnels », porteurs d'activités, d'intérêts et d'identités différents, et pouvant être en compétition les uns avec les autres (Vrancken, 1998). C'est un monde où règne la concurrence, mais où l'important est que les professionnels persuadent le monde extérieur qu'ils partagent les mêmes intérêts (Tripier, 1998). Toutefois, à partir des années 60, des approches plus conflictualistes et politiques vont faire évoluer les théories fonctionnaliste et interactionniste des professions. En particulier, *le courant néo-wébérien* plus orienté sur les phénomènes de marché, va aborder les professions en s'intéressant à l'ensemble du groupe, aux structures de pouvoir plus larges et aux processus historiques à l'œuvre dans la société globale.

Les néo-wébériens fondent leurs analyses sur la notion de « fermeture sociale », empruntée à Weber, qui désigne le « processus par lequel une catégorie sociale donnée tend à réguler en sa faveur les conditions du marché face à la compétition actuelle ou potentielle des prétendants, en limitant l'obtention des conditions favorables à un groupe restreint d'éligibles » (Sacks, 1983). La professionnalisation est alors définie comme un type particulier de fermeture à base de *diplômes*, qui consiste en « une stratégie destinée, entre autres, à limiter et contrôler le flot des entrants dans une profession, pour préserver ou augmenter sa valeur marchande » (Bourdoncle, 1993). Les « professionnels » sont ainsi ceux qui sont parvenus à organiser l'acquisition et la légitimité de leur compétence [...] sur la base des titres officiels détenus par eux" (Dubar, 1996).

Pour Freidson (1994), la profession s'analyse « comme une forme d'organisation d'une activité professionnelle, qui assure à ses membres un monopole de cette activité et une place dans la division du travail, qui les affranchit de l'autorité d'autres sur leur travail ». La professionnalisation est alors définie comme le processus par lequel un groupe professionnel va construire son *autonomie politique* et un *monopole d'exercice*, sur une palette de tâches déterminées grâce à la maîtrise de certains savoirs et savoir-faire *reconnus* comme nécessaires à l'exercice de ces tâches et au caractère insubstituable de ces compétences (la compétence est en ce sens la liaison existante entre une série de tâches - la production d'un bien ou service - et un ensemble de savoirs ou savoir-faire jugé indispensables à l'exercice de ces tâches). La stratégie adoptée par les groupes professionnels dans ce sens suppose toute une série de luttes gagnantes vis-à-vis d'autres professions concurrentes, vis-à-vis du contrôle de leurs activités par leurs « clients » ou surtout vis-à-vis de l'État (ou des employeurs) qui sanctionneront ou non leur « compétence » exclusive dans l'exercice de certaines activités professionnelles.

À l'inverse, la possession d'un savoir efficace n'implique pas nécessairement l'autonomie professionnelle, même s'il peut y contribuer. Dans cette perspective, un groupe professionnel se définit donc principalement par le fait qu'il a réussi à établir un *pouvoir collectif sur la définition des conditions de son activité,* sur les modalités d'accès et de formation au métier (contrôle de la formation et des conditions d'accès au métier), sur les termes de l'échange relatifs au service rendu (salaires, conditions d'exercice, etc.), et sur le contenu du travail, considéré comme valable (définition des tâches du ressort exclusif de la profession, définition des frontières entre la profession et les autres, de la compétence nécessaire à l'exercice de ces tâches, etc.). La stratégie de professionnalisation ne se limite donc pas, comme dans l'approche fonctionnaliste, à une augmentation des compétences et de la formation des membres individuellement. Elle suppose aussi la présence d'un « pouvoir organisé par les travailleurs eux-mêmes pour contrôler les termes, les conditions et le contenu du travail. Ce que Johnson (1972) appelle un contrôle collégial, ou « professionnalisme » (Freidson, 1994).

1.2. Les facteurs explicatifs de la formation des professions réglementées

Une profession réglementée est « une activité ou un ensemble d'activités professionnelles dont l'accès, l'exercice ou une des modalités d'exercice est subordonné directement ou indirectement, en vertu de dispositions législatives, réglementaires ou administratives, à la possession de qualifications professionnelles déterminées, l'utilisation d'un titre professionnel limitée par des dispositions législatives, réglementaires ou administratives aux détenteurs d'une qualification professionnelle[3]. Ainsi définie, on relève que plusieurs facteurs peuvent ainsi expliquer la formation des professions réglementées. À ce titre, la thèse de domination, de l'utilité sociale de la prestation et de la volonté de garantir la qualité de prestation de services professionnels sont autant d'arguments en faveur d'une réglementation de la profession. Ainsi, Dimou (2006) explore la piste de la domination qui amène chaque profession à rechercher une position dominante en développant des stratégies qui élèvent de barrières à l'entrée de la profession, à travers l'appartenance à une certaine classe sociale ou institutionnelle, ou par un investissement éducatif coûteux[4]. De même, la justification de l'existence d'une reconnaissance de l'utilité sociale et de la compétence reliée à des besoins identifiés et sur le besoin de sécuriser les relations économiques et juridiques peuvent être des causes de la création d'une profession réglementée. Dès lors, l'instauration d'une barrière à

[3] Voir la directive 2005/36/CE du 7 septembre 2005 de l'Union européenne relative à la reconnaissance des qualifications professionnelles.

[4] Tel est le cas de la formation à l'expertise comptable au Cameroun, qui s'opère par le biais de l'INTEC de Paris délocalisé à l'ONECCA (Ordre National des Experts Comptables du Cameroun). Le cursus tient sur huit ans minimum pour un coût d'environ 10.000 euros dans un pays pauvre.

l'entrée découle d'une stratégie professionnelle qui repose sur la mobilisation des professionnels pour obtenir la reconnaissance de leur légitimité par l'État et leur clientèle. L'État authentifie le monopole professionnel et officialise la position de pouvoir des membres acteurs par rapport à ceux qui en sont exclus.

Enfin, la garantie de la qualité de la prestation des services professionnels justifie l'exigence d'une réglementation pour remédier aux échecs de marché. Cette réglementation professionnelle soumet les membres, non seulement à une inscription au tableau de l'ordre, mais également, au respect du code de déontologie et au contrôle qualité par les pairs.

En définitive, une profession peut être définie comme « *la conquête par un groupe professionnel d'un espace d'autonomie professionnelle reconnu comme tel par l'État, les usagers, les autres professions* ». Il s'agit dans la suite de montrer comment ces concepts s'adaptent à l'analyse et à l'intelligence des dernières mutations réglementaires de deux professions libérales réglementées, à savoir les experts-comptables et les experts fiscaux.

2. L'ÉVOLUTION DU MARCHÉ DE LA CERTIFICATION DES DSF AU CAMEROUN

Si au départ la profession d'expert-comptable s'est retrouvée en situation de monopole sur le marché de la certification des DSF au Cameroun, il faut toutefois noter que la légalisation du corps des experts fiscaux par la loi N° 99 / 009 du 16 Juillet 1999 vient ainsi instaurer une vive concurrence sur ce marché entre les deux professions réglementées. Chaque profession va chercher à occuper une position dominante et développer des stratégies pour limiter l'accès à certaines activités en le conditionnant à une maîtrise d'un savoir-faire technique. La relation conflictuelle résultant de l'ouverture de la certification des DSF aux experts fiscaux remet ainsi en question la grille de lecture théorique qui sous-tend la création des professions réglementées et amène les pouvoirs publics d'une part à promulguer deux lois en 2011[5] qui redéfinissent les périmètres de compétence de la profession d'expert-comptable et de celle de l'expert fiscal et d'autre part à déréguler la certification des DSF par les deux professions. Nous présentons dans un premier point l'évolution temporelle de la situation de la certification (2.1.). Ensuite, nous analysons les motivations de choix de cette option par le politique ainsi que ses conséquences sur la qualité de l'information financière et sur l'économie camerounaise (2.2.).

[5] Il s'agit de la loi N° 2011/009 du 06 mai 2011, qui apporte des changements dans l'exercice de la profession comptable libérale et au fonctionnement de l'Ordre National des Experts-comptables du Cameroun et celle N° 2011/010 du 06 mai 2011, qui fixe l'organisation et les modalités d'exercice de la profession de conseil fiscal au Cameroun.

2.1. Du monopole à la concurrence sur le marché de certification ou le lobbying des experts fiscaux

La compréhension des menaces et des enjeux qui accablent aujourd'hui le marché de la certification des DSF au Cameroun mérite un détour sur les différentes périodes de l'histoire des deux professions responsables de cette certification que sont les experts-comptables et les experts fiscaux. L'étude propose une analyse historique de ce marché à travers l'histoire des repères significatifs que sont les textes législatifs et réglementaires. En effet, à l'origine, la certification des DSF relevait de la seule compétence des experts-comptables dont la profession est régie par les textes OHADA, le règlement CEMAC et les lois nationales. Il s'ensuit que le métier d'expertise comptable est une profession réglementée qui n'a cessé d'évoluer sous le coup de multiples législations communautaires et nationales. À l'origine, l'Acte N° 4/70-UDEAC 133 du 27 Novembre 1970 soumet l'exercice de cette profession à un agrément de l'UDEAC qui distinguait deux chambres avec des missions précises[6] dont celle de la confection des états financiers revenait aux comptables agréés et celle de certification des DSF et du commissariat aux comptes[7] aux experts-comptables. Au milieu des années 80, la loi communautaire UDEAC autorise les Etats membres à créer des structures nationales pour l'encadrement des professionnels libéraux. En application de cette disposition, le Cameroun adopte la loi n° 85 / 11 du 11 décembre 1985, créant l'Ordre National des Experts-comptables du Cameroun (ONECCA), complété par la loi 90 / 38 qui vient préciser les conditions d'exercice et l'organisation de la profession d'expertise comptable au Cameroun. Au cours des années 2000, on observe une tentative de l'unification des deux chambres à travers le règlement N° 11 / UEAC de 2001, qui préconise un renforcement de la formation des comptables agréés sur l'environnement de la profession et sur les normes professionnelles. Au terme de l'année 2011, l'ONECCA ne dispose plus que d'une seule chambre des experts-comptables pour le marché de la certification. L'homologation de la profession des experts fiscaux par la loi camerounaise N° 99 / 009 du 16 Juillet 1999, suivie de la mise en place du

---

[6] Une chambre des comptables agréés dont le rôle consistait en la confection des états financiers des entreprises et une chambre des experts-comptables qui appréciaient et certifiaient ces états financiers et accessoirement leur établissement.

[7] Le principal rôle du commissaire aux comptes est l'audit légal des comptes, avec pour objectif de certifier que les comptes présentés respectent la réglementation en vigueur. Ce travail comporte deux volets : le contrôle des comptes et l'alerte. L'alerte consiste à révéler les faits délictueux, à l'instar des avantages indûment perçus par les administrateurs et les dirigeants. Mais aussi de prévenir des risques de défaillance. L'autre mission que peut exercer un expert-comptable est celle d'un expert judiciaire en comptabilité. Il s'agit ici d'une mission confiée par le tribunal, qui consiste en l'analyse des informations financières des entreprises. L'objectif étant d'aider un juge à avoir une idée précise de la situation d'une entreprise en cas de procès. Ces différentes missions exigent une certaine qualification et des aptitudes pour l'expert-comptable.

tableau de l'Ordre des experts fiscaux et de l'élection des membres du bureau en 2005, ouvre le marché de la certification des DSF à la concurrence. Comment deux professions libérales réglementées ont-elles pu avoir un même périmètre de compétence ? Cette pratique défie la logique théorique, qui sous-tend la réglementation des professions développée dans la première section. En effet, en s'abreuvant à la source de l'approche néo-wébérienne des professions, il s'avère que les professions libérales réglementées constituent des cas de marchés fermés, de concurrence imparfaite, avec des tâches réservées et un contrôle de l'accès au métier, qui s'appuie sur un savoir-faire particulier et propre à la profession uniquement. Dès lors, l'État légalise le monopole professionnel et légitime la position de pouvoir de la profession par rapport à celles qui en sont exclues à travers une réglementation professionnelle qui s'interprète comme une « barrière institutionnalisée à l'entrée » pour ceux qui ne possèdent pas les conditions exigées. Sans doute, la spécificité du caractère hybride de l'outil d'analyse (la DSF) qui se trouve à califourchon entre la comptabilité et la fiscalité peut contribuer à l'explication de ce chevauchement entre les deux périmètres professionnels.

Aussi l'adoption de deux textes de loi en 2011, la loi N° 2011/009 du 06 mai 2011, qui apporte des changements dans l'exercice de la profession comptable libérale et au fonctionnement de l'Ordre National des Experts-comptables du Cameroun et celle N°2011/010 du 06 mai 2011 qui fixe l'organisation et les modalités d'exercice de la profession de conseil fiscal au Cameroun, ne peut pas être interprétée en dehors de la logique théorique, qui préside la réglementation des professions libérales. Ces textes définissent clairement les missions de chaque profession[8]. Cette révision est portée par la volonté des pouvoirs publics de remettre de l'ordre sur le marché de ces deux professions contiguës en redéfinissant le territoire de compétence de chacune. Une lecture de ces deux missions permet d'observer d'une part que les tâches comptables reviennent aux experts-comptables et les tâches de fiscalité aux experts fiscaux et d'autre part le silence de l'État en matière d'accompagnement des entreprises dans la confection de leurs états

---

[8] L'expert-comptable a pour mission : d'organiser les informations financières, d'analyser et d'interpréter les comptes d'une entreprise à laquelle elle n'est pas liée par un contrat de travail ; de conseiller l'entreprise notamment en matière de gestion sociale, de gestion financière, de formation, d'organisation et de restructuration en cas de difficultés structurelles ou conjoncturelles ; d'attester de la régularité et la sincérité des états financiers produits par l'entreprise ; tandis que l'expert fiscal est habilité à donner des consultations en matière fiscale ; de rédiger pour le compte de ses clients, tous actes sous seing privé se rapportant directement ou indirectement au domaine fiscal ; d'aider les contribuables à souscrire leurs déclarations fiscales en tout genre et rédiger les réponses exigées par les administrations ; d'assister les contribuables lors des procédures de contrôles fiscaux, de contentieux fiscal et de recouvrement des impôts, droits et taxes ; de représenter ses clients devant les autorités fiscales et juridictionnelles ainsi que devant les organismes publics ou parapublics en matière fiscale, sous réserve de justifier d'un mandat régulier, d'accomplir des missions d'audit fiscal et les fonctions d'expert judiciaire.

financiers à travers la certification[9]. Si cette orientation de déréguler le marché de la certification des DSF s'appréhende comme une volonté de l'État de sanctionner une profession aux comportements non éthiques, il faut toutefois noter qu'elle officialise une certaine pratique comptable informelle dont les conséquences sont néfastes sur la qualité de l'information comptable publiée par les entreprises, surtout les PME[10] et sur l'économie nationale.

2.2. La dérégulation du marché de la certification des DSF : motivations et conséquences des choix des pouvoirs publics

L'analyse précédente montre que les experts-comptables ont d'abord connu une période de monopole sur le marché de la certification des DSF avant de subir la concurrence vive, puis la suspension de cette certification par la promulgation des deux lois de 2011. Cette mesure de la suspension de la certification des DSF suscite des interrogations de la part des chercheurs au regard de ses motivations profondes et de ses conséquences sur le droit comptable d'une part et sur l'économie nationale d'autre part. Il semble que plusieurs motivations contribuent à expliquer le choix des pouvoirs publics. D'abord, la dérégulation du marché de la certification traduit une volonté sous-tendue de l'État de manifester son mécontentement à l'endroit des comportements non éthiques observés de la part de certains experts-comptables. Plusieurs comportements déviants ont en effet singularisé la profession comptable au Cameroun. D'abord, le nombre élevé de DSF certifiés par un seul expert-comptable pour le compte d'un exercice fiscal, qui trahit ainsi une certaine légèreté dans l'application des diligences professionnelles. Conséquence, une absence de cohérence entre les différents tableaux de la DSF, parce que certains de ces experts-comptables étaient devenus beaucoup plus des sous-traitants ou des vendeurs de signatures que de prestataires de services comptables. Ensuite, le lancement de l'opération « épervier » par l'État pour traquer les dirigeants indélicats des entreprises publiques et parapubliques au Cameroun vient conforter ce choix. Dès lors, la dérégulation ne doit pas être perçue seulement sous un angle très négatif, car la profession comptable requiert une certaine éthique et un respect de la déontologie professionnelle dont cette opération « épervier » vient prouver le contraire. Avec la certification des bilans irréguliers, la réalisation des missions de conseils et d'audit à un même client, le non-respect de certaines incompatibilités pourtant contenues dans la loi, certains experts-comptables

[9] La certification a pour objet de garantir aux actionnaires ou aux associés et aux tiers qu'un professionnel qualifié, après s'être conformé aux règles de diligences fixées par la profession, a acquis la conviction que les comptes annuels sont réguliers et sincères et donnent une image fidèle de la situation financière et du patrimoine de la société.

[10] En effet, la plupart de ces PME n'ont pas l'obligation d'avoir un commissaire aux comptes. Par conséquent, les comptes ne reflètent pas toujours une image fidèle de la situation financière et comptable de l'entreprise, dès lors qu'ils ne subissent aucune révision et aucun contrôle.

ont ainsi violé le code de déontologie professionnelle et ont fini derrière les barreaux. En plus de ces causes déontologiques, il est possible de penser que le lobbying exercé par les experts fiscaux est aussi à l'origine de l'ouverture du marché de la certification des DSF à une profession dont le savoir-faire en matière de comptabilité n'est qu'approximatif du fait d'un cursus académique à forte dominance juridique et fiscale.

Cette ouverture de la certification des DSF a créé une sorte de concurrence imparfaite, dès lors que les offreurs et les demandeurs ne disposent pas d'informations parfaites sur le marché. Un déséquilibre s'est établi d'une part entre les offreurs eux-mêmes et d'autre part entre offreurs et demandeurs. S'agissant du premier type de déséquilibre, on note une maîtrise différentiée de la base de certification qu'est la DSF par les deux professions. En effet, si la révision comptable et fiscale entre dans le cursus de formation des experts-comptables, il n'est pas de même pour ce qui est des experts fiscaux dont la plupart ont à la base une formation de juriste pure. Du coup, la plupart des experts fiscaux se sont transformés en intermédiaire entre les clients et les services des impôts qui sont les destinataires privilégiés de ces DSF à partir desquelles on détermine la base de calcul des impôts. Ce qui substitue le rôle de conseil à celui de marchandage. Rôle qui a reçu l'adhésion de la majorité des entreprises, si bien que les experts fiscaux, à peine arrivés sur le marché de la certification, détenaient déjà près de 70% des parts de ce marché. En ce qui concerne le deuxième type de déséquilibre, on note une sorte d'asymétrie d'information entre les offreurs et les demandeurs de services comptables ou fiscaux. En effet, face à l'incapacité des clients d'évaluer ex ante et ex post la qualité des prestations offertes par les professionnels, ces derniers sont tentés d'adopter des comportements opportunistes en s'investissant moins dans les tâches à réaliser.

Ces deux constats éclairent parfaitement l'esprit des deux textes de loi de 2011. Il s'agissait pour l'État de redéfinir le périmètre de compétence de chaque profession dans ce contexte conflictuel. Cette loi crée un territoire professionnel pour chaque profession à l'intérieur duquel se profile une sorte de monopole individuel. Ce recentrage a eu pour corollaire l'exclusion des experts fiscaux des métiers de la comptabilité, et les experts-comptables des métiers de la fiscalité. Mais, l'adoption de cette mesure risque de mettre en cause les objectifs et les finalités assignées à l'information comptable publiée par les entreprises, et notamment la finalité fiscale qui permet à l'État de générer la majorité de ses ressources budgétaires et les objectifs macroéconomiques pour l'établissement des grands agrégats économiques du pays et de la qualité de l'information comptable produite.

S'agissant de la finalité fiscale, on note que si la suspension de la certification remet la pendule à l'heure, et laisse le temps à l'ordre des experts-comptables pour assainir la profession, à travers la formation et l'élaboration d'une charte qualité dans la profession, il faut toutefois relever que cette manière de délimiter les frontières professionnelles ne va pas sans poser des problèmes au niveau de l'établissement des DSF du modèle comptable OHADA, qui privilégie l'État comme le principal destinataire de l'information comptable publiée par les entreprises. Le législateur comptable OHADA, par sa volonté d'affiner l'information destinée à l'administration fiscale qui transparaît dans certains tableaux de la DSF, oblige un retraitement de l'information comptable sous le prisme du droit fiscal. Or, la délimitation de la frontière professionnelle au niveau de la confection des DSF pose de réels problèmes. Et comme le rappelle si bien Delhomme (2005), « la guerre du chiffre et du droit » est loin d'être terminée en matière de DSF, du fait de son caractère hybride. Le montage de la DSF permet-il de dire qu'on est sur un marché de concurrence imparfaite ? En s'inspirant des travaux de Maxime Delhomme (2005), nous observons que ni les lois encadrant l'exercice de ces deux professions, ni la réalité des comportements sur le terrain des experts-comptables et des experts fiscaux ne permettent d'apporter une réponse univoque et définitive. Ainsi, à cette volonté de lever l'obligation de certification des comptes, l'institution de barrières à l'entrée et les exclusivités très strictes dans les activités de prestations et les pratiques professionnelles dans les autres pays, le législateur et les professions réglementées sont aujourd'hui contraints à une réflexion stratégique sur le type de décision à prendre et sur la délimitation des périmètres professionnels. Les deux professions devraient beaucoup plus améliorer leur position concurrentielle sur le marché en jouant sur les leviers de la « coopération technique [11] » et de la qualité de leurs prestations professionnelles. Comme le rappelle si bien Alix (2008), il ne s'agit pas là que d'une vaine querelle de corps entre professionnels du chiffre et du droit. Le débat se situe à un tout autre niveau : celui de l'intérêt des parties, qui n'ont que faire des conflits de territoire entre différents professionnels. S'agissant des objectifs macroéconomiques et de qualité de l'information financière et comptable, la suspension de la certification des DSF constitue non seulement des menaces endogènes à la profession comptable, mais également à certains principes comptables qui privilégient la publication d'une information comptable de qualité. Selon Bampoky (2013), le contrôle de la qualité de l'information se fait selon les critères d'exhaustivité, de régularité et de sincérité. Cette information de qualité dérive de la comptabilité, dont l'appréciation relève de la révision effectuée par les experts-comptables et sa légitimation est l'œuvre des commissaires aux comptes. Dès lors, le mandat de produire une information comptable de qualité est confié aux experts-comptables par le droit comptable OHADA. Le fait d'exclure les entreprises, qui sont majoritairement des PME au Cameroun, de la certification ouvre la voie à des pratiques comptables peu orthodoxes. Car ces PME, qui évoluent en dehors de tout contrôle, devraient

[11] Il s'agit de créer une sorte de synergie entre les deux professions dans le cadre du traitement des dossiers des clients : la gestion du volet comptable et le montage de la DSF par l'expert-comptable et le volet de procédure fiscale par l'expert fiscal.

donner une assurance que les états de synthèse publiés sont établis conformément aux normes comptables prévues par le référentiel comptable en vigueur. Aussi, même si ces PME restent en dehors du champ de légitimation du commissaire aux comptes, d'autres intervenants en matière de contrôle que sont les inspecteurs des impôts ne disposent pas toujours de la compétence requise en matière de comptabilité et de fiscalité. De plus, même si la compétence de certains inspecteurs des impôts peut être prouvée, on ne peut ignorer la divergence fondamentale qui existe entre le droit comptable et le droit fiscal d'une part et le degré de corruption que véhicule la société en général.

Dans un tel contexte, une conclusion non moins importante qui se dégage est que le mode de production de l'information comptable ne permet pas une garantie de la régularité, de la sincérité et de la fiabilité des données comptables, et développe un « marché informel » de production des DSF. Ce type d'information, qui ne permet pas de mieux apprécier les performances de ces PME, doit alimenter les comptes nationaux pour la confection des grands agrégats macroéconomiques qui ne reflètent pas la réalité de la situation économique globale du pays ou ne permet pas de faire de bonnes prévisions économiques et le pilotage de la politique économique. Il en découle en définitive que les enjeux d'une production des informations comptables et financières de qualité sont indispensables, que ce soit tant pour les entreprises elles-mêmes, que pour l'État ou les autres utilisateurs.

CONCLUSION

Si la révision contractuelle des comptes assure une certaine production des chiffres comptables de qualité, alors l'analyse des motivations et des conséquences de la suspension de la certification des DSF trouve toute sa pertinence dans le champ de la comptabilité positive. En effet, en fondant notre analyse sur les grilles de lecture théorique basées sur les courants néo-institutionnels et les courants sociologiques des professions, et en adoptant une démarche basée sur une analyse documentaire, sur une approche historique et sur le vécu quotidien, nous arrivons au constat que le marché de la certification des DSF est tributaire de l'évolution des textes réglementaires, qui régissent la profession des experts-comptables et celle des experts fiscaux. À l'origine, il s'est agi d'un marché monopolisé par les experts-comptables, suivi d'une période de vive concurrence avec la mise en place effective de la profession des experts fiscaux en 2005 et pour finir avec la dérégulation à partir de 2011. L'adoption de l'approche néo-wébérienne par l'Etat, à travers les deux lois de 2011, crée ainsi un territoire professionnel à l'intérieur duquel chaque profession se trouve en situation de monopole. Mais le caractère hybride de la DSF, qui traduit à la fois une sorte de coopération entre la comptabilité et la fiscalité dans le modèle comptable OHADA, doublé à l'institution d'une forte barrière à l'entrée avec des exclusivités très strictes dans les activités professionnelles devraient contraindre le législateur et les professions réglementées à une réflexion stratégique sur le bien-fondé de la décision de suspendre la certification des DSF et sur la délimitation des périmètres professionnels dans ce contexte où la transversalité et l'approche systémique prennent le pas sur l'analytique.

La volonté sous-tendue de l'État de manifester son mécontentement à l'endroit des comportements non éthiques observés de la part de certains experts-comptables contribue à expliquer ce choix, dont les conséquences se mesurent en termes de risque de mise en cause des objectifs et des finalités assignées à l'information comptable publiée par les entreprises et notamment la finalité fiscale, qui permet à l'État de générer la majorité de ses ressources budgétaires, et les objectifs macroéconomiques pour l'établissement des grands agrégats économiques du pays et de qualité de l'information comptable produite pour les besoins d'information des utilisateurs.

Ainsi, à cette volonté de lever l'obligation de certification des comptes, l'institution de barrières à l'entrée et les exclusivités très strictes dans les activités de prestations et les pratiques professionnelles dans les autres pays, le législateur et les professions réglementées sont aujourd'hui contraints à une réflexion stratégique sur le type de décision à prendre, et sur la délimitation des périmètres professionnels. Les deux professions devraient beaucoup plus améliorer leur position concurrentielle sur le marché en améliorant substantiellement leur « coopération technique » et la qualité de leurs prestations professionnelles.

RÉFÉRENCES

Abbott, A. (1988), *The System of Professions, An Essay on the Division of Expert Labor*, Chicago, The University of Chicago Press.

Alix, J.P, (2008), Le droit de faire du droit, *SIC, No.* 267.

Bampoky, B. (2013), Comment assurer une information financière de qualité sous le système comptable OHADA ? Comptabilité sans Frontières, The French Connection, May.

Bourdoncle, R. (1993), La professionnalisation des enseignants : les limites d'un mythe, *Revue Française de Pédagogie*, Vol. 105 No. 1, pp. 83-114.

Chapoulie, J.-M. (1973), Sur l'analyse sociologique des groupes professionnels, *Revue française de Sociologie*, Vol. XIV, pp.86-114.

Chapoulie J.-M. (1988), Les professeurs de l'enseignement secondaire, un métier de classe moyenne, *Revue française de sociologie*, Vol.29, No. 1, pp. 201 – 205.

Colasse, B. (2007), *Les fondements de la comptabilité*, Paris, Editions La Découverte, Coll. Repères, 115p.

Collins, R. (1990), Market closure and conflict theory of the professions, in M. Burrage and R. Torstendahl (Eds.), *Professions in Theory and History: Rethinking the Study of Professions*, London, Sage, pp. 24–43.

Degos, J.G. (2009), Struggle for power in French system of professions: the historic quarrel between accountants and lawyers, *International Journal of Critical Accounting*, Vol. 1 No. 1-2, 2009, pp: 65-81.
Degos, J.G. and Geslin, L. (2005), Le domaine financier, terrain de chasse des avocats et des experts-comptables, *La Revue du Financier*, Vol. 27 No. 152, pp. 2-13.
Delhomme, M. (2005), Mythe et réalité des relations entre les experts-comptables et les avocats : la guerre du chiffre et du droit a eu lieu, in *L'entreprise, le chiffre et le droit, itinéraires parallèles, itinéraires croisés* (Ed, Degos, J.-G.). Centre de Recherche en Contrôle et Comptabilité Internationale, pp.197-207.
DiMaggio, P.J. and Powell, W.W. (1983), The Iron Cage Revisited : Institutional Isomorphism and Collective Rationality in Organizational Fields, *American Sociological Review,* Vol. 48, No. 2, pp. 147 – 160.
Dimou, M. (2006), J-E. Cairnes, Groupes non concurrentiels et organisation industrielle, *Revue d'économie industrielle*, Vol. 113 No.1, pp. 31 – 44.
Djongoué, G, (2015), Qualité perçue de l'information comptable et décisions des parties prenantes, Thèse de doctorat en sciences de gestion, Université de Bordeaux, 369 p.
Dubar, C et Tripier, P. (1998), *La socialisation, construction des identités sociales et professionnelles*, Paris, Armand Colin.
Dumontier, P et Raffournier, B, (1989), L'information comptable : Pour qui ? Pour quoi ?, *Revue Française de Gestion*, Mars-mai, pp. 23-29.
Freidson, E. (1994), Pourquoi l'art ne peut pas être une profession, in Menger, P-M. and Passeron, J-C. (Eds.), *L'art de la recherche, Essais en l'honneur de Raymonde Moulin*, Paris, La documentation Française, pp. 117-136.
Johnson, T, J, (1972), *Professions and Power*, London, Routledge Revivals.
Ménard, C, (2003), Économie néo-institutionnelle et politique de la concurrence les cas des formes organisationnelles hybrides, *Économie rurale, Programme National Persée*, Vol. 27 No.1, pp. 45-60.
Mezias S. (1990), An institutional model of organizational practice: financial reporting at fortune 200, *Administrative Science Quarterly,* Vol. 35, pp. 431-457.
Michaïlesco, C, (2009), Qualité de l'information comptable, in *Encyclopédie de Comptabilité, Contrôle de gestion et Audit*, Paris, Economica, pp.1023 - 1033,
Ndjetcheu, L, (2010), Fiscalité et stratégie de choix comptables des dirigeants de PME au Cameroun : une lecture croisée au moyen du modèle des parties prenantes de Mitchell, Agie et Wood (1997), in *L'entreprise, le chiffre et le droit, itinéraires parallèles, itinéraires croisés,* Degos, J.-G. (Ed), Centre de Recherche en Contrôle et Comptabilité Internationale, pp. 283-304.
Ndjetcheu, L, (2013), *Modèles comptables et environnement : l'exemple des pays francophones l'espace OHADA,* Tunis, les éditions le Kilimandjaro, 330 p.
Parsons, T. (1968), The Professions", *International Encyclopedia of the Social Sciences*, vol. 12, New York, Free Press, pp. 536-547.
Perrenoud, P. (1993), Formation initiale des maîtres et professionnalisation du métier, *Revue des sciences de l'éducation*, vol. XIX, No. 1, pp. 59-76.
Tripier, P. (1998), La sociologie du travail à travers ses paradigmes, in *Traité de sociologie du travail*, De Coster M., Pichault F (Eds), Bruxelles, De Boeck Université, Ouvertures sociologiques, pp. 41-59.
Sacks, I.S. (1983), The subduction of young lithosphere, *Journal of Geophysical Research,* Vol. 88, pp. 3355–3366.

Vrancken, D. (1998), Profession, marché du travail et expertise, in *Traité de sociologie du travail*, De Coster M., Pichault F (Eds), Bruxelles, De Boeck Université, Ouvertures sociologiques, pp. 269-295.
Walker, S.P. (2004), Conflict, collaboration, fuzzy jurisdictions and partial settlements. Accountants, lawyers and insolvency practice during the late 19th century', *Accounting and Business Research*, Vol. 34, No. 3, pp. 247–265.
Wilensky, H. L. (1964), The professionalization of everyone? *American Journal of Sociology*, Vol. LXX No. 2, pp. 137-158.

Economie de la connaissance, formation des dirigeants et jeux d'entreprise

Carole Daniel[1],
Sylvain Dufourny[2]
et Yves Levant[3]

INTRODUCTION

Le monde a quitté l'ère industrielle pour entrer dans un environnement post-industriel : l'économie de la connaissance qui repose sur : « *la production et la distribution de savoirs et d'informations, plutôt que la production et la distribution de choses* » (Drucker, 1993, 182). Dans ce contexte, les recruteurs s'intéressent de plus en plus aux « soft skills » ou « compétences habilitantes », qui comprennent les compétences humaines et relationnelles. En effet, les professionnels ont recours à toutes sortes de sources d'information et travaillent le plus souvent au sein d'équipes ou tout au moins en interaction avec d'autres personnes (Dibaggio et Meschi, 2010). L'importance des « soft skills » est maintenant reconnue comme facteur de réussite sur le marché du travail (McGahern, 2009). Ainsi un manager doit non seulement démontrer qu'il maîtrise les notions techniques liées à son domaine d'expertise, mais également qu'il possède des compétences telles que : autonomie, communication et leadership. Selon le sondage réalisé par Stovall et Stovall (2009) auprès d'employeurs, les compétences habilitantes représentent une part importante du succès des managers. Le modèle éducatif standard n'est plus adapté à son environnement (Machuca, 2002). L'enseignement dispensé est trop souvent standardisé, composé de modules hétérogènes, avec comme seules sources de connaissance l'enseignant et les manuels. L'apprentissage repose encore aujourd'hui sur le mécanisme de mémorisation (transmission/acquisition), et sur des évaluations individuelles faisant appel à cette même mémorisation (CERI, 2008). Au-delà d'une simple modification des programmes, il s'agit de rendre les étudiants acteurs de leur propre formation, au travers de leur implication dans une éducation transversale et active, faisant appel à des sources d'information variées, et au

[1] Professeur associé à SKEMA Business School.
[2] Professeur associé à l'Université Lille 1, Gérant de la société Strat&Logic.
[3] Professeur à l'Université de Lille 2 et Professeur associé à SKEMA Business School.

sein de groupes de collaboratifs (CERI, 2008). Parmi ces modes pédagogiques, la simulation prend une place importante (Kriz, 2010).

Le jeu d'entreprise est un outil permettant la découverte et l'utilisation de connaissances et surtout le développement des savoir-être liés à l'entreprise (c'est-à-dire les soft skills), de manière concrète, ludique et interactive. Il permet aux participants de vivre une expérience d'entreprise, à travers la mise en situation réelle d'un environnement complexe, favorisant en cela un apprentissage autonome et interactif.

Après avoir rappelé ce que sont les jeux d'entreprise et leur intérêt pour le développement des capacités de direction (section 1), nous présenterons quelques expériences pédagogiques originales dans lesquelles les jeux d'entreprise sont des catalyseurs, ou des révélateurs de cette compétence à travers le témoignage d'un éditeur de jeu d'entreprise (section 2), et des résultats d'une expérience dans une école de commerce (section 3).

1. Les jeux d'entreprise et leur intérêt pour le développement des capacités de direction

1.1. Présentation et fonctionnement des jeux d'entreprise

Les jeux d'entreprise ou simulateurs de gestion, utilisent des logiciels, qui modélisent l'environnement concurrentiel et les interactions entre les décisions des entreprises. Ces logiciels permettent de confronter les décisions des différentes équipes, en y intégrant des paramètres d'environnement, et génèrent des résultats quantifiés après simulation : quantification du/des marché(s) (ventes, parts de marché); résultats de chaque équipe (économiques, financiers, marketing, production, humains) ; informations sur l'évolution des marchés, les attentes des clients ou consommateurs, comportements et décisions des concurrents. Les participants sont regroupés en équipes, à qui on confie la gestion d'une entreprise virtuelle en concurrence sur un marché avec d'autres participants qui gèrent le même type d'entreprise sur les mêmes marchés. Cet aspect concurrentiel impose une motivation et une implication totale des participants à l'action pédagogique. Les informations étant extrêmement nombreuses, elles ne peuvent être assimilées par une seule personne. Cela suppose une organisation et une spécialisation des participants par domaine, et donc de faire confiance aux autres membres de l'équipe pour prendre en charge une autre dimension. Cette partie du jeu d'entreprise a une influence notable sur le résultat final des équipes (Kaufman, Faure & Le Garef, 1976). Chaque décision a des impacts internes à l'entreprise (climat social, niveau de stocks,...) et des impacts externes sur le marché (obtention de parts de marché, impact sur l'élasticité des marchés...). Les décisions sont prises collectivement dans chaque équipe, les membres devant donc coopérer (Féron, 2001). Étant donné que les différents membres d'une même équipe ne se connaissent pas toujours, et n'ont pas l'habitude de travailler ensemble, ils doivent apprendre à développer leur capacité d'écoute, d'argumentation et de négociation (Barth et Géniaux, 2010).

L'ensemble des décisions prises par chaque membre est synthétisé sur une feuille de décision, qui est ensuite saisie sur ordinateur. Un logiciel donne les résultats pour chaque équipe (bilans, comptes de résultat, états de situation, études de marché) à l'issue d'une période d'activité de l'entreprise (d'une durée variable suivant les logiciels) en fonction d'un modèle mathématique simulant le marché et de paramètres environnementaux choisis par l'animateur de l'exercice. Les résultats de la période passée sont remis aux participants. Un nouveau cycle de décisions peut alors être joué. L'évaluation ne se fait pas uniquement sur des critères financiers (situation nette, rentabilité) ou commerciaux (Chiffre d'affaires, parts de marché), mais sur un ensemble de critères déterminés par l'animateur dont le rôle est très important. Non seulement il définit le scénario de départ, mais il maîtrise l'évolution conjoncturelle de l'environnement des entreprises et des paramètres de fonctionnement de ces dernières. Il joue le rôle de banquier pour l'accord de facilités de financement, et les taux d'intérêt. Il joue également, selon le jeu, d'autres rôles (syndicaliste, donneur d'ordre, sous-traitant, consultant marketing, organisme de propriété industrielle, fournisseur et également expert-comptable). Il explique le fonctionnement du jeu d'entreprise aux étudiants, et tout au long de l'exercice, il les aide à comprendre les données, à construire des raisonnements et donne ou rappelle des éléments techniques pour analyser et décider. Il donne au jeu d'entreprise un rythme, notamment le temps alloué pour chacune des périodes, amenant les apprenants à s'immerger dans le contexte et à décider en temps réel, c'est-à-dire sous contrainte de temps limité et nécessairement court. Il restitue les résultats à chaque période, et anime la synthèse finale qui permet aux étudiants de tirer les enseignements des situations vécues, et de la manière dont elles ont été abordées, traitées, solutionnées par les différentes équipes. L'objectif pédagogique du jeu d'entreprise n'est pas de gagner, mais de progresser ; il faut bien distinguer les jeux d'entreprise qui sont de véritables outils pédagogiques vecteurs de formation, et qui se déroulent en présence d'animateurs confirmés, des jeux d'entreprise (en présentiel ou sur internet) où les joueurs et l'animateur ne se rencontrent pas, et où il s'agit de "jouer pour gagner".

Les jeux d'entreprise sont régulièrement utilisés dans les formations supérieures en tant qu'outils d'apprentissage pour la gestion, la stratégie ou la finance. Aussi, il existe différents niveaux de jeu : des jeux d'introduction à la gestion (généralistes et simples, ils mettent en œuvre un petit nombre de variables et permettent d'aborder les principales problématiques de la gestion d'une firme), des jeux d'approfondissement (ils développent une dimension spécifique, par exemple marketing ou comptable, de la gestion d'une entreprise), ou encore des jeux d'immersion (ils multiplient les variables de manière à plonger les participants dans un univers complexe, qui est supposé représenter la « vraie vie » de l'entreprise).

1.2. L'intérêt pédagogique des jeux d'entreprise pour le développement des capacités de direction

Les jeux d'entreprise apportent depuis longtemps de réelles plus-values pédagogiques en permettant de « transversaliser » les acquis, et ainsi d'être capable de mettre en œuvre ces compétences sur d'autres terrains d'application. De plus, la mise en situation imposée par le format du jeu d'entreprise entraîne obligatoirement des relations originales et bien loin de l'univers de la camaraderie « potache ». Les enjeux pour les équipes en compétition permettent aux participants de se révéler, et de réagir sans inhibition. Aussi, le jeu d'entreprise est reconnu comme un outil pédagogique innovant et interactif (Kiili et Lainema, 2008). Il l'est également comme un moyen de développer la capacité de direction des futurs managers (Siewiorek, Gegenfurtner, Lainema, Saarinen et Lehtinen, 2014). En effet, les compétences des dirigeants ne peuvent se développer que par l'expérience et les méthodes actives d'entraînement (McCall, 2004). Il n'est possible de progresser qu'avec mise en situations réelles complexes et stressantes, de prises de décisions, de délégation, de résolution de problèmes en coopération avec les autres (Dentico, 1999), ce qu'apporte la participation à des jeux d'entreprise. En outre, les participants apprennent à tirer profit de leurs erreurs, et ce, en temps réel (Hofstede, de Caluwé et Peters, 2010).

2. Témoignage d'un éditeur de jeu d'entreprise sur leur utilisation pour l'évaluation et le développement des dirigeants

L'entreprise Strat&Logic participe régulièrement à l'organisation de sessions de jeux d'entreprise en formation initiale et continue, ainsi qu'en accompagnement dans une procédure de validation des acquis professionnels (VAE). Ces sessions permettent naturellement d'enrichir les compétences des apprenants dans les sciences de gestion, mais permettent aussi de mettre en avant les aspects de leadership. Différentes pratiques sont présentées dans les sections suivantes.

2.1. Le jeu d'entreprise, outil de développement de la capacité de direction

2.1.1. En formation initiale d'une école d'ingénieur

Dans le contexte de la formation initiale, Strat&Logic anime depuis de nombreuses années les sessions de jeu d'entreprise, en Master 1, de l'École Centrale Paris. Lors de cette manifestation, la direction des études a fixé comme objectifs : le développement des pratiques de gestion/finance pour de futurs cadres dirigeants et la découverte du management d'équipe et du leadership. Le premier item est assez classique pour ce type d'activité. Pour le second item, l'institution a mis en place un dispositif pédagogique aussi original et innovant qu'important. En effet, pour chaque groupe de trente étudiants, deux psychosociologues accompagnent l'animateur de jeu du groupe. Ces spécialistes en dynamique des groupes ne participent pas directement à l'animation de la session. Ils ne fournissent aucune information concernant les données économiques du jeu. Ils n'interviennent pas non plus dans les phases de négociation. Cependant, ils représentent un support indispensable aux équipes leur permettant de se structurer au début de l'activité, et de se réorganiser au besoin en cours de session, de gérer les conflits et d'optimiser les temps de prise de décisions. Le simulateur permet aussi aux concurrents de réaliser sur une partie de leurs activités des accords économiques engageants : sous-traitances, cotraitances ... Le choix du simulateur s'est révélé être le bon choix. Il donne suffisamment de travail à chaque membre de l'équipe pour imposer une répartition franche des rôles, et mettre en avant le besoin de structuration d'équipe, de délégation dans le travail, et de confiance en situation décisionnelle contradictoire.

Les composantes directionnelles se retrouvent dans quelques moments forts tels que :

– La constitution des équipes. Les étudiants doivent tous incarner un membre du comité de direction de l'entreprise. Afin de faire leur choix, ils ne disposent que d'une notice technique d'une page leur présentant leur mission au sein de leur nouvelle entreprise virtuelle et les possibilités qui leur sont offertes. Si les postes opérationnels trouvent rapidement un directeur, la notion de « Direction » incarnée par le directeur général fait bien souvent débat. Qu'est-ce qu'un Directeur Général ? Que fait-il dans l'équipe ? Comment décider ? Ces questions surgissent rapidement. La notion de responsabilité apparaît rapidement. Il y a surtout un besoin de légitimité qui se fait ressentir. Les psychosociologues animent un atelier leur permettant de recueillir leur vision de la mission par les étudiants. Ceci leur permet aussi d'éviter les fausses routes, et de recadrer la mission.

– Le coaching au fil de l'eau ou dédié. Les psychosociologues réalisent pendant la session des interventions spontanées, ou sollicitées par les équipes elles-mêmes. Ces interventions permettent de réguler le fonctionnement de l'équipe, d'initier une démarche de gestion de conflit, d'organiser le temps de travail de chacun. Ces interventions, bien que très courtes, et en petit comité (six étudiants par groupe), permettent aux étudiants de prendre beaucoup de recul pendant les phases actives de jeu. Cette distance est un élément clé de l'acquisition de compétences. Ces interventions offrent aux psychosociologues le temps de présenter des notions théoriques. Ils incitent également les étudiants à réfléchir et à repositionner leur action au sein du groupe. Dans certaines circonstances, quelques groupes peuvent être encouragés à tenter des expériences de management intégrant la redistribution du leadership.

2.1.2. En formation continue interne à l'entreprise

Le groupe Boulanger, enseigne de la grande distribution de produits électro-ménagers, avait souhaité mettre en place un cursus complet de vingt jours pour l'ensemble de ses directeurs de magasins. Ce parcours devait être axé sur les principes fondamentaux du management. En effet, pour ce métier, la performance commerciale des enseignes se traduit essentiellement par la performance des hommes de terrain à savoir les vendeurs ou conseillers de vente. Ceux-ci, afin d'être performants et atteindre leurs objectifs, doivent être mis dans les meilleures dispositions. Les conditions de la performance ont été intégrées à un simulateur créé sur mesure pour l'enseigne. Strat&Logic a ainsi réalisé ce produit adapté aux méthodes de management du groupe. Celles-ci sont fondées sur des indicateurs de performance classés en deux catégories :

– indicateurs de management collectif : Action / Organisation / Relation ;

– indicateurs de management individuel : Motivation / Compétence / Confiance.

Les directeurs de magasin doivent déployer pour chaque décision des actes de management. Ces décisions viennent influencer les indicateurs précédemment listés. Ceux-ci se répercutent sur les performances commerciales de l'enseigne. Les participants à ces sessions, dans un premier temps, découvrent les indicateurs de performance. Ce parcours est accompagné par un formateur spécialisé sur le domaine pour l'enseigne. Par des animations externes et opérationnelles (jeux de rôles, simulation d'entretien), il apporte son expérience et ses connaissances aux équipes. Le jeu devient un fil conducteur des sessions et un prétexte à l'interrogation du groupe. L'animateur, à l'issue de chaque journée de formation, réalise une évaluation des acquis managériaux des participants conforme aux critères « métier » de l'enseigne. En cas de lacune avérée d'un des participants, il met en place une mise à niveau systématique. Cette formation complémentaire est en général organisée assez rapidement après la session de simulation, en groupe restreint, et de façon très ciblée. Un seul thème trouve sa place lors de la formation.

2.2. Le jeu d'entreprise, outil de mesure des aptitudes à la direction lors du processus de recrutement dans des grandes écoles

Depuis quelques années, une école d'ingénieurs, l'Efrei - École d'ingénieur généraliste en informatique et technologies du numérique - a souhaité mettre en œuvre un jeu d'entreprise dans le cadre de la sélection des candidats en vue d'intégrer l'établissement. Ce choix a été dicté par l'expérience acquise par les membres des jurys d'admission, lors des traditionnels entretiens de motivation. En effet, il apparaissait que les étudiants arrivaient bien préparés et connaissaient les réponses-types aux questions posées. L'utilité de ces entretiens devenait alors contestable. Une solution fondée sur un jeu d'entreprise a été mise en place afin de positionner les candidats en situation de pilotage d'une entreprise virtuelle. Cette solution a permis de présenter une image innovante de l'établissement. Elle assure aussi aux participants de passer un moment agréable (contrairement à un concours d'admission classique), et offre à la direction de l'école une opportunité de communication différenciante lors de l'accueil des préparationnaires.

L'objectif de la démarche est d'identifier la motivation des étudiants pour intégrer l'école, mais aussi de les voir évoluer ensemble sur une thématique imposée, dans laquelle ils n'ont aucune connaissance. Les conditions de mise en œuvre de cette action sont originales sur plusieurs points.

– Les effectifs ne sont pas connus à l'avance et les sessions sont courtes.

– Les étudiants ne se connaissent pas.

– Les étudiants ne disposent pas de compétences en gestion d'entreprise.

– La session de sélection doit se dérouler sur trois heures trente au maximum.

La répartition des équipes est faite en fonction de l'ordre d'arrivée des participants, en essayant de mélanger les différentes filières de classes préparatoires dans une même équipe. Il est donc très peu probable que des étudiants retrouvent une de leurs connaissances lors d'une session. Ils se retrouvent ainsi en équipe de cinq étudiants, qui ne se connaissent pas et qui sont contraints de travailler ensemble sur un projet original. Il faut noter que ce type d'activité est déstabilisant pour des étudiants habitués aux modèles mathématiques abstraits et déterministes. Tous ces caractères se rejoignent et doivent fonctionner ensemble.

Pour les candidats présents aux sessions de recrutement c'est la première fois qu'ils sont confrontés à des décisions économiques, et que leurs décisions ont une influence directe sur leur performance managériale. L'enjeu est d'évaluer l'adéquation du candidat avec les futurs métiers de l'ingénieur. Ces sessions, bien que courtes, permettent d'observer des différences marquantes de comportements des prétendants. Ces observations sont ensuite données aux candidats dans le cadre d'un retour effectué par les observateurs en fin de session. Pour juger de la performance des candidats, les attitudes collaboratives et les communications verbales et non verbales sont disséquées par les observateurs, lors de ces sessions de recrutement. Les acteurs ont été évalués selon six items différents.

– Tenue et attitude ;
– Assurance charisme personnel et aptitude au leadership ;
– Écoute et ouverture à l'autre ;
– Dynamisme intellectuel et esprit combatif ;
– Organisation et gestion du temps ;
– Valeurs portées par l'étudiant.

Pour chaque item, trois questions viennent enrichir le questionnaire. Ces fiches individuelles sont notées de « - - » pour un manque manifeste jusqu'à « + + » pour un comportement brillant. À l'issue de la session, les observateurs doivent compléter ces questionnaires par des observations rédigées et générales. L'évaluation, perfectible par essence, permet simplement de comparer le comportement des prétendants, lorsqu'ils sont dans un groupe, donc dans des conditions proches de celles vécues lors de leur prochain emploi. Il faut aussi noter que l'appréciation portée par les observateurs est faite sur la totalité de la demi-journée. Ce mode opératoire permet d'appréhender aussi l'évolution de l'étudiant au sein du groupe et sa capacité d'adaptation en cours de demi-journée. Les résultats de cette pratique sont très satisfaisants, et sont renouvelés chaque année. Aussi, les candidats qui ont vécu cette expérience, et qui n'ont pas souhaité par choix ou par classement intégrer l'école, se souviennent du protocole, et en gardent de bons souvenirs quelques mois ou quelques années après. L'école y gagne en notoriété.

2.3. Le jeu d'entreprise outil de validation des qualités de commandement pour des cadres

Dans le cadre de la Validation des Acquis de l'Expérience (VAE), Strat&logic a mis en place des simulateurs qui permettent, via la mise en place de grilles d'analyses managériales, de valider quelques acquis en termes de management. Cette action a été menée en collaboration avec une école de management, Rouen Business School, pour une grande enseigne de la restauration rapide, à savoir Mac Donald's. Le protocole est simple et efficace. Les managers participent à des sessions de deux journées axées sur un jeu d'entreprise. Ils sont observés pendant leur activité. Leurs résultats et leurs réactions en groupe permettent aux animateurs de valider ou d'invalider quelques compétences en sciences de gestion, ainsi qu'en management/leadership. Afin de consolider les éventuelles carences, l'établissement met en place, dans un second temps, un cursus adapté à destination des managers, afin de combler totalement ou en partie des lacunes décelées. La réussite de telles actions réside dans la qualité de définition de la grille d'analyse. Elle doit permettre de faire un bilan et d'envisager une prolongation, sous la forme de mise à niveau sur mesure au cas par cas.

2.4. L'utilisation des jeux d'entreprise à Skema Business School pour mesurer et développer les qualités de direction

2.4.1. Le projet pédagogique de Skema Business School

L'évaluation des acquis d'apprentissage exprime le souci de garantir l'acquisition de connaissances et de compétences à l'issue d'un programme. Dans les guides des études de Skema Business School, cette notion est présente depuis longtemps, à travers ce que l'on nomme souvent « objectifs d'apprentissage », selon que l'on se positionne en amont, ou en aval, d'un cours donné. Ces « objectifs d'apprentissage » ou *learning goals* (LG), de l'ordre de quatre à dix par programme, sont des descriptions larges d'apprentissages transversaux survenant au cours d'un programme ; à ce titre, ils ne conviennent pas à l'évaluation. Ils doivent donc être déclinés en un ou plusieurs objectifs d'apprentissage ou *learning objectives* (LO) - décrivant une caractéristique mesurable liée au LG. Chaque objectif d'apprentissage doit être associé à un outil, ou à un processus de mesure, afin de permettre l'évaluation de la performance des étudiants sur cette caractéristique, en constituant une base raisonnable de conclusions concernant la performance des étudiants sur le but global. Les définitions des LO et LG retenues sont guidées par la mission de l'école, qui consiste à former et à accompagner dans leur développement personnel et professionnel des femmes et des hommes, étudiants et professionnels, à fort potentiel et venant de tous horizons, en respectant les valeurs de l'éthique et de la responsabilité, afin qu'ils deviennent capables :

– d'évoluer dans des organisations de toutes tailles, sur tous les territoires dans un contexte multiculturel et d'économie globalisée ;

– de contribuer au développement et à la performance durable de leur organisation par leur capacité d'innovation, leurs compétences techniques, leur culture transversale et internationale.

Pour décliner de manière consistante cette mission dans les objectifs d'apprentissage, il est apparu nécessaire de formuler un acquis d'apprentissage en lien avec les comportements managériaux des futurs diplômés de l'école, et au leadership qu'ils seraient amenés à exercer. À l'issue de leur formation, on attend des diplômés qu'ils soient capables d'évoluer dans une économie globale de la connaissance, de travailler efficacement dans des équipes multiculturelles, et de savoir tirer profit des différentes composantes de la diversité (qu'il s'agisse de culture, de genre ou encore de formation). Le modèle éducatif dit *standard* fondé sur la transmission et l'acquisition de savoirs (Rogoff, 1990), ne convenant pas au développement de la capacité de leadership, le choix s'est donc porté sur les simulations de gestion, qui permettent aux étudiants d'assimiler leurs connaissances de manière plus approfondie, dans des contextes sociaux et pratiques proches (simulées) des contextes professionnels auxquels ils seront confrontés une fois diplômés. Bien entendu, il est nécessaire de communiquer aux apprenants que l'un des objectifs d'apprentissage du jeu d'entreprise est le développement de leurs compétences en leadership, et de les informer de la manière dont cet apprentissage sera évalué. Sans cela il est peu probable que les résultats d'apprentissage soient atteints. À Skema Business School, les jeux d'entreprise sont utilisés depuis de nombreuses années tant dans le programme Grande école, qu'en niveau post-graduate dans les Masters Spécialisés labellisés par la Conférence des Grandes Ecoles (CGE), de niveau Bac +6 aussi bien dans les campus situés en France qu'à l'étranger (Brésil, Chine, USA, Maroc).

3. Les résultats d'une étude d'impact des jeux d'entreprise Skema Business School dans le Master Audit contrôle de gestion et systèmes d'information

3.1. Le jeu d'entreprise dans le Master Expert en Audit, contrôle de gestion et systèmes d'information

Le Master « Expert en Audit, Contrôle de Gestion et Systèmes d'information » est dispensé dans trois villes : Lille, Paris et Casablanca. Il accueille des étudiants issus de formations universitaires en comptabilité, finance, économie, ainsi que des lauréats de grandes écoles en management et d'ingénieurs. Il accueille également des salariés en formation continue. En fin de cycle, les auditeurs de chaque site (une trentaine d'auditeurs par site) participent à un jeu d'entreprise pendant une durée de trois jours consécutifs. Il s'agit d'un jeu d'entreprise d'immersion reprenant l'ensemble des fonctions de l'entreprise. Ce jeu d'entreprise permet aux différentes équipes d'élaborer une stratégie, et d'en voir les résultats sur le plan opérationnel. Compte tenu du public, la dimension financière du jeu est importante (calcul de coûts, financement de l'activité, des investissements, gestion de trésorerie), toutefois l'ensemble des dimensions de l'entreprise est pris en compte : gestion de production (gestion du parc machine, entretien), marketing (politique de prix, de publicité, gestion de l'équipe commerciale, délais de paiement), ressources humaines (embauche, licenciement, formation professionnelle, politique salariale). Le rôle des animateurs est particulièrement important avant le début du jeu, et même pendant le jeu sur l'environnement des entreprises, car ils ont une très grande liberté dans le paramétrage, quant au niveau de difficulté. Ils peuvent aussi bien intervenir sur le marché, sur l'environnement économique, sur l'outil de production, sur la motivation des employés. Les participants peuvent, quant à eux, suivre les évolutions de leur environnement en demandant des études de marché.

Les participants sont répartis aléatoirement en équipes de cinq, et encadrés par deux animateurs chevronnés ayant une large expérience des jeux d'entreprise et des métiers de la finance. Les animateurs sont constamment à l'écoute des participants pour répondre à leurs questions, tant sur le jeu d'entreprise que sur les techniques de management. Ils gèrent également le rythme du jeu d'entreprise, en fixant les horaires de remise des feuilles de décision, et animent des mini-séminaires techniques. La dernière demi-journée est consacrée à la présentation devant tous les participants du rapport de gestion de chaque équipe devant l'ensemble des participants, et du débriefing par les animateurs. L'évaluation se fait sur des critères financiers et commerciaux, mais également sur des critères de responsabilité sociale (politique salariale, licenciement, grève) et de la qualité des différents rendus et de la restitution orale.

3.2. Les résultats d'une étude d'évaluation du jeu d'entreprise

Durant une période de deux ans (2012-2013), quinze groupes ayant suivi le jeu d'entreprise dans le cadre de ce cursus *Post Graduate* en France, ou à l'étranger, ont rempli un questionnaire d'évaluation des compétences issu de l'étude de Barth et Géniaux (2010). Ce questionnaire reflète une bonne partie des compétences habilitantes, telles que celles requises dans la profession comptable, par les employeurs, par l'éducation européenne (processus de Bologne) et par des organismes d'accréditation (AACSB). Plusieurs items valident chacune des sept compétences habilitantes : (C1- Capacité à se connaître [5 items] ; C2- Capacité à appréhender l'environnement et à s'adapter [9 items] ; C3- Capacité à communiquer [10 items] ; C4- Capacité à s'exprimer [12 items] ; C5- Capacité à gérer son temps et ses activités [9 items] ; C6- Capacité à entreprendre [10 items] ; et C7- Capacité à agir efficacement au sein d'une équipe [9 items]). L'échelle de mesure utilisée est une échelle de Likert en neuf points, contrairement à l'échelle de mesure en quatre points de Barth et Géniaux (2010), afin d'avoir plus de nuances lors de l'analyse. Les auditeurs ont été amenés à coter l'ensemble de ces items une première fois au début du cours, et une seconde fois à la fin du cours.

L'échantillon est composé de 471 étudiants. La majorité des étudiants sont des femmes (57,3%) et la moyenne d'âge des étudiants est d'un peu plus de 24 ans (écart-type 4,205). Seuls 48% des étudiants ont une expérience de travail supérieure ou égale à un an. La plupart sont d'origine française (60,9%). Les autres étudiants proviennent du reste de l'Europe (2,1%), de l'Afrique (30,4%), de l'Asie (6,4%) et un du continent Nord-Américain.

Outre la progression des participants dans les connaissances techniques, une des conclusions de cette enquête est que les jeux d'entreprise contribuent au développement de l'ensemble des soft-skills idendifiés. Les auditeurs valorisent de façon importante le travail en équipe, et en situation réelle. Concernant plus particulièrement les résultats relatifs aux compétences habilitantes :

– *Capacité à entreprendre* (C6), les résultats indiquent que la participation au jeu d'entreprise a permis d'améliorer cette compétence. Le genre et l'expérience de travail ne semblent pas faire de différence significative au niveau de la capacité à entreprendre des étudiants. Du point de vue du continent d'origine, les Européens, suivi des Africains semblent avoir en moyenne mieux progressé comparativement aux Asiatiques. Cependant, les tests de comparaison de moyenne ne permettent pas de mentionner que les différences sont significatives.

– *Capacité à agir efficacement au sein d'une équipe* (C7, les résultats indiquent que la participation au jeu d'entreprise a permis d'améliorer cette compétence. Le genre, l'expérience de travail ainsi que le continent d'origine ne semblent pas faire de différence significative au niveau de la capacité à agir efficacement au sein d'une équipe des étudiants.

Les jeux d'entreprise semblent donc être profitables, quel que soit le sexe des participants ayant pourtant des origines géographiques et culturelles variées, et ce, qu'ils aient eu ou non une expérience professionnelle. On peut avancer comme explication de ces résultats empiriques le caractère démocratique et égalitaire de la pédagogie active. Les jeux d'entreprise engagent très activement les participants, dans toutes les facettes de la simulation, ainsi que les encadrants. Aussi, il est possible d'affirmer qu'avec un accompagnement adéquat, et des feedbacks tout au long de l'activité, ce type de pédagogie active apparaît bénéfique à tous les participants de groupes hétérogènes, ce qui est intéressant dans le cadre de la globalisation qui affecte le marché de l'éducation.

CONCLUSION

Les jeux d'entreprise ou simulateurs de gestion peuvent être utilisés comme des cas dynamiques, interactifs, dont l'un des objectifs pédagogiques d'apprentissage peut être le développement de la capacité de leadership des étudiants ou des professionnels, qui y sont confrontés. Ils sont des instruments précieux des nouveaux outils de pédagogie active dont ont besoin les enseignants de l'économie de la connaissance désirant développer les capacités de leadership chez leurs étudiants. Lorsqu'il s'agit du développement de soft skills tels que le leadership, les jeux d'entreprise permettent en effet – peut-être mieux que les cas statiques - de rendre les apprenants acteurs de leur formation, et par ailleurs de rendre plus facile la transférabilité de compétences acquises dans des environnements simulant les problématiques qu'ils rencontreront dans la réalité. Il existe de nombreux jeux d'entreprise sur le marché, ayant chacun des caractéristiques différentes, et il est même possible d'en développer sur mesure.

L'enseignant pourra donc choisir, en fonction de ses objectifs pédagogiques. Néanmoins, quel que soit le jeu d'entreprise retenu, c'est l'action du ou des encadrants qui donnera à cette pédagogie active sa véritable valeur ajoutée, y compris et surtout pour le développement des capacités de leadership des participants, dans le cadre d'un jeu d'entreprise.

RÉFÉRENCES

Barth, I. et Géniaux, I. (2010), Former les futurs managers à des compétences qui n'existent pas ; les jeux de simulation de gestion comme vecteur d'apprentissage ? *Management et avenir*, Vol. 36, pp. 316-339.

Bereiter, C. (2002), Education and Mind in the Knowledge Age, New Jersey, Mahwah.

CERI, (2008), *Optimiser l'apprentissage : les implications de la recherche en sciences de l'apprentissage*, Conférence internationale OCDE/CERI, Apprendre au XXIème siècle ; recherche, innovation et politique.

Coulmont, M., Levant, Y. and Sandu, R. (2016), Business simulations as an active learning activity for developing soft skills *Accounting Education,* Vol 25, No. 4, pp. 368-395.

Degos, J.G. (1978), Un simulateur de gestion sur un marché oligopolistique à deux segments : Sigma 1, *Techniques économiques*, No. 95, pp. 59-80.

Dentico, J.P. (1999). Games leaders play: using process simulations to develop collaborative leadership practices for a knowledge-based society. *Career Development International*, Vol. 4 No. 3, pp. 175-182.

Dibiaggio, L. et Meschi, P-X. (2010), *Le management dans l'économie de la connaissance*, Paris, Pearson.

Drucker, P.F. (1993), Post-capitalist Society, New York, Harper.

Féron, M. (2001), *Audit des processus de coopération dans l'entreprise et TIC.* Actes de la XIXe Université d'été de l'Institut de l'Audit Social.

Hofstede, G.J., de Caluwé, L. et Peters, V. (2010), Why simulation games work-in search of the active substance: A Synthesis, *Simulation & Gaming*, Vol. 41 No. 6, pp. 824-843.

Kaufman, A., Faure, R. et Le Garf, A. (1976), *Les jeux d'entreprise*. Paris, PUF.

Kiili, K. and Lainema, T. (2008), Foundation for measuring engagement in educational games. *Journal of Interactive Learning Research*, Vol. 19 No. 3, pp. 469-488.

Kriz, W.C. (2010). A systemic-constructivist approach to the facilitation and debriefing of simulations and games, *Simulations & gaming*, Vol. 41 No. 5, pp. 663-680.

Machuca, J.A.D. (2000). Transparent-box business simulators: An aid to manage the complexity of organizations. *Simulations & Gaming*, Vol. 31 No. 2, pp. 230-239.

McGahern, R. (2009), Post-graduates use soft skills to succeed at work, *Training Journal,* Avril, pp. 22-23.

McCall, M.W. (2004), Leadership Development through experience, *Academy of Management Executive*, Vol. 18 No. 3, pp. 127-130.

Siewiorek, A., Gegenfurtner, A., Lainema, T, Saarinen, E. and Lehtinen, E. (2014), The effects of computer-simulation game training on participants'opinions on

leadership styles, *British Journal of Educational Technology,* Special Issue: e-Learning and Leadership, Vol. 44 No. 6, pp. 1012–1035.
Stovall, D. and Stovall, P. (2009), Professional Accountants: Void of « Soft Skills »? *The Business Review, Cambridge, Vol.* 14 No. 1, pp. 99- 104.

BIOGRAPHIE DES AUTEURS

Pascal BARNETO

Pascal Barneto est Professeur des universités en Sciences de Gestion à l'Université de Bordeaux et l'IAE Bordeaux. Il est directeur de l'IRGO, Institut de recherche en gestion des organisations, au Pôle universitaire des sciences de gestion. Il enseigne dans de nombreux établissements étrangers et il est l'auteur d'ouvrages et d'articles portant sur la comptabilité et la normalisation internationale, les modèles économiques et la finance.

Oussama Ben HMIDEN

Oussama Ben Hmiden est Professeur associé à l'ESSCA Business School et membre du comité de pilotage. Il est membre du laboratoire ESSCA Research Lab. Ses travaux portent sur la notation des entreprises, la notation souveraine ainsi que sur les normes comptables internationales IFRS. Il est l'auteur de nombreux articles dans des revues académiques nationales et internationales.

Didier BENSADON

Didier Bensadon est Maître de conférences en sciences de gestion à l'Université Paris-Dauphine/*PSL Research University*. Il est membre du laboratoire Dauphine Recherche en Management (DRM) équipe Marchés-Organisations-Société-Technologies (MOST-UMR CNRS). Ses recherches portent sur l'histoire de la comptabilité et du contrôle de gestion. Auteur de nombreuses communications dans des colloques et d'articles dans des revues scientifiques nationales et internationales, il a également publié des ouvrages comme auteur ou co-auteur en comptabilité. Il a coordonné avec B. Touchelay et N. Praquin le *Dictionnaire historique de comptabilité des Entreprises* publié en 2016 aux Presses Universitaires du Septentrion.

Alain BURLAUD

Alain Burlaud est Professeur émérite du Conservatoire national des arts et métiers (Cnam) où il a dirigé l'Intec pendant 10 ans. Il a mené sa carrière universitaire tout en assurant parallèlement des missions d'expertise comptable et de commissariat aux comptes. Il a présidé le jury du diplôme d'expertise comptable de 1986 à 1996, l'Association française de comptabilité (AFC) de 1997 à 1999 et la 6ème section du Conseil national des universités de 2000 à 2004. En tant que conseiller au Ministère de l'enseignement supérieur et de la recherche, il a piloté la réforme des diplômes comptables supérieurs de 2004 à 2012. Il est l'auteur de nombreux ouvrages et articles publiés en France et à l'étranger. En tant que président de l'International Federation of Scholarly Associations of Management (IFSAM) et vice-président de l'International Association for Accounting Education and Research (IAAER) il a pu développer de nombreux projets internationaux.

Geneviève CAUSSE

Geneviève Causse est Professeur émérite de l'Université Paris-Est Créteil et de l'ESCP-Europe. Elle est agrégée en sciences de gestion, diplômée expert-comptable, membre fondateur de l'AFC. Elle exerce actuellement une activité de conseil en ingénierie de la formation et est chargée de cours dans de nombreux établissements étrangers où elle a participé à la création de diplômes professionnels, notamment en Afrique sub-saharienne et dans les pays de l'Est. Elle est auteur d'ouvrages et d'articles portant sur la comptabilité, le contrôle et la finance.

Martial CHADEFAUX

Martial Chadefaux est Professeur à l'Université de Bourgogne où il dirige le Master Fiscalité et le Master Comptabilité-Contrôle-Audit (CCA). Membre du CREGO, ses travaux portent essentiellement sur la fiscalité des entreprises et des groupes. Il est l'auteur de nombreux articles, ouvrages et manuels (seul ou en collaboration) portant sur la fiscalité des affaires. Martial Chadefaux a succédé au Pr Jean-Guy Degos à la Présidence du jury du diplôme d'expertise comptable en 2010 après avoir été pendant près de dix ans son vice-président.

Bernard CHRISTOPHE

Bernard Christophe est Professeur émérite en sciences de gestion à l'Université de Picardie Jules Verne, Université au sein de laquelle il a été le directeur de l'IAE de 1999 à 2009. Ses recherches portent sur la comptabilité environnementale et sur les questions de décroissance. Il a publié plusieurs ouvrages sur la comptabilité environnementale et le devenir des entreprises dans le cadre d'une décroissance soutenable.

Michel COULMONT

Michel Coulmont, Docteur en Business Administration, Expert-comptable CPA et CGA est Professeur titulaire à la Faculté d'administration de l'Université de Sherbrooke et Directeur du département de sciences comptables. Ses centres d'intérêt et ses recherches portent sur la gestion des coûts dans le secteur de la santé et des services sociaux, sur la mesure des performances financières et sur l'analyse économique de programme de santé.

Carole DANIEL

Carole Daniel est Directrice Scientifique de l'Executive MBA de SKEMA Business School, Professeur Associée en Management de Projet à Lille School of Management Research Center (LSRMRC), SKEMA Business School. Elle s'intéresse activement aux innovations pédagogiques permettant aux apprenants de gérer leurs connaissances et leurs compétences.

Florence DEBOISSY

Florence Deboissy est Professeur de droit à l'Université de Bordeaux où elle enseigne le droit des affaires et la fiscalité. Auteur de nombreux ouvrages, articles et notes, elle est directrice de la collection Précis Fiscal aux éditions Lexis-Nexis, directrice scientifique de la Revue de Droit fiscal et membre du Comité de l'abus de droit fiscal.

David DEGOS

David Degos est Ingénieur acousticien des bâtiments et consultant dans une entreprise anglaise d'ingénierie. Après une maîtrise de sciences cognitives obtenue à l'université Victor Segalen (désormais Université de Bordeaux), un master d'acoustique à l'université Pierre et Marie Curie (Paris 6), un Master of Sciences en acoustique à l'université de Sydney, il a obtenu un Master of Arts en communication au London College of Communication de Londres. Il vit à Londres depuis plus de dix ans où il a travaillé dans le second groupe mondial de bureau d'études et d'ingénierie URS Corporation, ensuite absorbé en 2014 par le groupe américain AECOM Technology Corporation, leader du marché du Global design. Il a travaillé sur de nombreux projets acoustiques, avant les Jeux olympiques de 2012 et après. Il s'intéresse de plus en plus à l'intelligence artificielle et au *Big Data*.

Jean-Yves DEGOS

Jean-Yves Degos est Contrôleur de l'Insee au Centre de Statistiques Sociales et Locales (CSSL) du Centre Statistique de Metz. Lauréat de l'agrégation externe de mathématiques et docteur de l'Université Bordeaux I en mathématiques pures, master en cryptologie, son parcours l'a amené à s'intéresser à des domaines aussi divers que l'approximation diophantienne et la théorie algébrique des nombres. En marge de son activité de statisticien, il poursuit ses recherches sur les groupes de matrices à coefficients dans les corps finis. Il est co-auteur avec Jean-Guy Degos de plusieurs articles requérant une expertise en mathématique (équilibre simultané sur plusieurs marchés avec effets de retard, théorie des catastrophes, chaînes de Ponzi) et d'un ouvrage d'initiation aux mathématiques financières, dont l'originalité est de présenter les calculs en variables discrètes classiques et continues.

Sylvie DEGOS

Sylvie Degos est Professeur d'Anglais, Maître en Anglais, Diplômée d'études approfondies d'Anglais, certifiée et bi-admissible à l'agrégation. Elle a été assistante à la High School d'Aylesbury (Buckinghamshire), près d'Oxford, et à l'Université de Bristol. Elle a obtenu tous les diplômes de l'Université de Cambridge, FCE First certificate in English, CAE Certificate of Advanced English, CPE Certificate of Proficiency in English, avec la mention Summa cum Laude. Durant ses études, elle s'est spécialement intéressée à l'œuvre littéraire d'E.M. Forster.

Maxime DELHOMME

Maxime Delhomme est avocat à la Cour d'appel de Paris. C'est aussi depuis de nombreuses années l'avocat du Conseil supérieur de l'Ordre des experts-comptables, pour lequel il a gagné les 34 procés qu'il avait en charge. Certains de ces procès ont duré plus de 15 ans. Il s'intéresse aussi aux rapports professionnels entre les avocats et les experts-comptables, et a écrits de nombreux articles sur le droit pénal et sur l'histoire de la comptabilité. Ouvert sur le monde, il a longtemps vécu au Danemark et au Japon.

Guy DJONGOUE

Guy Djongoué est chargé de cours, chercheur à l'Université de Douala (Cameroun) et Chef du département de comptabilité à l'École nationale de magistrature et d'administration. C'est aussi un membre de l'Ordre national des experts-comptables et des comptables agréés du Cameroun. Il est également expert universitaire rattaché au Conseil National de la Comptabilité Publique (CNCP-MINFI). Il a publié plusieurs articles dans des revues nationales françaises et camerounaises, et internationales (américaines) sur la comptabilité financière, le système africain OHADA et les petites et moyennes entreprises. Il a obtenu un Master comptabilité-contrôle-audit et un Doctorat de sciences de gestion à l'Université de Bordeaux, après son doctorat de 3e cycle camerounais. Il est co-auteur de deux livres collectifs, l'un sur les normes d'investissement, de financement et de comptabilité OHADA, et l'autre sur l'économie informelle, l'entreprenariat et l'emploi, publié au Canada.

Sylvain DUFOURNY

Sylvain DUFOURNY est Ingénieur IMT (Institut Mines Télécom) et Professeur associé en sciences de gestion à l'école d'ingénieurs Polytech Lille (Université de Lille 1). Il est membre de l'équipe DOLPHIN du laboratoire CRISTAL. Ses activités de recherche portent sur la recherche opérationnelle et la stratégie d'entreprise appliquée aux agents décisionnels sur les business game. Il est créateur et gérant de l'entreprise Strat&Logic, spécialisée dans la conception et l'édition de business game. Ces produits pédagogiques sont exploités en formation initiale et pour de grands comptes en formation continue.

Eddy E. FELIX

Eddy E. Felix, engagé très tôt dans la vie professionnelle a été formé à l'Institut Commercial de Bruxelles, qui dispense un enseignement hérité des écoles industrielles créées en Belgique depuis le milieu de 19e siècle (enseignement de promotion sociale). Après 14 ans de carrière dans l'industrie E. E. Felix a quitté ses fonctions de directeur administratif et financier d'une filiale du groupe sidérurgique Cockerill-Sambre pour s'établir comme expert-comptable indépendant en 1983. Ce bureau d'expertise comptable et de conseil fiscal qui a acquis une certaine notoriété est à présent dirigé par son fils Charles Felix. Depuis 1989 Eddy E. Felix a été régulièrement désigné comme expert par différentes juridictions du pays et pendant 9 ans il a enseigné différentes matières en rapport avec la comptabilité, le droit des sociétés et la fiscalité dans l'enseignement supérieur économique de type court dont il est issu. Il a mis un terme à ses activités professionnelles en 2011 pour se consacrer à l'histoire de la comptabilité en Belgique.

Serge Valant GANDJA

Serge Valant Gandja est titulaire d'un Doctorat en Sciences de Gestion de l'université Montesquieu Bordeaux IV. Il est à Professeur associé à KEDGE Business School depuis 2010 et dispense des enseignements en Comptabilité financière et extra-financière, et en Finance d'entreprise. Ses centres d'intérêts s'articulent autour du triptyque Comptabilité, Gouvernance et

Performance des organisations. A ce titre, il est auteur et co-auteur de nombreuses communications dans des colloques et d'articles dans des revues scientifiques nationales et internationales ainsi que dans des revues professionnelles. Il est le coordonnateur du parcours spécialisé Contrôle de gestion et Audit de KEDGE Business School.

Marina GURSKAYA

Marina Gurskaya est Professeur associée à Kuban State University de Krasnodar, membre du département Comptabilité et audit. Doctorante, elle a publié de nombreux articles sur l'histoire de la comptabilité française et italienne, associée à son père le professeur Mikhail Kuter. Elle s'est beaucoup intéressée aux travaux de Luca Pacioli, à la comptabilité de Datini, et à l'œuvre du Français Jacques Savary. Elle a participé à de nombreux congrès internationaux de l'American Accounting, Association et de l'Académie des Historiens comptables américains. C'est un membre éminent de l'école russe d'histoire de la comptabilité.

Jamel E. HENCHIRI

Jamel Eddine Henchiri est Professeur à l'Université de Gabès, en Tunisie. Il est Directeur de l'Unité de Recherche UR.RED (Recherches, Entreprise et Décisions). Il a publié de nombreux articles sur les marchés financiers et en particulier sur l'impact des TIC, la théorie de l'efficience informationnelle et la gouvernance. Auparavant, il était consultant auprès du Conseil du marché financier de Tunisie, analyste de crédit et cadre dans une société de gestion de portefeuille à Paris.

Martine HLADY-RISPAL

Martine Hlady-Rispal est Professeur des Universités en sciences de gestion à l'Université de Limoges, membre du laboratoire CREOP (Droit-Gestion) où elle coordonne les activités recherche de l'équipe des gestionnaires. Son domaine d'expertise est celui de l'entrepreneuriat et des méthodologies de recherche. Elle écrit des papiers conceptuels et empiriques publiées dans des revues internationales de langue anglaise et française telles JSBM, ISBJ, IJMR (HCERES A), RIPME (HCERES B), Revue de l'Entrepreneuriat, Revue de Sciences de Gestion (HCERES A). Elle est actuellement membre du groupe Step Bapson (Successfull Transgenerational Entrepreneurship Practices) créé par l'université Babson en 2005.

Christian HOARAU

Christian Hoarau est Professeur du Conservatoire national des arts et métiers, titulaire de la chaire de "Comptabilité financière et Audit" et membre du Conseil scientifique du LABEX Régulation financière (ReFi). Agrégé des facultés et docteur et habilité à diriger des recherches en sciences de gestion, il a été Professeur des universités à l'IAE de Paris, Université de Paris1 Panthéon-Sorbonne et Professeur permanent à l'ESSEC. Il a été membre de l'ANC et du CNC (1989-2014), Président de l'Association francophone de comptabilité (AFC) et rédacteur en chef de la revue académique Comptabilité-Contrôle-Audit (CCA). Auteur d'une centaine de publications, ses travaux portent principalement sur la finance, la normalisation et la régulation de l'information financière.

Jean-Claude JUHEL

Jean-Claude Juhel est Professeur émérite en Sciences de Gestion à l'Université de Nice Sophia Antipolis. Il est membre du laboratoire Groupe de Recherche en Management (GRM) de l'IAE de l'Université. Ses recherches portent sur la Finance d'entreprise : analyse financière et contrôle de gestion, et plus particulièrement sur la gestion de la trésorerie, le concept de « flux de valeur », le contrôle des flux et les choix stratégiques qui en découlent. Il est l'auteur de nombreuses communications dans des colloques internationaux et d'articles dans des revues scientifiques nationales ainsi que dans des revues professionnelles.

Mikhail KUTER

Mikhail Kuter est Professeur à Kuban State University de Krasnodar, Fédération de Russie, Directeur du département Comptabilité et audit. Il est diplômé de l'Institut économique et statistique de l'Université de Moscou, où il a obtenu son premier diplôme de chercheur, avant d'obtenir son Doctorat d'économie à l'Université Financière. Il est spécialisé dans l'histoire et dans la théorie des comptes. En 2008, il a donné une nouvelle traduction de la Summa de Artihmetica de Luca Pacioli (1494) en langue russe. Auteur de nombreux articles sur les auteurs classiques italiens et les auteurs classiques français, il est membre de l'Académie des Historiens comptables.

Didier LECLERE

Didier Leclère, lauréat du concours d'agrégation en Sciences de gestion, diplômé d'expertise comptable, a été Professeur et Vice-président de l'Université de Reims, où il dirigeait la MSTCF, avant de poursuivre sa carrière au Conservatoire national des arts et métiers (Intec).

Rien de ce qui concerne la comptabilité analytique, le contrôle de gestion, la comptabilité matricielle et la stratégie ne lui est étranger. Il a publié de nombreux articles et de nombreux livres dans tous ces domaines. Il est chargé d'une mission culturelle, au nouveau Conseil régional de nouvelle Aquitaine, pour participer à la mise en place de structures éducatives.

Yves LEVANT

Yves Levant est Professeur agrégé des Universités en Sciences de Gestion à l'Université de Lille 2 et Professeur associé à SKEMA Business School. Il est membre du laboratoire Lille School of Management Research Center (LSMRC). Ses recherches portent sur le contrôle de gestion, plus particulièrement les méthodes de calcul de coûts ainsi que sur l'histoire de la comptabilité. Auteur de nombreuses communications dans des colloques et d'articles dans des revues scientifiques nationales et internationales ainsi que dans des revues professionnelles, il a également publié des ouvrages comme auteur ou co-auteur en contrôle de gestion.

Louis NDJETCHEU

Louis Ndjetcheu est Professeur à l'Université de Douala, Cameroun. Docteur de 3e cycle de l'Université de Yaoundé, avec une thèse consacrée à la politique industrielle de l'Etat et une thèse d'Etat en sciences de gestion faisant une relecture de la théorie positive de la comptabilité, il a publié un livre sur les "Modèles comptables et environnement: l'exemple des pays francophones de l'espace OHADA" et de nombreux articles dans les revues africaines et internationales. Ses recherches portent sur la fiscalité, la comptabilité et leur intégration dans les politiques étatiques des pays africains. Il a publié également de nombreux travaux sur la théorie de l'agence et les autres théories comptables mobilisant les chercheurs internationaux.

Robert OBERT

Robert Obert est diplômé d'expertise comptable, agrégé de techniques économiques de gestion et Docteur en sciences de gestion. Il a eu une très longue activité professionnelle, commencée en 1957. Après plusieurs années en entreprise et une année de formation à l'ENNA, il a d'abord enseigné dans un lycée, puis à l'Université de Valenciennes (où il a été chef du département GEA, directeur de la MSTCF et directeur d'IUT), enfin au CNAM-INTEC de Paris. Il a aussi été vice-président du jury d'expertise comptable et président du jury du DPECF-DECF-DESCF. Il est l'auteur de nombreux articles dans la Revue française de comptabilité ainsi que de nombreux ouvrages (mis à jour régulièrement), destinés aux étudiants et aux professionnels, dont notamment « Comptabilité approfondie DCG 10 », « Comptabilité et audit DSCG 4 » et « Pratique des normes IFRS » aux Editions Dunod.

Stéphane OUVRARD

Stéphane Ouvrard est diplômé d'expertise comptable et Docteur en Sciences de gestion. Après une expérience de quinze ans dans le domaine de l'audit et de la comptabilité, il s'est spécialisé dans la formation professionnelle continue et l'enseignement comme Professeur de comptabilité et Finance à KEDGE Business School, son ancienne école. Il est co-auteur de plusieurs ouvrages sur la comptabilité, le contrôle de gestion et l'analyse financière. Il a publié dans différentes revues académiques et professionnelles. Ses activités de recherche portent sur les normes IFRS et la performance financière. Il est également directeur académique du MIB-MACI, MSc in International Business à KEDGE Business School.

Claude PEROCHON

Professeur honoraire au CNAM, Chaire de Technique financière et comptable des entreprises, et Directeur de l'Institut National des Techniques Economiques et Comptables (INTEC), de 1973 à 1993 (retraite). Docteur d'Etat en Sciences économiques, Agrégé des Techniques économiques de gestion, Diplômé Expert comptable. A enseigné, et souvent introduit, les disciplines de gestion, de 1957 à 2003, dans nombre d'établissements : IUT, Facultés, IAE, Ecoles Supérieures de Commerce, Ecoles d'ingénieurs, HEC....Membre du Conseil National de la Comptabilité (1967/1993). Membre nommé du Conseil Supérieur des Universités (1979/1984) 5ème et 6éme sections. Membre fondateur de l'AFC et de la FIDEF. Président du jury du diplôme d'expert comptable (1978/1982). Travaux en Normalisation comptable des entreprises : Plan OCAM (1971) ; Plan français 1979 et 1982 ; Expert consultant du plan du Maroc (1986/1992) ; Expert consultant du SYSCOHADA (1994/2000) adopté par 17 Etats d'Afrique francophone.

Nicolas PRAQUIN

Nicolas Praquin est Professeur de sciences de gestion à l'Université Paris-Sud, diplômé d'expertise comptable et spécialiste de l'histoire de la comptabilité financière et de ses pratiques sociales. Ses travaux portent sur la façon dont la comptabilité structure les organisations et la société. Il a coordonné avec B. Touchelay et D. Bensadon, le *Dictionnaire historique de comptabilité des Entreprises* publié en 2016 aux Presses Universitaires du Septentrion.

Jacques RICHARD

Jacques Richard est Professeur émérite des universités en Sciences de Gestion à l'Université Paris 9 – Dauphine. Expert-comptable diplômé, membre du Conseil national de la comptabilité, il a une activité internationale importante, comme Professeur invité aux universités de Moscou, Saint-Petersbourg, Kyoto, Vienne. Il est l'auteur d'une vingtaine d'ouvrages et d'une centaine d'articles. Il a écrit sur l'histoire de la comptabilité, des normes et des plans comptables. Ses recherches récentes portent sur la finance et la comptabilité environnementale.

Alan SANGSTER

Alan Sangster is Professor of Accounting at the University of Sussex, UK. He is editor of Accounting Education (Routledge/Taylor & Francis). His research specialism is the life and works of Luca Pacioli (1446/7-1517) and his more general research interests are in accounting, business practice, and business education in late-Medieval and Renaissance Italy (c.1200-1700); the history of breweries, family businesses, and entrepreneurship; and in accounting education: teaching, learning, assessment, and faculty. He has published over 70 refereed journal articles and invited book chapters and is a Trustee of The Academy of Accounting Historians.

Jean-Claude SCHEID

Jean-Claude Scheid, agrégé des Facultés de gestion, est Professeur émérite du Conservatoire national des arts et métiers, où il était titulaire de la chaire de "Comptabilité financière et Audit". Pendant de nombreuses années, il a eu une activité parallèle à la Direction technique du Conseil supérieur de l'Ordre des experts-comptables et au comité de rédaction de la Revue française de comptabilité. Ancien président du jury du diplôme d'expertise comptable, il a aussi eu une activité importante de modification des règlements comptables. Il a publié de nombreux articles et ouvrages, dans plusieurs langues.

Eric SEVERIN

Eric Séverin est Professeur en Sciences de Gestion à l'Université de Lille 1. Il est membre du laboratoire RIME Lab de l'IAE Lille. Ses recherches portent sur la Finance d'Entreprise : Financement des entreprises et faillite. Il l'auteur de nombreux articles dans des revues nationales et internationales de finance, de recherche opérationnelle ainsi que dans des revues professionnelles.

Viatcheslav SOKOLOV

Viatcheslav Sokolov est Professeur à l'Université d'économie de Saint Pétersbourg. Il est président de la commission d'attestation des commissaires aux comptes russes, rédacteur en chef du journal "Auditorskye Vedomosti (Les nouvelles de l`audit)" et associé chez PricewaterhouseCoopers. Il a publié plus de 150 travaux sur la théorie de la comptabilité et de l'audit, sur l'histoire de la comptabilité ainsi que des biographies de comptables russes. Il représente la 4ème génération de comptables dans sa famille.

Robert TELLER

Robert Teller est Professeur émérite en sciences de gestion à l'IAE de Nice. Ancien Directeur et Vice-Président de l'Université de Nice-Sophia Antipolis, Il a été, pendant plusieurs années, le rédacteur en chef de la revue CCA. Ancien président de l'AFC et de l'EAA, il est l'auteur de plusieurs ouvrages et publications en contrôle de gestion et en comptabilité financière.

Béatrice TOUCHELAY

Béatrice Touchelay est Professeur d'histoire contemporaine université de Lille3 - IRHiS – CNRS UMR 8529, spécialisée en histoire économique et sociale contemporaine et plus précisément en histoire des chiffres publics (statistique) et privés (comptabilité), histoire de la fiscalité et de l'impôt perçus comme des éléments du « dialogue » entre les acteurs économiques et l'État. Elle a publié avec D. Bensadon et N. Praquin le Dictionnaire historique de comptabilité des Entreprises publié en 2016 aux Presses Universitaires du Septentrion.

Philippe TOURON

Philippe Touron est Professeur des universités en Sciences de Gestion à l'Université Panthéon-sorbonne à Paris. Membre du Laboratoire PRISM, ses recherches portent sur les normes comptables internationales et l'audit, plus particulièrement la politique comptable des entreprises, ponctuellement sur la normalisation comptable. Auteur de nombreuses communications dans des colloques et d'articles dans des revues scientifiques nationales et internationales ainsi que dans des revues professionnelles, il a également publié des *positions papers* sur la juste valeur et les OCI.

Stéphane TRÉBUCQ

Stéphane Trébucq est Professeur des universités en Sciences de Gestion à l'Université de Bordeaux et l'IAE Bordeaux. Il est membre de l'IRGO,

Institut de recherche en gestion des organisations, et titulaire de la chaire capital humain, auprès de la fondation Bordeaux Université, avec le soutien de l'Observatoire de l'Immatériel et du groupe Altrad. Ses recherches sont consacrées aux nouveaux systèmes d'information comptable, de contrôle de gestion, et aux nouvelles formes de reporting financier et extra-financier. Dans le cadre du baromètre FNEGE, il co-anime le groupe dédié à la thématique de la performance globale.

Curriculum vitae de Jean-Guy Degos

Formation

Professeur des universités en sciences de gestion, Université de Bordeaux IV	1996
Doctorat d'Etat ès-sciences de gestion, Université de Bordeaux I	1991
Doctorat de 3e cycle en gestion des organisations, Université de Bordeaux I	1979
Diplôme d'expertise comptable	1977
D.E.A. en gestion des organisations	1976
Doctorat de spécialité en Economie et administration des entreprises, Université de Bordeaux I	1974
Agrégation des techniques économiques de gestion	1971
Certificat d'aptitude au doctorat en administration des entreprises	1969
CAPET D Sciences et techniques économiques	1969
DESS Certificat d'aptitude à l'administration des entreprises (IAE Bordeaux)	1969
Diplôme d'études comptables supérieures DECS	1969
Maitrise ès-sciences économiques, Université de Bordeaux	1968
Diplôme d'espagnol Chambre de commerce de Madrid	1966
Diplôme Ecole supérieure de commerce de Bordeaux (Finance comptabilité)	1966
Brevet supérieur d'études commerciales	1964
Brevet d'enseignement commercial	1962
C.A.P. Aide-comptable	1961
Certificat d'études primaires	1958

Carrière professionnelle

Juin-octobre 1960 : manutentionnaire, Marché des Capucins, Bordeaux

Juillet-octobre 1961 : comptable échelle 7, Compagnie Air France agence de Bordeaux

Juillet-octobre 1962 : comptable échelle 7, Compagnie Air France agence de Bordeaux

Juillet-octobre 1963 : comptable échelle 7, Compagnie Air France agence de Bordeaux

Juin-juillet 1964 : Aide-comptable, Société de transports Lafon GMBH, Bordeaux

Juin-juillet 1965 : Aide-comptable, Compagnie d'assurance La Nationale (Devenue AXA)

Septembre 1966-septembre 1967 : Maitre Auxiliaire de commerce et comptabilité, Lycée d'Etat mixte de Talence (33)

Septembre 1968-septembre 1969 : Professeur certifié, Lycée Benjamin Morel de Dunkerque (59)
Septembre 1969-septembre 1970 : Service militaire 24e Rima 7e région, Etat-major 4e région
Septembre 1970-septembre 1971 : Professeur certifié, Lycée de Marmande (47)
Janvier 1971-décembre 1974 : Expert-comptable stagiaire, Cabinet Duprat, Marmande (47)
Septembre 1971-septembre 1974 : Professeur agrégé, Lycée de Marmande (47)
Octobre 1973-mai 1975 : Professeur Ecole supérieure de commerce de Bordeaux
Octobre 1974-décembre 1983 : Professeur agrégé, Lycée Victor Louis, Talence
Janvier 1984-décembre 1986 : Maitre-assistant université de Bordeaux I
Juin 1985-décembre 1990 : Expert-comptable et commissaire aux comptes, cabinet personnel (Collaborations avec le cabinet Duprat et le cabinet Chamaret sur missions spécifiques).
Octobre 1986-octobre 2008 : Directeur de la maitrise des sciences et techniques comptables et financières.
Janvier 1987-septembre 1996 : Maître de conférences 6e section, IAE de Bordeaux
Octobre 1996-septembre 2013 : Professeur des universités 6e section, Université de Bordeaux IV
Janvier 2001-décembre 2005 : Directeur de l'UFR Formations spécialisées en économie et gestion. Université de Bordeaux IV.
Septembre 2007-juin 2012 : Directeur du Master 1re et 2e année Comptabilité contrôle audit de l'Université de Bordeaux IV.
Septembre 2013-2017 : Professeur émérite, Université de Bordeaux.
Décédé le 7 juin 2017.

Position au jour de son décès

Professeur émérite en sciences de gestion à l'université de Bordeaux
Chercheur à l'Institut de recherche en gestion des organisations (Université de Bordeaux)
Professeur visitant à l'Institut supérieur de finance d'Hanoï (Vietnam)
Professeur visitant aux universités FUPA d'Abidjan (Côte d'Ivoire).

Affiliation à des associations et entités professionnelles

Participation à des associations scientifiques : Association française de comptabilité, European Accounting Association, American Academy of Accounting Historians, Association pour l'histoire du management et des organisations, Association d'histoire et de prospective du management, American Accounting Association.
Vice-chairman of Education committee, International Federation of Financial Executives Institutes (IAFEI, USA), représentée en France par l'association nationale des directeurs financiers et contrôleurs de gestion.
Président du comité scientifique de La revue du financier.
Membre du comité scientifique de la revue camerounaise de management.

Membre del consejo asesor de la revue PECUNIA de sciences économiques et de gestion (Espagne) publié en espagnol.

Membre du comité scientifique de l'Accounting and Financial History Research Journal (Turquie) publié en anglais.

Membre du comité scientifique de la revue Аудиторсие Ведомостиде (Audit Journal) du Ministère des finances de Russie.

Membre du comité scientifique des Annales de l'Université de Bangui - Série B – Sciences Juridiques, Politiques, Economiques et Gestion (SJPEG).

Membre fondateur de revues : International journal of critical accounting (Inderscience), International journal of economics and accounting (Inderscience), African Journal of Accounting, Auditing And finance (Inderscience), Revue Marocaine de Contrôle de gestion

Membre de comités de lectures de revues (ancien ou actuel) : Direction et Gestion, Comptabilité contrôle audit, Revue des sciences de gestion, Revue camerounaise de mangement, International journal of critical accounting (Inderscience), International journal of economics and accounting (Inderscience), African Journal of Accounting, Auditing And finance (Inderscience), Revue Marocaine de Contrôle de gestion, Revue française de gestion.

Membre du comité scientifique de nombreux congrès internationaux : Fiscalité et comptabilité, Dijon 2008 ; AFC Tunis 2009, ICCA New York 2012, 2013, 2015 ; 2e congrès d'histoire de la comptabilité et de l'audit (Istanbul, 2010) ; Congrès sur Luca Pacioli (Istanbul, 2013).

Membre du comité scientifique des journées d'histoire de la comptabilité d'Orléans (2008), de Paris-sud (2009), de Paris Dauphine (2010), de Nantes (2011).

Lecteur d'articles à l'aveugle de nombreux congrès et revues d'histoire de la comptabilité : 12e congrès international d'histoire de la comptabilité (Istanbul, 2008) ; Accounting Business and Finance History (Pays de Galles) ; Accounting History (Australie) ; 6e international Congress Wellington (NZ), colloques Oriane 2007-2016, etc.

Membre du jury du Capet D sciences et techniques économiques (1979-1983).

Vice-président du jury diplôme d'expertise comptable (1984-2000).

Président du jury diplôme d'expertise comptable (2000-2010).

Membre de la commission restreinte d'inscription des experts-comptables étrangers (art. 26 et 27 ordonnance 1945), responsable de l'organisation de l'examen (1998-2009).

Membre de l'Académie des sciences et techniques comptables et financières (OEC).

Membre de la commission d'inscription et de discipline des commissaires aux comptes à la Cour d'appel de Bordeaux (1996-2013).

Membre de la commission consultative ministérielle pour la formation des experts-comptables et des commissaires aux comptes (1984-2013).

Membre de la commission formation du Conseil supérieur de l'Ordre des experts comptables (1996-2010).

Secrétaire général de la commission de l'enseignement supérieur chargée d'étudier le passage des diplômes comptables au système européen ECTS compte tenu des accords de Bologne.

Membre du groupe GRECE chargé de la conception du diplôme d'expertise comptable version 2010 : conception et écriture des programmes du DCG, DESG et DEC, maître d'ouvrage des matières comptabilité, audit et déontologie.

Membre des jurys d'admission de Bordeaux Ecole de Management et de Kedge Business School (1990-2015) et président du jury de certains diplômes de cette école : European Business Program International, Kedge Bachelor programme supérieur de gestion et de commerce, nommé par le Recteur de l'Académie de Bordeaux.

Conseiller du Ministre camerounais de l'enseignement supérieur Pr. Maurice Tchuinte, pour la formation des experts-comptables (2004-2006).

Membre du jury de l'agrégation africaine CAMES (2007).

Expert pour la Banque Mondiale : Construction du système d'expertise comptable du Cameroun et formation des futurs enseignants comptables au Cameroun et au Gabon (2004-2007), audit du système d'enseignement comptable du Bénin et réécriture des syllabus et de tous les programmes, du lycée à l'université (2009).

Publications et communications

Ouvrages classiques format papier

Comptabilité et évaluation des opérations de fusion, Arcueil, Numilog, 2015, 134 p.

Le plan comptable et le recueil des normes comptables, Arcueil, Numilog, 2015, 184 p.

La comptabilité à la portée de tous, en collaboration avec Petko Atanasov, collection Les bleus, Paris, Ellipses, 2015, 256 p.

Pratique de la comptabilité fondamentale, Arcueil, Numilog, 2015, 96 p.

Premiers pas en mathématiques financières, en collaboration avec Jean-Yves Degos, Ellipses, collection Les bleus, Paris, 2013, 304 p.

Analyse financière, en collaboration avec Stéphane Ouvrard, collection Optimum, Paris, Ellipses, 2012, 338 p.

Premiers pas en comptabilité, en collaboration avec Stéphane Ouvrard, collection Les bleus, Paris, Ellipses, 2012, 176 p, 2e édition 2014, 174 p, 3e édition 2017, 180 p.

Gestion financière. De l'analyse à la stratégie, en collaboration avec Stéphane Griffiths, Paris, Eyrolles et Editions d'Organisation, 2011, 386 p. 2e édition refondue et augmentée.

L'essentiel pour comprendre la comptabilité, en collaboration avec Stéphane Ouvrard, collection Optimum, Bordeaux, Ellipses, Paris, 2011, 214 p.

Droit, fiscalité, comptabilité. Divergences et convergences, Jean-Guy Degos éditeur, Editons du CRECCI, 399 p.

La comptabilité générale en 100 fiches, en collaboration avec Stéphane Ouvrard, Paris, Ellipses, collection Optimum, 2011, 338 p.

La saga de la comptabilité et de l'expertise comptable, Paris, Editions Spirit of Orion, 2010, 320 p. 2e édition revue et augmentée.

La saga de la comptabilité et de l'expertise comptable, Paris, Expert-Comptable Média, Ordre des experts-comptables, 2005, 155 p.

Histoire de la comptabilité, Collection Que sais-je ? Paris, Presses universitaires de France, 1998, 128 p.

La comptabilité, Collection Dominos, Paris, Librairie Flammarion, 1997, 128 p.

Gestion financière, de l'analyse à la stratégie, en collaboration avec Stéphane Griffiths, Paris, Editions d'Organisation, 1997, 256 p. Réédition en format de poche en 1999 et en 2001.

Commissariat aux apports, évaluation et fusions, Paris, Editions comptables Malesherbes et CNCC éditions, 1995, 162 p.

Financial Statement Analysis in Europe, Ouvrage collectif sous la direction de J. Samuels, J.G. Degos et dix autres auteurs européens, Londres, Chapman and Hall, 1995, 454 p.

La valutazione delle società e dei loro titoli, en collaboration avec Gérard Hirigoyen, Franco Angeli, Milan (Italie), 1991, 185 p.

Introduction à la comptabilité, Paris, Eyrolles, 1991, IX + 117 p.

Méthodes matricielles de gestion comptable approfondie, en collaboration avec Didier Leclère, Paris, Eyrolles, 1990, XIV, 192 p.

Evaluation des sociétés et de leurs titres, en collaboration avec Gérard Hirigoyen, Paris, Vuibert, 1988, 168 p. (Ce livre a eu une mention spéciale au prix Harvard-l'Expansion 1989).

Comptabilité financière des sociétés et des groupes, en collaboration avec Gérard Hirigoyen, Paris, Eyrolles, 1987, 399 p.

Ouvrages électroniques (e-books)

Evaluation des entreprises. Méthodes modernes approfondies, Numilog.com, 2016, 140 p.

Comptabilité et évaluation des opérations de fusion, Numilog.com, 2016, 134 p.

Le plan comptable et le recueil des normes comptables, Numilog.com, 2016, 184 p.

Pratique de la comptabilité fondamentale, Numilog.com, 2015, 96 p.

Système budgétaire, écarts rétrospectifs et tableaux de bord prospectifs, Numilog.com, 2010, 105 p.

Le diagnostic financier des entreprises, Numilog.com, 2010, 95 p.

Méthodes de recherche en comptabilité pour thèses et mémoires, Numilog.com, 2010, 93 p.

Introduction à la comptabilité financière, Numilog.com, 2010, 95 p.

Évaluation des entreprises - Méthodes classiques, Numilog.com, 2010, 92 p.

La saga de la comptabilité et de l'expertise comptable, Spirit of Orion, 2010, 320 p.

La comptabilité française, ses racines et son histoire, Numilog.com, 2010, 112 p.

Introduction à la pratique de la comptabilité fondamentale, Numilog.com, 2010, 77 p.

Comptabilité approfondie des fusions, scissions et apports partiels d'actif, Numilog.com, 2009, 98 p.

Ingénierie comptable et financière des sociétés commerciales, Numilog.com, 2009, 112 p.

Comptabilité financière de la vie des sociétés commerciales, Numilog.com, 2009, 81 p.

Plan comptable français : notions essentielles, Numilog.com, 2009, 97 p.

Les budgets : élaboration et analyse, en collaboration avec Amal Abou Fayad, E-book, E-thèque, Lille-Hellemmes, 2004, 95 p.

Les fondements de l'ingénierie financière, en collaboration avec Amal Abou Fayad, E-book, E-thèque, Lille-Hellemmes, 2004, 90 p.

Méthodes de recherche en science comptable, E-book, E-thèque, Lille-Hellemmes, 2004, 80 p.
Premiers pas en comptabilité financière, en collaboration avec Amal Abou Fayad, E-book, E-thèque, Lille-Hellemmes, 2003, 82 p.
Comptabilité des sociétés SA – SAS - SARL, en collaboration avec Amal Abou Fayad, E-book, E-thèque, Lille-Hellemmes, 2003, 98 p.
Comptabilité des fusions et des opérations de restructuration, en collaboration avec Amal Abou Fayad, E-book, E-thèque, Lille-Hellemmes, 2003, 98 p.
Le diagnostic financier des entreprises, en collaboration avec Amal Abou Fayad, E-book, E-thèque, Lille-Hellemmes, 2003, 89 p.
L'évaluation des sociétés, en collaboration avec Amal Abou Fayad, E-book, E-thèque, Lille-Hellemmes, 2003, 80 p.
Le plan comptable général, en collaboration avec Amal Abou Fayad, E-book, E-thèque, Lille-Hellemmes, E-book, E-thèque, 2003, 85 p.
La comptabilité fondamentale, en collaboration avec Amal Abou Fayad, E-book, E-thèque, Lille-Hellemmes, E-book, E-thèque, 2002, 75 p.
Gestion financière en collaboration avec Stéphane Griffiths, Microsoft, Office 2000, 2000, 250 p.

Chapitres d'ouvrages collectifs

"Fiscalité optimale et statistiques intégrales, conditions nécessaires pour l'évolution de la comptabilité informelle vers les normes IFRS", (en collaboration avec Guy Djongoué), in : *L'économie informelle, l'entreprenariat et l'emploi*, AFCAS Canada, *Volume à paraître*.
"Using Matrices and Graphs to Manage the Consolidated Balance Sheet". Очерки по теории и истории бухгалтерского учета (Essays on the Theory and History of Accounting). Moskva, Moscou: Prospekt, 2016. pp. 187-206.
"La pensée en action et la valeur oubliée des travaux comptables", in *La comptabilité en action. Mélanges en l'honneur du professeur Geneviève Causse*, Paris, L'Harmattan, pp. 173-182.
"Le système centralisateur", in *Dictionnaire historique de comptabilité des entreprises*, D. Bensadon, N. Praquin et B. Touchelay (Eds), Lille, Presses universitaires du septentrion, 2016, pp. 402-404.
"Livre d'inventaire et inventaire (1807-2011)", in *Dictionnaire historique de comptabilité des entreprises*, Lille, Presses universitaires du septentrion, 2016, pp. 386-388.
"Budgets", in *Dictionnaire historique de comptabilité des entreprises*, D. Bensadon, N. Praquin et B. Touchelay (Eds), Lille, Presses universitaires du septentrion, 2016, pp. 58-61.
"Ecarts en comptabilité analytique", in *Dictionnaire historique de comptabilité des entreprises*, D. Bensadon, N. Praquin et B. Touchelay (Eds), Lille, Presses universitaires du septentrion, 2016, pp. 78-81.
"Les dividendes fictifs dans les lois sur les sociétés commerciales (1856-2006)". (en collaboration avec Nelly Hissung-Convert), in *Dictionnaire historique de comptabilité des entreprises*, D. Bensadon, N. Praquin et B. Touchelay (Eds), Lille, Presses universitaires du septentrion, 2016, pp. 215-219.
"Origine et histoire de la comptabilité matricielle appliquée aux opérations financières", in *Dictionnaire historique de comptabilité des entreprises*, D.

Bensadon, N. Praquin et B. Touchelay (Eds), Lille, Presses universitaires du septentrion, 2016, pp. 420-422.
"Emergence et analyse du fonds de roulement (1882 – 1975)", in *Dictionnaire historique de comptabilité des entreprises*, D. Bensadon, N. Praquin et B. Touchelay (Eds), Lille, Presses universitaires du septentrion, 2016, pp. 166-167.
"Le plan comptable 1943 : une tentative avortée", (en collaboration avec Béatrice Touchelay), in *Dictionnaire historique de comptabilité des entreprises*, D. Bensadon, N. Praquin et B. Touchelay (Eds), Lille, Presses universitaires du septentrion, 2016, pp. 310-312.
"Les diplômes d'expert-comptable français (1927 – 2010)", in *Dictionnaire historique de comptabilité des entreprises*, D. Bensadon, N. Praquin et B. Touchelay (Eds), Lille, Presses universitaires du septentrion, 2016, pp. 207-210.
"Les avatars de la comptabilité des fusions et des scissions (1867-2007)", in D. Bensadon, N. Praquin, B. Touchelay (Eds), *Dictionnaire historique de comptabilité des entreprises*, Lille, Presses universitaires du septentrion, 2016, pp. 383-386.
"Les trois âges de l'université : de l'Université impériale à la loi LRU", (en collaboration avec Alain Burlaud), in G Naro et D Travaillé (Eds), *Les systèmes de gestion entre simplification et complexification. Mélanges en l'honneur du professeur Yves Dupuy*, Paris, Economica, 2015.
"Gouvernance et contrôle de gestion", (en collaboration avec Didier Leclère), *Comptabilité, contrôle et société, Mélanges en l'honneur du professeur Alain Burlaud*, Paris, Editions Foucher, 2012, pp 215 – 226).
"Comptabilité et expertise comptable : réflexions sur un monde étrange au-delà des chiffres et des écritures" (en collaboration avec Martial Chadefaux), *Comptabilité, contrôle et société, Mélanges en l'honneur du professeur Alain Burlaud*, Paris, Editions Foucher, 2012, pp 77 - 86.
"Les contraintes des normes IFRS : une opportunité pour la gouvernance des petites et moyennes entreprises", avec la collaboration de Stéphane Ouvrard, Chapitre 10, in La *Gouvernance juridique et fiscale des organisations*, Jean-Luc Rossignol (Ed), préface d'Alain Couret, Paris, Editions Tec et Doc Lavoisier, 2010, pp. 223-266.
"Fusion et acquisitions" in *Comptabilité et responsabilité pénale*, (en collaboration avec Stéphane Trébucq), M. Delhomme et Y. Muller (Eds), Paris, éditions Litec, 2009.
"Les groupes de sociétés : consolidation", in *Comptabilité et responsabilité pénale*, (en collaboration avec Stéphane Trébucq), M. Delhomme et Y. Muller (Eds), Paris, éditions Litec, 2009.
"Qui est obligé par la loi d'établir des documents comptables ?" in *Comptabilité et responsabilité pénale*, M. Delhomme et Y. Muller (Eds), Paris, éditions Litec, 2009.
"Le blanchiment de l'argent sale et de l'argent noir : un risque à cerner et à anticiper par les entreprises", Oriane 2, *Méthodes et thématiques pour la gestion des risques*, Bernard Guillon éditeur, Paris, L'Harmattan, 2008, pp. 177-200.
"Une brève histoire des diplômes d'expert-comptable français", in *Mélanges en l'honneur du professeur Jean-Claude Scheid*, Paris, Expert-comptable Média, 2005, pp. 31-41.
"Accounting research in the French language area. First half of the twentieh century", (en collaboration avec Richard Mattessich), Chapter 7, in *Two Hunred*

years of Accounting Research. An International survey of personalities, ideas and publications, Richard Mattessich (ED), London and New York, Routledge New Works in Accounting History, 2008, pp. 113-124.

"Accounting research in the French language area. Second half of the twentieh century", (en collaboration avec Richard Mattessich), Chapter 7, in *Two Hunred years of Accounting Research. An International survey of personalities, ideas and publications*, Richard Mattessich (Ed), London and New York, Routledge New Works in Accounting History, 2008, pp. 125-137.

"Eugène Léautey et Adolphe Guilbault : la face mathématique de la comptabilité classique", in *Les grands auteurs en comptabilité*, Bernard Colasse (Ed), Caen, Éditions ESM Management et société, 2005, pp. 55-71.

"A. C. Littleton et W. A. Patton : la normalisation entre l'induction et la déduction", (en collaboration avec Gary J. Previts), in *Les grands auteurs en comptabilité*, Bernard Colasse (Ed), Caen, Editions EMS Management et société, 2005, pp. 145-162.

"Enregistrement comptable", (en collaboration avec Didier Leclère), *Encyclopédie de comptabilité, contrôle de gestion et audit*, Bernard Colasse(Ed), Paris, Economica, 2000, pp 645-656.

"Comptabilité matricielle", (en collaboration avec Didier Leclère), in *Encyclopédie de comptabilité, contrôle de gestion et audit*, Bernard Colasse (Ed), Paris, Economica, 2000, pp. 383-394.

"Application de la théorie des catastrophes à la mission légale d'audit", *Mélanges en l'honneur du professeur Claude Pérochon*, Paris, éditions Foucher, 1996, pp. 171-183.

"Research Methods in Accounting History", in *Encylopedia of the History of Accounting and Accounting thought*, M. Chatfield and R. Vangermeerch (Eds), New York, Garland Publishing, 1995, pp. 496-498.

"Budgets", in *Encyclopédie du Management*, J.P. Helfer et J. Orsoni (Eds), Tome I, Paris, Vuibert, 1992, pp.132-152.

Articles

"Gérer les risques permanents des bitcoins et des monnaies virtuelles de même type", *Question(s) de Management*, 2017, à paraître.

" Expertise comptable et protection d'une organisation : stratégie de prévention des risques",

Management et sciences sociales, 2017, à paraître.

"Chaînes de Ponzi et théorie des catastrophes : le point de non-retour des réalités financières", (avec Jean-Yves Degos). *La Revue du Financier*, 2017, vol. 39, à paraître.

"Small Business Units in Cameroon: The Current Informal Situation and Perspectives for a Total State Control", (en collaboration avec Guy Djongoué), *International Journal of Critical Accounting, Auditing and Finance* (IJCA), Vol. 9, n° 1, 2017, pp 68-84.

"Claude Pérochon : l'enseignement modulaire appliqué à la dynamique de la comptabilité", (avec Yves Levant et Laurence Morgana), *Cahiers d'histoire du CNAM*, vol. 5, n° 2, 2016, 57-82.

"Changements des paradigmes de la comptabilité financière pour une meilleure gouvernance des entreprises", (avec Soleymanou Kadouamaï), *La Revue du Financier*, vol. 38, n° 221, 2016, pp. 45-63.

"Histoire immédiate et perspectives du développement de quelques monnaies virtuelles aux risques avérés", *Revue d'histoire et de prospective du management*, vol. 2, n° 4, 2016, pp. 7-36.

"Conception, financement et contrôle de trois grands projets de canaux : la relativité du succès et de l'échec", *Revue Marocaine de contrôle de gestion*, n° 6, 2016, pp. 9-33.

"Systems thinking, lines of research, and development of contemporary accounting", *Intercontinental Journal of Business and Social Science Research*, à paraître.

"Opposition of two competing systems of professions: public accountants versus lawyers", *Intercontinental Journal of Business and Social Science Research*, à paraître.

"Coordinated and integrated optimization: activity, profitability return – creditworthiness of SMEs", *Intercontinental Journal of Business and Social Science Research*, à paraître.

"Using matrices and graphs to manage the consolidated balance sheets", *Intercontinental Journal of Business and Social Science Research*, à paraître.

"Des risques exogènes et endogènes courus par les experts-comptables : exercice illégal et concurrence déloyale", *La Revue du Financier*, vol. 38, n° 220, 2016, pp. 47-60.

"Pierre B. Boucher, French Economist in the Service of the Russian Tsar Alexander the First", Пьер Б. Буше, французский экономист на службе у российского царя Александра Первого. St Petersburg University Journal of Economic Studies, Вестник Санкт-Петербургского университета. Экономика. Volume 33, Issue 4, 2017. Pp. 550-565.

"The Moving and Mimetic World of Credit Rating Agencies in Search Justice and Equilibrium", Подвижный и миметический мир кредитных рейтинговых агентств в поисках справедливости и равновесия. St Petersburg University Journal of Economic Studies, Вестник Санкт-Петербургского университета. Экономика. Volume 33, Issue 2, 2017. Pp. 269-281.

"La structure financière contrastée des entreprises familiales françaises : une approche fondée sur la théorie du compromis", (en collaboration avec F. Chibani Ltaief et J.E. Henchiri), *La Revue du Financier*, vol. 38, n° 219, 2016, pp. 30-51

"Les origines et les premières années de l'Ecole supérieure de commerce de Bordeaux et la vie quotidienne d'un écolier", *Revue d'histoire et de prospective du management*, vol. 2, n° 3, 2016, pp. 5-28.

"Edwards T. Jones, génie trop encensé ou prétentieux trop arrogant ? Une analyse à charge et à décharge", *Revue d'histoire et de prospective du management*, vol. 2, n° 3, 2016, pp. 121-128.

"L'avenir a un long passé : science, conscience, indépendance de trois experts-comptables créatifs (1890-1955)", *Revue française de comptabilité*, vol. 61, n° 500, 2016, pp. 51-55.

"La première école française de comptabilité créée en 1850 à Paris : une pédagogie nouvelle fondée sur l'expérience et l'efficacité de la pratique", *Revue française de comptabilité*, vol. 61, n° 497, 2016, pp. 62-65.

"Qui note les agences de notation, ou le paradoxe mathématique du barbier appliqué aux agences", *La Revue du Financier*, vol. 38, n° 219, 2016, pp. 71-81.

"La variété du contenu des tableaux de bord au sein des entreprises de taille intermédiaire", (en collaboration avec Mohamed Bouamama et Rachid Bouti), *Revue Recherches en Economie et Management Africain* CREMA, Numéro spécial : Finance de marché versus crise des subprimes, vol. 4, n° 4, 2016, pp. 133-157.

"Le développement durable, un champ d'action prometteur pour les agences de notation extra-financières", (en collaboration avec Oussama Ben Hmiden), *Revue Recherches en Economie et Management Africain* CREMA, Numéro spécial : Finance de marché versus crise des subprimes, vol. 4, n° 4, 2016, pp. 86-121.

"The units of value added to offset the cost calculation shortcomings: an opportunity for small African businesses", (en collaboration avec Yves Levant), *African Journal of Accounting, Auditing and Finance* (AJAAF), vol. 4, n° 4, 2015, pp. 312-327.

"Normes financières et modèle économique : comment concilier neutralité, comparabilité et pertinence de l'information publiée?" (en collaboration avec Pascal Barneto et Stéphane Ouvrard), *Revue des Sciences de gestion*, n° 273-274, 2015, pp. 13-20.

"Tableau de bord équilibré et entreprises de taille intermédiaire", (en collaboration avec Mohamed Bouamama), *La Revue du Financier*, vol. 37, n° 215-216, 2015, pp. 56-72.

"Tableaux de bord des PME : contingence et performances", (en collaboration avec Houda Zian), *La Revue du Financier*, vol. 37, n° 215-216, 2015, pp. 40-55.

"Le rôle et le pouvoir des agences de notation ont-ils changé, au fil des accords de Bâle I, Bâle II et Bâle III ?", (en collaboration avec O. Ben Hmiden), *Revue d'économie financière*, n° 120, 2015, pp. 239-253.

"A modern critical accountant in the French revolution: Pierre B. Boucher of Bordeaux", *International Journal of Critical Accounting* IJCA, vol. 7, n° 5-6, 2015, pp. 512-524.

"Financial crisis, leveraged buyouts and reverse ratchet effect", Internatio*nal journal in Economics and Accounting*, vol. 6, n° 4, 2015, pp. 365-379.

"Le comte Pietro de Verri (1728-1797), Philosophe, économiste et historien", *Revue d'histoire et de prospective du management*, vol. 1, n° 2, 2015, pp. 149-162.

"Histoire, perspective et limite des innovations des agences de notation financière pour conserver leur pouvoir et leur marché", (en collaboration avec O. Ben Hmiden), *Revue d'histoire et de prospective du management*, vol. 1, n° 2, 2015, pp. 71-94.

"D'un canal à l'autre : heurs et malheurs de la vie financière des grands projets", *La Revue du Financier*, vol. 37, n° 214, 2015, pp. 54-75.

"Bitcoin, bitcoins, altercoins : risques des réseaux et des monnaies virtuelles", *Revue française de comptabilit*é, vol. 60, n° 492, 2015, pp. 69-72.

"Histoire des diplômes d'expertise comptable : la résilience comme héritage et la créativité comme perspective", *Revue française de comptabilité*, vol. 60, n° 490, 2015, pp. 56-58.

"Evaluation des entreprises par les méthodes analogiques : des multiples approximatifs, au clonage idéal", *Revue française de comptabilité*, vol. 60, n° 489, 2015, pp. 64-68.

"On Accounting, some comments on the measurement of the complexity of time and space", *International Journal of Critical Accounting* (IJCA), vol. 7, n° 3, 2015, pp. 276-288.

"Credit rating agencies analysing IFRS data: a sample of rated companies and their reported information", (en collaboration avec O. Ben Hmiden et J. Aboiron), *International Journal of Economics and Accounting*, vol. 6, n°. 1, 2015, pp.1–14.

"Evaluation des entreprises par les flux de trésorerie disponible : réflexions sur les processus, les durées et les taux", *Revue française de comptabilité*, vol. 60, n° 486, 2015, pp. 64-68.

"The long road of the European Union towards a converged accounting system from the Treaty of Rome to the Single accounting directive", икономически изследвания, *Economic Studies*, Академия на науките за България, Academy of Sciences of Bulgaria, vol. 23, n°. 4, 2014, pp. 43-66.

"Iron cage theory and practice: evolution of the French statutory auditing into specific accountability", (en collaboration avec Marie-Pierre Mairesse) *International Journal of Critical Accounting* IJCA, vol. 6, n° 4, 2014, pp. 329-344.

"La vraie valeur financière du temps : l'univers des variables continues", (en collaboration avec Jean-Yves Degos), *La Revue du Financier*, 2014, vol. 36, n° 210, pp. 3-10.

"L'ambidextrie organisationnelle : un nouvel atout pour les cabinets d'expertise compétitifs", (en collaboration avec Serge Gandja et Stéphane Ouvrard), *Revue française de comptabilité*, 2014, vol. 59, n° 482, pp. 44-49.

"Le plan comptable 2014, transmutation du plan comptable 1999", *La Revue du Financier*, vol. 36, n° 208-209, 2014, pp : 64-76.

"La mission légale de certification des comptes : une mission en évolution permanente", (en collaboration avec Marie-Pierre Mairesse), *Revue française de comptabilité*, vol. 59, n° 473, 2014, pp. 48-50.

"OHADA accounting system's constraints and behaviour of Cameroon small size enterprises: an exploratory study", (en collaboration avec Guy Djongoué), *African Journal of Accounting, Auditing and Finance* (AJAAF), vol. 3, n° 4, 2014, pp. 263-286.

"Standardization of International Accounting between OHADA and IASB (IFRS) reference framework", (en collaboration avec Donatien Avelé), *African Journal of Accounting, Auditing and Finance* (AJAAF), vol. 3, n° 1, 2014, pp. 27-46.

"Financial valuation methods in a world under political control: The Case of the Canal du Midi (1897 – 1901)", *International journal in Economics and Accounting*, vol. 5, n° 2, 2014, pp. 165-189.

"La mission légale de certification des comptes : une mission en évolution permanente", (en collaboration avec Marie-Pierre Mairesse), Revue française de comptabilité, vol. 59, n° 478, 2014, pp. 41-45.

"Matrices, graphes et chaînes de Markov : Outils performants de la comptabilité et de la finance", *La Revue du Financier*, vol. 36, n° 207, 2014, pp : 93-117.

"Directive comptable unique : les détails changent mais l'essentiel demeure", *La Revue du Financier*, 2014, Volume 36, n° 206, pp : 29-50.

"Les diplômes d'expert-comptable français, mal et maux d'une profession difficile à constituer (1927-2010)", *Comptabilités* [En ligne], 5, 2013, http://comptabilites.revues.org/1329

"Les rentes : perpétuelles, temporaires ou viagères", (en collaboration avec Jean-Yves Degos), *Revue française de comptabilité*, vol. 59, n° 473, 2014, pp. 48-50.

"Un outil graphique à adapter au contrôle de gestion à K-dimensions : les icones de Chernoff", *Revue marocaine de contrôle de gestion*, vol. 5, 2013, pp. 7-32.

"Hawala, la banque qui n'existe pas, des transferts informels au blanchiment réel", *La Revue du Financier*, vol. 35, n° 203, 2013, pp. 3-15.

"Hawala lave plus blanc que blanc, avec quelques nuances de gris", *Revue française de comptabilité,* vol. 58, n° 470, 2013, pp. 48-50.

"La Revue du Financier : 200 numéros de connaissance financière multi-dimensionnelle", *La Revue du Financie*r, vol. 35, n° 200, 2013, pp. 1-8.

"Claude Pérochon, an accounting system builder's journey", *African Journal of Accounting, Auditing and Finance* (AJAAF), vol. 2, n° 2, 2013, pp. 114-127.

"Elements of theory on State control applied to accounting: the French case", *International Journal of Critical Accounting* (IJCA), vol. 6 n° 1, 2014, pp. 1-23.

"Outsourcing Strategies of Accounting Functions in a Developing Economy: A Study of the Determinants by a Triangulated Approach", (en collaboration avec Serge Gandja), *African Journal of Accounting, Auditing and Finance*, vol 1 n° 4, 2012, pp. 319-337.

"Axiological history, a relevant way to reconcile historians and accountants". *Accounting and Financial History Research Journal*, Muuhasabe ve Finans Tarihi Arastirmalari Derisi (Turquie), Vol. 1, n° 2, 2012, pp. 22-38.

"De l'ingénierie financière au contrôle de gestion : évaluation des méthodes et évaluation des résultats". *Revue marocaine de contrôle de gestion*, n° 4, 2012, pp. 9-41.

"Les agences de notation financières : naissance et évolution d'un oligopole controversé", (en collaboration avec O. Ben Hmiden et J.H. Henchiri), *Revue française de gestion*, n° 227, 2012, pp. 45-65.

"De l'utilité du compte de pertes et profits". *La Revue du Financier*, 2012, vol. 34, n° 195-196, pp. 134-136.

"Les financiers, les juristes et les dividendes fictifs : prévention, réparation et répression depuis 1856". (en collaboration avec Nelly Hissung-Convert), *La Revue du Financier*, volume 34, n° 195-196, 2012, pp. 4-13.

"German and French writers: some relevant alternatives to IAS-IFRS conceptual framework". *International Journal of Critical Accounting*, volume 4, n° 4, 2012, pp. 380-399.

"Catastrophe theory, a relevant model for auditors' behaviour". *International Journal of Critical Accounting*, vol. 5, n° 3, 2013, pp. 288-300.

"Academic Governance and Accountancy: complexity emergence and garbage can model", *International Journal of Critical Accounting*, vol. 5, n° 1, 2013, pp. 1-15.

"Early works of Eugene Léautey, an accounting theorist in Russian Csars Alexander II and Alexander III's time". Ранние работы Эжена Леоте - теоретика бухгалтерского учета в России в царствование Александра II и Александра III . *Revue Finance et Business de l'Académie des sciences de Russie*, Финансы и бизнес. 2011. № 4. pp. 279-295.

"Oligopole contre atomicité du marché : agences de notation financières et agences non financières", (en collaboration avec O. Ben Hmiden), *La Revue du financier,* vol. 33, n° 192, novembre-décembre 2011, pp. 45-51.

"Le temps et l'apprentissage dans l'analyse stroboscopique des écarts", *Revue marocaine de contrôle de gestion*, n° 2-3, mai 2011, pp. 9-22.

"L'optimisation fusion - confusion : une synthèse privilégiée du droit et du chiffre", (en collaboration avec Martial Chadefaux). *La Revue du financier,* vol. 33, n° 187, 2011, pp. 4-14.

"Risque de crises financières futures et effets de levier en cascade". *La Revue du financier* vol. 32, n° 186, 2010, pp. 22-37.

"The French Canal du Midi at the 17th century: Accounting gaps and financial innovations". (en collaboration), *International Journal of Economics and Accounting*, vol. 2, n° 1, 2011, pp. 53-75.

"Recent history of French accounting regulation: 5 years of convergence towards IFRS". (en collaboration avec Stéphane Ouvrard), *International Journal of Economics and Accounting*, vol. 1, n° 3, 2010, pp. 200-222.

"Credit rating agencies: Accounting adjustments and econometrical analysis", (en collaboration avec J. Henchiri et O. Ben Hmiden), *International Journal of Economics and Accounting*, vol. 1, n° 1-2, 2010, pp.88-106.

"Relations professionnelles et théorie de l'agence : Un modèle d'équilibre tissé en toile d'araignée". (en collaboration avec Jean-Yves Degos), *La Revue du Financier*, n° 180, vol. 31, 2009, décembre, pp. 62-81.

"French accounting authors in Bordeaux (1701-1848): The beginning of traditional knowledge balanced by a critical perspective in accountancy". (en collaboration), *International Journal of Critical Accounting*, vol. 1, n° 3, 2009, pp. 182-203.

"Aux origines du contrôle de gestion : modèles conceptuels de référence et outils incontournables". *Revue marocaine de contrôle de gestion*, n° 1, 2009, pp. 7-35.

"Struggle for power in French system of professions: the historic quarrel between accountants and lawyers". *International Journal of Critical Accounting*, vol. 1, n° 1-2, 2009, pp: 65-81.

"From French accounting settlements to IFRS implementation: 4 years of development". (en collaboration avec S. Ouvrard), *The Certified Accountant, Review of Lebanese Association of CPA*, n° 34, 2008, pp: 64-75.

"L'échec du canal de Panama. Des grandes espérances à la détresse financière". (en collaboration), *la Revue Française de gestion*, n° 188-189, 2008, pp. 307-324.

"L'univers graphique de l'évaluation financière : rationalité, perspicacité, complexité", *La Revue du Financier*, n° 173-174, 2008, pp. 49-71.

"Muhasebenin Geleceği Geleceğin Muhasebesiyle Uyumlu mu?" [Are Future Accounting and Accounting for future compatible?], *Muhasebe ve Finansman Dergisi* [Accounting and Finance Magazine] (MUFAD, Turquie) n° 37, 2008, pp. 205-221.

"Révolution du savoir comptable et émergence des organisations internationales", *Economie et gestion appliquées - Applied economics and management* (Cameroun) n° 5, 2008, pp. 7-28.

"La nouvelle réforme du Conseil national de la comptabilité et la future Autorité des normes comptables", *La Revue du Financier*, vol. 29 n°, 165, 2007, pp. 78-89.

"L'influence des normes d'information financières sur la convergence des règles fiscales et comptables françaises", (en collaboration avec Stéphane Ouvrard), *La Revue du Financier*, vol. 29 n° 165, 2007, pp. 32-54.

"Le futur de la comptabilité est-il compatible avec la comptabilité du futur", *La Revue des Sciences de Gestion*, vol 42, n° 224-225, 2007, pp. 185-197.

"Les méthodes et les effets du blanchiment d'argent", (en collaboration avec Dolly Matta), *Problèmes économiques*, n° 2926, 2007, pp. 33-40.

"Le blanchiment d'argent par une banque internationale sans scrupule : le cas de la BCCI", (en collaboration avec Dolly Matta), *La Revue du Financier*, vol. 29 n° 164, 2007, pp. 26 - 40.

"Les méthodes de blanchiment des financiers de l'ombre", (en collaboration avec Dolly Matta), *La Revue du Financier*, vol. 29 n° 164, 2007, pp. 4 - 25.

"Accounting Research in the French language Area: Second Half of the 20th Century", (en collaboration avec Richard Mattessich), *Review of Accounting and Finance*, vol. 5 n°. 4, 2006, pp. 423-442.

"Diagnostic des performances financières en environnement IAS/IFRS", *La Revue du Financier*, vol. 28 n° 161, 2006, pp. 58-70.

"Les origines de la normalisation comptable internationale : le rôle des français et des américains", *The Certified Accountant, Revue de l'Ordre des experts comptables libanais*, n° 27, 2006, pp. 68-77.

"Un passé difficile à assumer : trois ans de la vie de l'Ordre des experts-comptables français", *La Revue belge de la comptabilité*, n° 1, 2006, pp. 2-16

"Le modèle d'évaluation de Feltham-Ohlson : un lien entre la comptabilité, la finance et les IFRS", (en collaboration avec A. Abou Fayad), *The Certified Accountant, Revue de l'Ordre des experts comptables libanais*, n° 25, 2006, pp. 48-53.

"Les racines américaines de la normalisation comptable internationale", *La Revue Belge de la comptabilité*, décembre 2005, pp. 2-8.

"Evaluer l'information comptable pour anticiper la valeur financière des actions", *La Revue du Financier*, vol. 27 n° 156, 2005, pp. 16-26.

"Le domaine financier, terrain de chasse des avocats et des experts-comptables", (en collaboration avec Loïc Geslin), *La Revue du Financier*, vol. 27 n° 152, 2005, pp. 2-13.

"Gouvernance et communication financière des PME : l'importance du rapport de gestion", *La Revue du Financier*, vol 27, n° 150, 2005

"Fusions et regroupements : changement de règles et convergence des pratiques", (en collaboration avec A. Abou Fayad), *La Revue du Financier*, vol. 26 n° 148, 2004, pp. 4-16.

"Evaluation d'entreprise : nouvelles méthodes et nouvelles procédures pour réussir", (en collaboration avec A. Abou Fayad), *The Certified Accountant, Revue de l'Ordre des experts comptables libanais*, n° 20, 2004, 5 pages.

"Un aspect trop peu connu de l'histoire financière : les diplômes d'expertise comptable français", *La Revue du Financier*, vol. 25, n° 146, 2004, pp. 33-48.

"Un phénomène de l'édition financière américaine, A. Riahi-Belkaoui", *La Revue du Financier,* vol. 25, n° 146, 2004, 10 pages.

"Priorité à la sécurité financière et à la fiabilité de l'audit légal en France", *The Certified Accountant, Revue de l'Ordre des experts comptables libanais*, n° 18, 2004, 4 pages.

"Sécurité financière des sociétés et fiabilité de l'audit légal", *La Revue du Financier*, vol. 24, n° 144, 2003, pp. 67-73.

"Diagnostic financier, analyse des experts et pertinence des normes IFRS", *La Revue du Financier*, vol. 24, n° 144, 2003, pp. 59-66.

"Accounting Research in the French language Area: First Half of the 20th Century", (en collaboration avec Richard Mattessich), *Review of Accounting and Finance*, vol. 2 n°. 4, 2003.

"Comptabilité créative et gouvernance : dualité de l'image flatteuse et de l'image fidèle", *La Revue du Financier*, vol. 22, n° 133, 2001, 15 pages.

"La mission de secrétariat juridique", (en collaboration avec Eric Ducasse), *Revue Française de comptabilité*, Février 2001, vol. 44, p : 15

"La mission de commissariat aux apports", *Revue Française de comptabilité*, Octobre 2000, vol. 43, pp. 14-15.

"Le nouveau plan comptable", *Problèmes économiques* n° 2 658, 2000, pp. 18-22.

"Plan comptable : une réforme bienvenue et bien conçue", *La Revue du Financier*, vol 20. n° 123, 1999, pp. 9-11.

"20 ans de contestation du modèle comptable (en collaboration avec Didier Leclère), *Comptabilité, Contrôle, Audit*, n° spécial, mai 1999, pp. 199-210.

"Les enjeux de la normalisation comptable internationale", *La Revue du Financier*, vol. 20, n° 121, 1999, pp. 38-44.

"La Mésopotamie, berceau de la finance et de la comptabilité", *La revue des sciences de gestion. Direction et Gestion*, n° 174, 1999, pp. 53-60.

"De l'analyse à la stratégie : la gestion des risques financiers", (en collaboration avec Stéphane Griffiths), *La Revue du Financier*, vol. 18, n° 108, avril 1997, 11 pages.

"Modernisation du droit des sociétés et réalisme des pratiques financières", *La Revue du Financier*, vol. 18, n° 108, avril 1997, 11 pages.

"Jean Fourastié : diachronie d'une pensée comptable", *Comptabilité Contrôle Audit*, vol. 3 n°. 1, 1997, pp. 5-21.

"Formes optimales de consolidation et cohérence du gouvernement d'entreprise", *La Revue du Financier*, vol. 18, n° 103-104, 1996, 11 pages.

"L'évolution récente du commissariat aux apports et à la fusion, *La Revue du Financier*, vol. 17, n° 101-102, 1996, 15 pages.

"Comment séparer le "bon grain de l'ivraie" par des démarches heuristiques et/ou des algorithmes", (en collaboration avec Jacques d'Hoeraene et Alain Morineau), *Direction et gestion des entreprises*, n° 149, 1994, 12 pages.

"L'image comptable des PME : une grille de lecture des comportements", *Revue française de gestion*, n° 95, 1993, pp. 86-95.

"Les réseaux neuronaux supplanteront-ils les systèmes experts financiers ?", *La Revue du Financier*, Vol. 14, n° 90, 11 pages.

"Tableau des flux de trésorerie et performances des entreprises non cotées", *La Revue du Financier*, Vol. 12, n° 82, 1991, pp 13 - 27.

"Histoire de la comptabilité matricielle : de l'amnésie à la réécriture", *Revue française de gestion*, n° 83, 1991, pp. 18-28.

"Il y a de bons systèmes experts financiers, il n'y en a point de délicieux", *La Revue du Financier*, Vol. 12, n° 80, 1991, pp. 26 - 33.

"Dynamique des tableaux de flux : la supériorité de l'approche matricielle", *La Revue du Financier*, Vol 11, n° 73, 1990, pp. 40 - 46.

"Dynamique des tableaux de financement : la supériorité de l'approche matricielle", *Revue française de comptabilité*, vol. 32, n° 205, 1989, pp. 57 - 62.

"Un comptable moderne sous la révolution : le bordelais Pierre Boucher", *Revue française de comptabilité*, vol. 32, n° 202, 1989, pp. 50-55.

"Méthodes heuristiques et comptabilité", *Revue française de comptabilité*, n° 187, 1988, pp. 52 - 57.

"L'effet de levier différentiel, un complément à l'analyse de la rentabilité des investissements", *La Revue du Financier*, vol. 9, n° 58, 1987, pp. 43 - 47.

"PME : le centre de gestion agréé, vecteur du nouveau plan comptable", *Revue française de gestion*, n° 60, 1986, 9 pages.

"O méthodo Kanban, ou como gerir os stocks em termos de fluxos", *Jornal de contabilidade (Portugal)*, ano X, n° 112, 1986, pp. 161-166 et 179.

"Consolidation des groupes et participations croisées", *Techniques économiques*, n° 170-171, 1986, pp. 65-71.
"Du bilan fonctionnel au tableau de financement", *Techniques économiques* n° 169, 1986, pp. 55-64.
"Le diagramme cause-effet d'Ishikawa", *Techniques économiques*, n° 166, 1986, pp. 23-28.
"Les grands précurseurs de la comptabilité", *Revue française de comptabilité*, vol. 28, n° 161, 1985, pp. 34-41.
"La méthode Kanban ou comment gérer les stocks en termes de flux", *Revue française de comptabilité*, vol. 28, n° 160, 1985, pp. 22 - 30.
"L'effet de levier illustré", *Techniques économiques*, n° 161-162, 1985, pp. 15-18.
"L'analyse des écarts sur coûts opérationnels et structurels : permanence de la doctrine", *Techniques économiques* n° 160, 1985, pp. 51-63.
"L'ambiguïté de la capacité d'autofinancement", *Revue française de comptabilité*, vol. 28 n°. 155, 1985, pp. 13 -19.
"L'effet de levier financier et le plan comptable révisé", *Techniques économiques*, n° 152-153, 1984, pp. 19-25.
"Planification stratégique des missions censoriales : les réseaux PERT, supports logistiques d'un contrôle rationnel", *Economie et comptabilité*, n° 132, 1980, 9 pages.
"Technique matricielle, informatique et comptabilité générale", *Techniques économiques*, n°. 103, 1979, pp. 53-88.
"La théorie des graphes, vecteur d'aide à la décision censoriale", *Revue française de comptabilité,* n° 85, 1978, pp. 305 - 313.
"Un simulateur de gestion sur un marché oligopolistique à deux segments : Sigma 1", *Techniques économiques* n° 95, 1978, pp. 59-80.
"Technique matricielle, informatique et comptabilité analytique", *Techniques économiques*, n° 95, 1978, pp. 43-58.
"L'intégration de la notion de qualité dans le calcul économique : l'apport de l'économiste américain K. Lancaster", (en collaboration avec Annick Degos), *Techniques économiques*, n° 90, 1977, pp. 87-96.
"Les méthodes d'ordonnancement de type PERT et MPM : quelques éléments essentiels", *Techniques économiques*, n° 81, 1976, pp. 19-24.
"De la technique des réseaux PERT au service des techniques comptable et financière des entreprises", *Revue de Science financière*, vol. 73 n° 3-4, 1976, pp. 846-900.
"Utilisation des tables de décision et du tableau de Karnaugh *pour la résolution et la programmation d'un problème à choix multiples", Techniques* économiques n° 72, 1975, pp. 71-81.
"Un exemple d'application de la méthode PERT à la technique comptable - analyse d'une chaîne de facturation", *Techniques économiques* n° 64, 1974, pp. 83-87.
"L'obtention d'états imprimés à l'aide du Programma 101 Olivetti", *Techniques économiques* n° 55, 1973, pp. 33-39.

Cahiers de recherche

Systèmes de pensée, pistes de recherche et évolution de la comptabilité actuelle. Cahier ERCCI-IRGO de l'IAE de Montesquieu-Bordeaux IV, n° 37-2012, 2012, 38 p.

French quarrel between chartered accountants and lawyers: first lesson for a chronology, Cahier de l'ERCCI de l'IAE de Montesquieu-Bordeaux IV, n° 31-2008, 2008, 21 p.

L'échec du canal de Panama : responsables mais pas coupables, (En collaboration), Cahier de l'ERCCI de l'IAE de Montesquieu-Bordeaux IV, n° 30-2008, 2008, 30 p.

La convergence du droit comptable français et des normes d'information financière internationales, (En collaboration avec Stéphane Ouvrard), Cahier de l'ERCCI de l'IAE de Montesquieu-Bordeaux IV, n° 28-2008, 2008, 40 p.

Les réseaux de blanchiment de l'argent sale et de l'argent noir, (En collaboration avec Dolly Matta), Cahier du CRECI de l'IAE de Montesquieu-Bordeaux IV, n° 23-2007, 2007, 42 p.

The Heirs of the Chart of accounts: 50 years of French accounting research, (En collaboration avec Richard Mattessich), Cahier du CRECI de l'IAE de Montesquieu-Bordeaux IV, n° 20-2006, 2006, 36 p.

L'incidence des normes IAS/IFRS sur les actifs immobiliers, (En collaboration avec Didier Merle, expert-comptable), Cahier du CRECI de l'IAE de Montesquieu-Bordeaux IV, n° 18-2006, 2006, 40 p.

Diagnostic des performances financières en normes IAS/IFRS, Cahier du CRECI de l'IAE de Montesquieu-Bordeaux IV, n° 15-2005, 2005, 25 p.

Révolution du savoir comptable et émergence des organisations internationales, Cahier du CRECI de l'IAE de Montesquieu-Bordeaux IV, n° 14-2005, 2005, 20 p.

Les années sombres de l'Ordre national des experts-comptables : quelques textes oubliés, Cahier du CRECI de l'IAE de Montesquieu-Bordeaux IV, n° 11-2005, 2005, 30 p.

Naissance de la normalisation comptable : pionniers américains et français, (En collaboration avec Gary J. Previts), Cahier du CRECI de l'IAE de Montesquieu-Bordeaux IV, n° 10-2004, 2004, 39 p.

Histoire des diplômes d'expertise comptable français des origines à nos jours Cahier du CRECI de l'IAE de Montesquieu-Bordeaux IV, n° 07-2003, 2003, 27 p.

La littérature comptable francophone (1900-1950) et les risques d'une période chaotique (En collaboration avec Richard Mattessich), Cahier du CRECI de l'IAE de Montesquieu-Bordeaux IV, n° 05-2003, 2003, 28 p.

La Mésopotamie, berceau de la finance et de la comptabilité, (Suivi de *La loi de Hammourabi* de Vincent Scheil), Cahier du CREF de l'I.R.G.A.E. de Montesquieu-Bordeaux IV, n° 99-01, 1999, 47 p.

Introduction à la pensée comptable de Jean Fourastié (1907-1990), Cahier de recherche de l'I.A.E. de l'université de Montesquieu-Bordeaux IV, Collection C.R.E.G.E. n° I-9703, 1997, 25 p.

L'évolution récente du commissariat aux apports et à la fusion, Cahier de recherche de l'I.A.E. de l'université de Montesquieu-Bordeaux IV, Collection C.R.E.G.E. n° I-9604, 1996, 28 p.

Une fonction en mutation : le commissariat à la fusion, Cahier de recherche de l'I.A.E. de l'université Montesquieu-Bordeaux IV, Collection C.R.E.G.E. n° I-9601, 1996, 33 p.

La théorie des catastrophes, un modèle pour décrire l'activité censoriale, Cahier de recherche de la Faculté des Sciences économiques et de gestion de l'université de Bordeaux 1, Collection C.R.E.G.E. n° 95-25, 1995, 20 p.

Utilité, validité et limites des experts artificiels, Cahier de recherche de l'I.A.E. de l'université de Bordeaux 1, Collection C.R.E.G.E. n° I-9301, mars 1993, 31 p.

Méthodes de recherche en histoire de la comptabilité, Cahier de recherche de la Faculté des Sciences économiques et de gestion de l'université de Bordeaux 1, Collection C.R.E.G.E. n° 93-15, mars 1993, 20 p.

Les stratégies émergentes dans l'image comptable des PME, Cahier de recherche de l'I.A.E. de l'université de Bordeaux 1, Collection C.R.E.G.E. n° I-9206, avril 1992, 20 p.

Les réseaux neuronaux supplanteront-ils les systèmes experts financiers ?, Cahier de recherche de la Faculté des Sciences économiques et de gestion de l'université de Bordeaux 1

Collection C.R.E.G.E. n° 92-12, avril 1992, 20 p.

French Accountancy Today, Cahier de recherche de la Faculté des Sciences économiques et de gestion de l'université de Bordeaux 1 (en collaboration), Collection C.R.E.G.E. n° 91-10, octobre 1991, 21 p.

Tableau des flux de trésorerie et analyse des performances des entreprises non cotées, Cahier de recherche de l'IAE de Bordeaux 1, Collection Travaux de recherches du CIERGO, n° 1991, 31 p.

Formulation matricielle de la comptabilité financière, Cahier de recherche de la Faculté des Sciences économiques et de gestion de l'université de Bordeaux 1, Collection C.R.G. N° 91-07, janvier 1991, 33 p.

Histoire de la comptabilité matricielle, Cahier de recherche de la Faculté des Sciences économiques et de gestion de l'université de Bordeaux 1, Collection C.R.G. N° 90-04, mai 1990, 29 p.

Un comptable moderne sous la Révolution : le bordelais Pierre Boucher, Cahier de recherche de l'IAE de Bordeaux 1, Collection Travaux de recherches du CIERGO, n° 891211, décembre 1989, 21p.

Faits comptables et flux financiers : une approche analytique, Cahier de recherche de l'IAE de Bordeaux 1, Collection Travaux de recherches du CIERGO, n° 891101, novembre 1989, 41p.

L'élaboration des budgets dans les petites et moyennes entreprises, Cahier de recherche de l'IAE de Bordeaux 1, Collection travaux et documents, n° 57, mai 1988, 61 p.

Méthodes heuristiques et comptabilité, Cahier de recherche de l'IAE de Bordeaux 1, Collection travaux et documents, n° 55, janvier 1987, 20 p.

L'analyse des écarts sur coûts préétablis : tradition ou innovation ? Cahier de recherche de l'IAE de Bordeaux 1, Collection travaux et documents, n° 54, janvier 1987, 23 p.

Communications

1 Congrès de l'Association Française de comptabilité, Conservatoire national des Arts et Métiers, Paris, 14-16 mars 1985, Consacré à la "Modélisation et analyse comptable". Communication : "L'analyse des écarts sur coûts préétablis : tradition ou innovation", 23 pages actes du Congrès, pp. 256-278).

2 Journée Association Française de comptabilité, Université de Paris 9 Dauphine, Paris, 28 novembre 1985, Thème : "Le plan comptable répond-il aux attentes des utilisateurs?". Communication : "Un support logistique pour le diagnostic

financier des petites entreprises : le centre de gestion". 15 pages (actes de la journée : pp. 61-75).

3 Journée Association Française de comptabilité, Université de Toulouse III Paul Sabatier, 29 mai 1986. Thème : "L'enseignement de la comptabilité à des non-comptables". Communication : "Méthodes heuristiques et comptabilité". 20 pages (actes de la journée de Nancy).

4 Journée Association Française de comptabilité, Université de Bordeaux 1, IAE, 23 juin 1987. Journée organisée et présentée par J.G. Degos et C. Grenier, théme : "Journée inter-régionale sur la recherche en comptabilité". Communication : "Le diagnostic financier de la PME". 10 pages, non publié.

5 Congrès de l'Association Française de comptabilité. Université de Reims, 27-29 avril 1989 consacré aux "Systèmes comptables comparés". Communication : "Un comptable moderne sous la Révolution : le bordelais Pierre Boucher". 21 pages (actes du congrès).

6 Journée Association Française de comptabilité, Ecole supérieure de commerce, Paris, 8 juin 1989, théme : "Le tableau de financement à l'ère des réformes". Communication : "Dynamique des tableaux de flux : la supériorité de l'approche matricielle". 18 pages (actes de la journée).

7 Congrès de l'Association Française de comptabilité. Université de Paris 12, 3-5 mai 1990, théme : "Comptabilité et pluridisciplinarité". Pour ce congrès, dont j'étais membre du comité scientifique, j'ai co-organisé avec le professeur Bernard Colasse la commission "Histoire et comptabilité". Communication : "Histoire de la comptabilité matricielle". 29 pages (actes du congrès, pp. 283-304).

8 Colloque international sur l'analyse financière par les flux, Université de Nice, I.A.E., 13-14 décembre 1990, thème : "L'analyse financière par les flux : mode ou modèle ?", Communication : "Tableau des flux de trésorerie et analyse des performances des entreprises non cotées". 30 pages (actes de la journée).

9 Colloque Association Française de comptabilité, Université de Reims, Reims, 25 janvier 1991, théme : "Les méthodes matricielles de gestion". J'ai organisé cette journée en commun avec le professeur D. Leclère. Communication : "Formulation matricielle de la comptabilité" financière. 33 pages (actes de la journée).

10 Colloquium on Financial Statement Analysis in Europe in the 90s, Birmingham University and Université de Bordeaux I, I.A.E. Bordeaux I, september 12-13, 1991, théme : "European Financial Statements in the 90s". J'ai participé à l'organisation du colloque. Communication (Avec S. Evraert) : "French Accountancy Today", 21 pages (actes du colloque).

11 Congrès de l'Association Française de comptabilité, Université de Bordeaux 1, I.A.E., 21-23 mai 1992, théme : "Comptabilité et stratégie". J'ai fait partie du comité d'organisation du congrès. Communication : "Les stratégies émergentes dans l'image comptable des P.M.E.". 18 pages (actes de la journée).

12 Journée A.F.C.E.T, Université de Paris 9 Dauphine, Paris, 18 juin 1992, théme : "Systèmes Interactifs d'aides à la décision intelligents : demandeurs, utilisateurs et consommateurs". Communication : "Utilité et validité des S.I.A.D. : les limites des experts artificiels". 27 pages (actes de la journée).

13 - Journées Forum I.N.T.E.C., Conservatoire National des Arts et Métiers, 19-20 janvier 1996, Communication : "L'évolution récente du commissariat aux apports et à la fusion". 30 pages.

14 2e Journée d'histoire de la comptabilité, Université de Tours, 29 mars 1996. Communication : "L'essentiel et l'accessoire dans la diachronie d'une pensée comptable". 12 pages (actes de la journée, pp. 89-100).

15 18e congrès de l'I.F.E.C., Toulouse, juillet 1996, thème : "Profession comptable : objectif avenir !". Communication : "L'expertise comptable en perspective", 10 pages (actes de la journée). Animation de l'atelier "Le positionnement et l'image du diplôme".

16 Congrès de l'Association Française de comptabilité, Université de Nantes, mai 1998. Communication : "La comptabilité commence à Sumer". 8 pages (actes du congrès, pp. 67-74).

17 5e Colloque Ordre des experts comptables – ESUG, Université des sciences sociales (Toulouse I), décembre 1998. Communication : "Les enjeux de la normalisation comptable internationale", 14 pages.

18 Colloque sur la comptabilité française et la comptabilité chinoise comparées, Tianjin University of Finance and Economics, Tianjin, (Chine), 11 juin 1999, Communication : "La comptabilité française : structures, réglementation et particularités", 14 pages.

19 Journée de l'Association Française de comptabilité, Ecole supérieure de commerce de Paris, 18 juin 1999, 20 ans d'AFC. Communication : "20 ans de contestation du modèle comptable" (en collaboration avec Didier Leclère), 12 pages. Participation à la table ronde "Recherche et pratiques professionnelles libérales".

20 Congrès de l'Association Française de comptabilité, Universités de Toulouse I et Paul Sabatier Toulouse III, 16-17 mai 2002. Communication : "La légitimité contestée des diplômes d'expertise comptable français", 20 pages. (actes du congrès).

21 Congrès de l'European Accounting Association (EAA), Université de Séville, 2-4 avril 2003, Communication: "Accounting Research in the French Language Area: The first Half of the 20th Century", (Avec Richard Mattessich). 25 pages.

22 Congrès de l'Association francophone de comptabilité, Université de Louvain la neuve, Belgique, 22-23 mai 2003, Communication : "La littérature comptable francophone (1900-1950) et les risques d'une période chaotique", (en collaboration avec Richard Mattessich). 30 pages.

23 17e Congrès de l'AEDEM, Evolución, revolución y saber en las organizaciones, Université Montesquieu-Bordeaux IV, 4-6 juin 2003, Communication : "Le savoir comptable, de la révolution des théories et des pratiques à l'émergence des organisations", 17 pages.

24 Association Francophone de Comptabilité, Beyrouth (Liban) Université Saint-Esprit de Kaslik, 28 novembre 2003. Membre du Comité scientifique. Communication : "Diagnostic financier, analyse des experts et pertinence des normes IFRS", 12 pages.

25 Ordre des Experts Comptables Agréés du Liban, Beyrouth, 13-15 avril 2004. 14e Congrès Scientifique International. Thème du congrès: "Development Perspectives of SME's, From Corporate Governance to Financial Markets". Communication: "Governance and Financial Communication of SME's: The Importance of the Annual Business Report", 15 pages.

26 Semaine du Ministère de l'économie et des finances, Université Montesquieu - Bordeaux IV, 26 novembre 2004. Thème de la journée : La loi de sécurité

financière : une loi pour améliorer la confiance, Communication : "La loi de sécurité financière et la pratique professionnelle des commissaires aux comptes", 11 pages.

27 11e Journées d'histoire de la comptabilité, Université Montesquieu – Bordeaux IV, 17-18 mars 2005. Thème de la journée : "L'entreprise, le chiffre et le droit, itinéraires parallèles, itinéraires croisés". Organisateur et responsable des journées. Communication : "Les années sombres de l'Ordre national des experts-comptables : quelques textes oubliés", 24 pages (actes du colloque).

28 11e Journées d'histoire de la comptabilité, Université Montesquieu – Bordeaux IV, 17-18 mars 2005. Thème de la journée : "L'entreprise, le chiffre et le droit, itinéraires parallèles, itinéraires croisés". Organisateur et responsable des journées. Communication : "Gens du chiffre et gens du prétoire : Domaines réservés, domaines convoités", (en collaboration avec Loïc Geslin), 19 pages (actes du colloque).

29 International Research Conference for Accounting Educators (IAAER) Université Montesquieu – Bordeaux IV, 29-30 septembre 2005. Thème de la conférence : Setting International Accounting Standards Worldwide, Règles comptables internationales, enjeux et perspectives. Communication : "Diagnostic des performances financières en environnement IAS/IFRS", 17 pages (actes de la conférence).

30 60e Congrès de l'Ordre des experts comptables, Conseil supérieur de l'Ordre des experts comptables, Palais des congrès, Paris, 7-9 octobre 2005. Thème du congrès : "Et si on parlait de comptabilité ?". Communication : "La saga de la comptabilité et de la profession comptable", 155 pages (Tome I du document de référence du congrès).

31 10th World Congress of Accounting Educators WCAE, "Challenges and Developments in International Accounting Education and Research", sous l'égide de l'IAAER, Istanbul University, Istanbul Convention & Exhibition Center ICEC (Turkey), 9-11 novembre 2006, Communication (en collaboration avec R. Mattessich) : "The Heirs of the Chart of accounts: 50 years of French accounting research", 21 pages (actes du congrès).

32 1re Journée "Luca Pacioli", Bordeaux Ecole de Management en partenariat avec l'Ordre des Experts Comptables de la Région d'Aquitaine et l'Institut Français des Administrateurs, Bordeaux, 25 janvier 2007. Hommage à Luca Pacioli. Thème de la journée : "Comptabilité, IFRS et Concept de Responsabilité Globale". Communication : "Quelques clés historiques des origines de la normalisation comptable internationale : des français et des américains plus perspicaces que les autres", 16 pages (actes de la conférence).

33 International conferences series II, Istanbul Commerce University, "The future of accounting and accounting profession", 30 maI - 3 juin 2007, Communication: "Is the future of accountancy compatible with accounting of future?" 25 pages (actes du congrès).

34 5th International conference on Accounting history, University of Saskatchewan, The Banff Centre, Alberta, Canada, "Accounting in others places, Accounting by other peoples", 9-11 August 2007, Communication : "The golden age of French accounting books in Bordeaux (1701 - 1848): Beginners, Classics and Epigones", 27 pages (actes du congrès).

35 19th Accounting, Business and Financial History Annual Conference, Cardiff Business School, Wales. 10 - 11 September 2007, Communication: "Another

dubious battle: the French quarrel between chartered accountants and solicitors", 17 pages (actes du congrès).

36 Colloque Oriane, 5e colloque national, Bayonne, Biarritz, "Organiser les entreprises et les institutions en présence du risque", 20-21 septembre 2007, Communication : "Le blanchiment de l'argent sale et de l'argent noir : un risque à cerner et à anticiper par les entreprises de toute taille", 23 pages.

37 4th Annual International Accounting Conference, Accounting Academicians Collaboration Foundation (MODAV),Barcelo Eresin Topkapi, Istanbul Conference Center, "IFRS in the Third year: Country Practices, Obstacles, Advantages and Disavantages", 15-17 November 2007, Communication (en collaboration avec Stéphane Ouvrard) : "Effect of the IFRS on accounting and auditing rules implemented in France", 26 pages (actes du congrès).

38 13e journées d'histoire de la comptabilité et du management, Université d'Orléans, 27-28 mars 2008 ; Thème des journées : L'échec, Communication : "L'échec du canal de Panama, des grandes espérances à la détresse financière", 23 pages (actes de la conférence).

39 Critical Perspectives in Accounting, New York City University, Baruch College, 23-28 April 2008, Communication : "Struggle for power in French professions: the historic quarrel between accountants and lawyers", 19 pages (actes de la conférence).

40 2e Conférence internationale "Comptabilité, Fiscalité et droit" sous l'égide de l'université de Dijon, Hammamet (Tunisie), 8-11 mai 2008, Communication (en collaboration avec Stéphane Ouvrard) : "Les contraintes des normes IFRS : une opportunité pour la gouvernance des petites et moyennes entreprises", 30 pages (actes de la conférence).

41 12h World Congress of accounting historians, University of Marmara, Istanbul (Turkey), 22-25 July 2008, Communication (en collaboration avec Richard Mattessich) : "A Sketch of Some Historical Development and Cultural Dimensions of Accounting in Western Europe", 36 pages (actes de la conférence).

42 Annual Congress of American Accounting Association 2008, "Building our Accounting Community", Anaheim, California USA, 2-6 August 2008, (en collaboration avec Tony Tinker et Aïda Sy), Communication: "The French Question: Are the Futures of Accountancy and accounting Compatible?", 21 pages (actes de la conférence).

43 Annual Congress of American Accounting Association 2008, "Building our Accounting Community" Anaheim, California USA, 2-6 August 2008, (en collaboration avec Tony Tinker et Aïda Sy), Communication: "Towards a Critical Approach to MIS and AIS. Labor Process and the Processing of Labor", 27 p. (actes de la conférence).

44 Annual Congress of American Accounting Association 2008, "Building our Accounting Community", Anaheim, California USA, 2-6 August 2008, (en collaboration avec Tony Tinker et Aïda Sy), Communication: "Consulting the Oracle: The Activist Politics of Archival Research", 19 pages (actes de la conférence).

45 Colloque scientifique : La gouvernance universitaire, Université USEK, Faculté de gestion et des sciences commerciales, Kaslik, Liban et Arab Association of the Faculties of Business Administration, 16 - 17 février 2009.

Communication : "Gouvernance universitaire et science comptable : Histoire d'une gestion difficile de la complexité ", 20 pages.

46 32nd Annual Congress of the European Accounting Association, University of Tampere and EAA, Tampere, Finland, 12 - 15 May 2009, (en collaboration avec Tony Tinker et Aïda Sy), Communication: "Struggle for power in French system of professions: the historic quarrel between accountants and lawyers", 20 pages.

47 Congrès de l'Association française de finance AFFI, Laboratoire ICI, IAE de Brest et ESC Bretagne-Brest, 13 - 15 mai 2009, "La rationalité en finance : diversité et logiques de raisonnement", (en collaboration avec O. Ben Hmiden et J. E. Henchiri), Communication: "Adjustments by Rating Agencies: Beyond reported informations", 18 pages.

48 2nd Accounting and the New Labor Process Symposium, 31 July 2009, Baruch College, New York University, (en collaboration avec Stéphane Ouvrard), Communication: "Recent history of French accounting regulation: 5 years of convergence towards the IFRS ", 26 pages (actes de la conférence).

49 2nd Accounting and the New Labor Process Symposium, 31 July 2009, Baruch College, New York University, (en collaboration avec O. Ben Hmiden et J. E. Henchiri), Communication: "Some effects of accounting adjustments on Rating agencies activity", 18 pages.

50 Annual Congress of American Accounting Association 2009, "Accounting at a Tipping Point", New York USA, 3-5 August 2009, (en collaboration avec Tony Tinker et Aïda Sy), Communication: "Struggle for power in French system of professions: the historic quarrel between accountants and lawyers", 20 p. (actes de la conférence).

51 21st Accounting, Business and Financial History Annual Conference, Cardiff Business School, Wales. 10 - 11 September 2009, Communication: "Early accounts of the French Canal du Midi", 15 pages. (actes de la conférence).

53 Business and Management Conference, FMS and Graduate School of University of Kwazulu-Natal, South Africa, 5-7 November 2009, (en collaboration avec Richard Mattessich), Communication: "German and French Writers: elements of historical alternative to future international standards in Africa", 20 pages. (actes de la conférence).

54 Djerba 09 - Financial crisis, Governance, risk Management, 11-13 décembre 2009, Ile de Djerba (Tunisie), Hotel Vincci Alkantara. Communication : "Risque de crises financières futures et effets de levier en cascade", 19 pages. (actes de la conférence).

55 Krasnodar (Russie), Kuban State University, 15-18 February 2010, Accounting: The past, present, future, (en collaboration avec R. Mattessich), "The other side of European Accounting: Germany and France before the Changing Era of International Standards", 19 pages. (actes de la conférence).

56 Université de Paris 9 Dauphine, 25 - 26 mars 2010, 15e journées d'histoire de la comptabilité et du management, Communication : Le Canal du Midi au 17e siècle : Lacunes comptables et innovations financières, 31 pages (actes de la conférence).

57 27th AFFI Spring Conference, IAE Rennes I and ESC Rennes, 10-12 mai 2010, (en collaboration avec O. Ben Hmiden et J.H. Henchiri), Communication : The effects of financial analysis on credit ratings", 25 pages.

58 1st Symposium of Critical Accounting Society, Istanbul (Turkey), 17 May 2010, (en collaboration avec O. Ben Hmiden et J.H. Henchiri), Communication: "Financial analysis and credit ratings", 25 pages (actes de la conférence).

59 33rd Annual Congress of the European Accounting Association, University of Istanbul and EAA, Istanbul, Turkey, 18 - 21 May 2010, Communication: "A great European waterway: bookkeeping and finance of French canal du Midi", 30 pages. (actes de la conférence).

60 3e Colloque Fiscalité, droit et gestion, IAE Université Montesquieu- Bordeaux IV, 3-4 juin 2010, thème : Fiscalité droit et gestion : convergences et divergences, Communication (en collaboration avec Martial Chadefaux) : "L'optimisation fusion - confusion : une synthèse privilégiée du droit et du chiffre", 14 pages. (actes de la conférence).

61 3e Colloque Fiscalité, droit et gestion, IAE Université Montesquieu- Bordeaux IV, 3-4 juin 2010, thème : Fiscalité droit et gestion : convergences et divergences, Communication : "L'art d'intégrer la fiscalité, le droit et la comptabilité : cent ans d'intervention étatique dans les structures comptables", 19 pages. (actes de la conférence).

62 3e Colloque Fiscalité, droit et gestion, IAE Université Montesquieu- Bordeaux IV, 3-4 juin 2010, thème : Fiscalité droit et gestion : convergences et divergences, Communication (en collaboration avec Oussama Ben Hmiden et Jamel E. Henchiri) : "Une analyse quantitative des différences de valeurs comptables entre les ajustements des agences de notation et les normes IFRS", 20 pages.

63 Annual Congress of American Accounting Association 2010, Global Thought Leadership, 1-4 August 2010, San Francisco, Communication: "The French Canal du Midi at the 17th century: Accounting gaps and financial innovations", 26 pages. (actes de la conférence).

64 6th Accounting History Congress, Victoria University, Wellington, New Zealand, 18-21 August 2010, "Accounting and the State". Communication: "From awkward government to powerful governance: State control on French accounting structures", 29 pages. (actes de la conférence).

65 2nd Balkans and Middle East Countries Conference on Auditing and Accounting History, Balikesir Universitesi, Trakaya Universitesi, Istanbul (Turkey), 15-18 September 2010. Communication : "Schizophrenia of accounting historians: Doctor Jekyll, historian and Mister Hyde, accountant", 22 pages. (actes du congrès, tome 1).

66 International scientific conference "View from the past to the future", University of St. Petersburg (Russia), 10-11 February 2011. Communication: "Early works of an accounting theorist in Russian Csars Alexander II and Alexander III's time: Eugene Léautey (1845-1909)", 25 pages. (actes de la conférence).

67 Université de Nantes, 23-25 mars 2011, 16e journées d'histoire de la comptabilité et du management, Communication : L'histoire axiologique, un moyen pertinent de rapprocher les historiens et les praticiens de la comptabilité, 16 pages. (actes de la conférence).

68 1st International Conference on Critical Accounting, New York City University, Baruch College, 28-29 April 2011, Communication : "Elements of

theory on State control applied to accounting: the French case", 29 pages. (actes de la conférence).

69 32e Congrès de l'Association francophone de comptabilité, Université de Montpellier, 9-11 mai 2011, Communication : "Les premiers travaux d'Eugène Léautey, théoricien à la charnière du 19e et du 20e siècle", 20 pages. (actes de la conférence).

70 Annual Congress of American Accounting Association 2011, Denver, Colorado (USA), Engage to Make a Difference, 6-10 August 2011, Communication: "An analytic history of State control applied to accounting", 29 pages. (actes de la conférence).

71 Annual Congress of American Accounting Association 2011, Denver, Colorado (USA), Engage to Make a Difference, 6-10 August 2011, Communication: "Current Issues in African Accounting, in French-speaking Countries", 10 pages. (actes de la conférence).

72 Congress of Tallinn (Estonia), Tallinn University of Technology, Business analysis, accounting, taxes and auditing, 11-12 November 2011. Communication: "State control applied to French accounting: some evidences from the past", 13 pages. (actes de la conférence).

73 VIe Colloque scientifique International en Finance et Assurance, Gabès (Tunisie) et Institut supérieur de gestion, Finance islamique et finance conventionnelle: synergie ou rivalité. 16-17 décembre 2011. (en collaboration avec O. Ben Hmiden et J. Henchiri). Communication : "Développement durable et contestation de la primauté des agences de notation financière par les agences extra-financières", 26 pages. (actes de la conférence).

74 1st congress COMREFAS, Abidjan, Côte d'Ivoire, 9-10 mars 2012. Hôtel Tiama, Abidjan. Thème : Le développement de la recherche en comptabilité, contrôle et audit dans le contexte africain. Communication : "Claude Pérochon ou l'itinéraire africain d'un constructeur de systèmes comptables", 20 pages. (actes de la conférence).

75 Université de Toulouse I Capitole et Toulouse III Paul Sabatier, 22 - 23 mars 2012, 17e journées d'histoire de la comptabilité et du management, Images et représentations. Communication : "Icones de Chernoff et histoire des représentations à k-dimensions", 19 pages. (actes de la conférence).

76 2nd International Conference on Critical Accounting, New York City University, Baruch College, 26-27 April 2012, Communication : Catastrophe theory and auditors' behaviour: From expectations to validation, 14 pages. Présidence de la séance du 26 avril: discussion du texte: The Relationship of Corporate Governance to the Internal Audit function and the Disclosure of Material Weaknesses (Basile)

77 2nd International Conference on Critical Accounting, New York City University, Baruch College, 26-27 April 2012, Communication (en collaboration avec Serge Gandja) : Outsourcing Strategies of Accounting Functions in a Developing Economy: A Study of the Determinants by a Triangulated Approach, 22 pages. Présidence de la séance du 26 avril: discussion paper: The Turn in Accounting and Business Education: Neoclassical Dominance to Buddhist Economics (Sharma).

78 Annual Congress of American Accounting Association 2012, Washington D.C., USA, Seeds to Innovation, 4 – 8 August 2012, Roundtable organized by Aïda Sy, Some aspects of international accounting history. (en collaboration

avec Richard Mattessich): Brief notes on French accounting history of 19th and 20th centuries, 10 pages. (actes de la conférence).

79 42nd Atlantic Schools of Business (ASB) Conference, Dalhousie University's School of Business in Halifax, Nova Scotia (Canada), September 28–30, 2012, en collaboration avec Donatien Avelé: Compatibility between OHADA Accounting system and IASB Conceptual framework (IFRS): The real difficulties and false problems, Proceedings of the conference, 26 pages.

80 Université de La Rochelle, 28 - 29 mars 2013, 18e journées d'histoire de la comptabilité et du management, Magie des chiffres comptables. Communication : La magie des chiffres en tableaux. Matrices, graphes et chaînes de Markov : l'apport de la science à la technique, 27 pages. (actes de la conférence).

81 International scientific conference Sokolov Reading, "Accounting: View from the Past into the Future", Saint-Petersburg State University, 10th – 14th April 2013. Communication: Using matrices and graphs to manage the consolidated accounts and statements, 21 pages. (actes de la conférence).

82 3rd International Conference on Critical Accounting, New York City University, Hunter College, 25-26 April 2013, Communication: Claude Pérochon, the journey of an accounting system builder, 16 pages. (actes de la conférence).

83 3rd International Conference on Pacioli in accounting history and 3rd Balkans end Middle East country conference on accounting and accounting history, Faculty of Management, Istanbul 19-22 June 2013. Communication: Accounting, from classic recognitions to great expectations, 17 pages. (actes de la conférence).

84 34e Congrès de l'Association francophone de comptabilité, Université du Québec à Montréal (Canada), 31 mai – 1er juin 2013, Communication : "The impact of credit rating agencies's adjustment on reported information in French companies", 25 pages. (en collaboration avec Oussama Ben Hmiden).

85 1st International Conference, Kedge Business School, Bordeaux, June 25-26, 2013, on Rethinking Financial and Economic Models for a Post-crisis Area, Commission New Standards for Accounting and Law. Communication : Crise financière, opérations à effet de levier (LBO) et effet de cliquet inversé, 18 pages. (actes de la conférence).

86 1er Workshop international sur Economie, Financement et comptabilité des grands projets, Université Bordeaux IV et Kedge Business School, Bordeaux, Faculté des sciences économiques, 4 octobre 2013. Communication : D'un canal à l'autre : heurs et malheurs de la vie financière des grands projets, 25 pages. (actes de la conférence).

87 8e conférence internationale en finance et assurance, Hammamet (Tunisie), 15-16 décembre 2013. Président de la conférence. Communication d'ouverture : Instabilité financière et risques non assumés : relire Minsky, Kindleberger et Mandelbrot, 15 pages. (actes de la conférence).

88 2th congress COMREFAS, Libreville, Gabon, 8-9 mars 2014. 2 communications : Hawala pour transférer ou blanchir de l'argent, la meilleure ou la pire des pratiques de management ? 16 pages ; Contraintes du système OHADA et comportement des petites entreprises camerounaises : une étude exploratoire, 25 pages (en collaboration avec Guy Djongoué), Participation à

une table ronde sur le financement des PME : Les structure de financement des TPE : quelques observations.

89 Université de Paris-Est, 26 - 28 mars 2014, 19e journées d'histoire du management et des organisations, L'innovation. Communication : Innovations partielles capitalisées pour induire une créativité globale : la notation financière (en collaboration avec O. Ben Hmiden), 16 pages. (actes de la conférence).

80 4th International Conference for Critical Accounting, New York City University, Hunter College Conference Center, 25-26 April 2014, Communication: Financial valuation methods in a world under political control: The Case of the Canal du Midi (1897 – 1901), 27 pages. (actes de la conférence).

91 37th Congress of EAA, Tallinn (Estonia), Tallinn, Faculty of Economics and Business Administration, University of Tartu, 21-23 May 2014. Communication: Financial valuation methods in a world under political control: The Case of the Canal du Midi (1897 – 1901), 27 pages.

92 Université de Poitiers, 16 – 17 octobre 2014, Laboratoire CEREGE, Colloque IFRS – Bâle – Solvency : Impacts des contraintes comptables et règlementaires sur les établissements financiers. Communication : Le rôle et le pouvoir des agences de notation ont-ils changé, au fil des accords de Bâle I, Bâle II et Bâle III ? (Avec O. Ben Hmiden), 24 pages.

93 3e symposium international. 18-19 décembre 2014, Le Développement Durable Euro-Africain des Énergies Renouvelables : Oxymore Financier, Complémentarité Sociale et Environnementale, Université Ibnou Zhor et ENCG Agadir, Maroc. Membre du comité scientifique. Président de la séance plénière d'ouverture. Communication : Le développement durable, un champ d'action prometteur pour les agences de notation non-financière, 20 pages. (actes de la conférence).

94 3rd International scientific conference Sokolov Reading, "Accounting: View from the Past into the Future", Saint-Petersburg State University, 20th – 22th April 2015. Communication: The Russian legacy of Pierre Boucher from Bordeaux, supporting Tsar Alexander 1st, and against the Emperor Napoléon 1st, 25 pages. (actes de la conférence).

95 36e congrès de l'Association francophone de comptabilité, IAE de Toulouse et Toulouse Business School, "Comptabilité, Contrôle et Audit des invisibles, de l'informel et de l'imprévisible", 19-20 mai 2015. Communication : Modèle économique et qualité de l'information financière IFRS, (en collaboration avec Pascal Barneto et Stéphane Ouvrard), 25 pages. (actes de la conférence).

96 Colloque Oriane, 13e colloque national, I.U.T. Bayonne, "Se faire une idée exacte du risque ?", 24-25 septembre 2015, Communication : " Monnaies virtuelles et risques associés : une idée géniale transformable en cauchemar ", 20 pages. (actes du congrès).

97 39th Congress of EAA, Maastricht (Nederland), Faculty of Economics and Business Administration, University of Tartu, 11-13 May 2016. Communication (en collaboration avec Yves Levant et Philippe Touron): The evolution of the chart of accounts in French-speaking African countries (1960-2010): a history of interaction with French accounting standardization, 29 pages. (actes de la conférence).

98 5th International Conference on Critical Accounting, New York City University, Hunter College, 28-29 April 2016, Communication: Evolution of

statutory auditing into specific accountability according to Institutional and New institutional theory, (en collaboration avec Marie-Pierre Mairesse), 16 pages. (actes de la conférence).

99 84e conférence Association Francophone pour le savoir AFCAS, Université du Québec à Montréal UQAM, 9-13 mai 2016, Thème : L'économie informelle, l'entreprenariat et l'emploi. Communication : Les petites entreprises au Cameroun : Situation informelle actuelle et perspectives d'un contrôle étatique total, (en collaboration avec Guy Djongoué), 22 pages. (actes de la conférence).

100 14th World Congress of Accounting Historians, University Gabriele d'Annunzio, Pescara Italia, 25-27 June 2016, The OCAM chart of accounts: from its institutionalization to its replacement (1970 - 2000), (en collaboration avec Yves Levant et Philippe Touron), 25 pages. (actes de la conférence).

101 Musée des douanes de Bordeaux, 27 juin 2016, Colloque sur "Frontières et comportements illicites. Approche globale de la fraude", Communication : Sécurité et fraude dans les systèmes comptables, 28 pages.

101 8th Asia-Pacific Interdisciplinary Research in Accounting Conference, Royal Melbourne Institute of Technology RMIT University, Melbourne, 13-15 July 2016, Evolution of the accounting standards in French-speaking African countries (1960-2010): history of interaction with French accounting regulation, 25 pages. (en collaboration avec Yves Levant et Philippe Touron).

102 Deuxièmes Journées de l'expert-comptable ivoirien, Ordre des experts-comptables de Côte d'Ivoire, Palm Club Abidjan, 16-17 septembre 2016, Animation de la table ronde : "Sept solutions clés pour optimiser les performances des PME" Communication : "Optimisation coordonnée et intégrée : activité, profitabilité, rentabilité et solvabilité de la PME", 19 pages.

103 Colloque Oriane, 14e colloque national, I.U.T. Bayonne, "Risque : une histoire et des actions", 22-23 septembre 2016, Communication : "Des risques exogènes et endogènes courus par les experts-comptables : exercice illégal et concurrence déloyale ", 19 pages. (actes du colloque).

104 The 5th International Conference on Accounting, Auditing and Taxation (ICAAT 2016), Tallinn, Estonia, December 8-9, 2016. Department of Accounting, Tallinn University of Technology. Communication: "Mimetics from France to Cameroon: a new approach to State control through taxation and statistics", 20 pages. (actes de la conference).

105 22e journées d'histoire du management et des organisations, Conservatoire des arts et métiers, 22-24 mars 2017 ; Thème des journées : Biographies et histoire du management, Communication : Claude Pérochon : l'enseignement modulaire appliqué à la dynamique de la comptabilité, (avec Yves Levant et Laurence Morgana), 16 pages. (actes de la conférence).

106 4th International scientific conference Sokolov Reading, "Accounting: View from the Past into the Future", Saint-Petersburg State University, 20th – 22th April 2017. Communication: A brief history of bitcoins, the risks and dangers involved, 17 pages. (actes de la conférence).

Thèses et mémoires soutenus par Jean-Guy Degos

"Contribution à l'étude du diagnostic financier des petites et moyennes entreprises", *thèse de doctorat d'Etat ès-sciences de gestion*, 1991, Université de Bordeaux I, prix de thèse de l'Académie de Bordeaux et de la banque CIC.

"Comptabilité matricielle et simulation de gestion des petites et moyennes entreprises", *thèse de doctorat de 3e cycle en Gestion des organisations*, 1979, Université de Bordeaux I.

"La technique des réseaux PERT au service de la mission censoriale", *mémoire pour le diplôme d'expertise comptable*, 1977, Ministère de l'éducation nationale, Paris.

"La technique des réseaux PERT au service de la technique comptable", *thèse de doctorat de spécialité en Economie et administration des entreprises*, 1974, Université de Bordeaux I.

"Le tableau de financement, instrument de prévision", *mémoire pour le D.E.A. de gestion des organisations*, 1976, Université de Bordeaux I.

"Le revenu permanent dans le cadre de l'entreprise", *mémoire pour le Certificat d'aptitude au doctorat en économie et administration des entreprises*, 1969, Université de Bordeaux.

Direction de thèses et d'habilitations à diriger les recherches

ABOU FAYAD Amal, *La normalisation comptable, vecteur d'une gestion efficace*, thèse soutenue le 20 janvier 1999.

AMINE TOLOBA Abdelkerim, *Contribution à la connaissance des méthodes de financement sans taux d'intérêt*, thèse soutenue en 2004.

ABOU FAYAD Amal, HDR sous la direction du Pr. J.G. Degos, Thème : *De la comptabilité financière théorique à l'ingénierie financière appliquée*, Jury : présidente M. Lacroix, membres : S. Evraert, G. Hirigoyen, J.G. Degos, M. Lacroix, P. Dessertine, Y. Dupuy, le 23 mars 2005.

MATTESSICH Richard, doctorat *honoris causa*, 5 mai 2006 : présentation de la vie et de l'œuvre du Pr. R. Mattessich par Jean-Pierre Laborde, président de l'université Montesquieu - Bordeaux IV, éloge du candidat prononcé par Jean-Guy Degos : "Les grands auteurs comptables, une ressource rare pour l'humanité ; discours de Richard Mattessich : "La diversité des courants de recherche en comptabilité, évaluation et représentation".

NASSOUR Rizzane, doctorante CRECCI, *Recherche en marketing et optimisation de la satisfaction des clients,* thèse soutenue le 9 octobre 2006.

MATTA Dolly, doctorante CRECCI, *Contribution à l'étude de l'audit éclairé des financements obscurs,* thèse soutenue le 24 novembre 2006.

KREIT Zakwan, doctorant CRECCI, *Contribution à l'étude des méthodes quantitatives d'aide à la décision appliquées aux indices du marché d'actions*, thèse soutenue le 27 mars 2007.

BEN JEMAA Sonia, doctorante ERCCI, *Contribution à la connaissance du financement de l'entreprise familiale tunisienne*, thèse soutenue le 1er octobre 2007.

SHARAFFEDINE Randa, doctorante ERCCI, *Une théorie du cash-flow associée à l'évaluation des actions et à la valeur ajoutée économique*, thèse soutenue le 24 octobre 2008.

BEN HMIDEN Oussama, doctorant ERCCI, *Contribution à la connaissance du rôle des agences de notation dans l'information comptable et financière*, thèse soutenue le 17 novembre 2008.

DJOSSA Ivan, doctorant ERCCI, *La diffusion du système comptable OHADA : Conception des principes et déclinaison des pratiques*, thèse soutenue le 29 janvier 2009.

BAIRAMIAN Hilda, doctorante ERCCI, *Contribution à la connaissance du management stratégique de l'hôtellerie touristique à structure familiale*, thèse soutenue le 2 février 2009.

BOGARIAN KHACHERIAN Kegouhie, doctorante ERCCI, *De l'enseignement à la pratique de la comptabilité : perspectives et prospective du microcosme libanais*, thèse soutenue le 15 décembre 2009.

OUVRARD Stéphane, doctorant ERCCI, *Contribution à la connaissance de la performance financière mesurée en normes IFRS*, thèse soutenue le 29 juin 2010.

ABBASSI Emna, doctorante ERCCI, *Contribution à la connaissance de la prévention et de la détection des fraudes par la gouvernance et par l'audit*, thèse soutenue le 16 décembre 2010.

GANDJA Serge Valant, doctorant ERCCI, *Les décisions comptables d'externalisation comme support des choix stratégiques*, thèse soutenue le 17 décembre 2010.

ZIAN Houda, doctorante IRGO Management financier, *Contribution à l'étude des tableaux de bord dans l'aide à la décision des PME en quête de performances*, thèse soutenue le 28 janvier 2013.

MSOLLI Baddredine, doctorant IRGO Management financier, *Actions traçantes, structure du capital et choix stratégique de restructuration*, thèse soutenue le 17 janvier 2013.

MANSOURI Baya, doctorante IRGO Management financier, *Normes internationales élargies et dépassement du calcul de la valeur*, thèse soutenue le 3 juillet 2015.

DJONGOUE Guy, Doctorant IRGO Management financier, *Qualité perçue de l'information comptable et décisions des parties prenantes*, thèse soutenue le 15 décembre 2015.

BOUAMAMA Mohamed, Doctorant IRGO Management financier, *Nouveaux défis du système de mesure de la performance : cas des tableaux de bord*, thèse soutenue le 15 décembre 2015.

Autres jurys de thèses et d'habilitations à diriger les recherches

Rapporteur ou président du jury de 60 autres thèses de Doctorat en sciences de gestion et en Doctorate in Business Administration (DBA).

Rapporteur d'habilitations à diriger les recherches : Hervé Stolowy, Jean-Paul Tchankam, Yuan Ding, Eric Tort.

Président d'habilitations à diriger les recherches : Stéphane Ouvrard.

Membre du jury de plus de 405 mémoires d'expertise-comptable, entre mai 1986 et mai 2017.

REMERCIEMENTS

Nous adressons nos sincères remerciements à l'Ordre des Experts-comptables pour son soutien à la publication de cet ouvrage.

Revue « Marché et Organisations »
L'Harmattan

Cahiers d'économie et de gestion thématiques dont le but est de promouvoir la recherche originale sur les relations de plus en plus étroites qui se tissent entre le marché et les organisations. Les acteurs économiques de taille, de puissance et de pouvoir différents dont les intérêts peuvent être convergents, complémentaires ou, le plus souvent, antagoniques, ont tendance à organiser les marchés. La raison du marché, pourtant, est la référence stratégique pour l'entreprise ainsi que pour les institutions publiques de décision économique.

Numéros parus :

N°1 : Artisanat. La modernité réinventée, 2006
N°2 : La petite entreprise, elle a tout d'une grande. De l'accompagnement aux choix stratégiques, 2006
N°3 : Tourisme et Innovation. La force créative des loisirs, 2007
N°4 : Le travail. Formes récentes et nouvelles questions, 2007
N°5 : Les universités et l'innovation. L'enseignement et la recherche dans l'économie des connaissances, 2007
N°6 : Entrepreneuriat et accompagnement. Outils, actions et paradigmes nouveaux, 2008
N°7 : Développement durable des territoires. Economie sociale, environnement et innovations, 2008
N°8 : Développement durable et responsabilité sociale des acteurs, 2009
N°9 : Gouvernance : exercices de pouvoir, 2009
N°10 : Le travail collaboratif. Une innovation générique, 2009
N°11 : Economie sociale et solidaire. Nouvelles trajectoires d'innovations, 2010
N°12 : Relations à la marque et marques de la relation. Regards croisés sur le management relationnel de la marque, 2010
N°13 : Les contrats au service de la recherche ?, 2011
N°14 : Le potentiel économique de l'Afrique subsaharienne, 2011
N°15 : Management de la distribution, 2012
N°16 : Territoire Vert. Entreprises, Institutions, Innovations, 2012
N°17 : Eco-conception, conception et innovation. Les nouveaux défis de l'entreprise, 2013
N°18 : Intelligence économique : entreprises et territoires, 2013
N°19 : La finance globale. Un monde fini, 2013
N°20 : La crise du « développement », 2014
N°21 : La Chine innove. Politiques publiques et stratégies d'entreprise, 2014
N°22 : Go East! Nouvelles Economies de Marché, 2015
N°23 : L'économie du changement, 2015
N°24 : Le temps des artisans. Permanences et mutations, 2015
N°25 : Innovations de proximité et esprit d'entreprise, 2016
N°26 : L'avenir des économies du Maghreb : entre inertie structurelle et envie de rupture, 2016/3 (n° 27)
N°27 : Le sport aux frontières du marché du travail, 2016
N°28 : Dynamiques internationales des entreprises, 2017
N°29 : L'univers du risque, 2017
N°30 : Les petites entreprises dans l'histoire industrielle, 2017
N°31 : Economie sociale et *social business* ? Au défi d'entreprendre et se financer

Collection « L'esprit économique »

fondée par Sophie Boutillier et Dimitri Uzunidis en 1996
dirigée par Sophie Boutillier, Blandine Laperche, Dimitri Uzunidis

Dernières parutions

► ***Série Economie et Innovation***
E. BESANÇON, N. CHOCHOY, T. GUYON, *L'innovation sociale. Principes et fondements d'un concept*, 2013.
F. PAUN, L. ALEXANDRE-LECLAIR, I. VAILEANU-PAUN, *Innover ou périr. Paroles d'experts*, 2014.
F. ABADA, *Individualiser son offre au moindre coût*, 2015.
S. MAHREZ, La division cognitive du travail dans le capitalisme postfordiste, 2016.
M.-J. POLLET-VILLARD, *L'innovation dans les services. cadre d'une analyse dynamique fondée sur les réseaux*, 2017.
B. CHRISTOPHE, *La décroissance écologique transforme l'entreprise*, 2017.
G. ACHERMANN, *Territoires d'innovation en Russie, Ambitions et contraintes d'une politique de clusterisation*, 2018.
C. ABDOU LAHAD THIAW, *Innovation localisée pour le développement économique du Sénégal*, 2018.
► ***Série Le Monde en Question***
T. BRUGVIN, *Le commerce équitable et éthique. Opportunités et limites*, 2014.
W. AMEDZRO St-HILAIRE, *Le capital global et sa régulation*, 2014.
W. AMEDZRO St-HILAIRE, *Reconstruire l'Afrique. Nouvelle gouvernance et projet de développement*, 2014.
M. SANTI, *Misère et opulence. Chroniques d'austérité globalisée*, 2015
J.-M. BOUSSARD, *Les prix agricoles. Nouveau dialogue sur le commerce des bleds*, 2017
C. BASTIDON, O. GBAGUIDI A. GHOUFRANE, A. SILEM (dir.), *Commerce, investissement et développement durable en Afrique*, 2017.
L. BOURQUIN, *Europe 3.0 : le grand réveil*, 2017.
A. ROSOWSKY, *De l'économie de pillage a la société désagrégée, un essai sur la révolution thatchérienne*, tomes 1 & 2, 2017.
► ***Série Krisis***
A. MARQUEZ-VELASCO, *Politique et économie. 10 mesures phares pour un monde meilleur*, 2015.
R. GOODFELLOW, *Le cycle des crises aux États-Unis depuis 1929. essai de systématisation de la conjoncture*, 2016.
M. LAUDET, *Aux origines de l'économie politique : Antoine de Montchrestien et son « traicte de l'oeconomie politique »*, 2016.
J. HUERTA DE SOTO, *La théorie de l'efficience dynamique*, 2017.
► **Série *Clichés***
S. BOUTILLIER, D. UZUNIDIS (dir.), *La Russie européenne. Du passé composé au futur antérieur*, 2008.
R. VOLPI, *La négociation. Pain, paix, liberté*, 2009.
► ***Série Cours Principaux***
B. NDIAYE, *Analyse économique de l'investissement en capital humain*, 2014.
P. BOUVIER-PATRON, *Economie et management de l'entreprise innovante. Réseaux, territoire et développement durable*, 2014.
J. KIAMBU, *Eléments d'analyse économique*
J.-P. MOCKERS, *Court traite d'économie et de politique économique*, 2016.
P.-Y. CARASCO, Prix de transfert et stratégies d'optimisation fiscale de la firme multinationale, 2017.
B. LANDAIS, *Les fluctuations économiques, une synthèse nouvelle*, 2017.
► ***Série L'économie formelle***
P. BRACONNIER, G. CAIRE (dir.), *L'économie sociale et solidaire et le travail*, 2013.
M. SANTI, *L'Europe. Chroniques d'un fiasco économique et politique*, 2013.
J. BERNARD, *La croissance. 10 points cruciaux*, 2013.
P.-A. LAMBERT, *Le temps de la rigueur. Fiscalité, protection sociale, mondialisation*, 2014.
F. BISMANS, *La grande récession : un autre regard sur des temps troubles (2007-2013)*, 2016.
B. SCHWENGLER, *De l'inflation à la dette publique : analyse des discours politiques*, 2016.

Structures éditoriales du groupe L'Harmattan

L'Harmattan Italie
Via degli Artisti, 15
10124 Torino
harmattan.italia@gmail.com

L'Harmattan Hongrie
Kossuth l. u. 14-16.
1053 Budapest
harmattan@harmattan.hu

L'Harmattan Sénégal
10 VDN en face Mermoz
BP 45034 Dakar-Fann
senharmattan@gmail.com

L'Harmattan Cameroun
TSINGA/FECAFOOT
BP 11486 Yaoundé
inkoukam@gmail.com

L'Harmattan Burkina Faso
Achille Somé – tengnule@hotmail.fr

L'Harmattan Guinée
Almamya, rue KA 028 OKB Agency
BP 3470 Conakry
harmattanguinee@yahoo.fr

L'Harmattan RDC
185, avenue Nyangwe
Commune de Lingwala – Kinshasa
matangilamusadila@yahoo.fr

L'Harmattan Congo
67, boulevard Denis-Sassou-N'Guesso
BP 2874 Brazzaville
harmattan.congo@yahoo.fr

L'Harmattan Mali
Sirakoro-Meguetana V31
Bamako
syllaka@yahoo.fr

L'Harmattan Togo
Djidjole – Lomé
Maison Amela
face EPP BATOME
ddamela@aol.com

L'Harmattan Côte d'Ivoire
Résidence Karl – Cité des Arts
Abidjan-Cocody
03 BP 1588 Abidjan
espace_harmattan.ci@hotmail.fr

L'Harmattan Algérie
22, rue Moulay-Mohamed
31000 Oran
info2@harmattan-algerie.com

L'Harmattan Maroc
5, rue Ferrane-Kouicha, Talaâ-Elkbira
Chrableyine, Fès-Médine
30000 Fès
harmattan.maroc@gmail.com

Nos librairies en France

Librairie internationale
16, rue des Écoles – 75005 Paris
librairie.internationale@harmattan.fr
01 40 46 79 11
www.librairieharmattan.com

Librairie l'Espace Harmattan
21 bis, rue des Écoles – 75005 Paris
librairie.espace@harmattan.fr
01 43 29 49 42

Lib. sciences humaines & histoire
21, rue des Écoles – 75005 Paris
librairie.sh@harmattan.fr
01 46 34 13 71
www.librairieharmattansh.com

Lib. Méditerranée & Moyen-Orient
7, rue des Carmes – 75005 Paris
librairie.mediterranee@harmattan.fr
01 43 29 71 15

Librairie Le Lucernaire
53, rue Notre-Dame-des-Champs – 75006 Paris
librairie@lucernaire.fr
01 42 22 67 13

www.ingramcontent.com/pod-product-compliance
Lightning Source LLC
LaVergne TN
LVHW011135061026
849535LV00003B/492